VALERIO MANFREDI

Italien, Valerio Massimo Manfredi est diplômé de lettres classiques et archéologue. Professeur d'université à Milan et Venise, intervenant dans plusieurs facultés étrangères, il a dirigé plusieurs fouilles et missions scientifiques. Journaliste au *Panorama* et au *Messagero*, Valerio Massimo Manfredi, également scénariste et auteur de nouvelles, a déjà publié neuf romans, comme *La tour de la solitude* en 1996. En 1998, à l'instigation de l'éditeur Mondadori, il s'inspire des écrits de Plutarque, Pline et Démosthène pour composer sa trilogie consacrée à Alexandre le Grand et « transporter l'homme moderne dans une Antiquité reconstituée exactement, mais avec émotion ». Valerio Massimo Manfredi, qui se définit lui-même comme « un professionnel de l'Antiquité », partage son temps entre ses travaux de chercheur et l'écriture de romans. Son talent de conteur et son goût pour les intrigues subtiles lui ont valu d'être comparé à son compatriote Umberto Eco.

LA DERNIÈRE LÉGION

DU MÊME AUTEUR
CHEZ POCKET

ALEXANDRE LE GRAND :
1. LE FILS DU SONGE
2. LES SABLES D'AMON
3. LES CONFINS DU MONDE
LA TOUR DE LA SOLITUDE
LE PHARAON OUBLIÉ
LE TYRAN DE SYRACUSE

VALERIO MANFREDI

LA DERNIÈRE LÉGION

Traduit de l'italien
par Claire Bonnefous

PLON

Titre original :
L'ULTIMA LEGIONE

ISBN 978-2-266-13646-4

À Dino

Fecisti patriam diversis gentibus unam.
« Tu as fait d'un pays de peuples divers
une patrie unifiée. »

Rutilius Namatianus
De reditu suo, 63

REMERCIEMENTS

Au moment de livrer à l'impression *La Dernière Légion*, je désire remercier Carlo Carlei et Peter Rader, avec qui j'ai développé l'idée de ce roman dans la perspective d'une adaptation au cinéma : leur précieuse contribution a enrichi cette histoire de façon significative.

PROLOGUE

Mémoires de Myrdin Emreis, druide de la forêt sacrée de Gleva que les Romains appelèrent Meridius Ambrosinus, rédigés afin que la postérité n'oublie pas les histoires dont j'ai été le seul témoin.

J'ai franchi depuis longtemps le seuil de l'extrême vieillesse et je ne parviens guère à m'expliquer pourquoi mon existence continue de s'étendre au-delà des limites que la nature a coutume d'assigner aux êtres humains. L'ange de la mort m'a peut-être oublié, à moins qu'il ne veuille m'accorder ce dernier laps de temps afin que je me repente de mes péchés, qui sont nombreux et graves. J'ai surtout péché par présomption. Car j'ai beaucoup exigé de l'intelligence que Dieu m'a donnée et, par vanité, j'ai laissé s'enraciner parmi les gens des légendes vantant ma clairvoyance ainsi que des pouvoirs qui ne relèvent que du Suprême Créateur et de l'intercession des saints. Oh ! oui, je me suis aussi adonné à des arts interdits – ceux que les prêtres païens de cette terre ont jadis écrits sur l'écorce des arbres –, sans penser toutefois commettre le moindre mal. En effet, écouter les voix de notre Antique Mère, de la nature souveraine, les voix du vent parmi les bran-

ches, le clapotement des sources au printemps et le bruissement des feuilles à l'automne, quand les collines et les plaines se parent de couleurs rutilantes, dans les paisibles couchants qui annoncent l'hiver, ne saurait être mal.

Il neige. De gros flocons blancs dansent dans l'air, un manteau immaculé recouvre les collines qui entourent cette vallée silencieuse, cette tour solitaire. Le pays de la Paix Eternelle sera-t-il ainsi ? Est ce l'image que nous verrons à jamais avec les yeux de l'âme ? Si tel était le cas, la mort serait douce, et suave le passage à l'ultime demeure.

Que le temps a passé ! Qu'il a passé depuis les jours tumultueux de sang et de haine, depuis les affrontements, depuis les convulsions d'un monde agonisant que j'ai vu s'écrouler et que je croyais immortel, éternel. Et maintenant, alors que je m'apprête à faire le dernier pas, je me sens assailli par le devoir de transmettre l'histoire de ce monde agonisant, de raconter comment la dernière fleur de cet arbre sec fut transportée par le destin sur cette terre lointaine, pour y plonger ses racines et engendrer une nouvelle ère.

J'ignore si l'ange de la mort m'en laissera le temps, si ce vieux cœur résistera en revivant les sentiments si forts qui le brisèrent presque quand il était plus jeune. Mais l'énormité de cette entreprise ne me découragera pas. La vague des souvenirs monte comme la marée parmi les falaises de Carvetia, et voilà que reviennent des visions lointaines que je croyais évanouies, pareilles à une vieille fresque que le temps a fanée.

J'imaginais qu'il suffirait de saisir la plume et de commencer à tracer des signes sur cette toison pour recréer l'histoire, la faire couler comme un fleuve parmi les prés, quand la neige fond au printemps, or je me trompais. Les souvenirs sont trop nombreux, le nœud qui m'étrangle trop serré, et la main retombe, impuissante, sur la page blanche. Je vais d'abord devoir évoquer ces images, raviver ces couleurs, la vie et les voix que les années et l'éloignement ont affaiblies. Recréer aussi ce que je n'ai pas vu de mes propres yeux, comme le dramaturge qui représente dans ses tragédies des scènes auxquelles il n'a jamais assisté.

Il neige sur les collines de Carvetia. Tout est blanc, silencieux, et la dernière lueur du jour s'éteint lentement.

PREMIÈRE PARTIE

I

Dertona, camp de la Legio Nova Invicta, Anno Domini 476, ad Urbe condita 1229

La lumière transperça les nuages qui recouvraient la vallée, et les cyprès se dressèrent soudain telles des sentinelles sur la crête des collines. Une ombre courbée sous une gerbe de rameaux apparut à la limite d'un champ de chaumes et s'évanouit aussitôt comme un songe. Le chant du coq résonna au même instant dans une ferme lointaine, annonçant un jour gris et blême, puis s'éteignit comme si le brouillard l'avait englouti. Seules des voix d'hommes parvinrent à traverser la brume.

« Il fait froid.

— Cette humidité pénètre jusqu'aux os.

— C'est le brouillard. Je n'ai jamais vu de brouillard aussi épais.

— Oui. Sans compter qu'on ne nous a pas encore apporté notre ordinaire.

— Il n'y a peut-être plus rien à manger.

— Pas même un peu de vin pour nous réchauffer.

— Et cela fait trois mois que nous n'avons pas touché notre solde.

— Moi, je n'en peux plus, je ne supporte plus cette situation. Des empereurs qui changent presque tous les ans, des barbares à tous les postes de commandement, et maintenant la plus grande absurdité de toutes : un morveux sur le trône des Césars, Romulus Auguste ! Un gamin de treize ans, qui n'a même pas la force de tenir le sceptre, devrait présider aux destinées du monde, tout au moins de l'Occident. Non, vraiment, j'arrête, je pars. À la première occasion, je quitte l'armée et je vais sur une île mener paître des chèvres ou cultiver un bout de terre. J'ai pris ma décision. »

Un souffle de vent, une brise fine se ménagea une brèche dans la brume et révéla un groupe de soldats réunis autour d'un feu. Ils attendaient la fin du dernier tour de garde. Rufius Vatrenus, un Espagnol de Sagunto, vétéran de nombreuses batailles, commandant du corps de garde, se tourna vers son compagnon, le seul à ne pas avoir prononcé un mot : « Qu'en dis-tu, Aurelius ? Approuves-tu mes propos ? »

Aurelius plongea la pointe de son épée dans les braises, ravivant ainsi la flamme, qui s'éleva en crépitant et en libérant un tourbillon d'étincelles dans la brume laiteuse.

« Moi, j'ai toujours été soldat, j'ai toujours servi la légion. Que pourrais-je faire d'autre ? »

Il y eut un long silence : les hommes se dévisagèrent, envahis par un sentiment d'égarement et par une angoisse indicible.

« Ne l'écoute pas, dit Antoninus, un sous-officier âgé, il ne quittera jamais l'armée, il en a toujours fait partie. Il ne se rappelle même pas ce qu'il faisait avant de s'enrôler, il ne sait même pas où il était avant, n'est-ce pas, Aurelius ? »

L'interpellé ne répondit pas mais, à la lueur des braises, son regard trahit une ombre de mélancolie.

« Aurelius réfléchit à ce qui nous attend, commenta Vatrenus. La situation nous échappe une nouvelle fois. Les troupes barbares se sont, paraît-il, rebellées et ont attaqué Pavie, où était retranché Oreste, le père de l'empereur. Oreste s'est replié sur Plaisance, il compte sur nous pour ramener les barbares à la raison et soutenir le trône branlant de son petit Romulus Auguste. Mais j'ignore si cela suffira. Ou plutôt, je crois que non, si vous voulez mon avis. Ils sont trois fois plus nombreux que nous et...

— Vous avez entendu ? l'interrompit un des soldats qui était le plus proche de la palissade.

— Cela vient du camp, répondit Vatrenus en tournant la tête pour balayer du regard le terrain semi-désert et les tentes couvertes de gel. Le tour de garde est terminé, ce doit être le nouveau piquet de surveillance.

— Non ! dit Aurelius. Cela vient de l'extérieur. Des chevaux qui galopent.

— La cavalerie, ajouta Canidius, un légionnaire d'Arelate.

— Les barbares, conclut Antoninus. Je n'aime pas ça. »

Les cavaliers surgissaient du brouillard le long de l'étroite route blanche qui menait des collines au camp, ils étaient imposants sur leurs gros destriers de Sarmatie que protégeaient des écailles métalliques. Ils arboraient des casques coniques ornés de cabochons en fer et surmontés de cimiers, de longues épées pendaient à leur côté, et leurs chevelures blonde, ou rousse, flottaient dans l'air brumeux. Ils portaient des manteaux noirs ainsi que des culottes de la même laine grossière et sombre. Le brouillard et la distance leur donnaient une allure de démons échappés des Enfers.

Aurelius se pencha au-dessus de la palissade pour observer le détachement qui se rapprochait. « Ce sont des Hérules et des Scyrres, des auxiliaires de l'armée impériale, annonça-t-il, des gens d'Odoacre, malédiction ! Ils ne me disent rien de bon. Que font-ils ici à une heure pareille ? Pourquoi ne nous a-t-on pas avertis ? Je vais informer le commandant. »

Il dévala l'échelle et traversa en courant le camp en direction du prétoire. Le commandant Manilius Claudianus, un vétéran de près de soixante ans qui, dans sa jeunesse, s'était battu contre Attila aux côtés d'Aetius, était déjà debout. Quand Aurelius pénétra sous sa tente, il suspendait le fourreau de son épée à son ceinturon.

« Général, un détachement d'auxiliaires hérules et scyrres s'approche. Je suis inquiet car personne ne nous a annoncé leur arrivée.

— Moi aussi, répondit l'officier. Fais aligner la garde et ouvrir la porte. Nous allons voir ce qu'ils veulent. »

Aurelius courut à la palissade et demanda à Vatrenus de déployer un détachement d'archers, puis il descendit à son poste de garde, aligna la force disponible, fit ouvrir la porte prétorienne et sortit avec le commandant. Pendant ce temps, Vatrenus ordonnait qu'on réveille la troupe discrètement, homme après homme, sans bruit ni sonnerie de trompette. Le commandant franchit l'enceinte, armé de pied en cap et coiffé d'un casque, signe manifeste qu'il se considérait sur un terrain de guerre. Il était flanqué de la garde, que dominait de la tête et des épaules Cornelius Batiatus, un géant éthiopien aussi noir qu'un tison, qui ne s'éloignait jamais de lui. L'homme tenait un bouclier ovale que l'armurier du camp avait fabriqué tout spécialement pour couvrir son corps démesuré. À son épaule gauche pendait une épée romaine ; à la droite, une hache barbare à double tranchant.

Le détachement des barbares à cheval était désormais à quelques dizaines de pas, et l'homme qui les conduisait leva le bras pour les arrêter. Ses cheveux roux étaient noués en longues tresses des deux côtés de son visage, un manteau bordé de fourrure de renard lui couvrait les épaules, son casque était orné d'une couronne de petites têtes de mort en argent. Il s'agissait sans doute d'un personnage important. Il s'adressa au commandant Claudianus sans mettre pied à terre, dans un latin grossier et guttural : « Le noble Odoacre, chef de l'armée impériale, t'ordonne de me passer les consignes. À compter d'aujourd'hui, je prends le commandement de cette division. » Il jeta à ses pieds un parchemin fermé par un lacet de cuir et ajouta : « Voici ton ordre de libération et ta destination de repos. »

Aurelius s'apprêtait à ramasser ce document quand le commandant l'arrêta d'un geste péremptoire. Claudianus était issu d'une vieille famille aristocrate qui descendait directement d'un héros de l'époque républicaine, et le geste du barbare représentait, pour lui, une insulte très grave. Il répondit sans manifester le moindre trouble : « J'ignore qui tu es, et je ne veux pas le savoir. Je n'accepte les ordres que du noble Flavius Oreste, commandant suprême de l'armée impériale. »

Le barbare se tourna vers ses compagnons et s'écria : « Arrêtez-le ! » Ceux-ci éperonnèrent leurs chevaux et bondirent en avant, épées dégainées : nul doute qu'ils avaient l'ordre de tuer tous les soldats. La garde réagit au moment même où une division d'archers surgissait sur les remparts, leurs flèches déjà encochées ; à un signe de Vatrenus, ils tirèrent avec une précision meurtrière. Les cavaliers du premier rang furent presque tous touchés, mais cela n'arrêta pas les autres, qui sautèrent à terre pour offrir une cible moins facile et se jetèrent en masse sur la garde de Claudianus. Batiatus s'élança à son tour dans la mêlée, chargeant comme un taureau et assenant des coups d'une puissance incroyable. Nombre de ces barbares n'avaient jamais vu de Noir, aussi reculaient-ils, terrorisés, à sa vue. Le géant éthiopien brisait les épées, défonçait les boucliers, projetait dans les airs têtes et bras en faisant tournoyer sa hache et en hurlant : « C'est moi, l'homme noir ! Ces porcs à taches de rousseur me répugnent ! » Mais dans la fougue de l'assaut, il s'était trop avancé, laissant Claudianus à découvert sur son flanc gauche. Aurelius, qui avait aperçu le mouvement d'un guerrier ennemi, se libéra d'un adversaire pour protéger le commandant, cependant son bouclier ne fut pas assez rapide et la pique du barbare se planta dans l'épaule de Claudianus. Aurelius s'écria : « Le commandant est blessé, le commandant est blessé ! » Entre-temps, les portes du camp s'étaient ouvertes et l'infanterie lourde de ligne chargea, équipée pour la guerre. Les barbares furent repoussés et les quelques rescapés s'enfuirent en toute hâte. Ils se présentèrent un peu plus tard à leur chef, un Scyrre du nom de Mlède, qui leur lança un regard hautain et méprisant. Avec leurs armes abîmées, leurs vêtements déchirés, leur visage et leurs membres couverts de sang et de boue, ils avaient un aspect misérable. Le plus gradé d'entre eux déclara, la tête basse : « Ils ont refusé. Ils ont dit non. »

Mlède pesta, puis il appela son ordonnance et lui somma de sonner le rappel. Bientôt, le cri des cors s'éleva à travers le brouillard qui enveloppait encore le paysage comme un suaire.

Le commandant Claudianus fut allongé avec précaution sur la table de l'infirmerie. Un chirurgien s'employait à arracher la pique fichée dans son épaule : la lance avait été sciée afin de limiter les dégâts des oscillations, mais la pointe en fer, encastrée sous la clavicule, avait peut-être perforé le poumon. À l'écart, un assistant chauffait au rouge un instrument sur les charbons, se préparant à cautériser la blessure.

Pendant ce temps, des appels et des sonneries d'alarme résonnaient sur les remparts. Aurelius quitta l'infirmerie et gravit en toute hâte l'échelle, au bout de laquelle il rejoignit Vatrenus, qui fixait l'horizon sans bouger. Face à eux, la ligne visible des collines se noircissait de guerriers.

« Par les dieux, murmura Vatrenus, ils sont plusieurs milliers ! Retourne auprès du commandant et rapporte-lui ce qui se passe. Nous n'avons sans doute pas les moyens de riposter, mais dis-lui que nous attendons ses ordres. »

Aurelius regagna l'infirmerie à l'instant même où le chirurgien extrayait la pique de l'épaule du chef blessé. Il vit son visage de vieux patricien se contracter en une grimace de douleur. Il s'approcha : « Général, les barbares nous attaquent. Ils sont plusieurs milliers, et ils s'apprêtent à encercler notre camp. Quels sont tes ordres ? »

Le sang du général jaillissait sur le visage du chirurgien et de ses assistants, qui s'efforçaient de tamponner la plaie. Le chirurgien saisit l'instrument brûlant qu'on lui tendait et l'appliqua sur la blessure. Le commandant Claudianus gémit en serrant les dents pour éviter de crier. Une odeur âcre de chair brûlée envahit la petite pièce, tandis que l'instrument grésillait en soulevant une fumée dense.

Aurelius répéta : « Commandant... »

Claudianus tendit sa main libre et répondit : « Écoute... Odoacre veut nous exterminer car nous représentons un obstacle qu'il doit balayer à tout prix. Notre légion est un vestige du passé, mais elle fait encore peur : elle est uniquement composée de Romains, d'Italiques et de provinciaux, il sait très bien qu'elle ne lui obéira jamais. Voilà pourquoi il veut notre mort à tous. Va, cours auprès d'Oreste, dis-lui que nous sommes encerclés, que nous avons désespérément besoin d'aide...

— Envoie-lui quelqu'un d'autre, je t'en prie, répliqua Aurelius. J'aimerais rester : tous mes amis sont ici...

— Non, obéis ! Tu es le seul à pouvoir accomplir cette mission. Va, cours, tant que nous contrôlons encore le pont qui enjambe l'Olubria. Ce sera sans doute le premier objectif qu'ils viseront pour nous écarter de la route menant à Plaisance. Va avant que l'étau se referme, et ne t'arrête pour aucune raison. Oreste se trouve dans sa demeure, hors la ville, avec l'empereur, son fils. Nous essaierons de résister.

— Je reviendrai, répondit Aurelius. Tenez bon. »

Il se retourna. Derrière lui, Batiatus observait en silence le visage mortellement pâle de son commandant, allongé sur la table souillée de sang. Aurelius n'eut pas le courage de lui dire quoi que ce soit. Il se précipita à l'extérieur et rejoignit Vatrenus sur le chemin de ronde : « Il m'a ordonné d'aller chercher des renforts, je reviendrai dès que possible. Résistez, résistez, nous pouvons nous en sortir. » Vatrenus opina du bonnet sans prononcer le moindre mot. À en juger par son regard, il n'avait aucun espoir, il se préparait seulement à mourir en soldat.

Désemparé, Aurelius fourra deux doigts dans sa bouche et siffla. Un hennissement lui répondit, précédant l'arrivée d'un bai déjà sellé. Aurelius sauta à cheval et poussa sa monture vers la porte postérieure. Sur l'ordre de Vatrenus, les battants s'ouvrirent pour laisser passer le cavalier, lancé au galop, et se refermèrent aussitôt derrière lui. Vatrenus regarda la silhouette de l'homme et du cheval rétrécir au loin en s'éloignant vers la tête de pont qui traversait l'Olubria. Le détachement qui montait la garde devant le passage comprit ce qui se passait, d'autant plus qu'un groupe de cavaliers barbares, qui avait abandonné le gros de l'armée, galopait à bride abattue vers eux.

« Réussira-t-il ? demanda Canidius en scrutant les remparts.

— À revenir ? Oui, peut-être, répondit Vatrenus. Aurelius est le meilleur. » Mais son ton n'était pas aussi optimiste que ses paroles.

Il tourna de nouveau le regard vers Aurelius, qui fonçait vers le pont, il vit qu'une autre unité de cavaliers barbares surgissait à gauche, réglant ses mouvements sur ceux du détachement qui venait de droite, bien décidée à couper la route au fugitif. Mais Aurelius était aussi rapide que le vent, et son cheval dévorait le terrain plat qui séparait le camp de la rivière. Il s'était couché sur la croupe afin de ne pas trop s'exposer aux flèches qui ne tarderaient pas à pleuvoir sur lui.

« Vas-y, vas-y, grondait Vatrenus entre ses dents. Vas-y, mon ami, oui, oui... » Mais il se rendit compte que les assaillants étaient trop nombreux et qu'ils renverseraient la tête de pont. Il fallait prêter main-forte à Aurelius. Il s'écria : « Catapultes ! » Les armuriers, qui avaient déjà compris, pointèrent aussitôt leurs engins sur les deux unités de cavalerie barbare qui convergeaient vers le pont.

« Tirez ! » hurla encore Vatrenus. Seize catapultes projetèrent leurs dards vers la tête des deux escadrons. Les premiers poursuivants s'écroulèrent au sol et ceux qu'ils précédaient furent entraînés dans leur chute désastreuse ; d'autres furent broyés par le poids de leurs chevaux ; quant aux guerriers qui se tenaient sur les côtés, ils tombèrent sous le tir des soldats qui occupaient le pont. Une nuée de flèches décochées à hauteur d'homme s'abattirent sur eux, suivies par des javelots dont le jet dessinait une courbe. Nombre de cavaliers churent, transpercés, tandis que leurs montures trébuchaient et roulaient au sol en les traînant et les écrasant sous leur poids, mais leurs compagnons s'écartèrent pour offrir une cible moins facile à leurs adversaires et poursuivirent leur course en poussant des cris furibonds.

Aurelius était désormais à portée de voix de ses compagnons, alignés sur le pont. Il reconnut Vibius Quadratus, un camarade de tente, et s'écria : « Couvrez-moi ! Je vais chercher de l'aide, je reviendrai !

— Je le sais ! » hurla Quadratus en levant le bras pour ordonner à la garde de laisser passer Aurelius.

Le cavalier s'engagea dans la brèche à la vitesse de l'éclair, et le pont résonna sous les sabots de son puissant destrier, lancé dans une course effrénée. Le détachement se referma aussitôt derrière lui, les boucliers se réunirent dans un claquement métallique. Les premiers hommes, à genoux, et les seconds, debout, avaient appuyé leurs lances contre le sol, n'en découvrant que la pointe. Les cavaliers barbares se jetèrent sur cette poignée de héros, leur fureur s'abattit comme une vague tempétueuse sur ce dernier rempart de la discipline romaine. Contraints de se serrer les uns contre les autres du fait de l'étroitesse du pont, certains assaillants se heurtèrent violemment en roulant au sol, d'autres continuèrent vers le centre en fondant avec une effroyable violence sur la petite garnison, qui recula sous le choc, mais tint bon. De nombreux chevaux se blessèrent sur les piques, d'autres se cabrèrent en catapultant leurs cavaliers, qui s'empalèrent sur les pointes ferrées. Puis le combat se changea en affrontement féroce, homme contre homme, épée contre épée. Les défenseurs n'ignoraient pas que chaque instant gagné pour le cavalier qui s'éloignait pourrait signifier le salut pour le détachement entier, ils n'ignoraient pas non plus que d'horribles tortures les attendaient s'ils étaient capturés vivants. Ils se battaient donc de toutes leurs forces en s'encourageant mutuellement à grands cris.

Parvenu à l'extrémité de la plaine, Aurelius se retourna avant de s'enfoncer dans la forêt de chênes qui se dressait devant lui : la dernière image qu'il vit fut celle de ses camarades balayés par l'élan irrépressible de leurs ennemis.

« Il a réussi ! exulta Antoninus sur le chemin de ronde du camp. Il est dans le bois, personne ne pourra le rattraper. Nous avons encore un espoir !

— C'est vrai, répondit Vatrenus. Nos compagnons se sont sacrifiés sur le pont afin de le couvrir. »

C'est alors que Batiatus surgit de l'infirmerie.

« Comment va le commandant ? demanda Vatrenus.

— Le chirurgien a cautérisé la plaie, mais il dit que la pique lui a perforé le poumon. Il crache du sang et sa fièvre monte. » Il serra ses poings de cyclope et contracta les mâchoires. « Je jure que je massacrerai le premier ennemi qui me tombera sous la main et que je lui mangerai le foie... »

Ses camarades lui lancèrent un regard admiratif et stupéfait : ils savaient que ce n'étaient pas de vaines paroles.

Vatrenus changea de conversation. « Quel jour sommes-nous ?

— Ce sont les nones de novembre, répondit Canidius. Pourquoi ?

— Il y a trois mois, Oreste s'apprêtait à présenter son fils au sénat, et il doit déjà le défendre contre l'attaque d'Odoacre. Avec un peu de chance, Aurelius pourra arriver à destination en pleine nuit. Si les renforts partent à l'aube, ils seront ici dans deux jours. En admettant qu'Odoacre n'ait pas fait occuper tous les cols et les ponts, qu'Oreste dispose encore de troupes fidèles à déployer immédiatement, et que... »

Il fut interrompu par des sonneries d'alarme qui s'élevaient des tours de garde et par les cris des sentinelles : « Ils attaquent ! »

Vatrenus réagit comme sous l'effet d'un coup de fouet. Il appela le porte-drapeau : « Exposez l'enseigne ! Tous les hommes à leur poste de combat ! Les machines en position de tir ! Archers à la palissade ! Légionnaires de la Nova Invicta, ce camp est un fragment de Rome, la terre sacrée de nos ancêtres. Défendons-le à tout prix ! Montrez à ces bêtes sauvages que l'honneur romain n'est pas mort ! »

Il empoigna un javelot et rejoignit son poste sur les remparts. Au même instant, le cri de la marée barbare explosa sur les collines, et des milliers de cavaliers firent trembler la terre sous leur charge furibonde. Ils entraînaient des chars et des affûts sur roues, garnis de pals pointus qu'ils projetteraient contre le camp romain. Les défenseurs s'adossèrent à la palissade en tendant les cordes de leurs arcs, en serrant spasmodiquement les javelots dans leurs poings. Pâles, tendus, le front humide de brouillard et de sueur froide.

II

Oreste accueillit personnellement ses invités à l'entrée de sa villa perchée sur la colline : notables, sénateurs, grands officiers de l'armée avec leurs familles. Les lampes étaient allumées, le dîner allait être servi : tout était prêt pour fêter le treizième anniversaire de son fils et ses trois mois de règne. Oreste avait longuement hésité à repousser le banquet, étant donné la situation dramatique que la rébellion d'Odoacre et de ses auxiliaires hérules et scyrres avait créée, mais il avait décidé de s'en tenir au programme prévu pour éviter de répandre la panique. Son détachement le plus aguerri, la Nova Invicta, formé à l'entraînement des anciennes légions, se rapprochait à coups de marches forcées ; son frère Paul arrivait de Ravenne à la tête de troupes choisies ; la rébellion serait donc bientôt circonscrite.

Or, son épouse, Flavia Serena, semblait inquiète et de fort mauvaise humeur. Oreste avait tenté de lui cacher la chute de Pavie, mais il commençait à craindre qu'elle n'en sût plus long qu'elle le laissait entendre.

Sombre et mélancolique, elle demeurait à l'écart,

près de la porte du tablinum, paraissant ainsi adresser de durs reproches à Oreste : Flavia s'était toujours opposée à la montée de Romulus sur le trône, et cette fête l'agaçait terriblement. Oreste la rejoignit en essayant de lui dissimuler sa déception et le drame qui le rongeait. « Pourquoi restes-tu à l'écart ? Tu es la maîtresse de maison et la mère de l'empereur, tu devrais être au centre de l'attention et de la fête. »

Flavia Serena regarda son époux comme s'il venait de prononcer des phrases privées de sens, et elle lui répondit durement : « Tu as voulu couronner tes ambitions en exposant un enfant innocent à un péril mortel.

— Ce n'est pas un enfant, c'est presque un jeune homme, et il a été instruit du mieux possible pour devenir un grand souverain. Nous en avons déjà discuté plusieurs fois, et j'espérais que tu me ferais grâce aujourd'hui de ta mauvaise humeur. Regarde, notre fils est heureux. Son précepteur, Ambrosinus, est lui aussi satisfait, c'est un homme sage, auquel tu t'es toujours fiée.

— Tu divagues, Oreste. L'édifice que tu as construit tombe déjà en pièces. Les troupes d'Odoacre, qui auraient dû appuyer ton pouvoir, se sont rebellées ; elles ne cessent de semer mort et destruction sur leur passage.

— J'obligerai Odoacre à négocier, à passer un nouvel accord. Ce n'est pas la première fois que ce genre de choses arrive. Ces hommes n'ont aucun intérêt à provoquer la chute de l'Empire, qui leur dispense terres et salaires. »

Flavia Serena soupira et baissa les yeux quelques instants avant d'ajouter en fixant son mari : « Odoacre dit-il la vérité ? Est-il vrai que tu lui avais promis un tiers de l'Italie en récompense et que tu n'as pas tenu ta parole ?

— C'est faux. Il... il a mal interprété mes propos...

— Cela ne change pas grand-chose à la situation. S'il l'emporte, comment crois-tu protéger notre fils ? »

Oreste lui saisit les mains. Le bruit de la fête semblait atténué, comme s'il était émoussé par l'angoisse qui se dressait entre eux, pareille à un cauchemar nocturne. Au loin, un chien aboya, et Oreste sentit les mains de son épouse trembler. « Ne t'inquiète pas, dit-il. Nous n'avons rien à craindre. Afin que tu aies confiance en moi, je vais te révéler une chose que je n'ai encore jamais dite à personne : au cours de ces dernières années, j'ai constitué en grand secret un détachement spécial, une unité de combat loyale et unie, essentiellement constituée d'Italiens et de provinciaux, qui ont suivi le même entraînement que les légions d'autrefois. Je l'ai placée sous les ordres de Manilius Claudianus, un officier de la vieille aristocratie, un homme qui mourrait plutôt que de manquer à sa parole. Ces soldats ont fourni des preuves de grande valeur sur nos frontières, et voilà qu'ils se rapprochent à coups de marches forcées, sur mon ordre. Ils pourraient arriver d'ici deux ou trois jours. Mon frère Paul a, quant à lui, quitté Ravenne à la tête d'un autre contingent. Et maintenant, je t'en prie, viens, rejoignons nos invités. »

Flavia Serena parut croire un instant que ces paroles reflétaient la vérité car c'était ce qu'elle désirait du fond du cœur. Mais, tandis qu'elle ébauchait un sourire avant de rejoindre les invités, l'aboiement du chien retentit plus fort, aussitôt suivi par un chœur de jappements. Les membres de l'assistance se dévisagèrent. Un cri d'alarme monta de la cour, puis la trompette sonna le rassemblement de la garde. Un officier surgit dans la pièce et se précipita vers Oreste. « Nous sommes attaqués ! Il y a là plusieurs centaines d'hommes, menés par Wulfila, le lieutenant d'Odoacre ! »

Oreste prit une épée dans une panoplie accrochée au mur, et s'écria : « Vite, que tout le monde s'arme ! Nous sommes attaqués ! Ambrosinus, emmène le petit et sa mère, cachez-vous dans le bûcher. N'en bougez pas. Je viendrai moi-même vous chercher. Vite, vite ! »

Déjà, on entendait des grands coups contre la porte : un bélier faisait trembler l'enceinte de la villa dans un vacarme assourdissant. Les défenseurs coururent sur le chemin de ronde afin de repousser l'assaut, mais des dizaines d'échelles s'abattaient déjà contre le parapet, des centaines de guerriers entraient de toutes parts comme un essaim en lançant des cris sauvages. La porte céda brusquement sous les coups du bélier, et un gigantesque cavalier bondit à l'intérieur. Oreste le reconnut, il se jeta sur lui, son épée brandie, en criant : « Wulfila, maudit sois-tu ! »

Pendant ce temps, Ambrosinus avait atteint sa cachette en traînant derrière lui l'adolescent ébahi et terrorisé, mais dans le vacarme et la hâte il n'avait pas remarqué que Flavia Serena était restée en arrière. Romulus assista au drame à travers une fente de la porte, il vit les invités, fauchés les uns après les autres, s'effondrer dans leur sang, il vit son père affronter ce géant hirsute avec la force du désespoir, il le vit tomber à genoux, se relever, brandir encore son épée, se battre jusqu'à la dernière étincelle d'énergie, puis s'écrouler, transpercé. Le mouvement convulsif de ses paupières décomposait la tragédie en séries de gestes, la morcelait en mille éclats acérés qui se plantaient dans sa mémoire. Il entendit sa mère crier : « Maudits ! Soyez tous maudits ! », il vit Ambrosinus voler à son secours tandis qu'elle hurlait encore, en proie à l'horreur, arrachant ses cheveux et se griffant le visage, agenouillée à côté de son époux agonisant. Il quitta lui aussi leur cachette, bien décidé à mourir avec ses parents, plutôt que de vivre dans ce monde féroce. Il vit le guerrier gigantesque plonger la main dans le sang de son père et marquer son front d'une bande vermillon. Il s'élança vers l'épée d'Oreste, pour la pointer courageusement contre l'ennemi. C'est alors qu'Ambrosinus le rejoignit d'un pas léger et presque imperceptible, se frayant un chemin dans la pluie de flèches, parmi les combattants enlacés dans de féroces corps à corps. Il s'interposa entre le garçon et l'épée d'un barbare qui surgissait à cet instant. La lame aurait tué les deux hommes si Wulfila n'avait pas paré le coup. « Imbécile, grogna-t-il au nez du guerrier, ne vois-tu pas à qui tu as affaire ? »

L'homme écarta son épée, l'air confus. « Prends-les tous les trois, lui ordonna Wulfila. Nous les emmenons. À Ravenne. »

La bataille était terminée, les défenseurs avaient été écrasés et passés jusqu'au dernier au fil de l'épée. Certains invités s'étaient sauvés en fuyant par les fenêtres dans la campagne sombre, d'autres s'étaient cachés dans les quartiers des esclaves, sous les lits ou dans les entrepôts. Nombre d'entre eux avaient été impitoyablement fauchés dans la fougue de l'attaque. Les musiciens, qui avaient égayé la fête de leurs mélodies, étaient morts, eux aussi. Ils gisaient sur le sol, les yeux écarquillés, leurs instruments serrés dans leurs mains. Les femmes étaient violées à plusieurs reprises et soumises à toutes sortes d'ignominies, les hommes contraints d'assister aux outrages perpétrés sur leurs épouses ou leurs filles, avant d'être à leur tour jetés à terre et égorgés comme des moutons.

Dans le jardin intérieur, les statues avaient été renversées, les haies et les arbustes arrachés, les fontaines étaient remplies de sang. Il y avait aussi du sang sur le sol et sur les murs décorés de fresques. Les barbares achevaient leur œuvre en saccageant tout ce que la somptueuse villa contenait de précieux : chandeliers, meubles, vaisselle. Ceux qui n'avaient pu épancher leur rage sur des objets de valeur mutilaient les cadavres, urinaient ou déféquaient sur les mosaïques. Les hurlements de ces sauvages, ivres de massacre, se mêlaient au crépitement des flammes qui commençaient à dévorer la pauvre demeure.

Les trois prisonniers furent entraînés et placés sur un chariot attelé à deux mulets. Wulfila s'écria : « Allons-nous-en, partons, une longue route nous attend ! »

Ses hommes abandonnèrent à contrecœur la villa, réduite à l'état de ruine, et se disposèrent en colonne, au trot, derrière le petit convoi. À l'intérieur du véhicule, Romulus pleurait en silence, blotti dans les bras de sa mère. En moins d'une heure, il était passé des fastes de la dignité impériale à une condition misérable. Son père avait été massacré sous ses yeux, et il était prisonnier de ces bêtes sauvages, totalement en leur pouvoir. Assis derrière eux, Ambrosinus gardait le silence, comme étourdi par la souffrance, il se retournait de temps à autre pour regarder la grande villa en proie aux flammes, les volutes de fumée et les étincelles qui montaient vers le ciel en répandant sur l'horizon une lueur sinistre. Il n'avait rien réussi à sauver, si ce n'était la besace avec laquelle il était arrivé en Italie, de nombreuses années plus tôt, et un seul des milliers de livres que la bibliothèque renfermait : un exemplaire de *L'Enéide*, magnifiquement illustré, que les sénateurs avaient offert à Romulus. De temps à autre, il caressait la couverture en cuir du volume en se disant que le destin n'avait pas été si cruel, puisqu'il lui avait laissé la compagnie, peut-être prophétique, des vers de Virgile.

Aurelius se heurta à plusieurs barrages au cours de sa chevauchée nocturne : Odoacre avait placé des garnisons aux ponts et aux passages ; de plus, des soldats barbares de l'armée impériale parcouraient les routes consulaires. Il dut donc faire des détours, affronter des gués que les pluies automnales avaient transformés en tourbillons, ou des sentiers escarpés dans la montagne. Quand il redescendit vers la plaine, il comprit que son cheval ne supporterait pas un nouvel effort. L'animal était couvert d'écume et de sueur, il avait le souffle court et les yeux vitreux. Le destin vola à son secours en plaçant devant lui des lumières, ainsi qu'un bâtiment à l'aspect familier : un relais sur la voie Postumia, miraculeusement intact et apparemment ouvert. En se rapprochant, il entendit grincer l'enseigne qui pendait à une barre de fer fichée dans le mur extérieur. Elle était à moitié rouillée, mais on y distinguait encore la silhouette d'une sandale, ainsi qu'une inscription en belles capitales : « MANSIO AD SANDALUM HERCULIS. » Devant l'édifice, une borne milliaire frappée des lettres et des chiffres *m.p.XXII* signifiait que vingt-deux milles séparaient le visiteur du relais suivant.

Aurelius sauta à terre et entra en haletant : un employé du service postal somnolait sur une chaise tandis que des clients, allongés sur le sol dans leur manteau, dormaient profondément. Aurelius le secoua. « Service impérial, dit-il, extrême urgence et priorité absolue, c'est une question de vie ou de mort. Mon cheval est épuisé, j'ai besoin d'une monture fraîche, immédiatement. »

L'employé sursauta, il ouvrit les yeux et comprit à son expression que son interlocuteur disait vrai. En effet, le visage d'Aurelius était déformé par la fatigue, ses traits défaits par la tension. « Viens », dit l'homme en saisissant un morceau de pain et une bouteille de vin sur un bahut. Il les tendit à Aurelius afin qu'il puisse boire une gorgée et manger une bouchée pendant qu'ils parcouraient le couloir et descendaient l'escalier menant aux écuries. Il paraissait évident que l'officier ne s'arrêterait pas un seul instant pour se restaurer. Les stalles étaient en grande partie vides, mais on parvenait à distinguer trois ou quatre chevaux dans la pénombre. L'homme souleva sa lanterne. « Prends celui-ci, dit-il en indiquant un moreau bien bâti au poil lisse et luisant. C'est un animal magnifique. Il s'appelle Juba. Il appartenait à un grand officier qui n'est jamais revenu le chercher. » Aurelius mordit une dernière fois dans la miche de pain, il avala une gorgée de vin, sauta à cheval et s'engagea sur la rampe qui menait à l'extérieur en criant : « Ha ! Ha ! Juba ! » Bondissant comme une âme damnée sortant des Enfers, il se lança dans un galop effréné. Il traversa la route consulaire et s'engagea dans un sentier qui formait un sillon blanc entre les herbes, à la clarté hésitante de la lune. Le gérant du relais sortit à son tour, muni d'un registre, d'un stylet et d'une lanterne, tout en hurlant : « Le reçu ! » Mais Aurelius était déjà loin, et le galop de Juba se perdit dans la campagne.

L'homme répéta tout bas : « Il faut que tu signes le reçu. » C'est alors qu'il fut distrait par un hennissement docile. Apercevant le bai d'Aurelius, fumant de sueur, il le prit par la bride et le conduisit vers l'écurie. « Viens, mon beau, tu vas attraper froid. Tu es en sueur et tu dois avoir faim, je parie que tu n'as rien mangé, comme ton maître. »

Une lueur commençait à se répandre à l'horizon quand Aurelius entrevit la villa de Flavius Oreste. Il comprit aussitôt qu'il arrivait trop tard : une colonne de fumée noire s'échappait du bâtiment principal, en ruine, et l'on relevait partout les signes d'une sauvage dévastation. Il attacha son cheval à un arbre et s'approcha prudemment de l'entrée, à l'abri du mur d'enceinte. Les battants de la porte gisaient sur le sol, arrachés et brûlés, des dizaines de cadavres couverts de sang grumelé étaient entassés dans la cour. Parmi eux, de nombreux soldats de la garde impériale, mais aussi des guerriers barbares tombés dans de féroces corps à corps. La bataille avait dû être d'une violence épouvantable, et la mort avait saisi les êtres là où ils se trouvaient ; l'horreur et le dernier spasme d'agonie se lisaient sur leur visage.

Aucun bruit ne troublait le silence, à l'exception du crépitement des flammes et, de temps à autre, du claquement sec d'une poutre qui s'écroulait, ou du tintement des tuiles qui, tombant du toit consumé par le feu, se brisaient sur le sol. Aurelius avança au milieu de cette désolation, jetant un regard perdu et incrédule à la ronde. Au fur et à mesure que la tragédie se manifestait à ses yeux dans son atroce réalité, il se sentait envahi par une vague d'angoisse qui l'enserrait dans un étau terriblement oppressant. Les pièces qui étaient encore épargnées par le feu empestaient la mort et les excréments ; les cadavres des femmes dénudées et violées, ceux des jeunes filles encore impubères gisaient, les jambes écartées en des poses obscènes non loin des corps de leurs pères et de leurs maris égorgés. Partout, du sang : répandu sur les sols en marbre, sur les murs aux fresques précieuses, dans les atriums, les bains, le triclinium, sur les tables et les restes de nourriture, il imprégnait les rideaux, les tapis, les nappes.

Aurelius tomba à genoux en poussant un cri de fureur et de désespoir. Il demeura longtemps dans cette position, écrasé par un sentiment d'impuissance. Soudain, il entendit un gémissement qui le détourna de sa douleur. Était-ce possible ? Y avait-il encore un être vivant dans ce charnier ? Il se leva brusquement, sécha les larmes qui ruisselaient sur son visage et sortit. Le gémissement venait de la cour, d'un homme couché à plat ventre dans une grande flaque de sang. Aurelius s'agenouilla et le retourna délicatement. Bien qu'au seuil de la mort, l'homme reconnut ses enseignes et son uniforme. Il murmura : « Légionnaire... »

Aurelius se pencha. « Qui es-tu ? »

L'homme respirait à grand-peine, au prix de terribles souffrances. Il répondit : « Je suis Flavius... Oreste. »

Aurelius tressaillit. « Commandant, dit-il. Par les dieux... Commandant, j'appartiens à la Nova Invicta. » Ce nom résonnait comme un coup du sort.

Oreste tremblait, claquant des dents sous l'effet du froid de la mort qui envahissait son corps. Aurelius ôta son manteau et l'en recouvrit. Ce geste de pitié sembla un instant ragaillardir le mourant, lui insuffler un éclat d'énergie. « Ma femme, mon fils..., dit-il. Ils ont capturé l'empereur. Je t'en supplie, avertis la légion. Il faut que... vous les libériez.

— La légion a été attaquée par des forces supérieures, répondit Aurelius. J'étais venu chercher des renforts. »

Une expression de profond effroi se peignit sur le visage d'Oreste. Cependant, tandis que ses yeux se remplissaient de larmes, il dit d'une voix qui trahissait encore un peu d'espoir : « Sauve-les, je t'en supplie. »

Ne parvenant pas à soutenir l'intensité et le chagrin de ce regard, Aurelius répondit, la tête basse : « Je... je suis resté seul, commandant. »

Oreste parut ignorer ses paroles. Rassemblant ses dernières forces, il se redressa et s'agrippa à la cuirasse d'Aurelius. « Je t'en conjure, légionnaire, dit-il dans un râle, sauve mon fils, sauve l'empereur. S'il meurt, Rome meurt avec lui. Si Rome meurt, tout est perdu. »

Sa main glissa au sol, inerte, et ses yeux se vidèrent de toute expression, dans la fixité stupéfaite de la mort.

Aurelius lui ferma les paupières. Il reprit son manteau et sortit alors que le soleil, au-dessus de l'horizon, éclairait, dans toute son horreur, la scène du massacre. Il rejoignit Juba qui broutait tranquillement l'herbe de la pelouse, le détacha, bondit sur son dos et le poussa vers le nord, sur les traces de l'ennemi.

III

La colonne que menait Wulfila marchait depuis trois jours, effectuant un voyage pénible d'abord à travers les cols enneigés des Apennins puis dans la plaine brumeuse. Durement éprouvés par la fatigue et l'insomnie, les prisonniers avaient atteint les limites de leur résistance. Ils n'avaient pu se reposer que quelques heures, durant lesquelles ils s'étaient enfoncés dans une torpeur que les cauchemars du massacre n'avaient cessé de ponctuer. Mue par l'éducation sévère que sa famille lui avait dispensée et par le désir de soutenir son fils Romulus, Flavia Serena se faisait violence. De temps à autre, l'adolescent posait la tête dans son giron et fermait les yeux, mais dès qu'il cédait au sommeil les images du massacre envahissaient son esprit bouleversé : Flavia Serena sentait les membres de son fils se contracter douloureusement, et elle avait l'impression de voir les visions d'horreur défiler sous ses paupières. Soudain, le garçon se réveillait en criant, le front couvert de sueur, le regard atterré.

Ambrosinus lui touchait l'épaule et s'efforçait de lui transmettre un peu de chaleur. « Courage, lui disait-il, courage, mon garçon, le destin t'a imposé l'épreuve la

plus dure et la plus cruelle qui soit, mais je sais que tu t'en tireras. »

À un moment donné, alors que Romulus s'était abandonné au sommeil, il s'approcha et murmura quelques mots à son oreille : le souffle de l'adolescent s'apaisa et son visage parut se détendre.

« Que lui as-tu dit ? demanda Flavia Serena.

— Je lui ai parlé avec la voix de son père, répondit Ambrosinus sur un ton énigmatique. C'était ce qu'il voulait entendre et ce dont il avait besoin. »

Flavia ne répliqua pas. Elle tourna de nouveau le regard vers la route qui longeait les vastes lagunes côtières, les eaux ourlées d'écumes blêmes, qu'oppressait un ciel de plomb. Ils atteignirent les environs de Ravenne le soir du cinquième jour, à la tombée de la nuit. La colonne parcourait l'une des nombreuses digues qui traversaient la lagune, menant au groupe d'îles sur lesquelles la ville se dressait autrefois, et qui formaient maintenant une longue dune côtière. Le brouillard se levait, il rejoignait la rive en glissant sur la surface des eaux pour se répandre sur la terre ferme, léchant les arbres squelettiques, les cabanes isolées des pêcheurs et des paysans. De temps à autre, le cri d'un animal nocturne ou l'aboiement solitaire d'un chien retentissaient au loin. Le froid et l'humidité pénétraient jusqu'aux os, une fatigue insupportable s'ajoutait à ce profond malaise.

Les tours de Ravenne surgirent soudain devant eux, pareilles à des géants dans le brouillard. Wulfila cria un ordre dans sa langue gutturale : la porte s'ouvrit et les cavaliers entrèrent au pas. Les habitants semblaient tous avoir disparu : les portes étaient barricadées, les fenêtres fermées. On n'entendait que le clapotis de l'eau dans les canaux quand une barque avançait, comme un fantôme, poussée par de lents coups de rame. Le convoi

s'immobilisa à l'entrée du palais impérial en brique rouge, orné, sur la façade, de colonnes en pierre istrienne. Wulfila ordonna qu'on sépare Flavia Serena de son fils et qu'on conduise le jeune homme dans ses appartements.

« Laisse-moi l'accompagner, demanda promptement Ambrosinus. Il est terrorisé, épuisé, il a besoin d'un compagnon. Je suis son précepteur et je sais comment l'aider, je t'en supplie, puissant seigneur. »

Flatté par ce titre, auquel il n'était pas habitué, Wulfila acquiesça en émettant un son inarticulé. Ambrosinus put donc suivre son élève. Tandis qu'on l'emmenait, Romulus se retourna en criant : « Mère ! Mère ! » Flavia Serena lui lança un regard triste et douloureux, mais plein de dignité, puis, flanquée de deux gardes, elle s'éloigna d'un pas ferme dans un couloir, les épaules droites, les bras croisés sur sa poitrine pour dissimuler ce que ses vêtements déchirés dévoilaient.

Odoacre l'attendait, assis sur le trône en ivoire des derniers Césars. Il lui suffit d'un signe pour faire comprendre à Wulfila et aux gardes qu'il voulait rester en tête à tête avec la femme. On avait préparé une chaise au pied du trône. Bien qu'invitée à y prendre place, Flavia Serena préféra demeurer debout, le dos droit, les yeux dans le vide. Malgré ses habits lacérés, ses cheveux collés, les taches de sang qui souillaient encore sa tunique, malgré son front noirci par la suie et ses joues égratignées, elle conservait le charme d'une féminité indomptée et fière, offrait au regard une beauté blessée et abîmée, mais encore intacte, avec ses traits délicats et hautains, son cou d'albâtre, ses épaules et sa poitrine parfaites, que ses mains jointes ne parvenaient pas à couvrir tout à fait. Devinant les yeux du barbare sur son corps, elle brûlait d'indignation et de rage impuissante. Seule la pâleur de la fatigue, du jeûne et

de l'insomnie masquait ses émotions, à l'instar d'un suaire.

« Je sais que tu me méprises, dit Odoacre. Vous nous qualifiez de barbares, comme si vous étiez meilleurs que nous, alors que votre race a été corrompue par des siècles de vice, de pouvoir et d'abus. J'ai fait tuer ton mari parce qu'il le méritait, parce qu'il m'avait trahi en manquant à sa parole. Je devais donner un exemple afin que tout le monde comprenne qu'on ne peut tromper impunément Odoacre, et l'exemple devait être assez terrible pour effrayer qui que ce soit. Ne compte pas sur ton beau-frère Paul. Mes troupes l'ont encerclé et anéanti. Mais plus de sang désormais ! Je n'entends pas m'acharner sur ce pays. Je veux qu'il renaisse, je veux que refleurissent ses œuvres, le travail dans les champs et dans les échoppes. Cette terre mérite mieux que Flavius Oreste et son petit empereur. Elle mérite un vrai souverain, capable de la guider et de la protéger, de même qu'un mari guide et protège son épouse. Je serai ce souverain, et je veux que tu sois ma reine. »

Flavia, qui était restée immobile et silencieuse jusqu'à ce moment-là, finit par réagir. Sa voix était aussi coupante qu'une lame : « Tu ne sais pas ce que tu dis. Je descends des hommes qui vous ont combattus pendant des siècles, ceux qui vous ont repoussés dans les forêts où vous avez vécu comme les bêtes auxquelles vous ressemblez point par point. Votre puanteur, votre ignorance, votre sauvagerie me répugnent, tout comme votre langue et le son de votre voix, plus proche de l'aboiement des chiens que d'une expression humaine. Je n'éprouve que dégoût pour votre peau qui ne supporte pas la lumière du soleil, pour vos cheveux d'étoupe et vos moustaches toujours souillées d'aliments. Est-ce le lien conjugal que tu désires ? L'échange de sentiments

que tu souhaites ? Tu peux me tuer, y compris sur-le-champ, peu m'importe. Je ne t'épouserai jamais ! »

Odoacre contracta les mâchoires : les paroles cinglantes de Flavia l'avaient blessé et humilié. Il savait qu'aucune force, qu'aucun pouvoir n'était en mesure de vaincre ce mépris, et pourtant le sentiment qui l'avait saisi dès l'instant où il s'était enrôlé dans l'armée impériale ne l'abandonnait pas : l'admiration pour ces vieilles villes, pour les forums et les basiliques, les colonnes et les monuments, les routes, les ports et les aqueducs, les enseignes et les arcs, les inscriptions de bronze solennelles, les bains et les thermes, les maisons et les villas, si belles qu'elles évoquaient les demeures des dieux. L'Empire était le seul monde pour lequel il valait la peine de vivre. Il regarda la jeune femme et la trouva plus désirable que jamais, aussi resplendissante que le jour où, âgé de vingt ans, il l'avait vue épouser Flavius Oreste. Elle lui avait alors paru lointaine, splendide et inaccessible, comme l'étoile qu'il contemplait lorsqu'il était enfant, couché sur le char de ses parents nomades, dans la plaine immense. Et voilà qu'elle était à sa merci en cet instant et à jamais. Mais ce n'était pas ce qu'il souhaitait, pas encore. Il dit : « Tu feras ce que je t'ordonnerai de faire si tu veux sauver ton fils et ne pas être le témoin de sa mort. Maintenant, va-t'en. »

Les gardes entrèrent et l'emmenèrent vers l'aile ouest du palais. En les entendant dans le couloir, Ambrosinus colla l'œil à la serrure de la porte. Il appela Romulus : « Regarde, dit-il, ta mère. » Au même instant, il lui fit signe de garder le silence en portant son index à ses lèvres, tandis qu'il s'écartait pour lui permettre de regarder à son tour.

Le petit cortège sortit rapidement de son champ de vue. Alors, l'oreille contre la porte, Ambrosinus compta les pas des gardes jusqu'à ce que retentissent le déclic

d'une serrure et le bruit d'une porte qui se refermait. « Vingt-quatre. La chambre de ta mère est à vingt-quatre pas de la nôtre, sans doute de l'autre côté du couloir. Nous nous trouvons probablement dans le quartier du gynécée impérial. J'y suis allé une fois, il y a deux ans, et ta mère le connaît assez bien. Ce sera peut-être un avantage. »

Habitué à suivre les élucubrations de son maître, dont il ne comprenait souvent ni le but ni le sens, Romulus opina du bonnet, mais il ne manifesta pas d'intérêt particulier. La porte de leur chambre était verrouillée de l'extérieur et surveillée par un guerrier armé d'une hache et d'une épée : il semblait impossible d'établir un contact avec sa mère. Il se laissa donc aller sur le lit, épuisé par l'immense fatigue et par les innombrables émotions qui l'avaient assailli. La nature l'emporta, et il plongea dans un profond sommeil. Ambrosinus le couvrit d'un drap, lui caressa délicatement la tête avant de se coucher sur l'autre lit. Devinant que les ténèbres susciteraient des images dont il serait difficile de se défendre, il ne voulut pas éteindre la lanterne. De plus, il préférait conserver un semblant de vigilance par cette nuit peuplée d'ombres sanglantes.

Il n'aurait pas su dire combien de temps s'était écoulé quand il entendit un son et, aussitôt après, une sorte de bruit sourd. Romulus dormait encore d'un sommeil lourd : il gisait dans la même position qu'à l'instant où il s'était assoupi. Ambrosinus se leva. C'est alors qu'il perçut un claquement sec et métallique contre la porte. Il s'approcha de l'adolescent et le secoua énergiquement : « Réveille-toi, vite, il y a quelqu'un ! »

Romulus ouvrit les yeux sans comprendre où il était, mais la vision des murs de la cellule lui ramena bien vite sa triste condition à la mémoire. La porte s'était

ouverte en grinçant. Une silhouette enveloppée dans un manteau, au visage couvert par un large capuchon, était apparue dans l'entrebâillement. Le regard d'Ambrosinus tomba aussitôt sur la pointe de l'épée que l'individu tenait ; d'instinct, il se plaça devant Romulus. L'homme découvrit alors son visage.

« Vite, dit-il, je suis un soldat romain de la Nova Invicta, et je suis venu sauver l'empereur. Vite, il n'y a pas de temps à perdre.

— Mais comment vais-je..., commença Ambrosinus.

— Peu importe. Ce n'est pas toi que j'ai promis de sauver, mais lui.

— Je ne te connais pas, je ne sais pas qui tu es...

— Je m'appelle Aurelius et je viens de tuer le garde », dit-il en indiquant derrière lui un cadavre, qu'il traîna à l'intérieur de la pièce par un pied.

« Je ne pars pas sans ma mère, dit promptement Romulus.

— Alors, dépêchons-nous, par tous les dieux ! répliqua Aurelius. Où est-elle ?

— Là-bas », répondit Ambrosinus avant d'ajouter, prouvant ainsi qu'il était indispensable à cette expédition : « Je sais où nous pouvons aller. Je connais un passage qui mène à la tribune des femmes, dans la basilique impériale. »

Ils se dirigèrent vers la chambre où l'on avait dû enfermer Flavia Serena. Aurelius introduisit la pointe de son épée entre la porte et le montant, faisant sauter le verrou. C'est alors que surgit le garde qui venait prendre la relève. Il fondit sur eux en criant et en brandissant son épée. Aurelius affronta le barbare, il le déséquilibra au moyen d'une feinte et le toucha au côté, le transperçant de part en part. L'homme s'effondra, inanimé, et le légionnaire put entrer dans la chambre de

Flavia : « Vite, ma dame, dit-il, je suis venu vous libérer ! Vite, il n'y a pas un instant à perdre ! »

À la vue de son fils et d'Ambrosinus, Flavia eut un coup au cœur : le destin lui offrait une aide inespérée.

« Par là, dit Ambrosinus, passons par le couloir qui mène à la galerie des femmes, dans la basilique. Les barbares n'en connaissent sans doute pas l'existence. » Il précéda ses compagnons en toute hâte, tandis que des hommes, postés au fond du couloir, arrivaient, attirés par les hurlements du garde. Aurelius eut juste le temps de fermer une grille en fer derrière lui avant de rejoindre ses compagnons de fuite. Déjà, des cris retentissaient dans leur dos, des torches fusaient dans l'obscurité de la cour et derrière les fenêtres, des appels et des cliquètements d'armes résonnaient. À l'instant où Ambrosinus s'apprêtait à ouvrir la petite porte qui donnait sur le couloir, un guerrier gigantesque jaillit d'un escalier latéral, flanqué de deux soldats : Wulfila. Séparé de ses compagnons, le précepteur se cacha non sans crainte derrière l'arcade qui dissimulait la porte, d'où il assista, impuissant, à l'attaque. Les trois hommes se jetèrent sur Aurelius, qui défendait Flavia et Romulus. Ambrosinus ferma les yeux, serra dans son poing le bijou qui pendait à son cou, un rameau de gui en argent, et concentra toute la force de son esprit sur le bras d'Aurelius, qui, d'un coup d'épée, décapita l'un de ses adversaires à la vitesse de l'éclair. La tête de l'homme tomba entre ses jambes et son corps trembla brièvement au rythme des dernières contractions de son cœur, libérant un flot de sang avant de se renverser. Aurelius para ensuite un coup de Wulfila du poignard qu'il tenait de la main gauche, il bondit sur le côté en tendant la jambe entre celles du troisième homme, déjà lancé à l'attaque. Avec un bond de félin, il tourna sur lui-même et enfonça la lame de son couteau entre les omoplates de

l'agresseur, le clouant au sol. Il lui fallait maintenant affronter le plus redoutable des adversaires. Les lames des épées, en acier de bonne trempe, s'entrecroisèrent dans un vacarme assourdissant en produisant une série d'étincelles. La force épouvantable du barbare se brisait sur l'habileté et l'agilité du Romain.

Les cris des gardes se rapprochant, Aurelius comprit qu'il lui fallait se libérer de son adversaire s'il ne voulait pas tomber aux mains de ses ennemis et subir une mort atroce. Les épées se bloquèrent l'une contre l'autre entre les poitrines des deux guerriers, chacun tentant d'égorger l'autre, chacun serrant de sa main libre le poignet de son adversaire. Les yeux de Wulfila se plantèrent dans ceux d'Aurelius et s'écarquillèrent sous l'effet de la surprise. « Qui es-tu ? s'écria-t-il. Je t'ai déjà vu, Romain ! »

Il aurait suffi au barbare d'immobiliser Aurelius un instant de plus : ses compagnons l'auraient rejoint, mettant fin au combat et apportant une réponse à cette question. Mais Aurelius se libéra d'un formidable coup de tête. Il recula pour effectuer une feinte. Ce faisant, il glissa sur le sang de ses ennemis et tomba. Wulfila s'apprêtait à l'achever lorsque Romulus, qui, paralysé de terreur, était resté jusqu'à présent convulsivement agrippé à sa mère, reconnut l'assassin de son père. Il se ressaisit brusquement, ramassa l'épée d'un des guerriers tués et bondit vers Wulfila. Ayant saisi cette menace du coin de l'œil, le barbare lança son poignard sur le garçon, mais Flavia, qui s'était jetée en avant pour protéger son fils, reçut l'arme en pleine poitrine. Saisi d'horreur, Romulus se mit à crier, et Aurelius profita de cette distraction pour assener un coup du tranchant à l'ennemi. Reculant la tête, celui-ci évita la mort, mais la lame entailla profondément son visage, de l'œil gauche à la joue droite. Il hurla de rage et de

douleur sans cesser de faire tournoyer son épée, tandis qu'Aurelius arrachait le garçon au cadavre de sa mère et l'entraînait dans l'escalier d'où avaient jailli ses agresseurs.

Ambrosinus essaya de les suivre, mais, voyant arriver un détachement de gardes bien fourni, il recula dans l'ombre de l'arcade et disparut derrière la petite porte. Il longea le long balcon de marbre qui surplombait la nef centrale de la basilique, dominée par une grande mosaïque absidale représentant un Tout-Puissant à peine visible dans le pâle reflet de l'or. Il descendit d'un pas rapide et rejoignit les balustrades, traversa le presbytère et les sacristies avant de déboucher sur un étroit couloir, ménagé entre le mur extérieur et l'église : imaginant où Aurelius surgirait et comment il tenterait de s'enfuir, il tremblait pour le sort du garçon, exposé à un péril mortel.

En effet, il ne restait plus qu'une issue à Aurelius, à travers les bains du palais. Il entra dans une vaste salle surmontée d'une voûte en berceau, que deux lampes à huile éclairaient faiblement. Dans le sol s'ouvrait un grand bassin dont l'eau, laissée à l'incurie des nouveaux maîtres, était trouble et recouverte d'une couche d'algues. Aurelius s'efforça d'ouvrir la porte qui donnait sur la rue, mais elle était fermée de l'extérieur. Il s'adressa alors au garçon : « Sais-tu nager ? » Romulus acquiesça tandis que son regard se fixait avec dégoût sur cette espèce de mare nauséabonde.

« Alors suis-moi, nous devons remonter le conduit de décharge qui communique avec le canal extérieur. J'ai attaché mon cheval non loin d'ici. Tu vas devoir nager dans une eau froide et noire, mais tu peux y arriver, je t'aiderai. Allez, retiens ton souffle. »

Il descendit dans le bassin et aida Romulus à s'y enfoncer. Une fois sous l'eau, Aurelius entreprit de

remonter le conduit. Il atteignit bien vite la cloison qui séparait le bassin du canal de décharge. Elle était fermée. Il se sentit perdu, il pensa qu'il aurait dû faire cette tentative tout seul. Dans quelques instants, le garçon se noierait : il devinait déjà les vibrations de panique et de désespoir qui agitaient l'eau noire. Il parvint à glisser les mains sous la cloison et exerça une forte pression vers le haut jusqu'à ce qu'elle cède progressivement. Alors il attrapa l'adolescent à l'aveuglette et le poussa de l'autre côté, puis il passa à son tour et laissa retomber la cloison. Les poumons sur le point d'éclater, il jaillit bientôt à la surface aux côtés de Romulus. Celui-ci avait si froid qu'il claquait des dents. Le voyant au bord de l'évanouissement, Aurelius se dit qu'il ne pouvait pas l'abandonner dans l'eau pendant qu'il allait chercher son cheval. Il le hissa donc sur la rive, transi et tremblant, puis le traîna rapidement à l'abri derrière le coin sud du palais.

« Le brouillard se lève, dit-il, nous avons de la chance. Courage, nous pouvons y arriver. Et maintenant, ne bouge pas. »

L'adolescent ne répondit pas : il semblait avoir perdu tout contact avec la réalité. Au bout de quelques secondes, il dit d'une voix presque inaudible : « Nous devons attendre Ambrosinus.

— C'est un adulte, rétorqua Aurelius. Il saura s'en tirer. Ce sera déjà bien beau si nous parvenons à sortir d'ici. Les barbares sont partis à notre recherche. »

En effet, on entendait leurs assaillants quitter les écuries de l'aile sud pour inspecter les routes à cheval. Aurelius parcourut un sentier et pénétra dans un vieil entrepôt de poisson, à l'intérieur duquel il avait attaché Juba.

Il prit sa monture par la bride et rebroussa chemin en s'efforçant de ne pas faire de bruit. Il avait presque

atteint son but quand un cri résonna dans la langue des Hérules : « Le voici, il est là ! Arrête-toi ! Arrête-toi ! » Aussitôt après, il vit Romulus surgir de la cachette et longer le côté est du palais. On l'avait débusqué !

Aurelius sauta à cheval et se précipita sur le vaste terre-plein qui s'étendait devant le palais impérial, illuminé par de nombreuses torches. Romulus courait à perdre haleine, poursuivi par un groupe d'Hérules. Aurelius poussa sa monture et se fraya un chemin entre les assaillants, il en faucha deux, à droite et à gauche, à l'aide de son épée, et dépassa les autres avant qu'ils aient le temps de comprendre ce qui leur arrivait. Il rejoignit Romulus et, glissant la main sous son aisselle, le souleva sans cesser d'encourager son cheval à grands cris : « Vas-y, Juba ! Ha ! Ha ! » C'est alors qu'un des poursuivants tendit son arc et décocha une flèche qui se planta dans son épaule.

Aurelius serra les dents et tenta de résister, mais un violent élancement l'obligea à lâcher prise. Romulus tomba. Cependant Aurelius n'était pas prêt à se résigner : d'une forte pression des jambes, il cabra son cheval et récupéra le garçon de son bras libre. Au même instant, Ambrosinus jaillissait d'une porte secondaire : il se jeta sur son élève, l'écrasant au sol pour le protéger de son corps. Comprenant qu'il n'avait plus le choix, Aurelius plongea dans une petite rue latérale et, d'un bond acrobatique, enjamba le canal qui se trouvait devant lui. Il poursuivit ensuite sa folle course vers le mur d'enceinte, dans lequel une vieille brèche lui permit d'atteindre le sommet et de redescendre sans grande difficulté de l'autre côté, comme s'il empruntait une rampe.

Munis de torches, plusieurs cavaliers barbares franchirent l'une des portes pour lui barrer l'issue. Cependant, Aurelius parvint à s'engager le premier sur la

digue qui traversait la lagune. Il s'efforça de distancer le plus possible ses assaillants : le brouillard se chargerait du reste. Mais la douleur lancinante qu'il ressentait à l'épaule l'empêchait de maîtriser son cheval qui ralentissait de plus en plus. Entrevoyant dans l'obscurité un bosquet épais et des buissons, il tira sur les rênes et mit pied à terre, puis il se laissa glisser dans l'eau en espérant que ses poursuivants continueraient leur route. Hélas, ceux-ci devinèrent son plan et s'arrêtèrent à leur tour. Ils étaient au nombre de six : ils ne tarderaient pas à le débusquer, et ce serait la fin.

Aurelius dégaina son épée et se prépara à mourir en soldat. C'est alors qu'un sifflement fendit l'air et qu'un des barbares s'écroula au sol, transpercé par une flèche. Une seconde flèche se ficha dans le cou d'un autre guerrier, qui tomba à la renverse en vomissant du sang. Comprenant que leurs torches faisaient d'eux une cible facile à atteindre dans l'obscurité, les barbares restants s'enfuirent, terrorisés par l'ennemi invisible qui se cachait dans le brouillard du marais.

Aurelius s'efforça de grimper sur la digue et de se traîner derrière son cheval, mais il était trop affaibli et il retomba à l'eau. La douleur était insupportable, sa vue se brouilla et il eut bientôt le sentiment de s'enfoncer dans la brume en une chute interminable. Dans un bref éclair de conscience, il crut apercevoir une silhouette encapuchonnée qui se penchait sur lui, et entendre le lent clapotis de l'eau battue par une rame. Puis plus rien.

IV

Ambrosinus se releva et prêta main-forte au garçon : trempé, les vêtements couverts d'algues et de boue, les cheveux collés sur le front, les lèvres blêmes, il tremblait de froid. Le précepteur ôta son manteau et l'en enveloppa en disant : « Viens, rentrons. » La tête haute, il entraîna l'adolescent et passa au milieu des gardes de Wulfila qui les menaçaient de leurs épées. Il lui murmurait des mots d'encouragement à l'oreille tandis qu'il traversait les couloirs et gravissait à ses côtés l'escalier menant à leur prison. Romulus ne disait rien, il avançait d'un pas hésitant, se prenant souvent les pieds dans les lambeaux de sa robe ou dans le manteau de son maître, trop long pour lui. Ses membres étaient encore engourdis et son esprit tourmenté par les images de sa mère transpercée par le poignard de l'homme qui avait assassiné son père. En son for intérieur, il détestait le soldat romain qui l'avait bercé de l'illusion de le libérer, causant en réalité des malheurs plus terribles encore que les précédents et l'exposant à un avenir encore plus angoissant. Soudain, il posa sur son précepteur des yeux pleins d'effroi et lui demanda : « Ma mère... Elle est morte... n'est-ce pas ? »

Ambrosinus hésita à répondre.

« Elle est morte ? insista le garçon.

— Je... je crains que oui », répondit Ambrosinus en lui étreignant les épaules et en l'attirant à lui.

Mais Romulus se libéra : « Laisse-moi, laisse-moi ! Je veux ma mère ! Je veux la voir ! Où l'avez-vous mise ? Je veux la voir ! » Il se lançait contre les barbares et frappait furieusement leurs boucliers de ses poings. Ceux-ci riaient et se moquaient de lui en le poussant comme une balle qui rebondissait de l'un à l'autre. Ambrosinus tenta de le calmer, mais le garçon semblait hors de lui. Il n'y avait aucune lumière dans son existence, aucune issue pour échapper aux horreurs dans lesquelles il avait chu. Son désespoir était si grand qu'on pouvait craindre qu'il attentât à sa vie.

« Montrez-lui sa mère, implora Ambrosinus, il s'épanchera peut-être et cela le calmera. Je vous en prie, permettez-lui de la voir si vous savez où elle se trouve. Ce n'est qu'un enfant effrayé, ayez pitié de lui ! »

Les barbares cessèrent de rire et Ambrosinus les dévisagea les uns après les autres : il émanait de ses yeux bleus une telle force, et de ses pupilles dilatées une puissance si inquiétante que certains baissèrent la tête, comme intimidés par une énergie mystérieuse. Celui qui était sans doute le chef du détachement répondit : « C'est impossible pour le moment. Il faut que vous regagniez vos appartements. Ce sont les ordres. Mais j'en référerai à mon commandant et je te dirai ensuite ce qu'il en est. »

Vaincu par la fatigue, Romulus parut enfin s'apaiser. Il fut reconduit avec son maître dans leur chambre. Ambrosinus gardait le silence : quoi qu'il dise, il ne ferait qu'aggraver la situation. Le jeune empereur s'était assis par terre au fond de la pièce, la tête appuyée contre le mur, le regard fixe. De temps à autre, il pous-

sait un long soupir plein de souffrance. Alors, son précepteur se levait et s'approchait pour scruter son visage, déterminer si son esprit était lucide ou en proie au délire. Il passa donc la fin de la nuit dans la torpeur d'un sommeil agité et intermittent. Au moment où une légère clarté lactescente se diffusait dans la pièce à travers deux meurtrières en haut du mur, on entendit un bruit. La porte s'ouvrit et deux servantes entrèrent. Elles portaient une cuvette d'eau, des vêtements propres, un pot d'onguent et un plateau sur lequel reposaient des aliments. Elles se dirigèrent vers Romulus, posèrent leur fardeau sur une table, s'inclinèrent profondément devant le garçon et lui baisèrent la main avec une grande déférence. Romulus se laissa laver et vêtir, mais il refusa la nourriture, malgré l'insistance d'Ambrosinus. L'une des servantes, une jeune fille d'environ dix-huit ans, très fine et très jolie, lui versa une coupe de lait chaud additionné de miel et lui dit : « Je t'en prie, mon seigneur, bois au moins cette coupe, tu y puiseras quelques forces.

— Je t'en prie », insista également l'autre, un peu plus âgée, dont le regard traduisait un empressement profond et sincère.

Alors Romulus s'empara de la coupe et but son contenu à longues gorgées. Puis il l'abandonna sur le plateau et dit : « Je vous remercie. »

Ambrosinus songea que Romulus n'aurait jamais remercié une domestique dans une situation normale : à l'évidence, sa solitude et son extrême souffrance lui rendaient la chaleur humaine plus appréciable, d'où qu'elle vînt. Le précepteur accompagna les jeunes filles à la porte et leur demanda si elles avaient remarqué des mouvements particuliers ou des va-et-vient suspects dans le palais après leur retour. Elles répondirent par la négative.

« Nous avons besoin de votre aide, leur expliqua-t-il. La moindre information peut nous être précieuse, voire cruciale. Il en va de la vie de l'empereur.

— Nous ferons ce que nous pourrons, mais nous ne comprenons pas leur langue et nous ne parvenons pas à saisir leurs discours.

— Pourriez-vous porter des messages ?

— Ils nous fouillent, dit l'une des jeunes filles en rougissant légèrement, mais nous pouvons délivrer des informations oralement, en admettant qu'on ne nous fasse pas suivre. Il règne dans le palais une atmosphère de soupçon et d'hostilité envers les individus d'extraction latine.

— Je vois. J'aimerais savoir si l'on a capturé dans la nuit un soldat romain, un homme d'environ quarante-cinq ans, robuste, aux cheveux sombres, un peu grisonnants sur les tempes, aux yeux très noirs. Il est blessé à l'épaule gauche. »

Les filles échangèrent un regard et répondirent qu'elles ne l'avaient pas vu.

« Si vous deviez l'apercevoir, mort ou vif, je vous prie de me l'apprendre au plus vite. Une dernière chose. Qui vous a envoyées ?

— Le maître du palais, répondit la plus âgée. Le noble Anthemius. »

Ambrosinus acquiesça : c'était un vieux fonctionnaire qui avait toujours été fidèle à l'empereur, quel qu'il fût, sans se poser la moindre question. À l'évidence, il croyait bon de servir Romulus en l'absence d'un successeur.

Les jeunes filles sortirent et leur pas léger se confondit bientôt avec le pas lourd des gardes qui les escortaient. Romulus se recroquevilla dans un coin de la pièce et s'enferma dans un silence obstiné, déclinant les invitations à discourir de son maître. Il n'avait pas

la force de remonter du gouffre dans lequel il était tombé ; à en juger par son expression fixe et son regard absent, il continuait même de s'y enfoncer. De temps à autre, ses yeux immobiles brillaient sous l'effet de l'émotion et des larmes dévalaient lentement ses joues avant d'échouer sur sa robe.

Un certain temps s'écoula. Il devait être midi quand la porte s'ouvrit une nouvelle fois. L'homme auquel Ambrosinus s'était adressé pendant la nuit apparut sur le seuil. Il dit à Romulus : « Tu peux la voir maintenant, si tu le souhaites. » L'adolescent s'arracha aussitôt à sa torpeur et le suivit sans même attendre son maître, qui lui emboîta le pas en silence. Il s'était abstenu de parler jusqu'alors car il savait que les mots n'étaient pas en mesure d'éclairer cet abîme de ténèbres ; d'autre part, il était persuadé que les jeunes gens étaient protégés par la nature, la seule capable de guérir des blessures aussi douloureuses.

Ils se dirigèrent vers l'aile sud du palais et rejoignirent les quartiers des gardes palatins, à présent déserts. Ils entreprirent alors de descendre l'escalier. Ambrosinus comprit que leur petit cortège se rendait dans la basilique impériale, où il était entré un peu plus tôt en passant par la galerie des femmes. L'autel central et le presbytère formaient une sorte d'îlot, qu'une passerelle de brique reliait au dallage extérieur. Ceux qui la parcouraient traversaient le miroir cristallin de l'eau, sous lequel brillait une mosaïque ancienne représentant la danse des saisons. Le corps de Flavia Serena était placé sur l'autel de marbre. Blême, sous une couverture en laine blanche qui retombait des deux côtés, elle était coiffée et légèrement maquillée. Une servante du palais avait dû s'occuper du cadavre et le préparer le mieux possible.

Romulus s'approcha d'un pas lent, il la contempla

longuement comme s'il avait pu ranimer cette froide dépouille à la chaleur de son regard. Ses yeux s'embuèrent et il fondit en larmes, le front contre le marbre glacial. Tout près de lui, Ambrosinus le laissa s'épancher librement, sans oser le toucher. Au bout d'un moment, Romulus essuya son visage et murmura des mots que son maître ne parvint à saisir. Puis il leva la tête et se tourna vers l'assistance, composée de soldats barbares à la solde de Wulfila. Ambrosinus fut frappé par la fermeté de son regard lorsqu'il s'écria : « Vous me le paierez ! Vous me le paierez tous ! Que Dieu vous maudisse, espèce de chiens enragés ! »

Personne ne comprit les paroles du garçon, exprimées dans un latin aussi aulique et archaïque que la malédiction qu'il avait proférée, et le précepteur en fut soulagé. Mais Odoacre avait assisté à la scène, flanqué de ses gardes et d'un serviteur, dans une petite loggia de l'abside qui communiquait avec la galerie des femmes. « Qu'a-t-il dit ? demanda-t-il.

— Il vous a tous maudits », répondit sommairement le domestique.

Odoacre eut un rictus de compassion. Caché derrière lui, dans la pénombre, Wulfila semblait toutefois constituer le témoignage physique de cet anathème. La large balafre que l'épée d'Aurelius lui avait infligée le défigurait, et les points de suture que le chirurgien lui avait appliqués faisaient de son visage tuméfié et ses lèvres enflées une grimace grotesque encore plus répugnante.

Odoacre ordonna aux gardes qui se tenaient à ses côtés : « Ramenez le garçon dans sa chambre et amenez-moi le vieux, il doit en savoir long sur l'incursion de la nuit dernière. » Il lança un dernier coup d'œil au corps de Flavia Serena ; personne ne put voir dans l'obscurité l'expression de profond regret qui traversa

un instant son regard. Puis il s'éloigna, suivi de Wulfila, en direction des appartements impériaux. L'un des gardes descendit dans la crypte et murmura quelques mots à l'oreille du commandant : aussitôt après, Romulus fut séparé de son maître, emmené par le nouveau venu. Il s'écria : « *Magister !* » et, tandis qu'Ambrosinus se retournait : « Ne m'abandonne pas !

— Ne crains rien. Nous nous reverrons vite. Courage, il ne faut pas qu'on te voie pleurer. Tu as assisté à l'assassinat de tes parents, il ne peut y avoir plus grande souffrance au monde. Une seule possibilité s'offre à toi désormais : remonter de l'abîme où tu es tombé. Je t'y aiderai. » Une fois ces mots prononcés, il se remit en route.

Odoacre l'attendait dans les appartements impériaux, précisément dans le bureau du précédent empereur Julius Nepos et de Flavius Oreste.

« Qui a tenté de libérer les prisonniers la nuit dernière ? » demanda-t-il sans tarder. Ambrosinus balaya du regard les longues étagères remplies de rouleaux et de livres, se rappelant qu'il en avait consulté un grand nombre pendant les quelques mois au cours desquels il avait vécu dans cette demeure grandiose avec la famille impériale. Cela irrita grandement son interlocuteur, qui s'écria : « Regarde-moi quand je te parle ! Et réponds à mes questions !

— Je l'ignore, dit-il d'une voix paisible. Je ne l'avais jamais vu auparavant.

— Ne te moque pas de moi ! Personne ne se lancerait dans ce genre d'entreprise sans avoir passé un accord au préalable. Tu savais qu'il agirait, et tu sais peut-être où il se trouve à l'heure qu'il est. Tu as intérêt à avouer : j'ai les moyens de te faire parler.

— Je n'en doute pas. Cependant tu ne peux me faire dire ce que j'ignore. Tu n'as qu'à interroger les hom-

mes de ton escorte : depuis que nous avons quitté la villa, nous n'avons été en contact qu'avec tes barbares. Il n'y avait pas un seul Romain dans le groupe que tu as chargé du massacre, et les hommes d'Oreste sont tous tombés dans la tuerie, tu le sais bien. En plus, j'ai moi-même interdit à cet homme de mener à bien sa tentative d'enlèvement.

— Tu ne voulais pas exposer ton élève à d'autres dangers.

— Effectivement. De plus, je ne partage pas ces façons d'agir ! Une entreprise désespérée, une bataille perdue d'avance. Et le prix a été effroyable. Ce n'était certes pas son intention, mais le résultat est bien là. Ma maîtresse, l'impératrice mère, serait encore vivante si cet homme n'avait pas agi de façon aussi inconsidérée. Je ne pourrais jamais approuver pareille folie, et ce pour une raison très simple...

— Laquelle ?

— Je déteste les échecs. Bien sûr, cet homme est très courageux, et ton chien de garde ne risque pas de l'oublier de sitôt : il lui a fendu le visage en deux. Je comprends que tu veuilles te venger, mais je ne puis vous aider, et tu auras beau me couper en morceaux, tu n'obtiendras rien de plus que cette déclaration. »

Ambrosinus s'exprimait avec un tel calme et une telle assurance qu'Odoacre fut impressionné : un homme aussi intelligent et aussi sage, capable de le conseiller dans les méandres de la politique et les intrigues de la cour dans lesquels il ne tarderait pas à s'engluer, pourrait lui être d'une grande utilité. Mais le ton avec lequel il avait prononcé les mots « ma maîtresse, l'impératrice mère » ne laissait aucun doute sur ses convictions et sur l'objet de sa fidélité.

« Que feras-tu de Romulus ? lui demanda alors Ambrosinus.

— Cela ne te regarde pas.

— Épargne-le. Il ne peut te nuire en aucune façon. J'ignore pourquoi cet homme a tenté de le libérer, mais cela ne saurait constituer un motif d'inquiétude pour toi. Il était seul : s'il s'était agi d'un complot, il aurait choisi un autre moment et un autre lieu, ne crois-tu pas ? Il serait venu accompagné, aurait placé des complices sur sa route et se serait ménagé une issue au préalable. Or, c'est moi qui ai dû lui indiquer le chemin qui nous aurait permis de fuir. »

Odoacre fut surpris par cet aveu spontané et par la logique rigoureuse de ces propos. « Alors, comment a-t-il réussi à atteindre vos appartements ?

— Je l'ignore, mais je peux l'imaginer.

— Parle.

— Cet homme connaît votre langue.

— Comment peux-tu en être certain ?

— Je l'ai entendu parler à tes guerriers.

— Et par où sont-ils sortis ? » insista Odoacre. En effet, ses hommes ne parvenaient pas à comprendre comment Romulus et Aurelius avaient quitté le palais alors que toutes les issues avaient été barrées.

« Je ne sais pas, car nous avons été séparés par l'incursion de tes gardes. Mais mon jeune maître était mouillé et il dégageait une odeur horrible. Je pencherais pour les égouts. À quoi bon enquêter ? Tu n'as rien à craindre d'un adolescent de treize ans. De plus, l'homme était seul, je dis bien seul, et il a été gravement blessé. Il pourrait être mort à l'heure qu'il est. Épargne le petit, je t'en conjure. Ce n'est qu'un gamin, quel mal peut-il te faire ? »

Odoacre dévisagea Ambrosinus et se sentit soudain inquiet, comme envahi par un sentiment d'insécurité inexplicable. Il baissa les yeux en feignant de réfléchir, puis il dit : « Maintenant, va-t'en. Ma décision ne sera

pas longue. Ne croyez pas que l'épisode de la nuit dernière pourra se répéter.

— Et comment le pourrait-il ? répondit Ambrosinus. Un vieil homme et un adolescent surveillés par des dizaines de guerriers... Mais si je puis te donner un conseil... »

Odoacre ne voulait pas encourir l'humiliation de poser des questions, cependant il était curieux d'entendre ce que dirait cet homme dont un seul regard suffisait à le troubler. Ambrosinus comprit et poursuivit : « Si tu supprimes le petit, tu te rends coupable d'un acte arbitraire très grave, et ton pouvoir ne sera jamais reconnu par l'empereur d'Orient, qui a, en Italie, de nombreux partisans, de nombreux espions et de nombreux soldats. Un Romain peut priver de son pouvoir un autre Romain, mais pas un... » Il hésita un instant avant de prononcer le mot. « ... pas un barbare. Même le grand Ricimer, ton prédécesseur, s'est toujours abrité derrière de pâles figures impériales pour gouverner. Épargne donc mon jeune maître, les gens te jugeront magnanime et généreux ; tu t'attireras les sympathies du clergé chrétien, qui est très puissant, et l'empereur d'Orient feindra l'indifférence. Peu lui importe qui commande en Occident, car il ne peut modifier l'état des choses, mais il est fondamental, pour lui, de sauvegarder la forme, les apparences. N'oublie pas ce que j'ai dit : sauvegarde les apparences, et tu pourras gouverner dans ce pays jusqu'à la fin de tes jours.

— Les apparences ? répéta Odoacre.

— Écoute. Il y a vingt-cinq ans, Attila imposa un tribut à l'empereur Valentinien III, qui fut obligé de payer. Sais-tu comment le fit-il ? Il nomma Attila général de l'Empire et lui versa le tribut sous forme de solde. Ainsi, l'empereur des Romains était tributaire d'un chef barbare, mais les apparences étaient sauves et, avec

elles, l'honneur. Tuer Romulus constituerait une cruauté inutile et une énorme erreur politique. À présent, tu es un homme de pouvoir. Il est temps que tu apprennes comment il s'administre. » Il inclina légèrement la tête et se retourna sans qu'Odoacre songe à le retenir.

Ambrosinus sortit. Au même instant, une porte latérale s'ouvrit et Wulfila apparut dans l'embrasure. « Il faut que tu le tues immédiatement, fit celui-ci d'une voix sifflante, pour éviter que se reproduisent des épisodes comme celui de cette nuit. »

Odoacre l'observa. Soudain, cet homme qui avait accompli sous ses ordres toutes sortes d'infamies lui sembla lointain et presque totalement étranger : un barbare avec lequel il n'avait plus rien en commun.

« Tu ne connais que le sang et le massacre, lui répliqua-t-il. Mais je veux gouverner, tu comprends ? Je veux que mes sujets se consacrent à leurs affaires et à leurs occupations, non aux complots et aux conjurations. Je prendrai donc la décision que je jugerai la plus juste.

— Tu t'es laissé attendrir par les glapissements de ce bambin et troubler par les bavardages de ce charlatan. Si tu n'en as pas le courage, je m'en occuperai. »

Odoacre leva la main comme s'il voulait le frapper, mais son geste se figea devant le visage abîmé de Wulfila. « Ne te hasarde pas à me défier, lui dit-il durement. Tu ne peux que m'obéir, sans discuter. Et maintenant, va-t'en, j'ai besoin de réfléchir. Quand j'aurai pris ma décision, je te le ferai savoir. »

Wulfila repartit en claquant la porte. Resté seul, Odoacre arpenta la pièce en remâchant les propos d'Ambrosinus. Brusquement, il appela un domestique et lui ordonna de convoquer Anthemius, le maître du palais. Le vieil homme se présenta d'un pas empressé, et Odoacre l'invita à s'asseoir.

« J'ai décidé du sort du jeune Romulus Auguste », commença-t-il.

Anthemius leva son regard humide et apparemment inexpressif. Il tenait sur ses genoux un cahier et s'apprêtait à noter à l'aide d'une plume ce qu'on lui disait. Odoacre reprit la parole : « J'ai pitié de ce pauvre garçon, qui n'est pas coupable de la félonie de son père, et j'ai décidé d'épargner sa vie. »

Anthemius ne parvint pas à retenir un soupir de soulagement. Odoacre poursuivit : « Toutefois, l'épisode de cette nuit montre clairement que sa vie est en danger, ou qu'on pourrait l'utiliser pour semer la guerre et la discorde dans ce pays, qui n'aspire qu'à la paix et à la tranquillité. Je le ferai donc conduire en un lieu sûr, sous la surveillance d'hommes de confiance, et je lui attribuerai une pension digne de son rang. Les insignes de l'Empire seront envoyés à l'empereur Basile, à Constantinople, en échange de ma nomination au rang de *magister militum* de l'Occident. Un seul empereur est amplement suffisant pour le monde.

— Une sage décision, commenta Anthemius. En effet, il importe avant tout de...

— ... sauvegarder les apparences », conclut Odoacre pour lui-même. Anthemius lui jeta un regard surpris : ce soldat grossier apprenait rapidement les règles de la politique.

« Son précepteur pourra-t-il l'accompagner ? demanda le vieillard.

— Je n'ai rien contre sa présence. Le garçon pourra ainsi se consacrer à ses études, ce qui est bon pour lui.

— Quand devront-ils partir ?

— Le plus tôt possible. Je ne veux pas d'autres problèmes.

— Puis-je savoir leur destination ?

— Non. Seul le commandant de l'escorte la connaîtra.

— Mais faut-il que je prépare un voyage long, ou bref ? »

Odoacre hésita un moment avant de répondre : « Un voyage assez long. »

Anthemius acquiesça et se retira avec une révérence en se dirigeant vers ses appartements. Odoacre fut rejoint un peu plus tard par les officiers de confiance qui composaient son conseil restreint. Parmi eux se tenait Wulfila, qui manifestait encore les signes de l'irritation qu'avait suscitée en lui leur dernier entretien en tête à tête. Odoacre leur fit servir le déjeuner. Quand ils se furent assis et qu'ils eurent tous pris leur portion de viande, il leur demanda où il convenait, à leur avis, de reléguer son jeune prisonnier. Certains proposèrent l'Istrie, d'autres la Sardaigne. Soudain, un des membres de l'assistance déclara : « Ces destinations sont trop éloignées et trop difficiles à surveiller. Je connais une île dans la mer Tyrrhénienne, âpre, inhospitalière et pauvre, à la fois assez proche et assez lointaine de la côte. Au sommet d'un promontoire inaccessible se dresse une vieille villa en partie détruite, mais encore habitable. » Il se leva et se dirigea vers le mur sur lequel s'étalait une carte de l'Empire. Il indiqua un point dans le golfe de Naples : « Capri. »

Odoacre attendit un moment pour répondre : à l'évidence, il réfléchissait aux diverses solutions. Il dit ensuite : « C'est sans doute la destination la meilleure, assez isolée, sans être trop difficile à atteindre. Le garçon sera escorté par des centaines de guerriers, choisis parmi les meilleurs. Je ne veux ni surprises ni imprévus : faites donc les préparatifs nécessaires, je vous informerai de la date du départ. »

Cela étant décidé, on changea de sujet de conversa-

tion. Les convives étaient tous d'excellente humeur : l'idée de se trouver dans les lieux du pouvoir suprême et la perspective d'une vie de bien-être fondée sur de nombreuses propriétés, des domestiques, des armes, des villas et des palais les plongeaient dans l'euphorie et les poussaient à boire plus que de raison. Quand Odoacre les congédia, ils étaient tous ivres. Des domestiques les aidèrent à regagner leurs quartiers pour qu'ils se reposent selon la coutume de cette terre, à laquelle ils commençaient à s'habituer non sans difficulté.

Seul Wulfila, qui résistait fort bien au vin, fut invité à rester.

« Écoute, lui dit Odoacre, j'ai décidé de te confier la garde du garçon, car tu es le seul auquel je puisse me fier pour cette mission. Tu m'as déjà donné ton opinion, et je vais maintenant te confier mes pensées. S'il devait arriver quelque chose, n'importe quoi, je te tiendrais pour responsable, et ta tête aurait moins de valeur que les restes que j'ai lancés aux chiens. As-tu bien compris ?

— Je t'ai bien compris, répondit Wulfila, et je pense que tu regretteras ta décision d'épargner le garçon, mais c'est toi qui commandes. » Il prononça ces derniers mots comme s'il allait ajouter : « pour le moment ». Odoacre comprit mais se garda de répondre.

Quand vint le jour du départ, deux servantes pénétrèrent dans la chambre de Romulus un peu avant l'aube, pour le réveiller et le préparer au voyage.

« Où nous emmène-t-on ? » demanda-t-il.

Les servantes échangèrent un signe de complicité avant d'annoncer à Ambrosinus, qui s'était aussitôt levé : « Nous ne le savons pas encore, mais Anthemius est certain que vous irez vers le sud. La quantité des provisions destinée au convoi l'amène à penser que le voyage durera une semaine, peut-être plus. Vous vous

rendrez peut-être à Gaeta, ou à Naples, ou encore à Brindisi, ce qui est plus improbable.

— Et après ? l'interrogea Ambrosinus.

— Il n'y aura pas d'après, répondit la servante. Vous demeurerez à jamais prisonniers. »

Ambrosinus détourna les yeux en essayant de dissimuler son émotion. Les jeunes filles baisèrent les mains de Romulus et murmurèrent : « Adieu, César, que Dieu te protège. »

Escortés par les hommes de Wulfila, Romulus et Ambrosinus furent conduits un peu plus tard à l'extérieur, du côté de la basilique. La porte étant ouverte, on pouvait voir au fond de la nef un cercueil entouré de lampes : on préparait les funérailles solennelles de Flavia Serena. Anthemius, surveillé par un homme d'Odoacre, s'approcha, salua Romulus avec beaucoup de déférence et lui dit : « Hélas, il ne t'est point permis d'assister aux obsèques de ta mère, que j'ai préparées avec le plus grand soin, mais c'est peut-être mieux ainsi. Bon voyage, mon seigneur, que Dieu te vienne en aide.

— Merci », répondit Ambrosinus en saluant à son tour Anthemius d'un signe de la tête.

Il monta dans la voiture dont il tint la portière ouverte à l'intention de Romulus, mais l'adolescent avança jusqu'au seuil de la basilique. Il lança un long regard au corps de Flavia Serena et murmura : « Adieu, maman. »

V

L'image commença lentement à prendre forme. C'était un miroitement flou, un reflet verdâtre qui adoptait des contours de plus en plus nets dans le soleil pâle du matin : un masque en forme de satyre, dont la bouche ouverte laissait ruisseler un filet gargouillant dans le grand bassin rempli d'eau. En haut s'incurvait une voûte parsemée de cheveux-de-Vénus et parcourue de larges fissures, à travers lesquelles la clarté filtrait en créant d'étranges effets lumineux sur les murs et la surface de l'eau. Tout autour du bassin, des piédestaux supportaient des statues mutilées. Un vieux nymphée abandonné.

Aurelius essaya de s'asseoir, et ce geste brusque lui arracha un gémissement. Effrayées, des grenouilles se jetèrent dans l'eau stagnante.

« Du calme, dit une voix dans son dos. Tu as une belle plaie à l'épaule, elle risque de se rouvrir. »

Aurelius se retourna. Soudain, les scènes de sa fuite dans la lagune lui revinrent à l'esprit, ainsi que l'image du garçon terrorisé et le visage de la femme magnifique qui blêmissait dans la mort. Alors, la douleur de son esprit l'emporta sur celle de son corps. Devant lui se

dressait un homme d'environ soixante ans à la peau ridée et brûlée par le sel, vêtu d'une tunique de laine brute tombant jusqu'aux genoux et coiffé d'un bonnet qui masquait sa calvitie.

« Qui es-tu ? lui demanda-t-il.

— Celui qui t'a remis sur pied. Je m'appelle Justinus, et j'étais autrefois un médecin respecté. J'ai recousu ta plaie sommairement avec du fil à filet et je l'ai lavée au vinaigre, mais tu étais en piteux état : tu baignais dans ton sang. Tu en as sans doute beaucoup perdu dans la lagune pendant qu'on te transportait.

— Je te remercie... », commença Aurelius. C'est alors qu'il entendit un pas dans le fond du vaste bâtiment.

Il vit apparaître une jeune fille aux cheveux courts habillée comme un homme d'une culotte et d'une tunique en peau de cerf. Elle portait un arc en bandoulière et tenait un carquois par sa courroie.

« C'est elle que tu dois remercier, dit l'homme en l'indiquant. C'est elle qui t'a sauvé. » Il ramassa sa besace et la cuvette en étain qu'il avait utilisée pour nettoyer la plaie d'Aurelius, puis il s'en alla en inclinant légèrement la tête.

Aurelius examina son épaule rougie, dont l'enflure allait de sa poitrine jusqu'à son coude. Il avait très mal à la tête et ses tempes étaient douloureuses. Il se laissa retomber sur la paillasse. La jeune fille s'approcha et s'assit à côté de lui.

« Qui es-tu ? demanda Aurelius. Depuis combien de temps suis-je ici ?

— Depuis deux jours.

— Ai-je dormi pendant deux jours et deux nuits ?

— Disons plutôt que tu avais perdu connaissance. Justinus m'a confié que tu étais très fiévreux et que tu délirais. Tu racontais de drôles de choses...

— Tu m'as sauvé la vie. Je te remercie.

— Ils étaient cinq contre un. Il m'a semblé normal de rééquilibrer le rapport de forces.

— Tu vises vraiment bien, malgré la nuit et le brouillard.

— L'arc est l'arme idéale dans ces lieux instables et fuyants.

— Et mon cheval ?

— Ils ont dû le prendre. Ou le manger. Les temps sont durs. »

Aurelius chercha son regard, mais en vain.

« As-tu de l'eau ? Je meurs de soif. »

La jeune fille lui donna à boire en inclinant une jarre de terre cuite.

« Tu vis ici ?

— C'est un de mes refuges, un bel endroit, n'est-ce pas ? Grand, spacieux, bien abrité. J'en ai d'autres...

— Je veux dire : tu vis dans la lagune ?

— Depuis mon enfance.

— Comment t'appelles-tu ?

— Livia. Livia Prisca. Et toi, qui es-tu ?

— Aurelianus Ambrosius Ventidius, mais tu peux m'appeler, comme mes amis, Aurelius.

— As-tu de la famille ?

— Je n'ai personne. Et si loin que remontent mes souvenirs, je n'ai jamais eu personne.

— C'est impossible. Tu as un nom. Et puis la bague que tu portes n'est-elle pas une bague de famille ?

— Je l'ignore. On me l'a peut-être offerte, je l'ai peut-être volée, qui peut l'affirmer ? Je n'ai jamais eu qu'une seule famille : l'armée, mes camarades de division. Je n'ai pas d'autres souvenirs. »

La jeune fille sembla accorder peu d'importance aux propos d'Aurelius. Elle songeait que la fièvre et la dou-

leur avaient sans doute bouleversé son esprit. À moins qu'il ne refusât plus simplement de sonder sa mémoire. « Et tes camarades, où sont-ils à présent ? » interrogea-t-elle.

Aurelius soupira. « Je ne sais pas. Ils sont probablement tous morts. C'étaient de formidables guerriers, les meilleurs : les légionnaires de la Nova Invicta.

— Tu as bien dit la Nova Invicta ? Je me demandais si elle existait vraiment. Les légions appartiennent au passé, à une époque où les hommes s'affrontaient en rase campagne et en formations fermées : fantassins contre fantassins, cavaliers contre cavaliers... Quoi qu'il en soit, tu es sauf. C'est étrange... Le bruit court en ville qu'un déserteur a tenté d'enlever l'empereur. Une grosse récompense ira à celui qui aidera à sa capture.

— Et tu aimerais l'empocher, n'est-ce pas ?

— Si je l'avais voulu, je l'aurais déjà fait, ne crois-tu pas ? Tu te serais réveillé dans une prison ou sous une potence, ou bien tu serais mort pendant le voyage. Nous ne nous serions même pas rencontrés. »

Elle proféra ces paroles sur un ton légèrement ironique. Elle s'affairait autour d'un filet de pêcheur et paraissait fuir le regard de son invité par timidité, à moins qu'elle ne fût dotée d'un caractère sauvage. Aurelius se tut un moment comme s'il écoutait les appels des oiseaux palustres qui s'apprêtaient à migrer, ainsi que le ruissellement monotone de l'eau dans le grand bassin vert. Il songea à ses camarades, qu'il n'était parvenu ni à sauver ni à aider, il les imagina balayés par un flot d'ennemis, il vit leurs corps sans sépulture, martyrisés, laissés en pâture aux chiens errants et aux animaux sauvages. Vatrenus, Batiatus, Antoninus, le commandant Claudianus. Son cœur se serra et ses yeux s'embuèrent.

« N'y pense pas, dit la jeune fille, qui ne le regardait pourtant pas. Les rescapés des massacres se sentent toujours coupables. Parfois pour le restant de leurs jours. Coupables d'être vivants. »

Aurelius s'abstint de répondre. Quand il reprit la parole, il tenta de changer de sujet de conversation. « Comment peux-tu vivre dans un endroit pareil ? Une fille seule dans un marais ?

— Nous sommes obligés de vivre comme des barbares pour pouvoir continuer de vivre comme des Romains, chuchota Livia.

— Tu connais les écrits de Salvien !

— Toi aussi, je le vois.

— Oui... des lambeaux de connaissances qui viennent de mon passé. Des mots... parfois des images... »

Livia s'approcha. Aurelius la contempla : un rayon de lumière, qui avait traversé le brouillard matinal, filtrait à travers une fissure, enveloppant la tête et la silhouette mince de la jeune fille dans un halo diaphane, dans un reflet hyalin. Elle était sans nul doute fascinante, peut-être même belle. Soudain il remarqua sur sa poitrine une médaille frappée d'un aigle d'argent aux ailes déployées qui pendait à son cou. S'en apercevant, elle lui lança un regard interrogateur, presque inquisiteur. En un éclair, Aurelius eut devant les yeux l'image dilatée, déformée, d'une ville en flammes. Il eut l'impression de voir ce pendentif choir lentement, comme une feuille qui tourbillonne dans les airs. Livia l'arracha à cette vision : « Cela te rappelle-t-il quelque chose ? »

Aurelius détourna le regard. « Quoi ?

— Cette médaille. » Elle se pencha et la tendit vers lui : un cercle en bronze un peu plus grand qu'une pièce d'un ducat, sur lequel se détachait un aigle en argent.

« Non, répondit-il sèchement.

— En es-tu certain ?

— Pourquoi devrait-elle me rappeler quelque chose ?

— Parce qu'il m'a semblé que tu la reconnaissais. »

Aurelius se coucha sur le côté, lui tournant le dos. « Je suis fatigué, dit-il, épuisé. »

Alors Livia passa dans une autre pièce, située au-delà d'un arc. Des bêlements retentirent peu après, puis la jeune fille réapparut avec un seau de lait. Elle remplit une tasse. « Bois. Il est tout frais, et cela fait plusieurs jours que tu ne manges pas. »

Aurelius s'exécuta. La chaleur du lait envahit son corps et son esprit, lui procurant un sentiment de lassitude insupportable. Il s'étendit de nouveau sur sa paillasse et s'assoupit. Livia s'assit près de lui. Elle l'observa pendant un certain temps : elle cherchait quelque chose sur ses traits – quoi ? elle ne le savait pas, et cette situation pénible la plongeait dans un profond malaise, le malaise qu'on éprouve quand on est saisi par un espoir imprévu et, aussitôt après, par la certitude que cet espoir est absurde, vain. Elle secoua la tête, comme pour chasser de son esprit une pensée désagréable, et sortit. Elle alla jusqu'à sa barque, la poussa dans l'eau et s'éloigna dans la lagune. Ayant atteint une cannaie, elle se coucha sur le fond de l'embarcation et attendit. Allongée sur le filet de pêche, elle regardait le ciel s'assombrir lentement. Des volées de canards et d'oies sauvages se détachaient sur les gros nuages rougis par les derniers rayons du soleil couchant, leurs cris retentissaient de temps à autre. Le coassement monotone des grenouilles s'échappait des champs et des canaux, tandis que le vol lent et solennel d'un héron cendré se déployait sur les eaux.

La nature automnale et la vue des oiseaux qui s'apprêtaient à migrer emplissaient son cœur de mélancolie, bien qu'elle eût souvent assisté à cet événement. Elle aurait aimé, elle aussi, voler au loin vers un autre monde, au-delà de la mer, oublier ces marais ternes, ainsi que la silhouette familière et pourtant inquiétante des murs de Ravenne noyés dans le brouillard pendant de nombreux mois, l'humidité, la pluie maussade et le vent d'est qui gelait les membres en pénétrant jusqu'aux os. Mais au retour du printemps, quand les hirondelles regagnaient leurs nids parmi les ruines et que le soleil faisait scintiller sous la surface de l'eau une myriade de petits poissons d'argent, elle sentait renaître l'espoir, elle se disait que le monde allait revivre, qu'il renaîtrait lui aussi d'une certaine façon.

Elle avait toujours mené une vie d'homme, elle s'était habituée à survivre dans un milieu dur, difficile et souvent hostile, à se défendre et à blesser les autres sans ménager les coups, à durcir son corps et son esprit, mais elle n'avait jamais oublié ses racines, les quelques années qu'elle avait passées sereinement au sein de sa famille, dans sa ville natale. Elle se rappelait le commerce, les marchés, les bateaux dans le port, les jours de foire, les cérémonies de nombreuses religions. Elle revoyait les magistrats rendre justice, assis sur leurs chaises à haut dossier dans le forum, enroulés dans des vêtements blancs, aussi solennels que des statues, et les prêtres chrétiens célébrer la messe dans une église qui scintillait de mosaïques ; elle se remémorait les spectacles dans le théâtre et les leçons des maîtres dans les écoles. Elle se souvenait de la civilisation. Puis, un jour, une horde de barbares avait surgi de l'Orient, de petits hommes féroces aux yeux bridés, dont les cheveux tirés évoquaient la queue de leurs chevaux hirsutes. Elle avait encore l'impression d'entendre le long

gémissement des trompettes qui résonnait entre les murs en donnant l'alarme, tandis que les soldats couraient sur les remparts, prenaient position, se préparaient à une longue et dure résistance. Le commandant de la garnison était au loin, en mission. Un jeune officier le remplaça. C'était encore un adolescent, ou presque. Et beaucoup plus qu'un héros.

Le bruit d'une rame l'arracha à ses pensées. Elle se redressa et tendit l'oreille. Une barque s'approchait, elle accostait. Deux individus en descendirent : un vieillard, bien habillé, à l'allure respectable, ainsi qu'un homme d'une cinquantaine d'années, de taille moyenne, mince, aux traits fins. Livia l'avait déjà vu : c'était le garde du corps du premier. Elle les rejoignit. « Anthemius, je croyais que tu ne viendrais plus.

— J'ai eu des difficultés pour quitter la ville. On ne cesse de me surveiller, et je ne veux pas éveiller les soupçons. J'ai dû patienter pour pouvoir saisir un prétexte crédible. J'ai des nouvelles importantes. Mais toi aussi, si je ne m'abuse. »

Livia glissa son bras sous le sien et se dirigea en sa compagnie vers une ferme abandonnée, dont les fenêtres étaient léchées par l'eau stagnante. Elle ne voulait pas qu'on l'entende.

« L'homme que j'ai sauvé et celui qui a tenté d'enlever l'empereur ne font qu'un.

— En es-tu certaine ?

— Aussi certaine que je suis ici. Il était traqué par des barbares appartenant aux troupes d'Odoacre. En outre, quand je lui ai dit qu'on cherchait en ville le déserteur qui avait tenté d'enlever l'empereur, il n'a pas dissimulé son identité.

— Qui est-il ?

— Un légionnaire de la Nova Invicta, d'après ce qu'il prétend. Peut-être un officier.

— L'unité qu'Oreste avait créée en secret pour en faire le pilier du nouvel empire. Elle a été anéantie. »

Livia revit le regard angoissé d'Aurelius tandis qu'il se remémorait le sacrifice de ses camarades. « Est-il vrai que personne n'en a réchappé ? demanda-t-elle.

— Je ne sais pas. Quelques soldats peut-être, en admettant que les barbares aient besoin d'esclaves. L'armée qui les a exterminés, sur l'ordre d'Odoacre, devrait rentrer demain. Elle est menée par Mlède. On verra s'il y a des survivants. L'incursion de ce soldat romain a été un désastre : il a tué une dizaine de barbares, ce qui n'est pas pour me déplaire, mais il a causé, certes involontairement, la mort de Flavia Serena, la mère de l'empereur, et semé l'alarme dans le palais. Personne n'échappe aux soupçons des barbares. J'ai craint un moment pour la vie de l'empereur. Heureusement, Odoacre a renoncé à le sacrifier.

— C'est très généreux de sa part. Mais cela m'inquiète. D'après ce que je sais, Odoacre ne fait rien gratuitement, et ce gamin ne peut lui causer que des problèmes.

— Tu te trompes. Odoacre a compris comment fonctionne la politique. S'il tue l'empereur, il sera exposé à la haine et au mépris de la population romaine, aux grands cris du clergé chrétien qui le comparera à Hérode, et tout le monde sera persuadé, en Orient, qu'il convoite la pourpre. S'il épargne le garçon, il passe pour un homme magnanime et ne suscite aucune méfiance à Constantinople.

— Crois-tu qu'on nourrisse de l'intérêt pour Romulus Auguste à Constantinople ? Zénon appuyait le vieil empereur d'Occident, Julius Nepos, c'est lui qui l'a hébergé pendant son exil dans ses domaines de Dalmatie après que Flavius Oreste l'avait déposé. Le garçon

était alors un sujet constant de moqueries. On l'appelait Momylos, et non Romulus, à la manière des enfants.

— Mais Zénon a été déposé et Basile règne. Il se trouve en ce moment à Spalato, à un jour de navigation. Je lui ai envoyé une petite délégation. Mes hommes, déguisés en pêcheurs, le rencontreront dans deux jours au plus tard, et nous connaîtrons rapidement sa réponse.

— Que lui as-tu demandé ?

— D'offrir un refuge à l'empereur.

— Crois-tu qu'il acceptera ?

— Je lui ai fait une proposition intéressante. Je pense que oui. »

Le soleil se couchait sur la vaste lagune silencieuse. Une longue rangée de guerriers à cheval se détacha contre le grand disque rougissant qui s'enfonçait dans la campagne plate et brumeuse.

« L'avant-garde de Mlède, dit Anthemius. Je saurai demain s'il y a des survivants parmi les camarades de ton guerrier.

— Pourquoi ? demanda Livia.

— Quoi ?

— Pourquoi essaies-tu de sauver Romulus ? Tu ne pourras en retirer aucun avantage, me semble-t-il.

— Pas personnellement. Mais j'ai toujours été fidèle à la famille de Flavia Serena. La fidélité est une vertu des vieillards, qui sont trop las pour changer d'attitude et d'idéaux... » Il soupira. « J'ai servi le père de l'impératrice pendant des années, et j'aurais fait mon possible pour l'aider si j'en avais eu le temps et si ce soldat ne s'était pas interposé.

— Il avait sans doute de bonnes raisons de le faire, lui aussi.

— Je veux l'espérer et j'aimerais les connaître, en admettant que tu parviennes à le faire parler.

— Si Basile refuse d'héberger Romulus Auguste, que feras-tu ?

— Je le libérerai. »

Livia, qui le précédait d'un pas, se retourna brusquement : « Que feras-tu ?

— Je te l'ai dit : je le libérerai. »

La jeune femme secoua la tête et lui lança un regard moqueur. « N'es-tu pas trop âgé pour ce genre d'aventures ? Et où trouveras-tu les hommes qui t'aideront dans une telle entreprise ? Tu as dit qu'Odoacre lui laissera la vie sauve. C'est déjà beaucoup, ne crois-tu pas ? Il faut s'en contenter.

— Je sais que tu m'aideras, poursuivit Anthemius, comme si les mots de la jeune femme lui importaient peu.

— Moi ? N'y compte pas. J'ai déjà risqué ma peau pour sauver ce malheureux. Je n'ai aucune envie de défier le destin dans une partie sans espoir. »

Anthemius la prit par le bras. « Toi aussi, tu as un rêve, Livia Prisca, et je peux t'aider à le réaliser. Je te verserai une somme énorme. Tu auras assez d'argent pour mener à bien cette mission et mettre à exécution tes projets. Bien sûr, c'est encore prématuré : il convient d'abord de connaître la réponse de Basile. Maintenant, viens, rebroussons chemin, on pourrait remarquer mon absence. »

Ils s'approchèrent de la barque d'Anthemius. Son accompagnateur l'attendait, assis sur la rive.

« Stephanos est mon secrétaire et mon garde du corps... mon ombre, pourrais-je dire. Il est au courant de tout. Il est possible qu'il se charge d'établir les contacts à l'avenir.

— Comme tu veux, répondit Livia, mais je pense que tu es trop confiant. Basile ne donnera pas un sou pour la vie de Romulus. »

Anthemius se contenta de répondre : « C'est ce que nous verrons. » Il monta à bord de la barque, tandis que Stephanos empoignait les rames. Immobile sur le rivage, Livia les regarda disparaître dans les ombres du crépuscule.

VI

La colonne parcourut une levée qui traversait la lagune du nord au sud, le long d'un ancien cordon de dunes côtières, avant de déboucher sur la terre ferme. Elle était prolongée par une route de terre battue qui rejoignait, quelques milles plus loin, la voie pavée à laquelle on avait donné le nom de Romea parce qu'elle constituait depuis de nombreuses années l'itinéraire qu'empruntaient les pèlerins de l'Europe entière pour aller prier, à Rome, sur les tombes des apôtres Pierre et Paul. Wulfila marchait en tête, monté sur son cheval de bataille, armé d'une hache et d'une épée, le torse couvert d'une cotte de mailles que des plaques métalliques renforçaient sur les épaules et la poitrine. Il chevauchait en silence, apparemment plongé dans ses pensées, mais en réalité rien, dans les champs et le long de la route, n'échappait à son regard farouche. Il était flanqué de deux gardes qui le protégeaient et scrutaient le territoire qui s'ouvrait devant eux.

Deux détachements d'une douzaine de soldats chacun battaient la campagne des deux côtés de la route à un demi-mille de la colonne principale afin de prévenir toute incursion. Ils étaient suivis d'une trentaine de

cavaliers, puis du chariot que les prisonniers occupaient. À égale distance, une arrière-garde d'une vingtaine d'hommes fermait la marche.

Ambrosinus était assis en face de Romulus. De temps à autre, il lui montrait des villages, des fermes, ou d'anciens monuments en ruine. Il tentait d'entretenir la conversation, mais sans grands résultats : le garçon gardait le silence ou répondait par des monosyllabes. Alors, le précepteur tirait de sa besace son exemplaire de *L'Enéide* et se mettait à lire en s'interrompant parfois pour jeter un coup d'œil à l'extérieur. Il lui arrivait aussi de s'emparer d'un cahier, d'ouvrir son encrier de voyage, d'y plonger sa plume et d'écrire pendant un long moment, parfois des heures entières. Quand on traversait un centre habité, un des gardes lui ordonnait de baisser le rideau : il ne fallait pas qu'on voie les passagers du véhicule.

Le voyage avait été soigneusement organisé. Ainsi, quand le convoi s'arrêta le premier soir au vingt-cinquième mille, le vieux relais de poste à moitié en ruine semblait partiellement restauré : il y avait une lumière à l'intérieur, et on préparait le dîner. Les gardes s'installèrent dehors, à l'écart, et firent cuire leur repas : une polenta de mil assaisonnée avec du lard et agrémentée de viande salée. Ambrosinus s'assit devant Romulus tandis que l'aubergiste servait du porc et des lentilles à l'étouffée, du pain sec, un broc d'eau du puits. « Ce n'est pas un grand dîner, observa-t-il, mais tu dois manger. Je t'en prie, le voyage est long et tu es très faible. Il faut absolument que tu reprennes des forces.

— Et pourquoi ? dit le garçon en observant d'un air désabusé son assiette fumante.

— Parce que la vie est un don de Dieu, et que nous n'avons pas le droit de la gaspiller.

— C'est un don que je n'ai pas demandé. Le destin qui m'attend est la prison à vie, n'est-ce pas ?

— Personne ne peut établir des plans à vie dans notre monde. Il est parcouru de changements, de turbulences et de bouleversements incessants. Celui qui règne aujourd'hui risque de mordre la poussière demain, celui qui pleure pourrait bientôt voir se lever une aube d'espoir... Nous ne devons pas baisser les bras, mais espérer, César. Mange quelque chose, je t'en prie, fais-le pour moi, pour ton précepteur qui t'aime. »

L'adolescent se contenta de boire une gorgée d'eau avant de déclarer d'une voix atone : « Ne m'appelle pas César. Je ne suis plus rien, et je n'ai peut-être jamais rien été.

— Tu te trompes. Tu es le dernier d'une grande lignée de maîtres du monde. Tu as été acclamé par le sénat de Rome en ma présence, l'aurais-tu oublié ?

— Quand était-ce ? interrompit le garçon. Il y a une semaine ? Un an ? Je ne m'en souviens plus. On dirait que cela n'est jamais arrivé. »

Ambrosinus préféra ne pas insister. « J'ai quelque chose à te raconter... quelque chose de très important.

— Quoi ? demanda Romulus d'un air distrait.

— Notre première rencontre. Tu n'avais que cinq ans et tu étais en danger, sous une tente, au milieu d'un bois de l'Apennin. C'était une sombre nuit d'hiver, si mes souvenirs sont bons. »

L'adolescent leva le visage, cédant malgré lui à la curiosité. Son précepteur était un grand conteur. Quelques mots lui suffisaient pour créer une atmosphère, donner corps aux ombres et vie aux fantômes du passé. Romulus prit un morceau de pain et le trempa dans son assiette sous le regard satisfait d'Ambrosinus qui se mit à manger à son tour.

« Alors que s'est-il passé ? l'interrogea le garçon.

— Tu étais empoisonné. Tu avais mangé des champignons vénéneux. On les avait introduits par erreur, ou intentionnellement, dans ton repas... Mange aussi un peu de viande.

— Ce dîner ne pourrait-il pas être empoisonné ?

— Je ne crois pas. S'ils avaient voulu nous supprimer, ils l'auraient déjà fait. Tu n'as rien à craindre. Donc, je passais dans ces lieux par hasard, j'étais fatigué, épuisé par un long voyage et transi de froid quand j'ai aperçu la lumière qui éclairait ta tente au milieu du bois, et ressenti une impression étrange. Une émotion bizarre, une révélation subite. J'ai pénétré sous la tente sans être arrêté, à l'instar d'un fantôme invisible. Dieu m'a peut-être aidé, il m'a peut-être enveloppé de brume, et les gardes ne m'ont pas vu. Tu gisais dans ton lit. Tu étais si petit... tu avais le visage pâle et les lèvres blêmes. Tes parents étaient désespérés. J'ai réussi à te sauver en t'administrant un émétique. Par la suite, je n'ai plus quitté ta famille. »

Le souvenir de ses parents emplit de larmes les yeux de Romulus, mais il s'efforça de se maîtriser. Il dit : « Il aurait mieux valu que tu me laisses mourir. » Ambrosinus glissa un morceau de viande entre les lèvres de l'adolescent, qui l'avala. « Pourquoi passais-tu par là ? demanda-t-il à son précepteur.

— Pourquoi ? C'est une longue histoire, que je te raconterai en chemin, si tu le veux. Mais pour l'heure, termine ton repas. Nous irons ensuite dormir : demain, nous devons nous lever à l'aube. Une longue journée de voyage nous attend.

— *Ambrosine*...

— Oui, mon enfant.

— Pourquoi veulent-ils m'emprisonner jusqu'à ma mort ? Parce que mon père m'a fait nommer empereur ?

— Oui, je le crois.

— Écoute, dit alors Romulus, dont le visage s'éclaira brusquement. Nous pouvons peut-être trouver une solution : je suis prêt à renoncer à tout, à tous les titres et à tous les biens, à tous les insignes et à toutes les dignités. Je n'ai qu'un seul désir : être un garçon comme les autres. Nous partirons, toi et moi, nous nous installerons quelque part. Nous travaillerons, raconterons des histoires sur les places publiques, tu es très doué pour ça, *Ambrosine*, nous gagnerons notre vie d'une façon ou d'une autre, et nous ne gênerons personne. Nous visiterons de nombreux endroits, traverserons la mer pour aller au pays des Pygmées et sur les montagnes de la Lune. Qu'en penses-tu ? Qu'en penses-tu ? Va le leur dire, s'il te plaît. Dis-leur que... je renonce à tout, y compris... » Il baissa la tête pour masquer la honte qui se lisait sur son visage. « ... au projet de venger mon père. Dis-leur que je veux tout oublier, tout. Et qu'ils n'entendront plus parler de moi. À condition qu'ils nous libèrent. Allez, va le leur dire. »

Ambrosinus lui lança un regard plein de tendresse. « Ce n'est pas aussi simple, César.

— Tu n'es qu'un hypocrite ! Tu m'appelles César, mais tu n'obéis pas à mes ordres.

— Je le ferais si c'était possible, mais ça ne l'est pas. Ces hommes n'ont aucun pouvoir. Seul Odoacre est en mesure de te concéder la grâce, mais il se trouve à Ravenne et il a déjà donné des ordres que personne ne songerait un instant à discuter. Et ne te hasarde plus à me traiter d'hypocrite. Je suis ton maître, tu me dois le respect. Maintenant, si cela ne te dérange pas, termine ton repas et va te coucher. »

Romulus obéit et Ambrosinus le regarda mastiquer à contre-cœur un dernier morceau de pain avant de disparaître dans la pièce voisine. Il tira son cahier de sa besace et se remit à écrire à la faible clarté de la lan-

terne. Les exclamations et les lazzis des barbares, qui commençaient à se ressaisir, autour du bivouac, parvenaient à ses oreilles : ils avaient à présent l'esprit échauffé par la bière, qui coulait à flots. Heureusement, Romulus ne comprenait pas leur langue, pensa Ambrosinus : nombre d'entre eux avaient participé au massacre qui s'était déroulé dans la villa d'Oreste, ils se vantaient des pillages, des vols, des violences et des offenses de toutes sortes qu'ils avaient infligés à leurs victimes. D'autres appartenaient à l'armée de Mlède, celle-là même qui avait anéanti la Nova Invicta, la légion d'Aurelius. Ils parlaient des atrocités, des tortures et des mutilations qu'ils avaient perpétrées contre des prisonniers encore vivants, une kyrielle d'horreurs et de cruautés inimaginables. Ambrosinus songea avec angoisse que ces hommes gouverneraient le monde pendant une période indéterminée. Il était plongé dans ces pensées quand la silhouette gigantesque de Wulfila surgit, dominant le bivouac. Sa grosse moustache tombante, ses rouflaquettes, sa crinière hirsute et les tresses qui retombaient sur sa poitrine lui donnaient l'allure d'une des divinités nordiques que les Suèves, les Chattes ou les Scaniens vénéraient. Ambrosinus éteignit sa lumière d'un souffle rapide puis colla l'oreille contre le mur en continuant d'épier les barbares à travers la fenêtre entrebâillée.

Wulfila cria quelque chose, probablement une imprécation, et les guerriers se turent. Alors, il poursuivit : « Je vous avais dit de ne pas faire de bruit et de ne pas attirer l'attention. Nous devons passer inaperçus.

— Allons, Wulfila ! dit l'un des siens. En admettant qu'on nous entende, que pourrait-il bien arriver ? » Puis il lança à ses camarades : « Moi, je n'ai peur de personne, et vous ?

— Tais-toi ! lui ordonna Wulfila d'une voix sèche.

Et vous aussi, ça suffit ! Disposez les sentinelles sur deux lignes à cent pas de distance l'une de l'autre. Si l'un de vous devait abandonner son poste pour une raison quelconque, il serait immédiatement passé par les armes. Quant aux autres, dormez ! Demain, nous ne nous arrêterons qu'en pleine nuit pour camper au pied de l'Apennin. »

Les hommes obéirent : certains rejoignirent leur poste, tandis que les autres étendaient des couvertures sur le sol et s'y allongeaient pour la nuit. Ambrosinus avança jusqu'au seuil de la porte et s'assit sur un tabouret. Aussitôt, une sentinelle réagit, mais le vieil homme ne daigna pas lui accorder le moindre regard. Il leva les yeux pour observer les constellations : Cassiopée se rapprochait de l'horizon et Orion brillait bien haut dans le ciel, presque au centre. Il chercha l'étoile Polaire, la Petite Ourse, et songea à son enfance, quand son maître, un sage à l'âge vénérable, lui apprenait à s'orienter, à reconnaître son chemin dans les ténèbres, en rase campagne ou sur les ondes de la mer, à prévoir les éclipses de lune et à lire dans les mouvements éternels des étoiles l'alternance des saisons sur la terre. Il songea à Romulus et son cœur se remplit d'émotion. Il avait réussi à lui faire manger quelque chose et il avait dissous dans l'eau une poudre qui lui permettrait de dormir d'un sommeil serein. Cela suffirait-il pour le ramener à la vie ? Et s'il y parvenait, quel avenir lui offrirait-il ? Combien de jours, de mois et d'années passeraient-ils dans la prison qui leur était réservée ? Une détention sans fin ? Combien de fois mesureraient-ils à pas lents l'espace exigu de leur cellule ? Et combien de temps supporteraient-ils l'odieuse présence de leurs persécuteurs ? Soudain, les vers d'un poème résonnèrent dans son esprit, comme l'écho d'une époque lointaine :

Veniet adulescens a mari infero cum spatha
pax et prosperitas cum illo,
acquila et draco iterum volabunt
Britanniae in terra lata.

En cet instant de tristesse infinie et de total abandon, un signe surgissait du passé. Mais que disait-il ? Et qui le lui envoyait ?

Il récita encore ces vers, lentement, à voix basse, en fredonnant ou presque, et il sentit son cœur battre légèrement comme un oiseau qui s'apprête à s'envoler. Il regagna le taudis croulant, froid et désert, qui avait jadis été un relais du *cursus publicus* regorgeant de clients affairés. Il alluma la lanterne aux braises du foyer et pénétra dans la chambre pour se coucher près de Romulus. Il l'éclaira. L'adolescent dormait, sa respiration était lente et régulière, sa jeune vie s'écoulait doucement sous sa peau dorée. Ambrosinus reconnut sur son visage splendide et délicat les traits de sa mère, l'ovale statuaire de Flavia Serena. Il revit le corps de la jeune femme étendu sur le marbre glacial dans la basilique impériale et il jura qu'il construirait un grand avenir pour son fils, à n'importe quel prix, dût-il perdre la vie. Il offrirait volontiers son existence par amour de celle qui lui était apparue pour la première fois au chevet de son enfant malade, par une froide et lointaine nuit d'automne, au milieu d'un bois de l'Apennin. Il n'osa même pas effleurer l'adolescent d'une caresse. Il éteignit la lanterne et s'étendit sur sa couche avec un long soupir. Son cœur s'installa dans une sérénité étrange et inconsciente, pareille à la surface d'un lac par une nuit sans vent.

Aurelius se retourna sur sa paillasse, dans un état de demi-sommeil ; il se demandait si le bruit qu'il avait entendu venait de ses rêves ou de la réalité. Il rêvait certainement quand, les yeux clos, il murmura sans prononcer le moindre mot : « Juba ». Le hennissement enfla, accompagné d'un piétinement de sabots dans l'eau. Alors il s'écria : « Juba ! » Le hennissement qui lui répondit était authentique, il exprimait toute la joie qu'on éprouve quand on retrouve un ami qu'on croyait perdu.

« Juba, mon beau, mon beau, viens, viens ! » continua-t-il en voyant avancer vers lui son cheval couvert de boue, silhouette grise et spectrale dans le brouillard du matin, baignant dans l'eau jusqu'aux genoux. Il le rejoignit et l'étreignit avec émotion : « Comment m'as-tu retrouvé ? Comment as-tu fait ? Montre-toi un peu : tu es dans un bel état, tout sale, plein de croûtes... Tu dois avoir faim, mon pauvre cheval, tu dois avoir faim... Attends, attends. » Il se rendit dans le recoin qui servait à Livia de garde-manger, et il en revint avec un petit seau plein d'épeautre, dans lequel le cheval plongea avidement le nez. Aurelius s'empara d'un chiffon, il le trempa dans de l'eau propre et entreprit de frotter le pelage de l'animal jusqu'à ce qu'il soit luisant. « Désolé, je n'ai pas d'étrille, mon ami, mais c'est mieux que rien, n'est-ce pas ? »

Quand il eut terminé, il s'éloigna un peu pour contempler l'étalon : il était magnifique, avec ses membres longs et minces, ses jarrets fins, son poitrail musclé, sa tête fière, ses naseaux frémissants, son encolure arquée, ornée d'une magnifique crinière. Aurelius nettoya ensuite sa selle et régla ses étriers. Un peu plus tard, en voyant le cheval repu et désaltéré, harnaché, il pensa que des ancêtres inconnus lui envoyaient un signe de l'au-delà. Il s'empara de son ceinturon, où pendait

son épée, le mit en bandoulière, enfila ses chaussures cloutées et, tenant Juba par la bride, se dirigea là où l'eau était basse.

« Tu n'oublies rien ? » demanda une voix dans son dos. Et l'écho que renvoyait la grande voûte répondit : « Rien ? »

Aurelius fit volte-face, surpris puis gêné. Livia se dressait devant lui, un harpon à la main, vêtue d'une sorte de pagne en cuir, la poitrine couverte de deux bandes croisées. À en juger par l'eau qui ruisselait sur son corps musclé, elle venait juste de se baigner. Elle jeta sur le sol le filet qu'elle tenait dans l'autre main, rempli de gros mulets encore frétillants ; une énorme anguille était enroulée comme un serpent autour du manche de son harpon.

Aurelius dit : « Mon cheval est revenu.

— C'est ce que je vois. Et je vois aussi que tu t'apprêtais à filer. Tu aurais au moins pu attendre mon retour et, qui sait, me remercier.

— Je t'ai laissé mon armure, dit-il en indiquant la cuirasse, le bouclier et le casque abandonnés dans un coin de la grande salle. Elle te rapportera une belle somme... »

Livia cracha par terre. « Je peux trouver ce genre de ferraille où je le veux et quand je le veux.

— Je serais revenu tôt ou tard pour te remercier, je t'aurais laissé un message si j'avais eu de quoi écrire. Je ne supporte pas les adieux, la séparation... je n'aurais pas su que te dire et...

— Il n'y a rien à dire. Tu t'en vas, un point c'est tout. Tu files avec tes affaires et tu t'évanouis dans la nature. Rien de plus facile.

— Ce n'est pas ce que tu crois. Ces jours-ci, j'ai... » Il laissa ses yeux errer sur le corps de la jeune fille, comme s'il craignait de croiser son regard. « Personne

ne s'est jamais occupé de moi de cette façon, je n'ai jamais rencontré de fille si jeune et si courageuse... de femme de ta sorte au cours de mon existence... Je craignais qu'attendre ton retour me rende les choses plus... difficiles. Je craignais que cela soit trop dur. »

Livia s'abstint de répondre. Le regard d'Aurelius se fixa encore une fois sur le pendentif qu'elle portait au cou, sur le petit aigle en argent. Livia le remarqua, et quand les yeux du légionnaire croisèrent enfin les siens, elle fut moins dure qu'il ne s'y attendait. Elle le dévisagea avec une curiosité mêlée d'une rude affection, puis elle dit : « Il est inutile que tu me racontes toutes ces bêtises. Si tu veux partir, pars. Tu ne me dois rien. »

Aurelius fut incapable de prononcer le moindre mot.

« Où penses-tu aller ? demanda Livia.

— Je l'ignore. Loin. Loin de ces lieux, loin de la puanteur de leur barbarie et de notre corruption, de cette irrépressible décadence, loin de mes souvenirs, loin de tout. Et toi ? Resteras-tu à jamais dans ce marais ? »

Livia s'approcha. « La situation n'est pas celle que tu crois. Un espoir est en train de naître dans ce marais. De plus, ce n'est pas un marais, mais une lagune qui contient la vie et le souffle de la mer. »

Juba souffla docilement et racla le sol comme s'il ne parvenait pas à comprendre les raisons de ce retard. Livia porta les doigts à son pendentif et les y referma. Aurelius secoua la tête. « Il n'y a d'espoir nulle part. Il n'y a que des destructions, des pillages, des abus.

— Alors, pourquoi as-tu tenté d'enlever cet enfant ?

— Je ne voulais pas l'enlever. Je voulais le libérer.

— C'est difficile à croire.

— Que tu le croies ou non, son père m'a demandé de le faire au moment où il expirait. Je suis arrivé à la villa de Plaisance après le massacre. Je venais du camp de ma légion, encerclé par de très nombreux ennemis,

je comptais lui demander de l'aide... Quand je l'ai trouvé, il respirait encore. Il m'a imploré de sauver son fils, avec ce qui lui restait de souffle. Pouvais-je lui refuser mon aide ?

— Espèce de fou... Heureusement, tu n'es pas parvenu à tes fins. Qu'aurais-tu fait ensuite de cet enfant ?

— Je ne sais pas. Je l'aurais emmené quelque part. Je lui aurais appris à travailler, à élever les abeilles, à planter des olives, à traire les chèvres. Comme un vrai Romain des temps anciens.

— N'aimerais-tu pas tenter ta chance une nouvelle fois ? demanda une voix dans son dos.

— Stephanos ! Que fais-tu donc ici ? s'écria Livia. Nos accords étaient pourtant clairs : jamais dans la journée, jamais ici.

— C'est vrai. Mais il y a urgence. Ils sont partis.

— Où ?

— On l'ignore. Ils ont pris la voie Romea en direction de Fanum. À mon avis, ils s'engageront sur la Flaminia et marcheront vers le sud. Nous essaierons d'en savoir plus dès que possible.

— De quoi parlez-vous ? interrogea Aurelius.

— Du projet de libérer un garçon, répondit Stephanos. Et nous avons besoin de ton aide. »

Aurelius lui lança un regard stupéfait et secoua la tête d'un air incrédule tout en disant : « Un garçon... Lui ? »

Stephanos acquiesça. « Lui. Romulus Auguste César, empereur des Romains. »

VII

Aurelius dévisagea son interlocuteur d'un air stupéfait puis il se tourna vers son cheval et entreprit de régler la sangle de la selle comme s'il s'apprêtait à partir. « Je n'en ai pas la moindre intention, répondit-il.

— Pourquoi ? demanda Stephanos. Tu as tenté de le faire par une action désespérée, et maintenant que nous t'offrons appui et soutien pour la même entreprise avec, à la clef, beaucoup plus de chances de réussite, tu refuses ?

— Avant, c'était différent. Une telle action me semblait juste et je comptais sur l'effet de surprise. Du reste, j'ai failli réussir. Je ne connais pas vos visées, et je ne vous connais pas. Quoi qu'il en soit, la surveillance s'est certainement intensifiée depuis mon coup de main. Personne ne pourra approcher Romulus, j'en suis persuadé. Odoacre a dû déployer une armée entière autour de lui. »

Stephanos s'approcha. « Je représente un groupe de sénateurs qui entretiennent des contacts directs avec l'empire d'Orient. Nous sommes convaincus que c'est la seule manière possible d'empêcher que l'Italie et l'Occident s'enfoncent totalement dans la barbarie.

Certains de nos envoyés ont rencontré Basile à Spalato, en Dalmatie, et sont revenus avec un message important. L'empereur est prêt à offrir son hospitalité et sa protection à Romulus, à Constantinople, et à lui attribuer un apanage digne de son rang.

— Vous ne trouvez pas cela étrange ? demanda Aurelius. Basile n'est autre qu'un usurpateur. Comment pouvez-vous vous fier à sa parole ? Et s'il traitait le garçon avec plus de cruauté encore que ce barbare ?

— Ce barbare a fait massacrer ses parents », répondit Stephanos d'une voix sèche. Aurelius se tourna vers lui et découvrit son regard immobile et apparemment impassible. Son accent oriental lui rappelait le parler de ses compagnons d'armes provenant de l'Épire. « En outre, reprit l'homme, il est destiné à une détention perpétuelle dans un lieu isolé et inaccessible, condamné à supporter les cauchemars et la terreur pendant le restant de ses jours, en attendant le moment où un changement d'humeur de ses geôliers décidera de sa fin. As-tu idée des insultes, des violences et des infamies qui attendent un enfant à la merci de ces brutes ? »

Aurelius revit le regard de Romulus à l'instant où il avait été obligé de l'abandonner, l'épaule transpercée d'une flèche : un regard désespéré, de rage impuissante, d'amertume infinie. Stephanos dut comprendre que ses arguments se ménageaient une brèche dans l'esprit du légionnaire. Il poursuivit : « Nous avons des amis à Constantinople, des amis très influents, il nous sera donc possible de le protéger efficacement.

— Et Julius Nepos ? Il a toujours été le candidat de l'empire d'Orient au trône d'Occident. Pourquoi devrait-il changer d'avis et renoncer ? »

Livia tenta d'intervenir, mais Stephanos l'arrêta d'un coup d'œil. « Nepos n'intéresse plus personne. On le laissera donc vieillir dans sa villa de Dalmatie, isolé du

reste du monde. Nous avons un projet beaucoup plus ambitieux pour Romulus, mais il est nécessaire, afin de le réaliser, qu'il soit à l'abri de tout danger, qu'il reçoive une éducation et un entraînement adéquats, qu'il grandisse dans la maison impériale, occupant une position tranquille et sûre, qu'il ne porte ombrage à personne et n'éveille aucun soupçon tant que le moment de réclamer son héritage ne sera pas venu. »

Livia se décida alors à parler : « Laisse tomber, dit-elle à Stephanos. Il est impossible de lutter contre la peur. Il a fait une tentative, il a risqué sa vie, et il n'a pas l'intention de recommencer. C'est normal.

— C'est ainsi, confirma Aurelius sans broncher.

— Justement, rétorqua Livia. Nous pouvons très bien nous en tirer tout seuls. Après tout, c'est moi qui l'ai sauvé, et pas le contraire. Quelle direction a pris le convoi ?

— Il va vers le sud, répondit Stephanos. Il emprunte la route de Fanum.

— Ils veulent donc traverser l'Apennin.

— C'est probable, mais pas certain. Quoi qu'il en soit, nous le saurons bientôt. »

Aurelius s'affaira de nouveau autour de sa selle, comme si cette conversation ne le concernait plus. Livia feignit de ne pas le remarquer. « On dit que Mlède est rentré. C'est vrai ?

— Oui, répondit Stephanos.

— A-t-il ramené des prisonniers ? »

Aurelius se retourna brusquement, le regard empreint d'espoir, de trépidation et de peur. Une phrase avait suffi à faire voler en éclats son calme apparent.

« Une cinquantaine, pas plus. Mais je peux me tromper, il faisait presque nuit. »

Aurelius s'approcha. « As-tu reconnu... quelqu'un ?

— Comment aurais-je pu ? Je n'ai remarqué qu'un

géant noir, un hercule éthiopien, un colosse de près de six pieds, enchaîné, qui...

— Batiatus ! s'exclama Aurelius. Ce ne peut être que lui ! » Il attrapa Stephanos par le col. « C'est un de mes amis, un compagnon d'armes depuis de nombreuses années. Je t'en conjure, dis-moi où on l'a emmené ! Il y a peut-être d'autres camarades avec lui. »

Stephanos eut un rictus de compassion. « Voudrais-tu encore tenter une entreprise désespérée ?

— Veux-tu m'aider, oui ou non ?

— Étrange question de la part d'un homme qui vient de rejeter un appel au secours. »

Aurelius opina du bonnet. « Je suis prêt à tout, mais dis-moi où on les a emmenés, si tu le sais.

— À Classe. Cela ne signifie pas grand-chose. Il y a là un port qui permet de rallier n'importe quel endroit au monde. »

Aurelius accusa le coup. La joie d'apprendre que le compagnon de tant de péripéties était en vie fut balayée par la constatation de son impuissance. Livia fut troublée par le désespoir et l'humiliation qu'elle lut dans son regard. « On les conduit probablement à Misène, où se trouve une base de la flotte impériale. Les bateaux sont presque tous désarmés, mais on a encore besoin de galériens. De plus, c'est dans cette ville que se tient le plus grand marché d'esclaves de la péninsule. Tu peux essayer de gagner la base et de recueillir des informations. Avec un peu de patience, tu parviendras peut-être à en savoir plus long. Et puis ton ami est si imposant qu'il ne risque pas de passer inaperçu. Écoute, reprit-elle sur un ton plus calme et plus conciliant, je vais aller vers le sud pour suivre le convoi qui transporte l'empereur. Tu n'as qu'à m'accompagner. Quand nos routes se sépareront, tu t'en iras par ton chemin, et moi par le mien.

— Et tu tenteras de libérer l'empereur... toute seule ?

— Cela ne te regarde plus, me semble-t-il.

— Ce n'est pas dit.

— Pourquoi changerais-tu d'avis ?

— Si je trouve mes camarades, m'aiderez-vous à les libérer ? »

Stephanos intervint : « Vous recevrez une grosse récompense, de dix mille ducats d'or si vous conduisez Romulus au vieux port de Fanum, sur l'Adriatique. Un bateau prêt à appareiller pour l'Orient vous y attendra le premier jour de la nouvelle lune, à l'aube, pendant deux mois à partir de la lune de décembre. Avec cet argent, tu pourras racheter tes amis, si tu parviens à apprendre où ils se trouvent. Il est facile de reconnaître le bateau : il hissera à la poupe un étendard portant le monogramme de Constantin.

— Si je les trouvais plus tôt, ils pourraient nous aider dans notre entreprise, répliqua Aurelius. Il n'y a pas de meilleurs guerriers au monde. Et surtout, ce sont des soldats romains, loyaux envers l'empereur. »

Stephanos acquiesça d'un air satisfait et se tourna vers Livia : « Que dois-je dire à Anthemius ?

— Dis-lui que nous partons aujourd'hui même et que je le tiendrai informé du mieux possible.

— Très bien, alors bonne chance.

— Nous en avons besoin, répondit Livia. Je t'accompagne, je veux m'assurer que personne ne te voie. »

Ils rejoignirent l'embarcation de Stephanos, une petite barque à fond plat, appropriée à la navigation lagunaire. Un domestique était assis aux rames. Livia grimpa avec une agilité impressionnante sur un gros saule qui déployait ses branches au-dessus de l'eau et scruta le paysage à l'entour. Il n'y avait pas âme qui vive. Elle descendit en faisant signe à Stephanos que

tout était calme. Alors que l'homme montait dans la barque, Livia le retint un instant. « Qu'est-ce qu'Anthemius a offert à Basile pour le pousser à accepter son offre ?

— Je l'ignore. Anthemius ne me raconte pas tout, mais il est de notoriété publique, à Constantinople, que rien ne se passe en Occident sans qu'il soit au courant. Cela suffit à le parer d'un prestige et d'une importance énormes. »

Livia acquiesça. L'homme l'interrogea à son tour : « Ce soldat... Crois-tu vraiment qu'on puisse se fier à lui ?

— Il vaut une petite armée à lui tout seul. Je sais reconnaître un guerrier quand je le vois, je sais reconnaître le regard d'un lion, même s'il est blessé. Et ce regard me rappelle quelque chose...

— Quoi ? »

Livia pinça les lèvres en un sourire amer. « Si je le savais, je donnerais un visage et un nom au seul individu qui ait laissé un signe dans ma vie et mon âme, à l'exception de mes parents, qui ont disparu depuis longtemps. »

Stephanos s'apprêta à ajouter quelque chose, mais Livia avait déjà fait demi-tour et s'éloignait de son pas léger et silencieux de prédateur. Le domestique plongea les rames dans l'eau, courba le dos et quitta lentement le rivage.

La colonne qui escortait la voiture de Romulus traversa la campagne le long d'un sentier étroit et malaisé, évitant Fanum et les nombreux curieux qui se seraient sans doute massés sur son passage et auraient entravé sa marche. La consigne du silence et du secret devait être très sévère, et Ambrosinus ne manqua pas de remarquer cette manœuvre digressive. « Je crois que

notre itinéraire nous conduit au col de l'Apennin, dit-il à Romulus. Nous regagnerons bientôt la voie Flaminia et traverserons son tronçon le plus haut en parcourant une galerie creusée dans la montagne. On l'appelle *forulus*, c'est une œuvre de construction formidable, conçue à l'époque d'Auguste et achcvée sous l'empereur Vespasien. Cette région âpre et montueuse est depuis longtemps infestée de brigands, et il est dangereux de s'y aventurer en solitaire. Les autorités ont tenté à plusieurs reprises d'extirper cette plaie en allant jusqu'à constituer des corps de vigilance spéciaux, mais sans grands résultats. C'est la misère qui produit les brigands, qui sont pour la plupart des paysans appauvris par l'énormité des impôts et des famines, n'ayant pas d'autre choix que de prendre le maquis. »

Romulus semblait contempler les épaisses forêts de chênes et de frênes qui longeaient le sentier ou les bergers qui faisaient paître une maigre génisse. Mais il écoutait, ainsi que le prouva sa réponse : « Lever des impôts qui ruinent les gens est non seulement injuste, mais aussi stupide. Un homme ruiné ne peut payer aucun impôt, et s'il se transforme en brigand, il oblige l'État à dépenser encore plus d'argent pour veiller à la sécurité des routes.

— Ton observation est parfaite, répondit Ambrosinus sur un ton satisfait, mais elle est peut-être trop simple pour être mise en pratique. Les gouvernants sont avides, les bureaucrates souvent stupides, et ces deux problèmes produisent des conséquences effrayantes.

— Il doit bien y avoir une explication à tout cela. Pourquoi un gouvernant doit-il être forcément avide et un bureaucrate forcément stupide ? Tu m'as dit bien souvent qu'Auguste, Tibère, Adrien et Marc Aurèle ont été des princes sages et honnêtes qui punissaient les gouverneurs corrompus. Mais c'est peut-être faux,

l'homme a peut-être toujours été stupide, avide et méchant. »

C'est alors que Wulfila passa. Il rejoignit au galop une colline afin d'examiner les lieux et de surveiller les mouvements de ses guerriers. La plaie qui le défigurait commençait à cicatriser, mais son visage était encore enflé et rouge, un liquide purulent s'échappait des points de suture. Ce qui expliquait peut-être sa mauvaise humeur constante. Il suffisait d'un rien pour déchaîner sa colère. Ambrosinus avait évité d'éveiller ses soupçons ou de susciter sa méfiance ; mieux, il mûrissait un plan pour gagner sa confiance, voire sa gratitude.

« Il est compréhensible que tu aies en ce moment une vision du monde aussi négative, répondit-il à Romulus. Le contraire serait étonnant. En réalité, le destin des hommes et, avec lui, celui des peuples et des empires sont influencés par des causes et des événements qui échappent à leur contrôle. L'Empire s'est défendu pendant des siècles contre les attaques des barbares. De nombreux empereurs ont été élevés à la dignité de la pourpre par leurs soldats, au front, et sont morts au front, l'épée au poing, sans jamais avoir vu Rome ou avoir discuté quoi que ce soit au Sénat. L'attaque était souvent multiple, par vagues, sur diverses directrices, portée simultanément par plusieurs peuples. Voilà pourquoi on construisit à grands frais un grand mur de plus de trois mille milles de long, qui s'étendait des monts de la Bretagne[1] aux déserts de la Syrie. Des centaines de milliers de soldats s'enrôlaient, il y eut jusqu'à trente-cinq légions sous les armes, presque cinq cent mille hommes ! Les Césars ne renoncèrent à

1. La Bretagne désigne à cette époque la Grande-Bretagne. (*N.d.T.*)

aucune dépense, aucun sacrifice, pour sauver l'Empire et, avec lui, la civilisation. Mais ils ne se rendaient pas compte que ces dépenses énormes devenaient insupportables, que les impôts appauvrissaient les paysans, les éleveurs, les artisans, ruinaient le commerce et les échanges, abaissaient même le taux de natalité. Pourquoi mettre au monde des enfants, se demandaient les gens, si l'on n'a que la misère et les privations à leur offrir ? Puis, à un moment donné, il fut impossible de repousser les invasions, et on eut donc l'idée d'établir les barbares à l'intérieur de nos frontières et de les enrôler dans l'armée pour qu'ils se battent contre d'autres barbares... Ce fut une erreur fatale, mais peut-être inévitable : la misère et l'oppression avaient tué l'amour de la patrie dans le cœur des citoyens, et il fut nécessaire d'engager les mercenaires qui sont désormais nos maîtres. »

Ambrosinus ne se contentait pas de donner une leçon d'histoire à son élève, il évoquait des événements très récents et très réels qui l'avaient touché directement de manière fort douloureuse. Le comprenant, il se tut. L'enfant triste qui se tenait en face de lui n'était autre que le dernier empereur d'Occident. Un acteur malgré lui, et non le spectateur de cette atroce tragédie.

« C'est ce que je te vois écrire de temps à autre ? L'histoire ? lui demanda Romulus.

— Je n'ai pas l'ambition d'écrire l'histoire : d'autres peuvent le faire mieux que moi, avec une langue plus belle et plus élégante. Je compte juste laisser un souvenir de mon expérience personnelle et des événements dont j'ai été le témoin direct.

— Tu en auras le temps, des années et des années de prison. Pourquoi as-tu voulu me suivre ? Tu aurais pu rester à Ravenne ou regagner ta patrie d'origine, la Bretagne. Est-il vrai que, là-bas, les nuits sont infinies ?

— Tu connais déjà la réponse à la première question. Tu sais que je t'aime beaucoup et que j'étais très dévoué à ta famille. En ce qui concerne la seconde, il n'en est pas vraiment ainsi... », commença Ambrosinus, mais Romulus l'interrompit.

« Tel est mon souhait : une nuit infinie, un sommeil sans rêve. »

L'adolescent avait les yeux vides tandis qu'il prononçait ces mots, et Ambrosinus ne sut que rétorquer.

Ils voyagèrent de la sorte toute la journée. Le maître épiait le moindre changement d'humeur de son élève, sans perdre de vue ce qui se passait à l'extérieur. Ils ne s'arrêtèrent qu'au couchant. Désormais, les journées étaient brèves, et les heures de marche limitées. Les soldats barbares allumèrent le feu ; certains s'éparpillèrent dans la campagne, avant de revenir au bout d'un moment avec des brebis égorgées qui pendaient à leur selle et des grappes de poules attachées par les pattes. Ils avaient sans doute mis à sac une ferme isolée. Ces proies faciles furent rapidement préparées, nettoyées et placées sur les braises. Wulfila s'assit sur un rocher, à l'écart, en attendant sa ration. Il était sombre et le reflet des flammes soulignait de façon dramatique la difformité de ses traits. Ambrosinus, qui ne le quittait pas des yeux, s'approcha de lui à pas lents et en pleine lumière pour éviter d'éveiller les soupçons. Une fois à sa portée, il lui dit : « Je suis médecin et fin connaisseur des médicaments, je peux faire quelque chose pour cette blessure. Elle doit être très douloureuse. »

Wulfila agita le bras comme s'il voulait chasser un insecte importun, mais Ambrosinus ne bougea pas, il poursuivit sans broncher : « Je sais ce que tu penses. Tu as souvent été blessé, la plaie s'est cicatrisée et la douleur a disparu. Mais il en est autrement ici. Le visage guérit difficilement car l'âme y affleure plus que

partout ailleurs. Il est beaucoup plus sensible et beaucoup plus vulnérable que le reste du corps. Cette plaie est infectée et si l'infection s'étend, elle dévastera ton visage, le transformant en un masque méconnaissable. »

Il pivota ct sc dirigca vcrs son véhicule, mais Wulfila le rappela : « Attends. » Alors Ambrosinus saisit sa besace, réclama du vin aux soldats, nettoya plusieurs fois la plaie, la débarrassa de son pus, ôta les points et fit un pansement après avoir appliqué sur la blessure une décoction de mauve et de son.

« N'imagine pas que je te sois reconnaissant, dit Wulfila quand Ambrosinus eut terminé.

— Ce n'est pas pour cela que je t'ai soigné.

— Et alors pourquoi ?

— Tu es une bête féroce. La douleur ne peut qu'accroître ta férocité. Je l'ai fait dans mon intérêt, Wulfila, et dans celui de Romulus. »

Il regagna le véhicule. Un peu plus tard, un soldat se présenta avec de la viande rôtie enfilée sur une broche. Le vieillard et l'adolescent mangèrent. L'air était froid en raison de la saison, le plein automne, de l'heure et de l'altitude. Cependant Ambrosinus préféra réclamer une autre couverture plutôt que de préparer sa couche et celle de Romulus près du feu, comme les autres. L'adolescent obéit aux insistances de son maître, il mangea et but un peu de vin, qui remplit son corps d'énergie et lui rendit l'envie de vivre. Ils s'allongèrent côte à côte sous la voûte étoilée du ciel.

« As-tu compris les raisons de mon geste ? demanda Ambrosinus.

— Nettoyer la face de ce boucher ? Oui, j'imagine : il faut caresser les chiens méchants dans le sens du poil.

— C'est plus ou moins ça. »

Ils écoutèrent longuement le crépitement du feu, que

les soldats ne cessaient d'alimenter à l'aide de branches sèches, et contemplèrent les étincelles qui s'élevaient en tournoyant dans le ciel.

« Pries-tu avant de t'endormir ? demanda soudain Ambrosinus.

— Oui, répondit Romulus. Je prie l'esprit de mes parents. »

VIII

Livia poussa son cheval le long de l'étroit sentier qui grimpait vers la cime de la montagne, puis elle s'arrêta et attendit Aurelius qui suivait un autre itinéraire à travers le bois. Des hauteurs, on pouvait dominer aisément le débouché de la galerie qu'empruntait la voie Flaminia pour traverser la montagne de part en part. Livia et Aurelius mirent pied à terre et se postèrent à l'abri d'un bosquet de hêtres. Ils n'attendirent pas longtemps : des cavaliers hérules surgirent bientôt, suivis par leur commandant, à la tête d'une trentaine d'hommes armés. Un chariot et l'arrière-garde leur emboîtaient le pas.

Aurelius tressaillit en reconnaissant Wulfila. D'instinct, son regard courut à l'arc que Livia portait en bandoulière.

« Oublie ça, lui dit la jeune fille. En admettant que tu réussisses à l'abattre, les autres nous poursuivraient sans relâche et se vengeraient peut-être sur Romulus. » Aurelius se mordit les lèvres.

« Ton heure viendra, insista Livia. Nous devons être patients. »

Le légionnaire observa un moment la silhouette

chancelante du véhicule qui disparut derrière un virage. Livia posa la main sur son épaule. « J'ai l'impression qu'il y a entre vous une question de vie ou de mort, ou plutôt de mort, n'est-ce pas ?

— J'ai tué un certain nombre de ses hommes, parmi les plus fidèles, j'ai tenté d'enlever le prisonnier qu'on avait confié à sa garde, et quand il a essayé de me barrer la route, je lui ai ouvert le visage, le transformant en monstre pour le restant de ses jours. À ton avis, cela suffit-il ?

— En ce qui te concerne. Et lui ? »

Aurelius ne répondit pas. Il mâchait un brin d'herbe sèche en examinant la vallée.

« Ne me dis pas que tu ne l'avais jamais vu auparavant.

— C'est possible, mais je ne m'en souviens pas. J'ai rencontré énormément de barbares pendant toutes ces années de guerre. » Un instant, il se revit face à Wulfila dans le couloir du palais impérial, épée contre épée, alors que son adversaire lui lançait d'une voix rauque : « Je te connais, Romain, je t'ai déjà vu ! »

Livia se plaça devant lui et le dévisagea avec une insistance impitoyable. Aurelius détourna le regard.

« Tu as peur de sonder ton cœur, et tu refuses aussi que les autres le fassent. Pourquoi ? »

Aurelius pivota brusquement. « Te déshabillerais-tu devant moi ? » lui dit-il en plantant dans ses yeux deux prunelles de feu. Livia soutint son regard sans broncher. « Oui, répondit-elle, si je t'aimais.

— Mais tu ne m'aimes pas. Et je ne t'aime pas non plus. Exact ?

— Exact », répliqua Livia d'une voix tout aussi ferme.

Aurelius prit Juba par les rênes et patienta pendant que la jeune fille détachait son bai. Puis il lui dit :

« Nous avons un but commun et une mission à accomplir côte à côte. Nous avons besoin d'une grande cohésion et nous devons pouvoir compter l'un sur l'autre en toute sécurité. Evitons donc de créer de la gêne ou de l'animosité entre nous. Comprends-tu ce que je veux dire ?

— Parfaitement. »

Aurelius commença à descendre en tenant Juba par les rênes. « Toute tentative devra être faite en cours de route, dit-il pour changer de sujet de conversation. Une fois que le convoi sera parvenu à destination, notre entreprise deviendra impossible.

— À deux contre soixante-dix ? Ce n'est pas une bonne idée. Et ta blessure n'est pas encore cicatrisée. Non, nous ne pouvons pas risquer d'échouer une seconde fois.

— Alors, que proposes-tu ? Tu dois bien avoir un plan. À moins que tu ne préfères avancer sans projet ?

— Il importe avant tout de savoir où ils se rendent. Nous étudierons ensuite la façon de pénétrer dans ces lieux et nous emmènerons Romulus. Nous n'avons pas d'autre solution. Il était impossible de recruter des hommes à Ravenne, en admettant que nous en eussions trouvé : les espions d'Odoacre sont si nombreux que notre complot aurait aussitôt été déjoué. Cela peut te paraître étrange, mais notre atout réside dans le fait que personne ne connaît notre existence. Personne ne peut imaginer que deux voyageurs tenteront une entreprise de ce genre. Et c'est justement grâce à la surprise que tu as failli réussir. Si nous engageons des hommes, nous le ferons loin de Ravenne, dans un endroit où l'on ignore tout de nous.

— Et avec quel argent ?

— Nous aurons de l'argent à disposition dans de nombreux endroits. Anthemius a des dépôts dans plu-

sieurs banques et j'ai une lettre de crédit signée de sa main. Tu sais ce dont il s'agit, n'est-ce pas ?

— Non. Mais l'important, c'est que tu puisses avoir de l'argent. Je n'ai pas perdu l'espoir de retrouver mes camarades.

— Moi non plus. Je sais combien c'est important pour toi. » Le ton de Livia trahissait une émotion qui allait bien au-delà de l'esprit de camaraderie guerrier qui les unissait depuis quelques jours.

Ils avancèrent de la sorte en parcourant une vingtaine de milles par jour, à une distance non négligeable du convoi. La surveillance des barbares semblait s'être relâchée : l'assurance d'une escorte massive, la prestance de Wulfila et l'absence de menace visible contribuaient à radoucir les esprits et, parfois, la discipline.

Ils traversèrent l'Apennin et descendirent la vallée du Tibre.

« Si nous devions retrouver mes camarades, dit Aurelius, m'aiderais-tu à les racheter ?

— J'imagine. Cela dépend aussi de leur nombre. Ne te fais pas trop d'illusions. Misène est une éventualité, mais seulement une éventualité comme tant d'autres.

— C'est bizarre. L'idée de nos retrouvailles me remplit à la fois de joie et de peur... Peur d'apprendre de leur bouche ce que sont devenus les absents.

— Tu as fait ce qui était en ton pouvoir, ne te torture pas l'esprit. Le passé est le passé, et nous ne pouvons pas le modifier.

— C'est facile, pour toi. La légion était toute ma vie. Tout ce que j'avais.

— N'as-tu jamais eu de famille ? »

Aurelius secoua la tête.

« Une femme... une maîtresse ? »

Aurelius détourna les yeux. « Des rencontres occa-

sionnelles et rares. Aucun lien. Il est difficile de s'unir à quelqu'un quand on n'a pas de racines. »

Ils se turent un moment, puis Livia brisa à nouveau le silence : « Une légion. Cela paraît incroyable. Les légions ont disparu avec la réforme de l'empereur Gallien, et leur nom a survécu à grand-peine jusqu'à ces quarante dernières années. Pour quelle raison Oreste a-t-il donc voulu en réintroduire une ?

— C'était une opération extraordinaire. En premier lieu, le sol italien ne se prête jamais, ou presque, au déploiement de vastes contingents de cavalerie. En outre, la nouvelle légion aurait eu sur les esprits un effet formidable. Oreste voulait que son peuple revoie un aigle d'argent scintiller au soleil, il voulait que les Romains retrouvent leur fierté, qu'ils admirent les fantassins avec leurs armures d'antan et leurs grands boucliers, qu'ils entendent le sol trembler sous le pas cadencé des détachements. Il voulait opposer la discipline à la barbarie, l'ordre au chaos. Nous étions tous orgueilleux d'en faire partie, notre commandant était un homme doté de vertus antiques et d'une incroyable valeur, austère et juste, qui veillait jalousement sur son honneur et sur celui de ses hommes. »

Livia le regarda : ses yeux étincelaient et sa voix vibrait d'une immense émotion. Elle aurait voulu en apprendre plus long sur ses sentiments, mais elle vit que le convoi avait ralenti, au lointain, et elle fit signe à son compagnon de s'immobiliser. « Ce n'est rien, déclara-t-elle un peu plus tard. Un troupeau de brebis qui traverse la route. »

Ils reprirent leur marche en longeant au pas une bande boisée qui bordait la route à une distance de trois à quatre cents pieds.

« Continue, je t'en prie, dit-elle.

— Les hommes furent choisis un par un dans divers

détachements, officiers et soldats, auxiliaires et techniciens, en grande partie italiques et provinciaux. On incorpora aussi des barbares, mais en nombre restreint, et seulement des hommes de confiance qui étaient au service de l'État depuis plusieurs générations. Ils furent concentrés dans une localité secrète de la Norique et entraînés de nombreuses heures par jour pendant près d'une année. Quand la légion s'aligna sur le champ de bataille pour la première fois, elle enfonça la formation ennemie avec la puissance d'une machine de guerre, causant des pertes massives à ses adversaires. Nous avions conservé ce que la technique ancienne offrait de mieux, et adopté le meilleur de la technique moderne.

— Et toi ? Où t'es-tu engagé ? »

Aurelius garda le silence un moment, comme plongé dans ses pensées, le regard droit devant lui. Ils avançaient à mi-côte, parmi les bois, afin d'éviter les éclaireurs de Wulfila, qui ne cessaient d'arpenter les flancs de vallée dans le but de prévenir d'éventuelles attaques surprises. En ces lieux âpres et sauvages, ces hommes redoutaient plus les brigands que d'improbables partisans du jeune empereur.

« Je te l'ai dit, répondit soudain Aurelius, j'ai toujours fait partie de la légion. Je n'ai pas d'autres souvenirs. » Son ton indiquait clairement que le chapitre était clos.

Ils poursuivirent leur route en silence. De temps à autre, Livia empruntait un sentier parallèle parce qu'elle ne supportait pas le mutisme obstiné de son compagnon. Quand ils se réunissaient, elle échangeait avec lui quelques mots à propos de leur itinéraire ou des difficultés du terrain, avant de s'éloigner de nouveau. À l'évidence, Aurelius ne parvenait pas à se libérer du cauchemar que constituaient, pour lui, le massacre de ses camarades, la destruction de son régiment et l'impossi-

bilité de le sauver. Des spectres, des ombres sanglantes de jeunes gens trucidés à la fleur de l'âge, d'hommes torturés cruellement jusqu'à leur dernier souffle, chevauchaient à ses côtés. Leurs cris déchirants, leurs prières s'élevaient des profondeurs de l'enfer. Ils avancèrent au pas pendant plusieurs heures. Bientôt, le soir tomba et le convoi se prépara à son arrêt nocturne. Livia aperçut une cabane au sommet d'une colline, à environ un mille du camp de Wulfila. Elle l'indiqua à son compagnon : « Nous pourrons peut-être y passer la nuit et mettre nos chevaux à l'abri. » Aurelius opina et poussa Juba vers la forêt, en direction de la colline.

Il pénétra le premier dans la cabane et s'assura que personne ne l'occupait. À en juger par son aspect, c'était un refuge pour les vachers qui conduisaient leurs bêtes aux pâturages : il y avait une paillasse dans un coin et, derrière la construction, quelques balles de foin et de paille protégées par un auvent grossier. Non loin de là, un filet d'eau coulait dans un abreuvoir creusé dans du grès et serpentait en débordant parmi de grosses pierres moussues, avant d'échouer dans une conque naturelle, formant un petit lac à l'eau cristalline qui reflétait le ciel et les arbres voisins. Le couchant faisait resplendir les couleurs de l'automne ; des vignes sauvages grimpaient le long des chênes, dont elles paraient les troncs de grandes feuilles vermeilles et de petites grappes pourpres.

Aurelius s'occupa des chevaux et les attacha sous l'auvent après avoir posé un peu de foin devant eux. Livia alla jusqu'au lac, elle se déshabilla et plongea en frissonnant au contact de l'eau glaciale. Mais le désir de se laver l'emportait sur le froid. Aurelius s'apprêtait à dévaler la pente quand il vit le corps nu de la jeune fille fendre l'eau très pure. Il s'immobilisa un instant pour la contempler, fasciné par sa beauté sculpturale.

Puis il détourna les yeux, gêné et troublé. Il aurait voulu la rejoindre et lui dire qu'il la désirait, mais l'idée d'être repoussé l'insupportait. Il s'approcha de l'abreuvoir et se lava à son tour en commençant par le torse et les bras. Quand Livia revint, elle était enveloppée dans sa couverture de voyage et tenait à la main droite un harpon sur lequel deux grosses truites étaient empalées.

« Il n'y avait que ces deux-là, dit-elle. Elles étaient probablement prêtes à mourir. Va chercher mes vêtements, ils sont accrochés à une branche, près du lac. Pendant ce temps, j'allumerai le feu.

— Tu es folle ! On nous remarquera et on nous enverra des éclaireurs.

— Ils ne peuvent pas contrôler le moindre filet de fumée montant de la forêt. Et puis, nous sommes en position dominante : si quelqu'un tente de s'approcher, je l'embroche comme les truites et le traîne dans le bois. Il suffira de quelques heures pour que son cadavre se transforme en squelette. Par les temps qui courent, les animaux sauvages sont, eux aussi, affamés. »

Livia cuisina les truites du mieux possible, elle alimenta le feu avec des branches de pin qui brûlaient en dégageant de belles flammes crépitantes, sans faire de fumée. Quand arriva l'heure du dîner, Aurelius prit le poisson le plus petit, mais elle lui tendit le plus gros. « Il faut que tu manges, dit-elle. Tu es encore faible, et quand viendra le moment de se battre, je veux avoir un lion à mes côtés, non une brebis. Maintenant, va dormir. Je me charge du premier tour de garde. »

Sans répondre, Aurelius se dirigea vers l'orée du bois. Là, il s'adossa au tronc d'un chêne séculaire. Immobile, les yeux fixes et écarquillés, il affrontait la nuit qui descendait de la montagne avec ses ombres et ses fantômes. Le voyant ainsi, Livia pensa qu'elle l'aurait volontiers rejoint s'il le lui avait demandé.

Wulfila ordonna à ses hommes d'établir le campement près d'un pont qui enjambait un affluent du Tibre. Ceux-ci entreprirent de rôtir les brebis et les moutons confisqués à un berger qui avait croisé imprudemment leur chemin quelques heures plus tôt. Ambrosinus déclara avec un air soucieux : « L'empereur déteste la viande de mouton. »

Le barbare éclata de rire. « L'empereur déteste la viande de mouton ? Quel dommage, c'est terrible ! Malheureusement, le responsable des cuisines impériales n'a pas voulu quitter Ravenne, et la liste des plats à notre disposition est restreinte. De deux choses l'une : ou il mange du mouton, ou il va se coucher l'estomac vide. »

Ambrosinus s'approcha. « J'ai vu des châtaignes dans le bois. Si tu me permets d'en ramasser quelques-unes, je lui préparerai un gâteau savoureux et nourrissant. »

Wulfila secoua la tête. « Tu ne bouges pas d'ici.

— Où veux-tu que j'aille ? Tu sais très bien que je n'abandonnerais Romulus pour aucune raison au monde. Je reviendrai bientôt et je te donnerai une part de gâteau. Je suis sûr que tu n'as jamais mangé pareil délice. »

Wulfila finit par accepter. Ambrosinus alluma une lanterne et s'enfonça dans le bois. Le sol qui s'étendait au pied des grands troncs noueux était couvert de bogues. Certaines, à moitié ouvertes, laissaient entrevoir des fruits d'un beau brun rougeâtre qui évoquait le cuir tanné. Il les ramassa en songeant que ces lieux devaient être totalement inhabités pour que des fruits aussi précieux fussent abandonnés aux ours et aux sangliers. Il éteignit sa lampe avant de regagner le campement et s'approcha furtivement de Wulfila, qui semblait s'entretenir avec ses lieutenants.

« Quand devrai-je partir ? demandait l'un d'entre eux.

— Demain, dès que nous atteindrons la plaine. Tu prendras une demi-douzaine d'hommes et tu nous précéderas à Naples. Là, vous entrerez en contact avec un certain Andrea de Nola, qui vous attend dans le quartier des gardes palatins, et vous lui direz de préparer notre voyage à Capri. Il devra prendre en compte l'escorte, ainsi que le gamin, son précepteur et des domestiques pour nous tous. Je veux que tout soit prêt à notre arrivée : quartiers pour les hommes, nourriture, vin, vêtements, couvertures. Tout. Nous pourrions avoir besoin d'esclaves, mais assure-toi qu'on ne se les procure pas à Misène. Je ne voudrais pas avoir ceux que Mlède a capturés à Dertona dans les pattes. Tu as bien compris ? Si les choses tournent mal, il en répondra personnellement. Et dis-lui bien que je ne suis pas tendre avec les incapables. »

Considérant qu'il en avait assez entendu, Ambrosinus s'éloigna d'un pas feutré et réapparut dans le campement du côté opposé, où les hommes de l'escorte cuisaient les quartiers de mouton embrochés. Il s'installa dans un coin et rôtit les châtaignes, puis il les pila dans un mortier, y ajouta un peu de moût cuit puisé dans les provisions du convoi et prépara une fougasse qu'il repassa sur le feu pour la rendre croquante. Il la servit à son maître avec une fierté légitime. Romulus lui lança un regard surpris. « Mon dessert préféré. Mais comment as-tu fait ?

— Wulfila commence à m'octroyer un peu de liberté : il sait bien qu'il ne doit pas me maltraiter s'il tient à son visage. Je suis allé dans le bois et j'ai ramassé des châtaignes, voilà tout.

— Merci, répondit Romulus. Ce gâteau me rappelle les jours de fête à la maison, quand nos cuisiniers le

préparaient sur la plaque d'ardoise, dans le jardin. J'ai l'impression de sentir le parfum du moût en train de bouillir sur le feu. Il n'y a pas d'arôme plus doux et plus intense.

— Mange, lui dit Ambrosinus, ne le laisse pas refroidir. »

Romulus mordit dans la fougasse, et son précepteur poursuivit : « J'ai des nouvelles. Je sais où l'on nous emmène. J'ai entendu Wulfila s'entretenir avec le conseil de ses chefs au moment où je sortais du bois. Nous allons à Capri.

— Capri ? Mais c'est une île !

— Oui. Cependant elle n'est pas très éloignée de la côte. Il paraît qu'elle est agréable, en particulier l'été, quand il fait beau. L'empereur Tibère y a construit des villas luxueuses, et il a habité la plus belle d'entre elles, la villa Jovis, pendant les dernières années de son règne. Après sa mort...

— Quoi qu'il en soit, ce sera une prison, l'interrompit Romulus, où je passerai le reste de mes jours avec mes pires ennemis pour seule compagnie. Je ne pourrai pas voyager, je ne pourrai pas faire de rencontres, je ne pourrai pas fonder de famille...

— Prenons ce que la vie nous apporte jour après jour, mon enfant. L'avenir repose dans l'esprit et dans les mains de Dieu. Ne baisse pas les bras, ne perds pas courage, ne te résigne pas. N'oublie pas l'exemple des grands du passé, n'oublie pas les préceptes et les conseils des grands sages : de Socrate, de Caton, de Sénèque. La connaissance n'est rien si elle ne nous permet pas d'affronter la vie. Écoute, l'autre jour, j'ai eu une prémonition. Je me suis rappelé comme par miracle une ancienne prophétie de ma terre, et mes sentiments ont changé. Je sens que nous ne sommes pas seuls et

que nous recevrons bientôt d'autres signes. Crois-moi, je le sens. »

Romulus eut un sourire qui trahissait plus la compassion que le soulagement. « Tu rêves, dit-il, mais tu sais préparer de bonnes fougasses, et c'est une qualité indiscutable. » Il se remit à manger. Ambrosinus le regardait avec une telle satisfaction qu'il oublia sa propre faim, mais il préféra porter le reste du gâteau à Wulfila afin de tenir sa promesse et de gagner sa bienveillance, si tant est que cela fût possible.

Le lendemain, ils se réveillèrent à l'aube et assistèrent au départ du détachement vers le sud. Puis le convoi s'ébranla. Il ne s'arrêta que pour un bref repas au milieu de la journée. Le climat se radoucissait au fur et à mesure qu'on allait vers le midi, de gros nuages blancs sillonnaient le ciel, poussés par un vent de ponant, et se concentraient parfois en de grands cumulus noirs qui inondaient la terre d'averses imprévues et violentes. Puis le soleil revenait éclairer les champs humides et brillants. Les chênes et les frênes avaient cédé la place aux pins et aux myrtes, les pommiers aux oliviers et aux vignes.

« Rome est maintenant derrière nous, dit Ambrosinus. Nous nous rapprochons de notre but.

— Rome... », murmura Romulus, et il songea à l'instant où il avait pénétré dans la curie du Sénat, revêtu des habits impériaux, accompagné de ses parents. On aurait dit qu'un siècle s'était écoulé depuis, et non quelques mois ; voilà qu'il s'apprêtait maintenant à vivre son adolescence et sa jeunesse, le plus bel âge dans la vie d'un homme, le cœur opprimé par le deuil et par de sombres pressentiments.

IX

Wulfila remarqua la vendeuse d'eau alors que sa silhouette se profilait à une certaine distance, sur le bord droit de la route. Elle portait une outre en bandoulière et tenait à la main une écuelle en bois. Elle ne déparait pas parmi les nombreux malheureux et mendiants qu'on rencontrait chemin faisant. À cause du soleil de midi et de l'absence de sources le long de la route, hommes et chevaux brûlaient de soif.

« Hé, viens là ! lui dit-il bientôt dans sa langue. J'ai soif ! »

La jeune fille comprit aux gestes et à la mine du cavalier qu'il voulait boire, aussi lui offrit-elle une écuelle d'eau. L'espèce de manteau long qui l'engonçait ne parvenait pas à dissimuler sa beauté, qui suscita les commentaires salaces des guerriers barbares.

« Hé, montre-toi donc ! » lui cria l'un d'eux en essayant d'arracher son manteau, mais elle l'esquiva d'un mouvement léger et rapide du torse. Elle hasarda tout de même un sourire et tendit la main dans l'espoir de recevoir une aumône en échange de l'eau fraîche qu'elle versait dans l'écuelle.

« Depuis quand doit-on payer pour avoir de l'eau ?

lança un autre guerrier. Si je paie une femme, je dois en avoir beaucoup plus. » Il la saisit et l'attira à lui. Il palpa sa taille mince et la courbe de ses hanches, ses muscles tendus, il la dévisagea avec surprise en disant : « Quelle chair ferme ! Pour sûr, toi, tu manges à ta faim ! » Mais on entendit alors une voix qui réclamait de l'eau.

La voix s'échappait du véhicule, à quelques pas de là – la jeune fille le comprit. Elle s'approcha et écarta le rideau qui masquait l'ouverture, découvrant ainsi un garçon de douze ou treize ans aux cheveux châtain clair, aux grands yeux sombres, qui arborait une tunique blanche dont les longues manches étaient ornées de broderies en argent. Face à lui, un homme d'environ soixante ans, à la barbe grise, au crâne chauve, vêtu d'une simple robe en laine pâle, sur laquelle se détachait un petit pendentif en argent.

Wulfila referma aussitôt le rideau et entraîna la jeune fille en criant : « Va-t'en ! » Mais le rideau s'ouvrit de nouveau, et le passager adulte déclara d'une voix ferme : « Le petit a soif. » Ses yeux croisèrent alors ceux de la jeune fille et il devina que les apparences le trompaient : à l'évidence, elle tentait de lui signifier quelque chose. Il serra le bras de Romulus comme pour lui communiquer l'imminence d'un événement inattendu. La vendeuse d'eau revint sur ses pas. Quand elle fut à l'abri du regard de Wulfila, elle tendit au garçon son écuelle et à l'homme un gobelet en métal, puis elle murmura : « *Chaire, Kaisar* », « Ave, César ». Romulus réussit à maîtriser sa surprise tandis que son accompagnateur répondait dans la même langue : « *Ti eis ?* », « Qui es-tu ? »

« Une amie. Je m'appelle Livia. Où vous conduit-on ? »

C'est alors que surgit Wulfila, qui la repoussa, mettant fin à cet entretien.

Incapable de donner un sens à cette étrange rencontre, Romulus demanda à son précepteur : « Qui pouvait-elle être, *Ambrosine* ? Comment me connaissait-elle ? »

Mais l'attention de l'homme était concentrée sur le gobelet en métal qu'il avait entre les doigts. En le retournant, il découvrit un sceau en forme d'aigle, gravé sur le fond et accompagné de l'inscription suivante :

LEG NOVA INV

« *Legio Nova Invicta*, lit-il tout bas. Sais-tu ce que cela signifie, César ? Que notre ami le soldat tente à nouveau sa chance, et qu'il n'est pas seul cette fois. Je ne sais s'il convient de nous réjouir ou de nous inquiéter. Mon cœur me dit pourtant qu'il s'agit d'un signe favorable, d'un événement heureux. Nous n'avons pas été abandonnés à notre destin, la prémonition que j'ai eue il y a quelques jours était véridique... »

Wulfila chassait Livia, mais la jeune fille lui jeta un regard suppliant et lui lança : « Seigneur, mon écuelle. J'en ai besoin.

— Bon, mais dépêche-toi. » Il la raccompagna au véhicule et la ramena ensuite vers le bord de la route sans la quitter de l'œil un instant. Livia eut le temps d'échanger un dernier regard avec les prisonniers, mais elle ne put rien leur dire. Elle attendit que le véhicule s'éloigne, qu'il disparaisse derrière un petit renflement du terrain, et que le bruit des sabots et des roues s'évanouisse au lointain, puis elle se retourna. Un cavalier l'observait, immobile, au sommet d'une colline : Aurelius. Alors, elle s'ébranla et s'enfonça dans le maquis, suivant un sentier tortueux qui la conduisit au pied de

la colline. Aurelius vint à sa rencontre avec sa monture. Livia bondit en selle.

« Alors ? demanda-t-il. J'étais sur les charbons ardents.

— J'ai échoué. Il s'apprêtait à me répondre quand Wulfila m'a repoussée. En insistant, je risquais d'éveiller ses soupçons. Il m'aurait alors certainement retenue. Quoi qu'il en soit, les prisonniers savent désormais que nous les suivons. L'homme qui accompagne l'empereur a le regard perçant et pénétrant, il est à l'évidence doté d'une grande intelligence.

— C'est un maudit fouineur, mais c'est le précepteur du petit et nous devons tenir compte de sa présence, quel que soit le plan que nous mettrons à exécution. Et lui, dis-moi, es-tu parvenue à le voir ?

— L'empereur ? Oui, bien sûr.

— Comment va-t-il ? demanda Aurelius sans dissimuler son inquiétude.

— Bien, je pense qu'il va bien, mais ses yeux sont emplis d'une mélancolie infinie. La perte de ses parents doit terriblement lui peser. »

Aurelius réfléchit quelques instants avant de déclarer : « Voyons maintenant si nous arrivons à établir un contact avec lui. L'escorte ne me semble plus aussi circonspecte qu'avant, nos barbares s'imaginent sans doute que plus personne ne s'intéresse aux prisonniers.

— Pas Wulfila : il est méfiant, soupçonneux, il ne cesse de promener son regard de loup à l'entour. Il contrôle la situation, rien ne lui échappe, je t'assure.

— As-tu vu son visage ?

— Aussi bien que je vois le tien. Tu lui as laissé un beau souvenir. Je n'aimerais pas être à ta place le jour où tu tomberas entre ses mains.

— Le problème ne se pose pas. Je ne tomberai jamais dans ses mains... vivant. »

Ils cheminèrent tout l'après-midi. Au couchant, ils virent la colonne de Wulfila s'installer non loin de Minturnes. Désormais, on ne pouvait plus emprunter l'ancienne voie Appia. À cause du manque d'entretien, les marais, que l'empereur Claude avait fait assécher par des canaux, avaient reconquis de vastes étendues de campagne, et la route était inondée sur de longs tronçons. Le miroir des eaux mortes s'enflamma à l'instant où le disque du soleil s'y engouffra, puis il adopta progressivement les tons sombres du ciel. De gros nuages noirs se concentraient sur la mer et le tonnerre résonnait au lointain : une tempête se préparait peut-être, venant de l'ouest.

Appesanti par les exhalaisons palustres et par l'humidité, l'air était étouffant à cette heure de la soirée. Aurelius et Livia avaient beau être en nage, ils poursuivaient leur route pour éviter de perdre contact avec la caravane impériale, qui avançait d'un bon pas afin de gagner le plus de terrain possible avant la tombée de la nuit. À un moment donné, Aurelius s'arrêta pour boire à sa fiasque. Livia lui tendit son écuelle afin qu'il la remplisse, car elle avait épuisé ses réserves d'eau potable avec les hommes de Wulfila. Elle la porta à ses lèvres en buvant à longs traits. Soudain, son visage s'éclaira. « Capri, dit-elle. Ils vont à Capri.

— Quoi ?

— Ils vont à Capri. Regarde, je t'avais bien dit que cet homme est intelligent. » Elle tourna l'écuelle vers Aurelius, lui montrant une inscription gravée à la pointe d'un stylet : CAPREAE.

« Capri, répéta Aurelius. C'est une île située dans le golfe de Naples. Elle est âpre et rocheuse, inhospitalière et sauvage, essentiellement peuplée de chèvres, ce qui explique son nom.

— Y es-tu déjà allé ?

— Non, mais j'en ai entendu parler par des amis, originaires de la région.

— Je ne crois pas qu'il en soit ainsi, rétorqua Livia. N'oublie pas que l'empereur Tibère en avait fait sa résidence. Il devait donc avoir de bonnes raisons. Le climat y est sans doute bon et doux. Je peux imaginer le parfum de la mer, mêlé à celui des pins et des genêts.

— C'est peut-être le cas, mais cette île demeurera une prison. Viens, cherchons un abri pour la nuit dans les collines. Je n'ai pas envie d'être dévoré par les moustiques. »

Ils trouvèrent refuge dans une cabane abandonnée en roseaux et en paille, que des paysans avaient sans doute bâtie pour surveiller leurs récoltes. Livia fit cuire un peu de farine d'épeautre dans une gamelle en métal, avec de l'eau et du fromage râpé. Ce fut leur dîner. Assis près d'un petit feu de broussailles, ils mangèrent en silence, ou presque, tandis que s'élevaient les coassements des grenouilles, atténués par la distance.

« Je me charge de la première ronde, dit Livia en glissant son arc sur son épaule.

— En es-tu sûre ?

— Oui. Je n'ai pas sommeil pour l'instant, et je préfère attendre la pleine nuit pour dormir. Essaie de te reposer. »

Aurelius acquiesça. Il attacha Juba au tronc d'un sorbier, pénétra dans la cabane et s'allongea sur son manteau. Il regarda un moment son cheval manger les beaux fruits rouges de l'arbre, puis il se tourna sur le côté et chercha le sommeil. Cependant la pensée de sa camarade d'aventure le plongeait dans une inquiétude et une excitation croissantes. Il aurait aimé s'abandonner à cette douce pensée, mais il redoutait les effets d'une séparation inévitable, une fois leur mission accomplie.

Livia contemplait les lumières du campement ennemi

en contrebas, dans la plaine. Au bout d'un laps de temps qu'elle n'aurait su mesurer, elle remarqua une certaine agitation et vit les ombres des cavaliers barbares longer le marais en brandissant des torches. Une simple reconnaissance, probablement, mais ce spectacle lui rappela une autre scène, enfouie dans sa mémoire : unc horde de cavaliers barbares rejoignant au galop le bord de la lagune, sur fond de mer en flammes, et se précipitant sur un homme seul qui les attendait sans bouger. Elle frissonna, comme fouettée par un souffle de vent glacial, et tourna la tête vers la cabane. Aurelius dormait, épuisé par la faim et par cette longue journée de marche. Comme saisie d'une brusque inspiration, Livia prit un tison dans le feu et s'approcha prudemment, elle s'accroupit près du soldat et tendit la main vers sa poitrine. Aurelius bondit, pointant son épée contre sa gorge.

« Arrête, c'est moi, dit Livia en reculant.

— Que faisais-tu ? Te rends-tu compte que j'aurais pu te tuer ?

— Je ne pensais pas que tu te réveillerais, je voulais juste...

— Quoi ?

— Je voulais juste te couvrir.

— Ce n'est pas vrai, et tu le sais. Maintenant dis-moi la vérité, sinon je m'en vais sur-le-champ. »

Livia se leva et alla s'asseoir près du feu. « Je... je crois savoir qui tu es. »

Aurelius la rejoignit. Pendant quelques instants, il parut observer le mouvement des flammes bleuâtres qui léchaient les braises, puis il planta ses yeux dans ceux de Livia. Il y avait une ombre froide dans son regard, comme si son esprit était submergé par une marée de souvenirs, comme si une vieille blessure se rouvrait. Il

pivota brusquement. « Je ne veux pas t'écouter, dit-il d'une voix atone.

— Ce n'est que le début de la nuit. Nous avons tout le temps qu'il nous faut pour raconter une longue histoire. Tu viens de dire que tu voulais la vérité, l'aurais-tu oublié ? »

Aurelius se retourna lentement en baissant la tête. Livia poursuivit : « Une nuit, il y a de nombreuses années, la ville où je suis née et où j'ai grandi, où je vivais avec mes parents, fut brusquement assaillie après une longue résistance. Les barbares s'adonnèrent au saccage et au massacre. Les hommes furent passés par l'épée, les femmes violées et réduites en esclavage, les maisons pillées et incendiées. Mon père mourut en tentant de nous défendre, il fut assassiné sous nos yeux, sur le seuil de notre maison. Ma mère m'emmena dans sa fuite. Nous courûmes dans le noir, sur un vieux sentier de ronde, derrière l'aqueduc, en proie à la panique et au désespoir. La rue était éclairée ici et là par les incendies. Des cris, des gémissements et des hurlements de folie résonnaient dans tous les coins, derrière le moindre mur, pleuvaient du ciel comme une grêle de feu. Le sol était jonché de corps inanimés, et le sang ne cessait de couler. J'étais épuisée, mais ma mère m'entraînait en me tirant par le bras. Nous atteignîmes la rive de la lagune. Un bateau, rempli de fuyards, s'apprêtait à prendre le large. C'était le dernier. Les précédents s'éloignaient, avalés par l'obscurité. » Elle s'interrompit un instant, plongeant ses yeux brillant de larmes dans ceux de son interlocuteur et jusqu'au fond de son âme. Mais elle n'y trouva que de l'effroi.

« Continue », dit Aurelius.

Livia se couvrit le visage des mains, comme si elle voulait se protéger contre des visions qui lui brûlaient le cœur, contre des souvenirs trop longtemps relégués

au plus profond de son esprit. Puis elle rassembla son courage et poursuivit : « Voyant le bateau s'éloigner, ma mère se mit à crier en pénétrant dans l'eau jusqu'aux genoux... »

Un éclair de stupeur et d'angoisse traversa les yeux d'Aurelius. Livia s'approcha encore, et il put sentir l'odeur de sel qui émanait de son corps de sirène. Une bouffée de chaleur monta à son visage, et il rougit. Il eut l'impression d'être plongé dans un tourbillon de flammes tandis qu'une vague de panique lui opprimait le cœur comme un rocher. Livia reprit, implacable : « Un homme était assis à la poupe, un jeune officier romain, qui portait une armure ensanglantée. En nous voyant, il sauta à l'eau, aida ma mère à monter puis m'attrapa par la taille et me poussa vers le haut. À la vue de l'eau sombre, je fus saisie de crainte et je m'agrippai à son cou. C'est à cet instant-là que je lui arrachai ceci. » Elle lui montra le pendentif qui reposait sur sa poitrine, puis elle continua : « Ma mère me prit dans ses bras et m'étreignit pendant que le bateau s'éloignait lentement de la rive. La dernière image que je vis fut la silhouette de cet homme, immobile et sombre, se détachant sur l'enfer de flammes qui dévorait ma ville tandis qu'une horde de cavaliers barbares surgissaient au galop, pareils à des démons, en agitant des torches flamboyantes. Ce jeune officier, c'était toi. J'en suis sûre. »

Elle serra encore une fois le petit aigle en argent entre ses doigts. « Je le porte depuis cette nuit-là, et je n'ai jamais perdu l'espoir de retrouver le héros qui nous sauva la vie en se sacrifiant pour nous. »

Elle se tut et dévisagea son compagnon sans mot dire, dans l'attente d'une réponse, d'un signe lui apprenant que les images de cette lointaine nuit avaient réveillé en lui la conscience du passé. Mais Aurelius

gardait le silence : les yeux clos, il s'efforçait de ravaler ses larmes, de dominer sa terreur, l'angoisse du vide, l'étau du froid et du noir.

« Voilà pourquoi ton regard se pose instinctivement sur cette médaille. Tu sais qu'elle t'appartient, ou plutôt qu'elle t'appartenait. C'est l'emblème de ton détachement : la huitième *vexillatio pannonica*, les héros défenseurs d'Aquilée ! »

À ces mots, Aurelius tressaillit, mais il se maîtrisa. Il ouvrit les yeux et lança à la jeune fille un regard de tendresse, posa ses mains sur ses épaules et dit : « Ce garçon est mort, Livia, il est mort, tu comprends ? »

Les joues sillonnées de larmes, Livia secouait la tête, cependant il poursuivit : « Il est mort. Comme tous les autres. Il n'y a eu aucun rescapé parmi les membres de cette garnison. Tout le monde le sait. Ton rêve est un rêve d'enfant. Réfléchis donc un moment : combien de chances ce jeune homme aurait-il eues de se sauver dans la situation que tu viens de me décrire ? Et combien de chances aurais-tu de le retrouver après tant d'années ? »

Tout en parlant, il revoyait le visage de Wulfila, contracté par la fureur tandis qu'il hurlait : « Je te connais, Romain ! Je t'ai déjà vu ! » Mais il ajouta : « Ces choses-là n'arrivent que dans les fables. Il faut te résigner.

— Vraiment ? Alors réponds-moi : où étais-tu la nuit où tomba Aquilée ?

— Je l'ignore, crois-moi. Cette époque est trop lointaine, elle est située bien au-delà des confins de ma mémoire.

— Mais je peux te donner une preuve. Écoute, quand je me suis approchée pendant que tu dormais, je voulais voir si...

— Quoi ?

— Si tu as une cicatrice sur la poitrine, à la base du cou. Je... je crois me rappeler que ce soldat était blessé à la poitrine.

— De nombreux soldats ont des cicatrices sur la poitrine. Les soldats courageux, j'entends.

— Alors, pourquoi ton regard se pose-t-il toujours sur cette médaille ?

— Ce n'est pas la médaille que je regarde. Ce sont... tes seins.

— Va-t'en ! s'écria Livia, tremblante de rage et de déception. Laisse-moi tranquille ! Laisse-moi tranquille !

— Livia, je...

— Laisse-moi tranquille », répéta-t-elle tout bas.

Aurelius s'éloigna. Livia s'agenouilla devant les dernières braises, se couvrit le visage et pleura doucement.

Elle demeura longtemps dans cette position. Quand elle sentit le froid la pénétrer jusqu'aux os, elle leva enfin la tête. Aurelius se tenait immobile contre le tronc d'un chêne, une ombre parmi les fantômes de la nuit.

X

Aurelius s'approcha du ruisseau, ôta son corselet, sa tunique, et entreprit de se laver le torse en s'attardant sur la cicatrice qui ridait sa peau à la jonction des clavicules. L'eau glacée le fit d'abord trembler, puis elle lui procura un sentiment de force et d'énergie renouvelée, après une nuit agitée et partiellement blanche. Soudain, il fut saisi par un élancement qui lui fit fermer les yeux et serrer les dents en une grimace de douleur. La douleur ne provenait pas de sa cicatrice, mais d'un cal osseux qui appuyait sur la zone occipitale, séquelle d'une chute peut-être, ou d'un coup infligé en une époque et en un lieu mystérieux. Au fil du temps, cette douleur aiguë, prolongée et palpitante se manifestait de plus en plus fréquemment, avec une intensité croissante.

« Ils repartent ! s'écria Livia. Nous devons y aller ! »

Aurelius s'essuya sans se retourner, il enfila tunique et corselet, accrocha son épée à son ceinturon, gravit la petite pente pour rejoindre Juba qui broutait tranquillement l'herbe humide de rosée. Il sauta en selle et poussa sa monture au galop, suivi de Livia. Quand ils

ralentirent, Aurelius déclara : « Le temps se gâte, mes douleurs ne se trompent pas. »

Livia sourit. « J'ai l'impression d'entendre mon grand-père. Je le revois encore : c'était un homme maigre, sec et presque édenté, un vétéran qui avait combattu avec Eugène à la bataille du Frigidus et qui avait eu la vie sauve par miracle. Il avait ce genre de douleurs quand le temps s'apprêtait à changer, même s'il ignorait d'où elles venaient, car il avait un nombre incalculable de cicatrices et de fractures. Mais il ne se trompait jamais : six ou sept heures plus tard, il pleuvait, ou pire encore. »

En bas, la longue rangée d'Hérules et de Scyrres qui composait l'escorte du jeune empereur et de son mentor se dévidait à travers les derniers lambeaux de marais. À leur passage, des groupes de buffles surgissaient de la boue, luisants et ruisselants, pour s'éloigner de quelques pas. D'autres, qui se séchaient sur la route au soleil matinal, se levaient, géants de boue paresseux, à l'approche des chevaux, avant de gagner leur pré constellé de chardons violacés et de pissenlits aux corolles dorées. La plaine la plus fertile d'Italie s'ouvrait devant eux, avec ses champs jaunes ou bruns selon qu'il y poussait des chaumes ou que la terre était fraîchement labourée. Un petit sanctuaire en ruine marquait la frontière du territoire d'une ancienne tribu d'Osques et, au carrefour de trois routes, un édicule affichait l'image chrétienne qui avait remplacé depuis longtemps celle d'Hécate : Marie et le divin enfant serré entre ses bras.

Ils avancèrent jusqu'au soir. Le convoi s'arrêta alors non loin des rives d'un torrent, les hommes dressèrent les tentes pour leurs chefs et préparèrent leurs couches pour la nuit. Les paysans qui revenaient des champs, leurs outils sur l'épaule, et les enfants qui jouaient à se poursuivre dans la lumière du soleil couchant s'immo-

bilisaient pour les observer d'un air intrigué avant de regagner leurs villages, d'où commençait à s'élever de minces volutes de fumée. Quand l'obscurité tomba, Livia indiqua à son compagnon des lumières dans la plaine, tout près de là. « C'est Minturnes, dit-elle, qui était jadis célèbre pour son vin... »

Aurelius hocha la tête et récita deux hexamètres presque machinalement :

Vina bibes iterum Tauro diffusa palustris
Inter Minturnas...

Livia le dévisagea, tout étonnée : c'était la première fois qu'elle entendait un soldat citer Horace en vers avec une prononciation classique. Ce détail appartenait aussi au passé qui continuait de lui échapper.

« Nous devons établir un contact, dit Aurelius. Demain, ils prendront la route du sud pour Naples, ou du sud-est pour Capoue, et nous ne pourrons plus les suivre à l'abri des collines. Il nous faudra descendre dans la plaine, à découvert, traverser des villages et des fermes de plus en plus souvent, où nous aurons plus de difficultés à passer inaperçus, comme tous les étrangers ici.

— Regarde, qu'est-ce que c'est ? » interrompit Livia en montrant une lumière qui clignotait près d'un bosquet de saules, derrière le torrent.

Aurelius l'examina attentivement. Cette lumière intermittente lui ramena soudain à la mémoire de vieilles connaissances : elle évoquait le système de communication codé qu'on utilisait autrefois dans le service postal de l'empereur !

Bientôt, ces signaux acquirent une signification, qui était pour le moins déconcertante : « *Huc descende, miles gloriose* », « descends, soldat fier-à-bras ». Il

secoua la tête comme s'il n'en croyait pas ses yeux, puis il ordonna à Livia : « Couvre-moi et tiens-toi prête avec les chevaux, car il nous faudra peut-être fuir à toute allure. Je descends.

— Attends... », dit Livia, mais elle n'eut pas le temps de terminer sa phrase. Aurelius s'était déjà enfoncé dans la végétation voisine. Les feuilles bruissèrent un moment sur son passage, puis le silence s'abattit sur les lieux.

Aurelius s'efforçait de garder les yeux fixés sur la lumière qui lui avait délivré ces étranges signaux. Au bout d'un moment, il comprit qu'il s'agissait d'une lanterne, tenue à bout de bras par un vieillard à la calvitie luisante : le précepteur ! Il marchait sur un sentier, précédant un guerrier barbare. Aurelius parvint bientôt à entendre leurs voix. « Arrière, malheureux ! Je suis habitué à faire certaines choses en privé, où veux-tu que j'aille, imbécile ! Il fait noir, et quoi qu'il en soit je n'abandonnerais jamais l'empereur. »

Le barbare grommela avant de s'appuyer contre le tronc d'un saule. Le précepteur fit encore quelques pas, puis il accrocha sa lanterne à une branche, posa son manteau sur un buisson en lui donnant la forme d'un individu accroupi. C'est alors qu'il s'évanouit dans le maquis, comme si celui-ci l'avait englouti. Désormais très proche, Aurelius était perplexe : à cause du barbare, il lui était impossible de parler ni d'effectuer le moindre mouvement brusque. Il marcha dans la direction où il avait vu le vieillard disparaître et poursuivit son chemin vers la rive du fleuve, où la végétation était plus épaisse et plus sombre. Soudain, une voix résonna doucement à côté de lui.

« Plutôt fréquenté, cet endroit. »

Aurelius réagit brusquement, pointant son épée contre la gorge du précepteur, qui ne broncha pas.

« Du calme, dit-il, tout va bien.
— Mais comment...
— Silence. Nous n'avons que le temps d'un caca.
— Mais par Hercule...
— Je suis Ambrosinus, le précepteur de l'empereur.
— Je l'avais compris tout seul.
— Ne m'interromps pas et écoute-moi bien. La surveillance s'est renforcée car nous approchons de notre destination. Désormais, on m'accompagne partout, même aux cabinets. Tu as sans doute compris qu'on nous emmène à Capri. Combien êtes-vous ?
— Deux. Une... femme et moi, mais...
— Oui, la vendeuse d'eau... Bien. Ne fais aucune tentative, ce serait suicidaire. Et si ces types-là te prenaient, ils t'écorcheraient vif. Tu as besoin d'un coup de main.
— Nous avons de l'argent, nous pensons recruter d'autres soldats.
— Attention, les mercenaires sont toujours prêts à changer de maître. Il vaut mieux chercher des hommes de confiance. Avant-hier, j'ai entendu deux officiers de Wulfila parler de prisonniers romains envoyés à Misène pour servir sur les galères. Tu as peut-être intérêt à aller y jeter un coup d'œil.
— Oh ! oui, bien sûr. Ne pourrais-tu pas en savoir plus ?
— Je fais de mon mieux. Quoi qu'il en soit, suis-nous, je laisserai d'autres traces quand je le pourrai. Je vois que tu connais le code lumineux... Sais-tu l'utiliser ?
— Bien sûr. Mais comment savais-tu que j'étais là ?
— Facile. J'ai vu le gobelet : ce ne pouvait être qu'un signal, et j'ai répondu au fond de l'écuelle. Puis je me suis dit que si tu n'étais pas trop stupide tu nous suivrais du côté des collines et que tu remarquerais

notre lanterne de même que j'ai remarqué, une nuit, le feu de votre bivouac. Et maintenant, adieu, je dois m'en aller. Il s'est écoulé trop de temps, même pour un constipé. »

Ambrosinus adressa un signe de tête à Aurelius, puis s'éloigna. Il ramassa manteau et lanterne, rejoignit le gardien qui l'attendait pour le raccompagner au campement.

Appuyé contre un arbre, Romulus fixait sur la mer un regard absent.

« Il faut que tu réagisses, mon enfant, lui dit Ambrosinus. Tu ne peux continuer à te comporter de la sorte, ton existence vient juste de commencer et tu dois revenir à la vie. »

Romulus ne se retourna même pas. « A la vie ? Et pourquoi ? » répondit-il avant de s'enfermer une nouvelle fois dans son mutisme.

Ambrosinus soupira. « Et pourtant, nous avons un espoir...

— Un espoir au fond d'un gobelet, c'est ça ? Jadis, il se trouvait au fond d'un vase, si mes souvenirs sont bons. Le vase de Pandore.

— Tes sarcasmes sont déplacés. L'homme qui a tenté de te sauver est ici, bien décidé à te libérer. »

Romulus acquiesça sans enthousiasme et son précepteur poursuivit : « Cet homme te considère comme son empereur, il doit avoir une bonne raison pour persister dans une entreprise aussi désespérée et aussi dangereuse. Il mérite plus qu'un signe de suffisance de ta part. »

Romulus ne répondit pas, mais Ambrosinus comprit à son regard qu'il s'était ménagé une brèche dans son cœur.

« Je ne veux pas qu'il coure des risques en vain. Voilà tout. Comment s'appelle-t-il ?

— Aurelius, si mes souvenirs sont bons.

— C'est un nom assez commun.

— Oui, mais c'est un homme hors du commun. Il agit comme s'il était à la tête d'une armée à tes ordres, alors qu'il est seul comme un chien. Ta vie et ta liberté sont ce qu'il a de plus précieux au monde. Sa foi est si aveugle qu'il est prêt à affronter un péril mortel, même si la blessure qu'on lui a faite lors de sa dernière tentative ne s'est pas encore cicatrisée. Penses-y quand ton courage faiblit, quand tu agis comme si ta vie ne valait pas la peine d'être vécue. Penses-y, petit César. »

Il regagna sa tente pour préparer le dîner de son élève, mais avant d'y entrer il tourna le regard vers les collines boisées et ténébreuses en murmurant entre ses dents : « Tiens bon, *miles gloriose*, par tous les diables et tous les dieux, tiens bon. »

« Il m'a qualifié de *miles gloriosus*, te rends-tu compte ? dit Aurelius en haletant au sommet de la pente. Comme si j'étais un personnage de comédie. J'ai presque envie de lui couper la gorge.

— Tu parles du vieux, j'imagine. C'était lui ?

— Oui, bien sûr.

— Il lit Plaute, voilà tout. Et je constate que tu le lis aussi. Tu es cultivé, chose rare pour un soldat, en particulier par les temps qui courent. T'es-tu jamais interrogé à ce sujet ?

— Je n'ai pas que ça à faire, répondit sèchement Aurelius.

— Peux-tu m'expliquer ce qui se passe, ou est-ce trop demander ?

— Il m'a confirmé qu'ils vont à Capri. Et il a ajouté autre chose. Il a entendu parler de prisonniers romains envoyés à Misène pour servir sur les galères de la flotte. Si seulement je pouvais les retrouver...

— Ce n'est pas difficile. Avec un peu d'argent, on obtient beaucoup de renseignements. Que penses-tu faire à présent ?

— J'ai réfléchi en chemin. Nous connaissons désormais la destination du convoi. Rien ne sert de courir des risques en le suivant à découvert dans la plaine. Il vaut mieux le précéder et nous préparer du mieux possible.

— Ce qui t'intéresse le plus, c'est de retrouver tes amis.

— C'est dans l'intérêt général. J'ai besoin d'hommes auxquels je puisse me fier aveuglément, et tous ceux qui constituaient ma division étaient dignes de ma confiance. Dès que nous aurons formé un groupe d'assaut, nous mettrons au point notre plan d'incursion.

— Et s'ils changeaient de destination entre-temps ?

— Je ne crois pas. De toute façon, nous devons courir ce risque. Plus nous sommes en contact avec le convoi, plus les probabilités de mauvaises rencontres augmentent, en particulier dans la plaine et à découvert. Je te propose de suivre notre propre route dès demain. Attendons de voir la direction qu'ils prennent, et précédons-les. Nous sommes beaucoup plus rapides.

— Comme tu veux. Tu as peut-être raison. Je ne sais pas comment l'expliquer... j'avais l'impression que le petit était en sécurité, près de nous.

— Sous notre protection. C'est vrai. J'ai éprouvé la même sensation et je regrette de m'en aller, mais je pense qu'il est en de bonnes mains. Le vieux fou l'aime beaucoup et il est plus rusé que tous ces barbares réunis. Maintenant, essayons de dormir. Nous avons marché toute la journée et nous n'avons qu'une galette et une croûte de fromage dans le ventre.

— La situation s'améliorera désormais, mais je

t'avertis : les gens d'ici mangent essentiellement du poisson.

— Je préférerais un morceau de bœuf.

— Tu es un mangeur de viande, ce qui signifie que tu es originaire de la plaine, d'une ferme située dans la campagne. »

Aurelius ne répondit pas. L'enquête que Livia menait sur son passé l'insupportait. Il débarrassa son cheval de sa selle et de sa bride, ne lui laissant qu'une longe afin qu'il puisse paître librement, puis il étendit sa couverture sur le sol.

« Moi, je ne mange que du poisson, dit Livia.

— J'oubliais que tu es un animal aquatique », répondit Aurelius en s'allongeant. Livia se coucha à ses côtés. Ils gardèrent le silence un moment, les yeux fixés sur les étoiles qui parsemaient l'immense voûte du ciel nocturne.

« T'arrive-t-il de rêver la nuit ? demanda soudain Livia.

— Il n'y a pas de meilleures nuits que les nuits sans rêves.

— Tu réponds toujours en citant les paroles d'autrui. C'est une réflexion de Platon.

— De qui qu'elle soit, je l'approuve.

— Je ne peux pas croire que tu ne rêves pas.

— Je ne rêve pas, je fais des cauchemars.

— Et que vois-tu ?

— Des horreurs... du sang... du feu surtout, du feu partout, un enfer de flammes, malgré une sensation de froid, comme si mon cœur se changeait en un morceau de glace. Et toi ? Toi, tu as un rêve... tu me l'as déjà dit. Une ville au milieu de la mer.

— Oui.

— Alors, ta petite Atlantide existe vraiment.

— Oh, ce n'est qu'un village de huttes. Nous vivons

de pêche et du commerce du sel, et cela nous suffit pour l'instant. Nous sommes libres, et personne n'ose s'aventurer dans nos eaux, à cause des bancs de sable et des bourbiers, des bas-fonds que les marées rendent peu sûrs. Des côtes qui changent d'un jour à l'autre, voirc d'une heure à l'autre...

— Continue. J'aime t'écouter parler.

— Ce village fut fondé par mes compagnons d'infortune, les réfugiés d'Aquilée. D'autres vinrent ensuite de Grado, d'Altinum, de Concordia. Quand nous arrivâmes cette nuit-là nous étions accablés, désespérés, épuisés. Les pêcheurs connaissaient un groupe d'îlots au milieu de la lagune, que séparait un grand canal, pareil au segment d'un fleuve se perdant dans la mer. Sur l'île la plus grande se dressent les ruines d'une ancienne villa. C'est là que nous trouvâmes refuge. Les hommes entassèrent de l'herbe sèche et des branchages, préparant des paillasses rudimentaires. Les femmes les plus jeunes se couchèrent pour allaiter leurs enfants, tandis qu'on allumait un feu au milieu de ces ruines dévorées par des plantes grimpantes. Le lendemain, les charpentiers coupèrent des arbres et entreprirent de construire des huttes ; quant aux pêcheurs, ils allèrent pêcher au large. Notre nouvelle patrie était née. Nous venions tous de Vénétie, à trois exceptions près : un Sicilien et deux fonctionnaires de l'administration impériale originaires d'Ombrie. Nous donnâmes donc à ce village le nom de Venetia.

— C'est un joli nom, dit Aurelius. On dirait le nom d'une femme. Combien êtes-vous ?

— Presque cinq cents. La première génération née dans la ville, les premiers Vénitiens, grandissent déjà. Il s'est écoulé beaucoup de temps, et un accent particulier nous distingue déjà des habitants du continent. N'est-ce pas merveilleux ?

— N'avez-vous jamais été importunés ?

— Si, plus d'une fois, mais nous nous sommes défendus. La lagune est notre royaume, d'Altinum à Ravenne, nos hommes en connaissent le moindre recoin, le moindre bas-fond, le moindre îlot. C'est un monde indéfinissable et ambigu, ni terre, ni eau, ni même ciel quand les nuages bas se confondent avec les franges écumeuses des ondes. Un monde composé des trois éléments réunis, et souvent invisible, en raison du brouillard, l'hiver, et de la brume, l'été, un monde plat sur la surface de l'eau. Chaque île est couverte d'épaisses forêts. Nos enfants sont bercés dans leur sommeil par le chant des rossignols et par les cris des mouettes.

— As-tu des enfants ? demanda soudain Aurelius.

— Non. Mais les enfants des membres de notre communauté sont les enfants de tous. Nous partageons ce que nous avons et nous nous aidons réciproquement. Nous votons tous pour élire nos chefs, nous avons exhumé l'ancienne constitution républicaine de nos ancêtres, celle de Brutus et Scaevola, de Caton et de Claude.

— On dirait que tu parles d'une vraie patrie.

— C'en est une. Et comme la Rome des origines, elle attire des fuyards et des exilés, des persécutés et des déshérités. Nous avons construit des barques à fond plat capables d'aller partout, comme celle qui t'a recueilli la nuit où tu fuyais Ravenne, mais nous avons commencé à bâtir des navires qui seront en mesure d'affronter la pleine mer. Les nouvelles habitations ne cessent de se multiplier et le jour viendra où Venetia sera une grande cité maritime, la fierté de cette terre. Voilà, tel est mon rêve. C'est la raison pour laquelle je n'ai jamais eu d'homme ni d'enfant. Et quand j'ai perdu ma mère, emportée par la maladie, je suis restée seule.

— Je ne peux pas croire qu'une fille aussi... aussi belle n'ait jamais eu...

— D'homme ? Ce n'est pas impossible. Sans doute parce que je n'ai jamais rencontré l'homme de mes rêves. Sans doute parce que tout le monde se croit obligé, ou capable, de s'occuper d'une orpheline. J'ai dû prouver aux autres que je pouvais me suffire à moi-même, et cela n'attire pas les hommes. Cela les repousse. D'autre part, comme nous devons tous être prêts à nous battre, dans ma ville, j'ai appris à manier l'arc et l'épée avant de savoir coudre et faire la cuisine. Chez nous, les femmes combattent lorsque c'est nécessaire. Elles sont en mesure de distinguer le bruit d'une vague poussée par le vent de celui d'une vague poussée par une rame, elles ont même appris à uriner debout, comme les hommes, lorsqu'elles montent la garde... »

Aurelius sourit dans l'obscurité, et Livia poursuivit : « Mais nous avons besoin d'hommes de ta trempe pour bâtir notre avenir. Quand nous aurons accompli cette mission, aimerais-tu t'installer avec nous ? »

Surpris par cette question, Aurelius demeura coi. Il laissa passer quelques instants avant de répondre : « J'aimerais pouvoir dire ce que j'éprouve en cet instant précis, mais j'ai l'impression de cheminer dans le noir sur un sentier inconnu, et d'avancer pas à pas. Pour l'heure, efforçons-nous de libérer Romulus, ce sera déjà bien. »

Il lui effleura les lèvres d'un baiser. « Et maintenant, essaie de dormir, dit-il. Je me charge de la première ronde. »

XI

Ils atteignirent les environs de Pozzuoli deux jours plus tard, à la tombée de la nuit. Les journées s'étaient raccourcies et le soleil se couchait tôt, dans un halo de vapeurs rougeâtres. La plus belle région d'Italie évoquait encore un pays heureux : les signes des terribles dévastations qui avaient touché le Nord, la désolation et la misère des régions centrales y étaient totalement absentes. Du fait de l'extraordinaire fertilité des champs, qui produisaient deux récoltes par an, il y avait assez de nourriture pour tous les habitants, et l'on pouvait même en vendre à un prix élevé là où elle faisait défaut. On voyait encore des légumes dans les potagers et des fleurs dans les jardins. La présence des barbares était moins perceptible qu'au Nord. La population était aimable et empressée, les enfants bruyants et un peu envahissants ; ils avaient tous un accent grec très prononcé, comme les Napolitains. Livia remarqua qu'on disait « chilla femina[1] » et non « illa foemina » en l'indiquant. À Pozzuoli, ils achetèrent de quoi manger au marché, qui avait lieu les jours pairs de la semaine

1. « Cette femme » en napolitain. (*N.d.T.*)

à l'intérieur de l'amphithéâtre. L'arène, autrefois souillée du sang des gladiateurs, était à présent peuplée d'étals où l'on vendait navets et pois chiches, courges et poireaux, oignons et haricots, choux, chicorée, ainsi que tous les fruits de saison, dont des figues, des pommes rouges, vertes et jaunes, des grenades d'un beau rouge feu. Certaines, ouvertes en deux, exhibaient des grains semblables à des rubis. Un spectacle magnifique.

« J'ai l'impression de renaître, dit Aurelius. Tout est différent, ici.

— C'est la première fois que tu viens ? demanda Livia. Moi, je suis passée ici il y a deux ans avec des hommes d'Anthemius pour escorter l'évêque de Nicée jusqu'à Rome.

— Oui. Je n'avais jamais poussé plus au sud que Palestrina. Notre division a toujours été alignée dans le Nord : en Norique, en Rhétie ou en Pannonie. Ici, le climat est doux, la terre parfumée, les gens aimables. On dirait un autre monde.

— Comprends-tu maintenant pourquoi les gens qui viennent ici n'ont plus envie de repartir ?

— Oui. Et si je dois être sincère, je préférerais m'établir ici plutôt que dans tes marais.

— Lagune, corrigea Livia.

— Lagune ou marais, cela ne fait pas beaucoup de différence. À ton avis, d'où partiront-ils ? demanda-t-il ensuite en changeant de sujet de conversation.

— Du port de Naples. Sans aucun doute. C'est le chemin le plus court pour Capri. Il y a là des entrepôts où ils pourront puiser tout ce qui est nécessaire à un long séjour.

— Alors, dépêchons-nous. Nous n'avons pas beaucoup de temps, et cette terre est tentatrice. Hannibal et son armée se sont laissés, eux aussi, ramollir par les délices et les plaisirs de la vie en ces lieux.

— Les délices de Capoue... Tu connais Tite-Live et Cornelius Nepos. Tu as reçu, comme moi, l'éducation qu'on dispense aux enfants de bonne famille, issus de la moyenne ou de la haute société. D'autre part, si le nom que tu portes est le tien...

— C'est le mien ! » s'écria Aurelius pour couper court à cette conversation.

Ils atteignirent le port de Naples le lendemain, en fin de matinée. Ils se mêlèrent à la foule qui se pressait sur le marché et sur les quais afin d'écouter ce qu'on disait et de recueillir éventuellement quelques informations. Ils mangèrent du pain et du poisson grillé au comptoir d'un vendeur ambulant, admirèrent la beauté du golfe et la masse imposante du Vésuve qui laissait échapper un panache de fumée que le vent fléchissait vers l'est. À la tombée du soir, ils assistèrent à l'arrivée du cortège impérial : dans l'atmosphère pacifique, joyeuse et multicolore du port, les armures, les boucliers et les casques des guerriers barbares évoquaient de monstrueux instruments. Des enfants se faufilèrent jusqu'aux chevaux, d'autres approchèrent les soldats, à qui ils essayèrent de vendre des gâteaux, des graines grillées et des raisins secs. Quand Romulus descendit de la voiture impériale, ils se pressèrent autour de lui, fascinés par son aspect, par ses vêtements brodés, ses traits aristocratiques et son expression mélancolique. Ni Aurelius ni Livia ne purent résister à ce spectacle. Le visage couvert par un chapeau de paille à large bord, pour le premier, et par un châle, pour la seconde, ils se dirigèrent vers le quai. À l'ombre des arcades qui le bordaient sur toute sa longueur, ils virent de près le jeune empereur entouré de ses petits sujets.

« Tu viens jouer avec nous ? » demandait l'un d'eux.

« Allez, viens, nous avons un ballon ! » disait un autre.

Un troisième lui offrit un fruit : « Tu veux une pomme ? Elle est bonne, tu sais. »

Romulus souriait avec embarras, ne sachant que répondre, mais Wulfila mit pied à terre et chassa les enfants de sa voix désagréable et de son physique horrible. Un groupe de porteurs finissait de charger les marchandises destinées à la résidence de Capri, ultime prison de l'empereur d'Occident. Deux grosses embarcations accostèrent, elles accueillirent hommes et denrées. Le jeune empereur monta à bord le dernier, accompagné de son précepteur.

Ce faisant, Ambrosinus souleva sa robe, découvrant ses genoux osseux, puis il scruta les alentours comme s'il cherchait quelque chose ou quelqu'un. Un bref instant, son regard croisa celui d'Aurelius, dans l'ombre des arcades ; l'expression de son visage, ainsi que son signe de tête rapide prouvèrent qu'il l'avait reconnu.

Le bateau largua les amarres. Les marins s'interpellèrent pour les manœuvres, certains récupéraient l'ancre et les bouts, tandis que d'autres hissaient la voile. Livia et Aurelius sortirent de l'ombre et gagnèrent l'extrémité du quai sans quitter du regard la silhouette de Romulus, debout à la poupe. Le vent ébouriffait ses cheveux et gonflait sa robe, séchant peut-être les larmes qui inondaient son visage en ce crépuscule mélancolique et laiteux.

« Pauvre petit », dit Livia.

Les yeux fixés sur le bateau, qui voguait maintenant au loin, Aurelius eut l'impression que Romulus levait la main pour le saluer.

« Il nous a peut-être vus, dit-il.

— Peut-être. Mais viens, maintenant, rebroussons chemin. Évitons de nous faire remarquer. »

Aurelius s'immobilisa devant l'auberge Parthénope, ainsi que l'annonçait l'enseigne sur laquelle se détachait une vague silhouette censée représenter une sirène. « Ils n'avaient qu'une seule chambre de libre, dit-il tandis qu'ils gravissaient l'escalier. Nous allons devoir la partager.

— Nous avons dormi dans de pires conditions, et je n'ai pas le souvenir de m'être plainte, répondit Livia en lui lançant un regard équivoque. En outre, nous ne sommes liés que par un pacte d'armes, ce qui signifie que nous ne courons aucun danger en couchant dans la même chambre, n'est-ce pas ?

— Oui », répondit Aurelius, dont l'expression et la voix changèrent brusquement.

Livia s'empara d'une lanterne et pénétra dans la chambre, une pièce étroite et dépouillée, mais convenable. Le mobilier était constitué de deux lits de camp et d'un coffre. Dans un coin se trouvaient une jarre d'eau et une cuvette. Dans une niche, un pot de chambre avec son couvercle en métal. Un plateau avec un morceau de pain, un fromage et deux pommes était posé sur le coffre. Aurelius et Livia se lavèrent les mains et mangèrent en silence.

Alors qu'ils s'apprêtaient à se coucher, on frappa.

« Qui va là ? » demanda Aurelius en se plaçant contre le mur, près de la porte, la main à l'épée.

Aucune réponse. D'un signe, Aurelius pria Livia d'ouvrir. Son poignard à la main gauche, elle tira lentement le verrou et, d'un mouvement très rapide, ouvrit la porte. Le couloir était désert, faiblement éclairé par une lanterne accrochée au mur.

« Regarde, dit Aurelius en indiquant un objet sur le carrelage. On nous a laissé un message. »

Une petite feuille de parchemin se détachait sur le sol. Livia la ramassa et la déplia. Elle renfermait quelques

lignes en écriture cursive, ainsi qu'un minuscule *sphraghís*, un sceau de facture orientale composé de trois lettres grecques entrelacées.

« La signature d'Anthemius, s'exclama Livia avec un air radieux. J'étais sûre qu'il ne nous abandonnerait pas.

— Que dit-il ?

— Stephanos a déposé l'argent dont nous avons besoin chez un banquier de Pozzuoli. Nous allons pouvoir engager des hommes et envoyer des nouvelles à Anthemius par les courriers des lettres de crédit. C'est notre système de communication secret, il a toujours été efficace.

— Je dois partir à la recherche de mes camarades. Dût-il n'y en avoir qu'un, je veux le retrouver.

— Calme-toi. Nous ferons tout ce qui est en notre pouvoir, mais nos chances de succès sont limitées.

— Ambrosinus m'a dit qu'on devait conduire des prisonniers romains à Misène.

— C'est là que nous irons, mais ne t'attends à rien de sûr ni de facile. En admettant que tes compagnons y soient, ce sont désormais des esclaves, le comprends-tu ? Des esclaves. Probablement enchaînés. Et certainement surveillés. En essayant de les libérer, nous risquons de courir de grands risques et de compromettre notre mission.

— Il n'y a pas de mission plus importante. M'as-tu bien entendu ?

— Tu m'avais donné ta parole.

— Toi aussi. »

Livia baissa la tête et se mordit la lèvre : il n'y avait pas d'issue. Aurelius était à l'évidence inébranlable.

Ils se mirent en route le lendemain, avant le lever du soleil. La tramontane avait balayé la brume : un crois-

sant de lune brillait dans le ciel limpide, presque à la surface de la mer. Capri se détachait nettement à l'horizon, âpre et rocheuse, couverte d'une épaisse couche de végétation au sommet. Au sud, le panache de fumée que crachait le Vésuve ne cessait de grossir et de s'assombrir, marquant le ciel bleu d'une longue traînée, aussi noire que le voile d'une pleureuse.

Au point du jour, ils rencontrèrent un banquier d'Anthemius, un certain Eustathius, dans une petite église hors les murs, un *sacellum* consacré à saint Sébastien. L'image du martyr lié à un pal et transpercé de flèches frappa Aurelius comme un coup de cravache. Sa mémoire mutilée tressaillit en cherchant frénétiquement un contact impossible et en déchaînant l'angoisse au fond de son esprit, mais il rassembla son courage et s'efforça de dissimuler ses émotions.

« Nous avons besoin de renseignements, dit Livia en feignant de ne rien remarquer.

— Vous pouvez compter sur moi, répondit Eustathius, dans les limites de mes possibilités.

— Nous avons appris que des soldats romains prisonniers ont été conduits à Misène pour servir sur les galères.

— Le port militaire est en grande partie désarmé, et les quelques navires de cette saison sont au sec pour des réparations. Pendant ce temps, on emploie les galériens à d'autres tâches.

— C'est-à-dire ? demanda Aurelius d'une voix anxieuse.

— Dans les mines de soufre et de sel, ou dans les combats clandestins de gladiateurs. Les paris atteignent des sommes vertigineuses. J'en sais quelque chose.

— Et dans le cas des soldats ? insista Aurelius.

— S'il s'agit de soldats, tu les trouveras sûrement là.

— Où ?

— À l'intérieur de la *piscina mirabilis*.

— Qu'est-ce que c'est ?

— La vieille citerne qui fournissait autrefois de l'eau potable aux navires de la flotte impériale. Imagine une gigantesque basilique souterraine à cinq nefs, une œuvre impressionnante. À présent, l'aqueduc a été dévié, et cet immense hypogée représente la cachette idéale pour ces orgies honteuses. Je peux vous assurer que de nombreux chrétiens y assistent en misant des sommes énormes sur les champions les plus cotés. Il vous faudra disposer d'un laissez-passer », ajouta-t-il avant de leur remettre une petite carte en os poli, sur laquelle était gravé le signe du trident, le sceau de l'amirauté.

Livia empocha l'argent et la carte, signa un reçu et rédigea quelques lignes en langage chiffré à l'intention d'Anthemius, puis elle salua le banquier.

« Encore une chose, dit celui-ci avant que le couple reparte. Installez-vous au Gallus Aesculapi, si vous y trouvez de la place. C'est là que se réunissent parieurs et receveurs... Si l'un d'eux vous demande : “Que dirais-tu d'un bain dans la piscine ?”, répondez : “Je ne demande pas mieux.” C'est le mot d'ordre du public reconnu. Quoi d'autre encore... Ah oui ! la peine de mort est prévue pour ceux qui organisent et ceux qui assistent aux jeux de gladiateurs, vous le savez, n'est-ce pas ?

— Oui, répondit Aurelius. C'est une vieille loi de Constantin, peu appliquée.

— C'est vrai, mais faites tout de même attention. Quand l'intérêt le veut, on fait respecter les lois, et malheur à ceux qui se retrouvent sous le fil des haches. Bonne chance ! » conclut Eustathius.

Ils marchèrent sans relâche pendant toute la journée.

Ils longèrent le lac Lucrin, puis le lac Averne et atteignirent Misène au crépuscule. Il ne leur fut pas difficile de trouver le Gallus Aesculapi, qui donnait sur le vieux quai du Portus Iulius. Le grand bassin hexagonal était en partie ensablé, et l'embouchure du port était si étroite qu'un seul navire pouvait l'emprunter. Il y avait là cinq bateaux de guerre, dont deux, plutôt en mauvais état, montraient les signes d'une longue incurie. Ils dépendaient d'un *magister classis*, dont l'étendard usé pendait à un mât. Ce qui avait jadis constitué la base de l'escadre impériale, un bassin capable de contenir jusqu'à deux cents navires de bataille, n'était plus qu'un marais mort, parsemé d'épaves pourrissantes.

Livia et Aurelius attendirent que la nuit soit tombée pour pénétrer dans la taverne. Ils commandèrent une soupe de légumes au poulet. On entendait les mouettes crier et les femmes appeler pour le dîner leurs enfants qui jouaient dans les ruelles. Le tavernier, un homme chauve et bien portant, passait entre les tables pour servir du vin aux clients qui jouaient aux dés, aux osselets ou à la mourre. Ces lieux étaient à l'évidence le royaume du jeu et des paris. Mais où étaient les receveurs ? Livia balaya la pièce du regard et vit que plusieurs tables étaient réunies près de l'unique fenêtre. Des individus louches, du gibier de potence, des hommes aux visages couverts de cicatrices et aux bras tatoués comme ceux des barbares y étaient assis. Elle donna un coup de coude à Aurelius.

« Je les ai vus », répondit ce dernier. Il appela le tavernier et lui dit : « Je suis nouveau dans le coin, mais cet endroit me plaît et j'aimerais me lier d'amitié avec ces braves gens. Je voudrais que tu offres un pichet de ton vin le meilleur à ces messieurs, là-bas. »

Le tavernier s'exécuta. Une ovation accueillit le pichet. « Hé, l'étranger ! Viens boire avec nous ! Et

amène aussi ta poule. On doit tout partager avec ses amis, n'est-ce pas ?

— Donne-moi de l'argent », murmura Aurelius à l'oreille de Livia, qui s'exécuta. Il s'approcha de la table avec un petit sourire et répondit : « Il ne vaut mieux pas. Ce n'est pas une poule, mais une louve. Elle mord.

— Voyons ! dit en se levant un homme à la mine patibulaire et aux dents toutes pourries. Viens faire la fête, ma belle ! » Il rejoignit Livia, qui était encore assise, posa la main sur son épaule et tenta de palper sa poitrine. Avec la vitesse de l'éclair, la jeune femme referma ses doigts d'acier sur ses testicules et les serra de toutes ses forces en bondissant et en pointant son poignard sur sa gorge. Incapable de bouger, le malheureux se mit à hurler. Livia augmenta la pression jusqu'à ce que l'homme s'écroule sur le sol, presque inconscient. Elle rangea son poignard dans sa ceinture, se rassit et s'attaqua à sa soupe comme si de rien n'était.

« Je vous l'avais bien dit, commenta Aurelius, l'air impassible. Puis-je m'asseoir ? »

Abasourdis, les hommes s'écartèrent pour lui faire de la place. Aurelius remplit un gobelet de vin et posa ostensiblement quelques pièces d'argent sur la table. « On m'a dit qu'on peut gagner beaucoup d'argent avec les paris quand on a de bons tuyaux.

— Tu veux jouer sérieusement, d'après ce que je vois, répondit celui qui semblait être le chef.

— Si cela en vaut la peine.

— Tu es tombé au bon endroit, mais pour entrer, il te faut un saint protecteur, tu vois ce que je veux dire ? »

Aurelius tira de sa poche la carte au trident et l'exhiba un instant. « De ce genre-là ?

— À ce qui paraît, tu es bien introduit. Tu aimes te coucher tôt le soir ?

— Moi ? Je suis un noctambule endurci.

— Que dirais-tu d'un bain dans la piscine vers minuit ?

— Je ne demande pas mieux.

— Combien veux-tu miser ?

— Cela dépend de l'objet du pari. »

L'homme se leva et le prit en aparté comme s'il souhaitait lui confier un secret. « Écoute, nous avons un géant éthiopien, aussi grand qu'une tour, un véritable Hercule qui a massacré tous ses adversaires jusqu'à présent. » Aurelius eut un coup au cœur. Il aurait voulu hurler : « Batiatus ! », mais il étouffa ce cri, tout comme la joie immense qui inondait son esprit.

« Tout le monde parie sur lui des sommes très élevées. Mais je vois que tu n'as pas de problèmes d'argent, et je te propose donc une association. Misons tout ce que tu possèdes sur le Noir perdant. Je te garantis qu'il perdra. Ensuite, nous nous partagerons les gains. J'ai besoin de cinq ducats d'or, sinon le jeu n'en vaut pas la peine. »

Aurelius tira sa bourse et la soupesa. « J'en ai bien plus. Mais je ne suis pas stupide. Pourquoi cette espèce d'ours devrait-il perdre ?

— Premièrement, parce que ce soir il lui faudra combattre non plus un adversaire, mais trois. Quant à la seconde raison, c'est une surprise, que tu découvriras sur place. Je ne te connais pas, mon cher, et je ne peux pas courir le risque de t'en dire plus. Ou plutôt, je t'en ai déjà trop dit. Alors, cette mise ?

— Je répète : je ne suis pas stupide. Je te la verserai sur place, avant le début du spectacle.

— D'accord. À minuit, quand tu entendras la cloche de l'amirauté.

— Je serai là. Ah ! Une dernière chose. Tu vois cette femme ? » Et il indiqua Livia. « Comparée à moi, c'est

un oisillon. Alors, pas de plaisanterie, compris ? Sinon je t'arrache vraiment les couilles et je t'oblige à les manger. Et maintenant, ramasse ce porc, avant qu'elle change d'avis et lui fende la tête comme une courge. »

L'homme acquiesça d'un grognement et rejoignit son compère, qui se ressaisissait. Aurelius et Livia disparurent alors dans une ruelle.

« Batiatus est là ! s'écria Aurelius, exultant de joie. Tu te rends compte ? Batiatus est là !

— Du calme, j'ai compris. Et qui est Batiatus ?

— Un de mes compagnons d'armes. C'était le garde du corps de notre commandant, un colosse éthiopien de six pieds de haut, aussi fort qu'un taureau. Il vaut dix hommes à lui tout seul, je te le jure. Si nous parvenons à le libérer, je suis certain que nous pourrons mener à bien notre mission. Il n'est peut-être pas seul. Par les dieux, je n'ose espérer...

— Ne te fais pas trop d'illusions. Comment comptes-tu le libérer ? »

Aurelius posa la main sur la garde de son épée. « Avec ceci, quoi d'autre ?

— Ah. Et tu auras sans doute besoin d'un peu d'aide.

— Cela ne serait pas inutile.

— Tu as une drôle de façon de demander un service.

— Je ne demande rien. Je m'efforce juste de t'aider à accomplir ta mission.

— C'est vrai. Alors, dépêchons-nous, nous devons nous préparer. Qu'as-tu appris d'autre ?

— Que tout le monde parie sur le Noir gagnant, parce qu'il a remporté les combats précédents. Le receveur m'a demandé une grosse somme à miser sur le Noir perdant en me disant qu'il se chargerait de l'issue du combat.

— Peut-être veulent-ils l'empoisonner ?

— J'en doute. Il a trop de valeur.
— Le droguer ?
— Possible.
— Quoi qu'il en soit, cela ne me plaît guère. Nous devons rester sur nos gardes. »

Ils regagnèrent la taverne et se préparèrent soigneusement. « Avant tout, il nous faut des chevaux, dit Aurelius, si possible trois ou quatre, on ne sait jamais. Je m'en charge : il y a un relais de poste à l'entrée de la ville et mon insigne militaire devrait m'aider. Mais j'aurai peut-être besoin d'argent. »

Livia mit la main à sa bourse et Aurelius partit. Il réapparut un peu plus tard en déclarant : « C'est fait. Le chef de poste est un brave homme, un de ces fonctionnaires vieux jeu qui évitent de poser des questions. Les chevaux nous attendront dans un pressoir non loin de la côte, à la hauteur de la troisième pierre milliaire. Je lui ai dit que je dois partir demain avec des amis, avant qu'il fasse jour.

— Et les armes ?

— Nous serons probablement fouillés. Il vaut mieux que ce soit toi qui les portes, mais il est nécessaire que tu ressembles à une femme, tu comprends ?

— Je comprends très bien, répondit Livia, nullement flattée. Laisse-moi me préparer tranquillement et n'oublie pas de frapper quand tu reviendras. »

Quand Aurelius réintégra la chambre au bout d'un laps de temps qu'il jugea raisonnable, il fut surpris par la métamorphose de sa compagne, fasciné par la splendeur de ses yeux, que soulignait un trait de bistre. Il aurait aimé lui dire qu'elle était sublime, mais un son de cloche retentit à cet instant du côté de la mer.

« La cloche de l'amirauté, dit Livia. Allons-y. »

XII

Les spectateurs se présentaient les uns après les autres, en silence et par petits groupes, dans l'obscurité la plus complète. C'étaient des hommes pour la plupart, mais il y avait aussi des femmes et même des enfants. Ils étaient fouillés à l'entrée et, s'ils possédaient une arme, obligés de l'abandonner à la garde des surveillants. Une petite lanterne permettait de contrôler les laissez-passer semblables à celui qu'Aurelius s'était vu remettre par le banquier Eustathius, à Pozzuoli.

Aurelius et Livia attendirent leur tour. Livia s'était coiffée, elle arborait un voile qui lui donnait une certaine grâce féminine. Soudain, un bruissement parcourut la foule. Des pas lourds retentirent, accompagnés par un tintement de chaînes, et les spectateurs s'écartèrent devant le groupe de gladiateurs qui s'affronteraient en duel cette nuit-là. Un géant se détachait sur tous les autres, les dominant des épaules : Batiatus ! Aurelius s'approcha, bien que Livia tentât de le retenir. Une fois dans le halo de la lanterne, il se découvrit la tête et lança : « Hé, sac de charbon, j'ai misé gros sur toi, veille donc à ne pas me décevoir ! »

Au son de cette voix, Batiatus fit volte-face. Ses yeux

brillèrent d'étonnement à la vue de son vieux compagnon d'armes. L'émotion faillit trahir les deux hommes, mais Aurelius lui adressa un signe rapide et se recouvrit immédiatement. Le laniste secoua la chaîne et Batiatus se dirigea vers l'escalier qui menait dans les entrailles de l'immense citerne. Peu après, Aurelius aperçut Vatrenus, et il ne put ravaler ses larmes. Un lambeau de son passé ressurgissait brusquement en ces lieux sombres et ternes, des compagnons qu'il croyait perdus réapparaissaient, en vie, devant ses yeux, lui procurant à la fois une immense joie et une peur terrible. Peur que tout ne fût de nouveau englouti dans le néant, peur de ne pas être à la hauteur de la tâche, d'échouer encore une fois. Devinant les pensées qui lui traversaient l'esprit, Livia lui serra le bras et murmura à son oreille : « Nous allons y arriver, j'en suis sûre et certaine. Courage, entrons. »

Le surveillant s'apprêtait à fouiller Livia quand Aurelius se dressa devant lui : « Hé, laisse-la tranquille, c'est ma fiancée, et pas ta salope de mère ! »

Vexé, l'homme grogna avant de lui jeter : « Toi, par contre, tu n'y couperas pas. Et montre-moi ton laissez-passer, sinon je te ferai passer l'envie de faire le spirituel. » Il prononça ces mots en tâtant une espèce de massue qui pendait à sa ceinture.

Aurelius exhiba sa carte et leva les mains en soupirant tandis que l'homme le fouillait.

« Tu peux y aller », dit ce dernier, qui se tourna alors vers un groupe de spectateurs se dirigeant vers l'entrée.

Aurelius et Livia s'engagèrent dans le long escalier qui menait au fond de la citerne. Ils découvrirent bientôt un spectacle incroyable : la grandiose *piscina mirabilis*, un réservoir capable de contenir assez d'eau pour une ville entière, s'offrait à leurs yeux, à la lumière de plusieurs dizaines de torches. Elle était divisée en cinq

nefs, qui reposaient sur d'immenses arcades. Les murs et le fond étaient soigneusement polis ; le sol était doté d'une double inclinaison qui convergeait vers le centre en direction de la fosse d'épuration, un petit canal clos par un rideau de fer, qu'on ouvrait autrefois pour déverser à l'extérieur la boue qui, au fil du temps, se déposait dans le fond. En haut, près du plafond, sur le mur est, on distinguait la prise de l'aqueduc qui servait jadis à remplir la citerne et que fermait maintenant un guichet étanche. Une longue traînée de rouille ainsi qu'un léger égouttement indiquaient qu'il y avait encore de l'eau dans l'aqueduc et que celle-ci était probablement détournée vers un collecteur latéral. Sur le mur opposé, à l'ouest, s'ouvrait l'ancienne prise de prélèvement qui alimentait les réservoirs destinés à la flotte avec l'eau de la surface, plus limpide et plus pure. Désormais, cette énorme installation qui approvisionnait autrefois les marins et les soldats de la flotte la plus puissante du monde n'était plus qu'un gouffre vide, le réservoir d'une violence aveugle et sanguinaire, le bordel des instincts les plus sordides.

Aurelius remarqua, près d'un pilastre, des seaux d'eau et des grosses brosses de boucherie qu'on utilisait sans doute pour laver les lieux de toute trace de sang. Au fond, contre le mur sud, une baraque en bois recouverte d'un auvent servait certainement de vestiaire aux gladiateurs.

Livia remit à son compagnon épée et poignard, conservant les autres armes. « Où dois-je me poster ? » lui demanda-t-elle.

Aurelius jeta un regard à la ronde. « Le mieux, c'est que tu retournes près de l'entrée. De là, tu peux dominer la situation et m'assurer une issue. J'insiste, ne me quitte jamais des yeux : dès que tu me verras attaquer,

frappe quiconque tentera de me barrer la route. Je compte sur toi.

— Je serai ton ange gardien.

— Qu'est-ce que c'est ?

— Une sorte de génie ailé, qui nous protège, nous autres chrétiens. Il paraît que tout le monde en a un.

— J'accepte tout ce qui me couvre les fesses. Ah, voilà l'homme des paris ! Vas-y. »

Livia gravit d'un pas léger la longue séric de marches et s'aplatit dans l'ombre près de la porte d'entrée, qui était entrebâillée. Elle s'empara de son arc, que son manteau dissimulait, et posa sur le sol son carquois rempli de flèches à la pointe bien aiguisée. Aurelius rejoignit le receveur des paris, qui lui dit : « Ah, notre mystérieux ami avec tout son argent. Alors, as-tu envie de miser sur le Noir perdant ?

— Je viens de le voir, il est terrifiant, un véritable hercule. Et comment espères-tu le dompter ?

— C'est un secret.

— Si tu me le révèles, tu auras l'argent. » Il fit tinter sa bourse. L'homme y lança un coup d'œil avide. « Si je te dis que c'est sûr, tu peux me croire. Regarde, voici ma part. »

Il indiqua un petit tas de ducats d'or. D'autres preneurs de paris criaient non loin de lui : « Allez, pariez ! Le spectacle va commencer. Qui mise sur l'hercule noir ? » Tandis que le bruissement et l'excitation croissaient, des employés entreprirent de monter une sorte de grille en fer qui délimiterait le terrain du combat. Au même moment, un groupe d'hommes armés se déploya au fond de la salle. Les apercevant, Aurelius s'efforça, d'un geste de la main, d'attirer sur eux l'attention de Livia. La jeune fille hocha la tête : elle les avait remarqués.

Les deux premiers gladiateurs franchirent les grilles.

Leur duel commença parmi les incitations de plus en plus enflammées de la foule assemblée. L'atmosphère était déjà surchauffée, alors que ces combats préliminaires ne servaient qu'à préparer le clou de la soirée : l'ordalie de l'hercule noir ! Le temps pressait désormais : qu'avait voulu dire le preneur de paris avec sa phrase sibylline ? Aurelius songea à le pousser aux aveux en pointant son poignard sur ses côtes : la cohue était telle que personne ne s'en rendrait compte. Il vit que le tas d'argent grossissait sur la table et il fut pris de panique : l'homme devait être bien sûr de lui. Leurs regards se croisèrent un instant et le receveur lui adressa un signe d'encouragement.

Les gardes étaient distraits par les combattants, dont la fureur ne cessait de grandir, mais bien vite le duel sembla s'acheminer vers une conclusion rapide. Frappé à l'épaule, l'un des deux gladiateurs vacilla, et son adversaire lui porta le coup de grâce. Le hurlement délirant de la foule résonna en mille échos, que les arcades et les pilastres renvoyaient et brisaient.

À cet instant, Aurelius, qui était entraîné à distinguer le moindre son au cœur de la bataille, entendit du bruit du côté des vestiaires, à sa gauche. Il glissa le long des murs et s'approcha : quatre hommes s'employaient à bâillonner Vatrenus, qu'ils avaient auparavant attaché, tandis qu'un autre gladiateur de la même taille et de la même envergure que lui passait son armure et son casque à salade.

C'était donc ça, l'astuce ! Ayant remarqué que Batiatus n'assenait jamais de coup mortel à l'homme qui portait cette tenue, et vice versa, les organisateurs du combat avaient décidé de les punir : Batiatus serait surpris par le coup mortel venant d'un ennemi déguisé en ami, et les parieurs gagneraient énormément d'argent. Aurelius remercia les dieux qui lui faisaient ce cadeau

magnifique, et se tapit dans un coin. Voilà que Batiatus sortait. Vêtu d'un pagne, son imposante musculature luisante de sueur, il brandissait un petit bouclier rond et une dague sarrasine recourbée. À sa vue, la foule se mit à hurler, tandis que les employés emmenaient le gladiateur vaincu. Le faux Vatrenus lui emboîta le pas. Le moment était venu. Aurelius pénétra comme un éclair dans les vestiaires, surprenant les gardes ; il décapita le premier d'un seul coup d'épée et plongea son poignard dans la poitrine du second. Les deux hommes s'effondrèrent sans un gémissement.

« Vatrenus, c'est moi ! s'écria-t-il en détachant son ami et en lui ôtant son bâillon.

— Par Hercule ! D'où sors-tu ? Vite, Batiatus est en danger !

— Je le sais, allons-y. »

Ils se ruèrent vers l'arène. Livia, qui avait perdu de vue Aurelius depuis un moment, le vit ressurgir avec soulagement. Elle encocha une flèche et tendit la corde de son arc, prête à agir.

Vatrenus et Aurelius se frayèrent un chemin parmi la foule hurlante en essayant de gagner le premier rang. Batiatus se battait contre les trois adversaires, mais les coups qui pleuvaient sur le faux Vatrenus étaient, à l'évidence, moins violents.

Celui-ci luttait de manière spectaculaire sans atteindre toutefois son but ; soudain, il tenta de lui assener un coup bien précis à la gorge. C'est à cet instant-là qu'Aurelius et Vatrenus arrivèrent. Ce dernier s'écria à tue-tête : « Batiatus, attention ! » Le géant comprit en un éclair, il esquiva le coup, évitant ainsi la mort, mais non une blessure qui lui ouvrit l'épaule gauche. Aurelius avait déjà abattu la grille et tué l'un des deux adversaires, Vatrenus élimina le second tandis que l'Éthiopien retrouvait son équilibre et fondait sur le sosie de

son ami, qu'il faucha d'un seul coup d'épée. Puis les trois hommes se jetèrent vers l'avant en brandissant leurs armes et en fendant la foule qui ne saisissait pas encore ce qui se passait. Ils se précipitèrent sur les gradins.

« Par là ! criait Aurelius. Dc ce côté ! Vite, vite ! » Une effroyable bataille éclata. Terrorisés, les spectateurs fuyaient dans tous les sens. Les gardes s'élancèrent à la poursuite des trois fuyards, mais Livia veillait. Les deux premiers furent touchés avec une incroyable précision, l'un à la poitrine, l'autre au milieu du front. Un troisième fut cloué au sol à quelques pas de la rampe. Les autres, une vingtaine, atteignirent le pied des marches en criant. Alerté par ces hurlements, le gardien se pencha sur la galerie, mais Livia, aplatie contre le mur, bondit et le poussa dans le vide. Le hurlement de l'homme ne s'interrompit qu'au contact brutal du sol, cent pieds plus bas. Désormais, le salut était proche. Mais soudain, la porte fut refermée et verrouillée de l'extérieur. Les gardes avaient rejoint leurs quatre adversaires, qui durent faire volte-face pour les affronter. Batiatus saisit au col le premier d'entre eux et le projeta sur les autres comme un pantin. Tout le groupe dégringola les marches. Puis le géant se tourna vers la porte et s'écria : « Arrière ! » Ses amis s'écartèrent tandis qu'il s'élançait comme un bélier. Dégondée, la porte s'abattit au sol, écrasant l'un des gardes. Son compère déguerpit à la vue du démon noir qui jaillissait d'un nuage de poussière.

« Par ici, suivez-moi, vite ! » s'exclama Livia. Mais Aurelius se dirigea vers le guichet du conduit d'alimentation en disant : « Ils voulaient se baigner dans une piscine, ils seront satisfaits, par Hercule !

— Nous n'avons pas le temps ! Partons, partons ! »

Aurelius avait déjà atteint le treuil, suivi de Batiatus.

La rouille avait grippé l'engrenage, mais la force du géant débloqua celui-ci d'un coup sec. Le guichet fut ouvert et l'eau se précipita à l'intérieur dans un vacarme digne d'une cascade. Les hurlements désespérés de la foule s'élevèrent comme un chœur d'âmes damnées dans les abîmes de l'enfer, mais les deux amis emboîtaient déjà le pas à Livia et Vatrenus, qui dévalaient la pente.

Un cri les rejoignit : « Attendez-nous ! Nous vous accompagnons !

— Qui sont ces hommes ? demanda Aurelius en se retournant.

— Deux camarades d'infortune, répondit Batiatus, tout essoufflé. Dépêchez-vous ! Il n'y a pas un instant à perdre ! »

Aurelius et Livia récupérèrent leurs montures et conduisirent le reste du groupe au pressoir, à l'orée de l'oliveraie, où trois chevaux attendaient.

« Nous n'avions pas prévu que nous serions aussi nombreux. Que les deux plus légers prennent le même cheval ! ordonna Aurelius. Batiatus, voici le tien ! » Et il indiqua un destrier pannonique fort massif, à la robe sombre.

« Je veux bien le croire ! » répondit Batiatus en sautant en selle. C'est alors qu'on entendit retentir le son aigu des trompettes qui lançaient l'alarme.

« Vite ! s'écria Livia. Vite ! Ils ne vont pas tarder à fondre sur nous ! »

Ils traversèrent l'oliveraie au grand galop et rejoignirent une grotte creusée dans le tuf, un abri pour les brebis qui paissaient la nuit entre les chaumes, une cachette idéale. Bientôt, la campagne se peupla d'ombres à cheval, tandis que des flambeaux fendaient l'obscurité dans toutes les directions, pareils à de folles météores, et que des cris, des ordres rageurs et des appels résonnaient

dans les moindres recoins. Mais les vieux compagnons d'armes ne voyaient ni n'entendaient rien. Fous de joie, encore incrédules, ils s'enlaçaient dans une puissante étreinte, se reconnaissaient dans le noir à leur odeur, au son de leurs voix brisées par l'émotion, à la dureté de leur corps, semblables à de vieux mâtins qui viennent d'effectuer une battue nocturne. Aurelianus Ambrosius Ventidius, Rufius Elius Vatrenus, Cornelius Batiatus, soldats de Rome, Romains en vertu d'un serment romain.

DEUXIÈME PARTIE

XIII

Ils repartirent aussitôt au grand galop en direction de Cumes, l'ancienne et glorieuse colonie grecque désormais réduite à l'état d'un modeste village de pêcheurs. Livia semblait bien connaître ce territoire, elle s'y déplaçait avec rapidité et assurance malgré la semi-obscurité de la nuit. La fuite de quatre esclaves, l'assassinat d'une demi-douzaine de gardes et l'énorme remue-ménage dont la *piscina mirabilis* avait été le théâtre devaient avoir réveillé un formidable nid de guêpes ; il était donc opportun de trouver sans tarder un lieu sûr et assez éloigné. Batiatus était si imposant qu'il attirerait l'attention partout où ils iraient ; voilà pourquoi il devait absolument passer inaperçu. En attendant, mieux valait éviter auberges, tavernes et lieux publics. Livia les emmena dans la ville morte, dans l'ancienne caverne de la Sibylle de Cumes, un lieu obscur qu'on disait peuplé de présences démoniaques. Un démon noir de plus ne ferait qu'avaliser les racontars populaires.

Ils s'arrêtèrent à l'intérieur de l'enceinte en ruine. Livia conduisit ses compagnons dans l'antre : une sorte de galerie artificielle, creusée dans la roche, dont le haut adoptait la forme d'un trapèze. Elle parvint à allu-

mer un maigre feu avant de se consacrer à la blessure de Batiatus. Elle le pansa du mieux qu'elle put et lui donna un linge pour se couvrir. Pendant ce temps, les autres tentaient de s'installer dans cet abri incommode. Aurelius ramassa une grande quantité de feuilles mortes, dont il jeta une partie sur le feu, créant ainsi plus de fumée que de flammes, et l'autre sur le sol afin de s'y coucher. Livia tira de sa besace toute la nourriture qu'elle contenait, très peu en vérité : un fromage, quelques olives et une miche, qu'elle offrit à ces hommes épuisés.

« Ce n'est pas grand-chose, juste de quoi tromper notre faim. Nous verrons demain comment y remédier. Pour l'instant, allez vous coucher. Le jour va bientôt poindre.

— Nous coucher ? s'exclama Batiatus. Tu plaisantes, jeune fille, nous avons trop de choses à nous raconter. Sais-tu qui nous sommes ? As-tu idée des coups durs que nous avons subis ensemble ? Par les dieux du ciel, je ne peux pas y croire ! Ce type-là me lance : "Hé, sac de charbon, j'ai misé gros sur toi, veille donc à ne pas me décevoir !" Je me retourne pour lui cracher au visage, et qui je vois ? Aurelianus Ambrosius Ventidius en chair et en os. Par Hercule, je vous jure que j'ai failli avoir une attaque. Je me suis dit : qu'est-ce que ce gibier de potence, ce fils de chienne est venu faire ici ? Libérer son vieil ami, peut-être ? » Sa voix tremblait et ses yeux brillaient comme ceux d'un enfant. « Il ne m'a pas oublié, ai-je pensé, et il est venu me dénicher dans ce trou ignoble. Mais comment m'a-t-il retrouvé dans ce bouge ? Qui lui a dit que j'étais ici ? Dieux du ciel, je ne peux pas y croire. Je rêve peut-être, frappez-moi pour que je me réveille. »

Vatrenus lui assena vraiment un coup sur la tête. « Tu es réveillé, tu vois ? Tout va bien, l'homme noir !

Nous nous en sommes tirés, nous nous en sommes tirés ! Nous les avons tous baisés ! Imaginez un peu le spectacle qu'aura trouvé le magistrat : les notables et les matrones dévotes pataugeant le cul dans l'eau, pris en flagrant délit de participation à des jeux de gladiateurs clandestins ? J'aurais bien aimé être une grenouille pour savourer la scène ! Et songez à tous ceux qui se moucheront demain en ville et aux alentours ! »

Aurelius éclata d'un rire énorme, semblable à un sanglot, un rire aussi libératoire que les pleurs d'un enfant qui a longuement subi la morsure de la peur. Tous les autres l'imitèrent.

Seule Livia demeurait silencieuse. Cette camaraderie virile la fascinait, elle y voyait toutes les vertus de l'homme : l'amitié, la solidarité, l'esprit de sacrifice, l'enthousiasme. Et les propos vulgaires de ces compagnons d'armes, auxquels elle n'était pas habituée, ne la dérangeaient guère.

Soudain, le silence s'abattit sur eux : le silence des souvenirs et des regrets, le silence de la mémoire commune d'individus qui avaient affronté les mêmes dangers et partagé les mêmes souffrances pendant de nombreuses années, seulement réconfortés par l'amitié, l'estime et la foi des uns en les autres. Le silence de l'émotion et de la joie incrédule que suscitaient des retrouvailles contre toute attente, contre les coups du destin le plus hostile. On pouvait presque voir les pensées qui traversaient leurs regards, leurs yeux humides, leurs fronts creusés, lire leur histoire sur leurs mains calleuses, leurs bras couverts de cicatrices, leurs épaules marquées par le poids des armes. Ils songeaient aux camarades qu'ils avaient perdus à jamais, au commandant Claudianus, blessé puis trucidé par la fureur ennemie, à jamais privé de l'honneur patricien qui consistait à reposer dans le mausolée de ses ancêtres.

Remarquant que ses compagnons observaient Livia, Aurelius brisa ce silence ému : ces hommes s'interrogeaient sans doute sur l'identité de la jeune fille et sur la raison de sa présence.

« Cette jeune fille se nomme Livia Prisca, dit-il. Elle vient d'un village de quelques cabanes situé sur la lagune, entre Ravenne et Altinum. Au risque de vous déplaire, c'est elle notre chef.

— Tu plaisantes, rétorqua Vatrenus, comme s'il se ressaisissait. C'est toi, le chef, même si je suis plus gradé que toi.

— Non. Elle m'a sauvé la vie et m'a offert un but pour lequel il valait la peine de se battre. C'est une femme, mais elle vaut tout autant qu'un homme... peut-être même plus sous certains aspects. Elle... elle... bref, elle nous paie pour accomplir une mission. Mais c'est moi qui vous guiderai dans l'action, suis-je bien clair ? »

Batiatus secoua sa grosse tête avec un air perplexe. Livia intervint en désignant les deux hommes qui s'étaient unis à eux, dans leur fuite. « Qui sont-ils ? Pouvons-nous avoir confiance en eux ?

— Nous vous sommes reconnaissants de nous avoir accueillis parmi vous, dit l'un d'eux. Vous nous avez sauvé la vie. Je m'appelle Démétrios, je suis grec, je viens d'Héraclée, et je suis prisonnier de guerre. J'ai été capturé par les Goths à Smyrne, pendant que je patrouillais sur le Danube avec mon embarcation. J'ai ensuite été vendu aux Hérules d'Odoacre, qui m'ont envoyé servir dans la flotte puisque j'étais marin. Je suis une excellente épée, je vous assure, et je suis également très habile dans le lancer de couteaux. Voici mon ami et compagnon d'armes, Orose, il s'est battu dans le monde entier, ou presque, il a la peau dure comme du cuir.

— Ce sont des hommes courageux, confirma Vatrenus. Ils se sont comportés loyalement tout le temps que nous avons passé ensemble. Comme nous, ils détestent les barbares et n'aspirent qu'à reconquérir leur liberté.

— Avez-vous de la famille ? demanda Aurelius.

— Autrefois, répondit Démétrios, une femme et deux filles de quatorze et seize ans. Mais cela fait cinq ans que je n'ai plus de nouvelles d'elles. Elles vivaient dans un village proche de nos camps d'hiver. Une nuit que j'étais en reconnaissance, les Alains ont jeté un pont de bateaux sur le fleuve, ont surpris nos familles et les ont massacrées. À mon retour, je n'ai trouvé que des cendres et des braises, mêlées à une boue noire, sous une pluie torrentielle. Et des cadavres, partout des cadavres. Je n'oublierai jamais cette scène même si je vivais cent ans. Je les ai tous retournés, en proie à la plus profonde angoisse, m'attendant chaque fois à reconnaître un visage aimé... » Il fut obligé de s'interrompre.

« Moi, j'avais une femme et une fille, intervint alors Orose. Ma femme se nommait Asteria, elle était belle comme un astre. Un jour que je rentrais d'une longue campagne en Mésie, j'ai trouvé ma ville saccagée par les Rugiens. On les avait capturées. J'ai tenté de toutes les façons possibles de retrouver cette tribu. Mon commandant a envoyé des guides indigènes avec une rançon, mais ces sauvages réclamaient une somme exorbitante que j'étais incapable de leur verser. Ils ont disparu dans l'immensité de leurs prairies comme ils en avaient surgi... Depuis, je n'ai qu'un seul désir : repartir sur leurs traces. La nuit, avant de m'endormir, je me demande où elles sont, sous quels cieux... J'imagine les traits de ma fille maintenant qu'elle a grandi... » Il baissa la tête et en resta là.

C'étaient des histoires comme tant d'autres, à cette

époque, mais elles troublèrent Aurelius. Il ne s'était jamais résigné, il n'avait jamais partagé le rêve de la ville de Dieu qu'avait proclamé Augustin d'Hippone, il n'avait jamais vu de ville dans le ciel parmi les nuages. Pour lui, il n'y avait pas d'autre ville que la Rome des sept collines, ceinte du mur d'Aurélien, installée sur le Tibre divin, une Rome violée et pourtant immortelle, mère de toutes les terres et fille de toutes les terres, écrin des mémoires les plus sacrées. Il leur demanda : « Et maintenant, où souhaiteriez-vous aller ?

— Nous n'avons aucun endroit où aller, répondit Orose.

— Nous n'avons plus rien. Nous n'avons plus personne, renchérit Démétrios. Si vous avez un but ou une destination, s'il vous plaît, acceptez-nous parmi vous. »

Aurelius lança à Livia un regard interrogateur. Elle acquiesça : « Ils ont l'air d'être de bons soldats. Et nous avons besoin d'hommes.

— Mais rien ne dit qu'ils voudront rester quand nous leur aurons révélé notre projet. »

À ces mots, les hommes se dévisagèrent. « Si vous ne parlez pas, nous ne le saurons jamais, finit par dire Batiatus.

— Que sont donc tous ces mystères ? Allez, crache ! s'écria Vatrenus.

— Vous pouvez avoir confiance en nous. Nos amis le savent. Nous nous sommes toujours employés à nous protéger réciproquement au combat », insistèrent Démétrios et Orose.

Aurelius échangea un regard rapide avec Livia, qui opina une nouvelle fois. Alors, il poursuivit : « Nous avons l'intention de libérer l'empereur Romulus Auguste, qui est emprisonné à Capri.

— Qu'as-tu dit ? demanda Vatrenus, l'air incrédule.

— Ce que tu as entendu.

— Par Hercule ! pesta Batiatus. Elle est bien bonne, celle-là !

— Bien bonne ? C'est une folie. Il doit être surveillé par une myriade de gardes ! s'exclama Vatrenus.

— Ces salauds bourrés de taches de rousseur, grogna Batiatus. Je les déteste.

— Ils sont en tout soixante-dix, nous les avons comptés, précisa Livia.

— Et nous, nous sommes cinq, dit Vatrenus en dévisageant ses compagnons l'un après l'autre.

— Six », le corrigea Livia.

Vatrenus haussa les épaules.

« Ne la sous-évalue pas, l'avertit Aurelius. Elle a failli arracher les couilles d'un type bien plus gros que toi au port. Si je n'étais pas intervenu, elle l'aurait écorché comme un chevreau.

— Dis donc ! s'exclama Orose en examinant la jeune fille.

— Alors ? demanda Aurelius. Vous êtes libres. Vous pouvez vous en aller, et sans rancune. Vous me paierez un coup à notre prochaine rencontre, dans un bordel.

— Et comment comptes-tu t'en tirer tout seul ? » l'interrogea Batiatus.

Vatrenus soupira. « J'ai compris. Nous sommes tombés de Charybde en Scylla, mais j'ai l'impression que nous allons bien nous amuser. Et gagner un peu d'argent, peut-être ? Je suis totalement à sec et...

— Mille ducats d'or par personne, répondit Livia, quand notre mission sera accomplie.

— Par les dieux ! s'écria Vatrenus. Pour mille ducats, j'irais vous chercher Cerbère dans l'Averne.

— Alors, qu'attendons-nous ? demanda Batiatus. J'ai l'impression que nous sommes tous d'accord, n'est-ce pas ? »

Aurelius leva la main d'un geste péremptoire, et le silence s'abattit de nouveau sur le groupe. « C'est une entreprise difficile, dit-il, la plus difficile que nous ayons jamais affrontée. Il s'agit de pénétrer dans l'île, de libérer l'empereur et de le conduire sur la côte adriatique où nous attend un bateau qui l'emmènera en lieu sûr. C'est là que Livia et ceux qui nous ont chargés de cette mission nous paieront.

— Et ensuite ? l'interrogea Vatrenus.

— Tu en demandes trop. T'avoir arraché à cet enfer n'est déjà pas si mal que ça. Chacun s'en ira sans doute par son propre chemin, à moins que l'empereur ne nous emmène, ou que... Ah ! laissons tomber. Je suis fatigué et j'ai envie de dormir. Nous serons plus lucides avec le jour. Avant tout, il nous faudra trouver un bateau pour approcher l'île et étudier la situation. Ensuite, nous verrons. Qui se charge de la première ronde ?

— La première et la seule, étant donné l'heure. Je m'en occupe, proposa Batiatus. Je n'ai pas sommeil, et puis je suis presque invisible dans le noir. »

Ils étaient épuisés, éreintés, partout en danger, menacés de peines atroces en cas de nouvelle capture, mais ils tenaient à nouveau les rênes de leur destin entre leurs mains et ils veilleraient à ce qu'elles ne leur échappent plus. Mieux valait mourir plutôt que d'être soumis.

Les premiers jours à Capri avaient semblé presque agréables à Romulus : sous ce ciel turquoise, dans cette lumière magique et aveuglante, les couleurs de l'île, le vert profond des bois de pins, des fourrés de myrte et de lentisques, le jaune vif des genêts et le gris argenté des lauriers évoquaient une sorte d'Élysée enchanté. La nuit, la lune jetait sur la mer des reflets scintillants et tremblants ; elle enveloppait d'un halo blanc l'écume qui échouait parmi les galets de la rive, là où le ressac

se brisait, ou sur les grands promontoires rocheux qui se dressaient dans la mer comme des tours cyclopéennes. Le vent poussait l'odeur du sel et les mille parfums de cette terre vers les remparts de la grande villa : c'est ainsi que Romulus avait imaginé, dans ses rêveries d'enfant, l'île de Calypso où Ulysse avait oublié pendant sept longues années une Ithaque âpre et pierreuse.

La brise du soir sentait la figue, le romarin et la menthe sauvage, elle se mêlait aux sons que la distance émoussait : bêlements, cris de bergers, chants des oiseaux qui tournoyaient en dessinant de larges cercles dans le ciel cramoisi du couchant. Les voiliers regagnaient le port comme les agneaux la bergerie, des spirales de fumée s'échappaient des maisons qui se pressaient, au fond, autour de la crique tranquille.

Ambrosinus avait commencé sans tarder à cueillir des herbes et à ramasser des minéraux sous la surveillance des gardes, parfois en compagnie de Romulus, à qui il s'efforçait d'enseigner les vertus des baies, des racines et des herbes. La nuit, en revanche, il passait de nombreuses heures à observer le ciel et les mouvements des constellations, il indiquait à son disciple la Grande et la Petite Ourse, ainsi que l'étoile du Nord. « C'est l'astre de ma terre, disait-il, la Bretagne, une île aussi vaste que toute l'Italie, couverte de bois et de prairies, parcourue par d'immenses troupeaux, des bœufs roux aux énormes cornes noires. À la fin de l'été, le soleil ne se couche jamais, sa lumière éclaire le ciel jusqu'à minuit, et l'hiver, la nuit dure six mois.

— Une île aussi grande que l'Italie, répétait Romulus. Comment est-ce possible ?

— C'est ainsi, rétorquait Ambrosinus, avant de lui rappeler le périple de l'amiral Agricola qui en avait fait la circumnavigation du temps de l'empereur Trajan.

— Et au-delà... au-delà de ces nuits interminables, *Ambrosine* ?

— On trouve parmi les terres immergées l'Ultime Thulé, entourée d'une muraille de glace mesurant deux cents coudées de haut, battue nuit et jour par les vents gelés, gardée par des serpents dc mer et des monstres aux défenses aussi aiguisées que des poignards. Ceux qui y sont allés n'en sont jamais revenus, à l'exception d'un capitaine grec de Marseille dénommé Pythéas. Il décrivit un effroyable tourbillon qui engloutit les eaux de l'Océan pendant des heures entières avant de les vomir dans un vacarme effroyable, avec les squelettes des navires et des marins, recouvrant les côtes et les plages sur des milles et des milles. » Romulus fixait sur lui ses yeux émerveillés, oubliant ainsi ses tourments.

Dans la journée, ils arpentaient les vastes cours ou les chemins de ronde qui surplombaient la mer. Lorsqu'il trouvait un siège à l'ombre d'un arbre, Ambrosinus s'y asseyait pour dispenser son savoir à son élève qui l'écoutait avec attention. Mais au fil des jours, l'espace qui leur était réservé se fit de plus en plus exigu, le ciel de plus en plus lointain et indifférent, tout paraissait terriblement égal et immuable : le vol des mouettes, les sentinelles armées qui parcouraient les remparts, tels des automates cuirassés et impassibles, les lézards qui se prélassaient au soleil de l'automne et couraient se cacher dans les fissures du mur au moindre bruit de pas.

Romulus était tantôt saisi par une angoisse subite, une mélancolie intense – et il fixait alors la mer sans bouger pendant des heures –, tantôt envahi par la rage et le désespoir : alors, il lançait des dizaines et des centaines de pierres contre le mur, sous le regard moqueur des guerriers barbares, avant de s'effondrer, épuisé, haletant et en nage. Son maître l'observait avec ten-

dresse, sans céder toutefois à l'émotion. Il le rejoignait pour le réprimander et le gourmander, l'exhortait à reprendre à son compte la dignité de ses ancêtres, lui rappelait l'austérité de Caton, la sagesse de Sénèque, l'héroïsme de Marius, la grandeur incomparable de César.

Un jour que le garçon était éreinté, après s'être adonné à son jeu fou et inutile, humilié par les rires et les lazzis de ses geôliers, Ambrosinus s'approcha, posa la main sur son épaule et lui dit : « Non, César, non. Épargne tes forces pour le jour où il te faudra empoigner l'épée de la justice. »

Romulus secoua la tête. « À quoi bon me leurrer ? Ce jour ne viendra jamais. Vois-tu ces hommes, sur le chemin de ronde ? Ils sont, eux aussi, prisonniers de ces lieux, ils vieilliront dans l'ennui, jusqu'à ce que d'autres soldats les relèvent, et d'autres encore. Moi, je serai toujours le même, comme les arbres et les murs, je vieillirai sans jamais avoir été jeune. »

Une plume d'oiseau voletait dans l'air en tournoyant. Romulus l'attrapa, la serra dans son poing, puis ouvrit la main en plantant les yeux dans ceux de son précepteur. « À moins que tu ne songes à me construire deux ailes de plumes et de cire, comme le fit Dédale pour Icare, afin que je m'envole ? »

Ambrosinus baissa la tête. « Si je le pouvais, mon garçon, si je le pouvais... Je puis cependant t'être utile, t'apprendre quelque chose : à garder ton esprit libre. » Il leva la tête. « Regarde cette mouette... la vois-tu ? Voilà, laisse ton âme s'envoler avec elle, dans le ciel, respire profondément... comme ça, encore... encore. » Il appuya ses mains sur les tempes du garçon et ferma les yeux. « Et maintenant, vole, mon fils, ferme les paupières et vole... au-dessus de ces misères, au-delà des murs de cette demeure croulante, au- dessus des écueils

et des bois, vole vers le disque du soleil et baigne-toi dans sa lumière infinie. » Tandis que des larmes jaillissaient lentement de ses yeux, il murmura : « Vole, personne ne peut emprisonner l'âme d'un homme... » Le souffle de Romulus s'accéléra comme celui d'un chiot effrayé, puis il se calma, pour adopter le rythme lent et régulier d'un paisible dormeur.

Mais quand tout était inutile, quand Romulus jugeait tout discours absurde, Ambrosinus s'asseyait dans un coin de la cour et se consacrait à ses Mémoires. Le garçon demeurait un moment à l'écart, traçant des signes sur le sable à l'aide d'un bâton, puis il s'approchait progressivement, regardait son maître à la dérobée en se demandant ce qu'il pouvait bien consigner sur ces pages de son écriture serrée et régulière.

Un jour, il se dressa brusquement devant lui et l'interrogea : « Qu'écris-tu ?

— Mes Mémoires. Et tu devrais, toi aussi, te consacrer à l'écriture, ou tout au moins à la lecture. Elle aide à oublier les soucis, libère l'âme de l'angoisse et de l'ennui du quotidien, nous met en contact avec un monde différent. J'ai réclamé des livres pour ta bibliothèque et je les ai obtenus. Ils arrivent aujourd'hui de Naples, ce sont des ouvrages de philosophie et de géométrie, des manuels d'agriculture, mais aussi de très belles histoires : *Les Éthiopiques* d'Héliodore, *Les Pastorales de Daphnis et Chloé*, les aventures d'Hercule et de Thésée, les voyages d'Ulysse. Tu verras. Et maintenant, je vais surveiller leur installation. Ensuite je préparerai le dîner. Ne t'éloigne pas trop, je ne veux pas m'époumoner quand l'heure de t'appeler sera venue. »

Ambrosinus abandonna son cahier sur le banc qu'il avait choisi pour écrire, il referma soigneusement l'encrier et reposa son stylet, puis il se dirigea vers le quartier de l'ancienne bibliothèque impériale qui ren-

fermait autrefois des milliers et des milliers d'ouvrages venant de tout l'Empire, en latin, en grec, en hébreu et en syrien, en égyptien et en phénicien. À présent, les grandes niches qui abritaient les étagères évoquaient des orbites vides et aveugles, ouvertes sur le néant. Il ne restait plus qu'un buste d'Homère, lui aussi aveugle, blanc comme un fantôme dans la grande salle sombre.

Romulus arpenta longuement la vaste cour en jetant un coup d'œil distrait au gros cahier d'Ambrosinus chaque fois qu'il passait devant. Il finit par s'immobiliser et le fixer intensément. Il n'était peut-être pas convenable de lire son contenu, mais son précepteur l'avait laissé là sans surveillance ni recommandation, ce qui l'autorisait sans doute à le parcourir. Il s'assit, ouvrit le cahier et examina le frontispice. On y voyait une croix, les lettres alpha et oméga, placées à l'extrémité des deux branches, et, au-dessous, un rameau de gui semblable au bijou en argent qu'Ambrosinus portait à son cou.

La soirée était douce et les dernières hirondelles se rassemblaient au centre du ciel en s'appelant l'une l'autre, comme si elles répugnaient à quitter leurs nids pour migrer vers les terres chaudes. Romulus sourit et murmura : « Partez, hirondelles, partez, vous qui le pouvez, envolez-vous ! Vous me retrouverez l'année prochaine au même endroit, je veillerai sur vos nids. »

Il tourna la page et commença sa lecture.

XIV

Je n'étais pas encore né quand les dernières aigles des légions romaines quittèrent la Bretagne pour ne jamais y retourner. L'empereur ayant besoin de tous ses soldats, ma terre fut abandonnée à son destin. Pendant un certain temps, les notables continuèrent de gouverner la ville selon les règles de leurs pères, les lois et les magistratures de l'Empire, et d'entretenir des contacts avec la lointaine cour de Ravenne en espérant que les aigles reviendraient tôt ou tard. Mais, un jour, les barbares du Nord qui vivaient au-delà du Grand Mur envahirent nos terres, y semant la mort, la destruction et la faim à coups d'incursions et de mises à sac. Nous réclamâmes une nouvelle fois de l'aide à l'empereur, en priant pour qu'il ne nous ait pas oubliés, mais il ne pouvait certes pas nous entendre : une marée barbare menaçait les frontières orientales de l'Empire, des cavaliers féroces et infatigables à la peau olivâtre et aux yeux en amande avaient surgi des immenses plaines de Sarmatie tels des spectres des profondeurs de la nuit, et marchaient en détruisant tout sur leur passage. Ils ne se reposaient ni ne dormaient jamais : il leur suffisait d'incliner la tête en s'appuyant contre

l'encolure de leurs montures hirsutes ; ils mangeaient de la viande macérée sous leur selle, dans la sueur de leurs chevaux.

Le chef suprême de l'armée impériale, un héros dénommé Aetius, repoussa les barbares aux yeux bridés avec l'aide d'autres barbares, au cours d'une terrible bataille qui dura de l'aube au couchant, mais il ne nous rendit pas nos légions. Nos envoyés le supplièrent en lui rappelant les liens de sang, les lois et les religions qui nous avaient unis pendant des siècles. Bouleversé, il finit par nous envoyer un homme dénommé Germain, qui était, disait-on, doté de pouvoirs de thaumaturge. Aetius lui avait remis l'enseigne des légions de Bretagne, un dragon d'argent à la queue de pourpre qui semblait s'animer au souffle du vent. C'est tout ce qu'il put faire, et pourtant la vue de ce drapeau suffit à raviver les esprits humiliés et à ressusciter l'ancienne fierté assoupie. Germain était un chef d'armée valeureux et charismatique. Son regard foudroyant et fébrile, ses cris aigus comme ceux d'un faucon, ses mains crochues qui brandissaient l'enseigne, sa foi inébranlable dans le droit et dans la civilisation accomplirent le miracle : il guida ses hommes dans la bataille au cri d'« Alléluia ! ». Les barbares furent chassés et nombre de citoyens en armes furent chargés de surveiller le Grand Mur, d'en restaurer les portions en ruine, d'occuper les forts abandonnés. Cette rude et victorieuse journée demeura célèbre sous le nom de bataille de l'Alléluia !

Mais au fil du temps, les gens retournèrent à leurs occupations, et les hautes terres furent abandonnées à la surveillance de quelques citoyens mal entraînés, installés dans les tours du Mur. Et les barbares revinrent, ils attaquèrent par surprise et massacrèrent les défenseurs. Ils les tiraient au bas du Mur grâce à leurs piques

recourbées, les embrochaient comme du poisson. Puis ils se répandirent vers le sud, assaillirent les villes inermes en saccageant, incendiant, détruisant. Ils offraient un spectacle horrible avec leurs visages peints en noir et en bleu, ils n'épargnaient ni les femmes, ni les vieillards, ni les enfants.

Une seconde délégation fut envoyée à Aetius, le chef suprême de l'armée impériale, afin de lui demander de l'aide. Cette fois encore, il se contenta de dépêcher Germain, qui avait su insuffler force, vigueur et détermination dans l'esprit des habitants de la Bretagne. Germain avait abandonné depuis longtemps la pratique des armes, il était devenu évêque d'une ville de Gaule et passait pour un saint. Toutefois il ne voulut pas se dérober au devoir qu'on lui confiait, et il se hâta pour la seconde fois de rejoindre notre île. Il réunit d'autres forces, persuada les citadins de forger des épées et des lances, de reprendre l'entraînement et de marcher sur l'ennemi. Cette fois, l'affrontement eut une issue incertaine, et Germain fut gravement blessé.

On le conduisit dans la forêt de Gleva et on le déposa sur l'herbe, au pied d'un chêne séculaire. Mais avant de mourir, Germain fit jurer aux chefs de l'armée qu'ils ne se rendraient jamais, qu'ils continueraient de se battre et qu'ils construiraient un corps permanent, aussi discipliné que l'étaient jadis les légions de Rome, afin de veiller sur le Grand Mur. Ce corps aurait pour enseigne le dragon qui les avait autrefois conduits à la victoire.

Je fus témoin de ces événements : j'étais encore jeune, mais j'avais déjà été instruit dans les arts druidiques de la médecine, de la divination, des astres, j'avais voyagé dans plusieurs pays en m'enrichissant au moyen d'un savoir important, et c'est moi qu'on appela pour soigner le héros agonisant. Je ne pus que

soulager légèrement les souffrances causées par sa blessure, mais je me souviens encore de ses nobles paroles, de l'éclair de son regard, que l'approche de la mort même ne paraissait pas en mesure d'éteindre. Quand Germain mourut, sa dépouille fut transportée en Gaule et ensevelie à Lutèce des Parisiens, où elle repose encore. Sa tombe est aussi vénérée que celle d'un saint, on s'y rend en pèlerinage de Gaule et de Bretagne.

L'unité de guerriers qu'il avait voulue fut effectivement constituée. Elle rassemblait les hommes les meilleurs, les descendants de la noblesse romaine et celtique de la plus ancienne des villes bretonnes, et était cantonnée dans un fort du Grand Mur, non loin du Mons Badonicus, ou Mount Badon, ainsi qu'on l'appelle dans notre dialecte de Carvetia.

Quelques années s'écoulèrent. Le sacrifice de Germain semblait vraiment avoir apporté la paix à nos terres. Mais ce n'était qu'une illusion : une succession d'hivers très rigoureux et d'étés très arides décima les troupeaux des barbares, dans le Nord, leur infligeant faim et désespoir. Attirés par le mirage des riches villes de la plaine, ils menèrent une série d'attaques contre le Grand Mur, mettant à dure épreuve la résistance des défenseurs. Je me trouvais alors au fort du Mount Badon, en qualité de médecin et de vétérinaire, et je fus convoqué par le commandant, un homme de grande dignité et de grande valeur du nom de Cornelius Paullinus. Il était assisté par son lieutenant, Constantin, ou Kustennin dans la langue de Carvetia, qui avait revêtu la dignité consulaire. Paullinus s'adressa à moi avec un air inquiet et accablé : « Si personne ne nous vient en aide, nos forces ne pourront pas repousser longtemps les assauts ennemis. Pars sans tarder avec les dignitaires que j'ai choisis pour cette mission et rends-

toi à Ravenne auprès de l'empereur. Supplie-le de nous envoyer des renforts, rappelle-lui la fidélité de nos villes et de nos populations à l'ancien nom romain, dis-lui que s'il ne nous envoie pas d'armée, nos maisons seront brûlées, nos femmes violées, nos enfants réduits en esclavage. Installez vous si nécessaire aux portes du palais impérial, jour et nuit, et refusez toute nourriture et toute boisson tant que vous ne serez pas reçus. Je ne connais pas d'homme plus savant que toi, et tu es le seul à avoir voyagé en Gaule et en Ibérie. Tu parles plusieurs langues, tu connais les secrets de la médecine et de l'alchimie avec lesquels tu pourrais te gagner estime et considération. »

Mesurant l'extrême gravité de la situation et la grande confiance qu'il mettait en moi, je l'écoutai sans l'interrompre, mais je pensais qu'une telle expédition était extrêmement risquée et ses chances de succès me paraissaient faibles. Les routes dangereuses, les provinces de l'Empire qui se trouvaient en grande partie aux mains de populations turbulentes, la difficulté de trouver en chemin de la nourriture pour mes compagnons et moi-même constituaient, à mes yeux, des obstacles insurmontables. Il y avait enfin une difficulté de taille : être reçus par l'empereur et obtenir l'aide requise.

Je répondis : « Noble Paullinus, je suis prêt à faire ce que tu me demandes et à risquer ma vie, si nécessaire, pour le salut de la patrie, mais es-tu certain que ce soit la solution la meilleure ? Ne vaudrait-il pas mieux s'entendre avec le noble Vortigern ? C'est un guerrier valeureux, fort et courageux, il dispose de nombreux soldats, bien entraînés, qui ont combattu, si je m'en souviens bien, à nos côtés contre les barbares du Nord. En outre, il est de père celtique et de mère romaine, le sang qui coule dans ses veines est le même

que celui de la plupart des habitants de cette terre. De plus, ton lieutenant, Constantin, le connaît très bien. »

Paullinus soupira, comme s'il s'attendait à pareille objection. « C'est ce que nous avons tenté de faire, mais Vortigern a réclamé un prix trop élevé : le pouvoir sur toute la Bretagne, la dissolution des assemblées citadines, l'abolition des anciennes magistratures, la fermeture de toutes les assemblées sénatoriales. Le remède, je le crains, serait pire que le mal, et les villes qui ont déjà dû se soumettre à son pouvoir subissent une violente tyrannie et une dure oppression. Je préfère explorer toutes les solutions envisageables avant de prendre cette décision. En outre... »

Il s'interrompit comme s'il n'osait rien ajouter, mais je crus interpréter sa pensée inexprimée : « En outre, poursuivis-je, tu es romain des pieds jusqu'à la racine des cheveux, fils et petit-fils de Romains, peut-être le dernier de cette descendance, et je peux te comprendre même si je pense qu'il est impossible d'arrêter le temps, de ramener en arrière le cours de l'histoire.

— Tu te trompes, répondit Paullinus. Telles ne sont pas mes pensées, même si mon cœur a continué de rêver que les aigles reviendront un jour. Je me rappelais le jour où nous avons conduit Germain dans la forêt de Gleva, blessé à mort sur le champ de bataille, afin que tu soignes sa blessure...

— Je n'ai pas oublié. Je n'ai pas pu faire grand-chose ce jour-là.

— Tu en as fait assez. Tu lui as donné le temps de recevoir l'extrême-onction, l'absolution chrétienne, et de prononcer ses derniers mots.

— Que tu as été le seul à écouter. Il les a murmurés à ton oreille avant d'exhaler son dernier soupir.

— Je vais maintenant te les révéler », poursuivit Paullinus. Il porta une main à son front, comme s'il

voulait y concentrer la force de sa mémoire et les puissances de son esprit. Puis il déclama :

Veniet adulescens a mari infero cum spatha
pax et prosperitas cum illo,
aquila et draco iterum volabunt
Britanniae in terra lata.

« On dirait les vers d'une vieille chanson populaire, dis-je après un instant de réflexion. Un jeune guerrier qui vient de la mer en apportant la paix et la prospérité : c'est un thème relativement commun. Des chansons de ce genre se diffusent parmi le peuple durant les périodes de faim, de guerre et de disette. »

À l'évidence, ils avaient un autre sens pour Cornelius Paullinus. Il dit : « Ce n'en est que la signification apparente. Ces mots, les derniers d'un héros sur le point d'expirer, en ont sans doute une autre, plus profonde et plus importante, essentielle pour le salut de cette terre et de nous tous. L'aigle représente Rome, le dragon est notre enseigne, l'enseigne de la légion de Bretagne. Je sens que tout s'éclaircira quand tu auras atteint l'Italie et parlé à l'empereur. Va, je t'en supplie, et mène ta mission à bien. »

Les paroles de Paullinus étaient si intenses et si inspirées que j'acceptais ce qu'il me demandait, même si ces vers étranges n'avaient suscité aucune vision dans mon esprit. Devant le sénat de Carvetia, réuni en séance plénière sous la présidence de Kustennin, je jurai de revenir avec une armée afin de libérer définitivement notre terre de la menace barbare. Je partis le lendemain. Avant de descendre au port avec mes compagnons de voyage, je jetai un dernier regard au fort, au dragon rouge qui flottait sur la plus haute tour, à la silhouette qui se dressait sur le chemin de ronde,

enroulée dans un manteau de la même couleur : Cornelius Paullinus et ses espoirs s'évanouirent lentement derrière moi, dans la fine brume d'une aube d'automne.

Nous levâmes l'ancre avec un vent favorable et prîmes la direction de la Gaule, où nous débarquâmes à la fin octobre. Ainsi que je l'avais prévu, le voyage qui s'ensuivit fut long et pénible. Un de mes compagnons tomba malade et mourut après avoir chu dans les eaux glacées d'un fleuve, un autre se perdit pendant une tourmente de neige tandis que nous traversions les Alpes. Les deux derniers périrent dans une embuscade qu'un groupe de brigands nous avait tendue dans un bois de la Padusa. Je fus le seul à en réchapper, et quand j'atteignis Ravenne, je tentai en vain d'être reçu par l'empereur, un pantin pusillanime manipulé par d'autres barbares. Mes prières et le jeûne que j'effectuais à la demande de Paullinus ne servirent à rien. Las de ma présence, les domestiques finirent par me chasser de l'atrium à coups de bâton.

Épuisé par l'ennui et l'attente, désespéré, je m'éloignai de cette ville et de ces hommes arrogants, j'errai de village en village en demandant l'hospitalité des paysans, en payant un bout de pain sec ou un gobelet de lait par mon travail de médecin et de vétérinaire, alternant les deux professions selon les cas. Nul doute que je fus parfois plus enclin à sauver d'innocentes bêtes de somme que ces hommes obtus et brutaux.

Qu'en était-il du noble sang latin ! Les campagnes étaient infestées de bandes de brigands, les fermes habitées par de misérables paysans, que des impôts insupportables exaspéraient. Sur les vieilles et glorieuses rues consulaires, qui avaient jadis constitué des villes puissantes, ceintes de bastions et de tours, ne se dressaient plus que des fantômes d'enceintes croulantes et à moitié en ruine, à l'intérieur desquelles s'insi-

nuaient les sombres sarments du lierre. Devant les maisons des riches, des mendiants émaciés se disputaient les restes avec les chiens et se battaient entre eux pour s'emparer des intestins nauséabonds des bêtes abattues. Les collines étaient dépourvues des vignes et des oliviers argentés dont j'avais rêvé en lisant les poèmes d'Horace et de Virgile dans mon enfance, on ne voyait pas non plus de bœufs blancs aux cornes en forme de croissant tirer la charrue et retourner la terre, avant que le semeur vînt achever cette œuvre de son geste ample et solennel. Seuls des bergers hirsutes et sauvages poussaient des troupeaux de brebis et de chèvres dans des pâturages arides, ou des porcs dans les bois de chênes, leur arrachant parfois les glands pour apaiser leur faim.

En qui avions-nous placé nos espoirs ! L'ordre, si tant est qu'on pût l'appeler ainsi, était abandonné aux bandes de barbares qui composaient en grande partie l'armée impériale, plus fidèles à leurs chefs qu'aux rares officiers romains. Ils tourmentaient le peuple plus qu'ils ne le défendaient. L'Empire n'était plus qu'une larve, une apparence aussi vide que son empereur, et ceux qui avaient jadis été les maîtres du monde étaient maintenant dominés par des oppresseurs grossiers et arrogants. Il m'arrivait souvent de scruter ces visages abrutis, ces fronts sales, ruisselants d'une sueur servile, en y cherchant les nobles traits de César et de Marius, les expressions majestueuses de Caton et de Sénèque. Et pourtant, de même qu'un amas de nuages est soudain transpercé par un rayon de soleil en pleine tempête, de même les regards de ces êtres étaient parfois traversés, sans raison apparente, par des expressions rappelant le courage et la fierté de leurs ancêtres. Et je me disais alors que tout n'était peut-être pas perdu.

Dans les villes et les villages, la religion du Christ l'avait emporté, et le Dieu crucifié contemplait ses fidèles du haut d'autels sculptés dans la pierre et le marbre. Mais les temples des divinités anciennes se dressaient encore dans les campagnes, dissimulés et presque protégés par d'épais fourrés. Des mains inconnues déposaient des offrandes devant des statues brisées et mutilées ; parfois, le son des flûtes et des tambours résonnait au cœur des forêts, ou sur les sommets des monts pour inviter les fidèles inconnus à évoquer les dryades dans les bois, les nymphes dans les ruisseaux et les lacs. Il arrivait qu'apparaisse soudain, dans les lieux les plus isolés, dans les profondeurs des grottes, sur la mousse parfumée, l'image féline de Pan au sabot fendu, avec son énorme phallus jaillissant de son aine obscène, témoignage d'orgies que personne n'avait oubliées.

Les prêtres du Christ prédisaient l'imminence de son retour et de son jugement dernier, ils exhortaient les hommes à abandonner l'idée de la Cité terrestre pour lever le regard et tourner leurs espoirs vers la seule Cité de Dieu. C'est ainsi que l'amour pour la patrie s'éteignait jour après jour dans le cœur des Romains, tandis que faiblissait le culte des ancêtres et des mémoires les plus sacrées, abandonnées aux études purement académiques des recteurs.

Pendant des années, je ne songeai qu'à survivre jour après jour, oubliant ce qui m'avait amené aussi loin de ma terre, certain que tout était perdu et en ruine aux pieds du Grand Mur, que mes amis et mes compagnons étaient morts, que les espoirs d'une vie civilisée, libre et digne, étaient anéantis. Avec quel argent et quelles provisions aurais-je pu rentrer chez moi, puisque tout ce que je gagnais me suffisait à peine pour apaiser les tourments de la faim ? Je n'avais plus qu'un seul désir,

un seul rêve peut-être : voir Rome ! Malgré la féroce mise à sac que les barbares d'Alaric lui avaient infligée une cinquantaine d'années plus tôt, l'Urbs se présentait encore comme l'une des plus belles villes de la terre, mieux protégée par l'égide du Grand Pontife que par les murs d'Aurélien ; le sénat se réunissait toujours dans l'ancienne curie, même s'il ne faisait que perpétuer une tradition vénérable, les véritables décisions échappant désormais à son autorité. Ainsi, je me mis un jour en voyage, déguisé en prêtre chrétien, car les prêtres de cette religion étaient les seuls à susciter la crainte et le respect chez les brigands et les voleurs. C'est durant ce voyage à travers l'Apennin que mon sort changea soudain, comme si le destin s'était à nouveau souvenu de ma personne, comme s'il s'était aperçu que j'étais encore vivant, et susceptible d'être utile dans ce paysage désolé, sur cette terre sans espoir.

C'était un soir d'octobre, l'obscurité s'apprêtait à tomber et je me préparais un abri pour la nuit au moyen de feuilles sèches entassées sous une saillie rocheuse, quand je crus entendre un gémissement monter de la forêt. Je songeai d'abord au cri d'un animal nocturne ou au chant du petit duc, qui est semblable à une plainte humaine, mais je compris bien vite qu'une femme l'avait poussé. Je me levai et suivis ce son en glissant parmi les ombres du bois du pas léger et invisible que j'avais expérimenté dans la forêt sacrée de Gleva, lorsque j'étais jeune. Soudain, je vis se dresser, au milieu d'une clairière, un campement que surveillaient des soldats en partie romains et en partie barbares, mais tous équipés et postés selon les habitudes romaines. Au centre du campement brûlait un feu, et il y avait de la lumière dans une des tentes. C'est de cet endroit que s'échappaient les gémissements. Je m'approchai. Personne ne m'arrêta, car mon antique savoir druidique

me permettait d'amincir mon corps, de le fondre dans les ombres de la nuit. Lorsque j'ouvris la bouche, je me trouvais déjà à l'intérieur de la tente : tous ses occupants se tournèrent vers moi avec un air stupéfait comme si j'avais surgi du néant. Devant moi se tenait un homme à l'aspect imposant, au visage souligné par une barbe sombre qui évoquait celle d'un ancien patricien. Ses mâchoires contractées, ainsi que l'expression de ses yeux sombres et profonds, traduisaient l'angoisse qui lui opprimait le cœur. À ses côtés, une femme magnifique pleurait à chaudes larmes au chevet d'un enfant de quatre ou cinq ans, apparemment inanimé.

« Qui a donné l'ordre d'appeler un prêtre ? » demanda l'homme en me lançant un regard perplexe. À l'évidence, mon aspect négligé, mes vêtements sales et froissés avaient quelque chose de misérable et de méprisable qui évoquait plus le mendiant que le ministre de Dieu.

« Je ne suis pas un prêtre... pas encore, répondis-je. Mais je connais l'art de la médecine et je peux sans doute faire quelque chose pour ce petit. »

L'homme fixa sur moi ses yeux emplis de feu et de larmes, puis il répondit : « Ce petit est mort. C'était notre seul enfant.

— Je ne crois pas, dis-je. Je sens encore son souffle vital sous cette tente. Laisse-moi l'examiner. » L'homme m'y autorisa avec la résignation des désespérés, et la femme posa sur moi des yeux dans lesquels la stupeur l'emportait sur l'espérance.

« Laissez-moi seul avec lui. S'il existe encore un espoir, je vous rendrai l'enfant avant l'aube », déclarai-je, surpris par mes propres paroles. En effet, je ne comprenais pas pourquoi l'antique science du savoir romain et l'héritage du pouvoir druidique surgissaient brusquement du fond de mon âme en formant une seule

concentration qui mêlait une énergie formidable à un savoir tranquille. Après avoir vécu de nombreuses années dans l'oubli de ma personne et de ma dignité, je m'apercevais soudain que j'étais en mesure de colorer les joues exsangues de cet enfant et d'éclairer ses yeux, apparemment éteints sous ses paupières closes. Les signes de l'empoisonnement s'imposaient à moi dans toute leur évidence, mais il m'était impossible de mesurer son avancée. L'homme hésitait, cependant la femme parvint à le convaincre. Elle le tira par le bras en murmurant quelque chose à son oreille. Sans doute pensait-elle que je ne pouvais pas faire plus de mal à son enfant que la maladie dont elle le croyait victime.

J'ouvris ma besace et passai en revue son contenu. Au fil des années, ma réserve de médicaments s'était épuisée, mais je n'avais jamais cessé de cueillir herbes et racines aux bonnes saisons, ni de les préparer selon les règles. Je mis de l'eau à chauffer sur un brasero et préparai une infusion puissante, capable de faire réagir l'organisme presque inerte de l'enfant, je chauffai des pierres et les enveloppai dans des linges propres avant de les disposer tout autour de son corps glacé. Je versai l'eau chaude, frémissante, dans une outre et la plaçai sur sa poitrine. Il était nécessaire de ranimer un tant soit peu le corps avant d'administrer mon remède. Quand je vis la sueur perler sur la peau cyanosée de l'enfant, j'instillai l'infusion dans sa bouche et son nez. Elle eut aussitôt un effet, ainsi que le prouva la contraction presque imperceptible des minuscules narines.

Dehors, le monde était plongé dans le silence, je n'entendais même plus les pleurs de la mère : cette femme fière et sublime s'était-elle résignée à une perte aussi dure ? J'administrai encore quelques gouttes au petit, qui réagit davantage, comme le démontra la

contraction de son ventre. Alors, j'appuyai de toutes mes forces les mains sur son estomac : aussitôt, il vomit un fluide verdâtre et nauséabond, qui ne me laissa pas le moindre doute. Je donnai encore un peu d'émétique à mon jeune patient, provoquant d'autres contractions, ainsi qu'un vomissement plus important, et de nouvelles contractions. Enfin, il s'allongea, épuisé. Je le déshabillai, le lavai et le recouvris d'un linge propre. Il était en nage, mais il respirait et son pouls reprenait sa course, adoptant, battement après battement, un rythme laborieux qui était toutefois, pour moi, plus fort et plus triomphal qu'un roulement de tambour. J'examinai le contenu de son estomac, et mes doutes furent pleinement confirmés. Alors, je quittai sa tente. Ses parents m'attendaient, assis sur deux tabourets, à côté du feu du bivouac, les yeux emplis d'une forte excitation. Ils avaient entendu les vomissements, ils savaient que ceux-ci constituaient des signes de vie incontestables, mais ils avaient accepté de me laisser en tête à tête avec leur fils et ils tenaient parole.

« Il vivra », dis-je avec une emphase étudiée et faible. Et j'ajoutai aussitôt : « On a tenté de l'empoisonner. »

Ils se précipitèrent sous la tente, où retentirent bientôt les sanglots de bonheur de la mère, qui embrassait son enfant. Je m'acheminai vers le fond du campement, vers le bivouac des sentinelles pour éviter de troubler des instants aussi poignants et aussi intimes, mais une voix vigoureuse m'arrêta. C'était le père.

« Qui es-tu ? » demanda-t-il. Je me retournai : il se tenait devant moi. « Comment as-tu réussi à pénétrer sous ma tente en dépit des hommes armés ? Et comment as-tu ramené mon fils à la vie ? Tu es peut-être... un saint ou un ange du ciel ? Ou un esprit des bois ? Dis-le-moi, je t'en prie.

— Je ne suis qu'un homme, qui connaît la médecine et les sciences naturelles.

— Nous te devons la vie de notre fils unique et il n'y a, pour cela, pas de récompense assez grande sur cette terre. Cependant demande et tu seras exaucé, dans la mesure de mes capacités.

— Un repas chaud et un pain pour mon voyage de demain seront suffisants, répondis-je. La plus belle récompense a été, pour moi, de voir le petit respirer.

— Où te rends-tu ?

— À Rome. Depuis toujours, je rêve de voir l'Urbs et ses merveilles.

— Nous allons, nous aussi, à Rome. Je t'en prie, reste avec nous. Ton voyage sera ainsi sans dangers. De plus, ma femme et moi souhaitons ardemment que tu acceptes de prendre soin de notre fils. Il a besoin d'un maître. Qui pourrait l'assister mieux que toi, un homme à l'immense savoir et aux capacités miraculeuses ? »

Telles étaient les paroles que j'espérais entendre, et pourtant je lui dis que j'y songerais, que je lui donnerais une réponse à notre arrivée à Rome. Entre-temps, je veillerais à ce que l'enfant se ressaisisse complètement. Mais il faudrait que son père débusque son assassin, l'homme qui le haïssait au point d'empoisonner un innocent.

Comme frappé par une pensée soudaine, il répondit : « Cela me regarde. Le responsable ne m'échappera pas. Quant à toi, accepte mon hospitalité et ma nourriture, repose-toi en dépit de l'heure avancée. Tu l'as bien mérité. »

Il m'apprit qu'il se nommait Oreste, qu'il était un officier de l'armée impériale. Tandis que nous parlions, nous fûmes rejoints par son épouse, Flavia Serena, si émue qu'elle me saisit la main pour la baiser. Je la

retirai en toute hâte, m'inclinant devant elle et lui rendant hommage. Jamais je n'avais vu de femme aussi belle et aussi noble au cours de mon existence. La crainte de perdre son fils n'était pas parvenue à briser l'harmonie de ses traits aristocratiques, ni à assombrir la lumière de ses yeux, couleur de l'ambre. Elle y avait juste ajouté l'intensité de la souffrance et de la trépidation. Elle avait un port altier, mais son regard était aussi doux qu'un crépuscule de printemps, son front pur était couronné par une tresse de cheveux bruns aux reflets de violette, ses doigts étaient longs et fuselés, sa peau diaphane. Une ceinture en velours soulignait ses hanches superbes sous sa robe de laine légère, et son cou était orné d'un collier en argent d'où pendait une seule perle noire. Jamais je ne reverrais au cours de mon existence une créature à la beauté aussi enchanteresse. Dès l'instant où je fis sa rencontre, je sus que je lui serais dévoué pour le restant de mes jours, quel que fût le destin que l'avenir nous réserverait.

Je la saluai d'une profonde révérence et lui demandai l'autorisation de me retirer : j'étais éprouvé et las, j'avais dépensé toute mon énergie dans mon duel victorieux avec la mort. On m'accompagna à une tente. Éreinté, je me couchai sur un lit de camp, mais je passai les heures qui me séparaient de l'aube dans une sorte de torpeur, que brisaient les cris déchirants d'un homme soumis à la torture, suspecté d'empoisonnement. Le lendemain, je m'abstins de poser la moindre question, car j'en savais déjà assez : le père de cet enfant était, à l'évidence, un homme de grand pouvoir, puisque ses ennemis avaient attenté à la vie de son fils. Lorsque nous partîmes, nous abandonnâmes derrière nous le cadavre martyrisé d'un homme attaché à un tronc d'arbre. Les animaux du bois se chargeraient de le transformer en squelette avant la tombée du soir.

C'est ainsi que je devins le précepteur de cet enfant et un membre de sa famille, vivant pendant plusieurs années dans une condition enviable, habitant des demeures somptueuses, rencontrant des personnages importants, me consacrant à mes études favorites et à mes expériences dans le domaine des sciences naturelles, oubliant presque totalement la mission qui m'avait conduit en Italie. Oreste était souvent absent, occupé à des expéditions militaires fort périlleuses ; à son retour, il était accompagné des chefs barbares qui commandaient les unités de son armée. Le nombre des officiers romains ne cessait de s'amenuiser. Les meilleurs éléments de l'aristocratie préféraient entrer dans le clergé chrétien et se changer en pasteurs d'âmes, plutôt qu'en chefs d'armées. Tel avait été le cas d'Ambroise, qui avait abandonné une brillante carrière militaire, du temps de l'empereur Théodose, pour devenir archevêque de Milan ; et de Germain, notre chef en Bretagne, qui avait fini par troquer son épée contre la crosse.

Mais Oreste était d'une tout autre trempe. Au fil du temps, j'appris qu'il avait été, dans sa jeunesse, au service d'Attila, le Hun, et qu'il s'était distingué par sa sagesse et son intelligence. Nul doute qu'il visait le pouvoir.

Il m'estimait beaucoup et me demandait fréquemment mes conseils, cependant ma tâche principale consistait à instruire son fils Romulus. Occupé par son ascension vers le sommet du pouvoir militaire, il me délégua presque ses devoirs de père. Puis, un jour, il obtint le titre de patricien du peuple romain et le commandement de l'armée impériale. Il prit alors une décision qui marquerait profondément nos vies et ouvrirait d'une certaine façon une nouvelle ère.

Nous étions alors sous le règne de l'empereur Julius

Nepos, un homme lâche et incapable, qui entretenait toutefois de bons rapports avec l'empereur d'Orient, Zénon. Oreste décida de le déposer et de s'approprier la pourpre impériale. Il me fit part de cette décision et m'interrogea à ce sujet. Je répondis que c'était une folie : comment pouvait-il croire que son destin différerait de celui des derniers empereurs qui s'étaient succédé l'un après l'autre sur le trône des Césars ? Ne risquait-il pas d'exposer sa famille à de terribles dangers ?

« Cette fois, ce sera différent », répondit-il. Et il en resta là.

« Comment peux-tu être certain de la fidélité de ces barbares ? lui lançai-je. Ils ne veulent que de l'argent et des terres. Ils te suivront tant que tu seras en mesure de les leur donner, mais quand tu ne pourras plus les enrichir, ils choisiront un autre maître, plus riche et plus à même de satisfaire leurs exigences et leur croissante avidité.

— As-tu jamais entendu parler de la légion Nova Invicta ?

— Non. Les légions ont été abolies depuis longtemps. Tu n'ignores pas, mon seigneur, que la technique militaire a subi une forte évolution au cours des cent dernières années. » Et je pensai à la légion que Germain avait constituée avant de mourir au pied du Grand Mur, la garnison qui occupait le fort du Mount Badon et qui avait peut-être disparu.

« Tu te trompes. La Nova Invicta est une unité choisie, essentiellement composée d'Italiques et de provinciaux, que j'ai réorganisée en grand secret il y a quelques années. J'ai placé à sa tête un homme très intègre aux grandes qualités civiles et militaires. À l'heure qu'il est, elle s'approche à coups de marches forcées, et ses soldats camperont bientôt non loin de

notre résidence en Émilie. Mais telle n'est pas la seule nouveauté : ce n'est pas moi qui serai empereur. »

Je le dévisageai d'un air abasourdi tandis qu'une terrible pensée se frayait un chemin dans mon esprit. « Non ? demandai-je. Et qui le sera ?

— Mon fils, répondit-il, mon fils Romulus, qui prendra aussi le titre d'Auguste. Il portera les noms du premier roi et du premier empereur de Rome. Je le protégerai en conservant le commandement suprême de l'armée impériale. Rien ni personne ne pourra lui nuire. »

Je gardai le silence car tout commentaire eût été inutile. Il avait déjà pris sa décision et rien ne le ferait changer d'avis. Il ne semblait même pas se rendre compte qu'il exposait son fils, mon élève, mon garçon, à un danger mortel.

Cette nuit, je me couchai tard et je gardai longtemps les yeux ouverts dans mon lit, sans réussir à m'endormir. Les pensées qui m'assaillaient étaient trop nombreuses, notamment la vision de ces hommes qui approchaient à coups de marches forcées pour protéger un empereur enfant. Des légionnaires de la dernière légion voués au sacrifice extrême pour le destin du dernier empereur...

L'histoire s'arrêtait là, et Romulus leva la tête en refermant le cahier. Ambrosinus se dressait devant lui. « Une lecture intéressante, je suppose. Cela fait un bon moment que je t'appelle, et tu ne daignes même pas me répondre. Le dîner est prêt.

— Pardonne-moi, *Ambrosine*, je ne t'avais pas entendu. J'ai vu que tu l'avais laissé ici, et j'ai pensé...

— Il n'y a rien dans ce cahier que tu ne puisses lire. Viens, allons. »

Romulus glissa l'ouvrage sous son bras et suivit son maître vers le réfectoire. « *Ambrosine*..., dit-il soudain.

— Oui ?

— Que signifie cette prophétie ?

— Eh bien, ce texte n'est pas difficile à comprendre.

— Non, en effet, mais...

— Il signifie :

Un jeune homme viendra de la mer du Sud
armé d'une épée, apportant paix et prospérité.
L'aigle et le dragon voleront à nouveau
sur la grande terre de Bretagne.

« C'est une prophétie, César. Comme toutes les prophéties, elle est difficile à interpréter, mais elle parle au cœur des hommes que Dieu a choisis pour ses mystérieux desseins.

— *Ambrosine*..., dit encore Romulus.

— Oui.

— Tu... aimais ma mère ? »

Le vieux précepteur baissa sa tête chauve en acquiesçant gravement. « Oui, je l'aimais. D'un amour humble et dévoué que je n'aurais pas osé m'avouer, mais pour lequel j'aurais été prêt à donner ma vie à tout instant. »

Il leva le regard vers l'adolescent. Ses yeux brillaient comme des braises quand il dit : « Celui qui l'a tuée paiera son crime d'une mort atroce. Je le jure. »

XV

Ambrosinus avait disparu. Il s'employait depuis un certain temps à explorer les endroits les plus reculés de la villa, en particulier les vieux quartiers désertés où son insatiable curiosité se nourrissait d'un grand nombre d'objets disparates qu'il trouvait fort intéressants : fresques, statues, documents d'archives, matériel de laboratoire, outils de menuiserie et de charpenterie. Il passait son temps à réparer de vieux instruments tombés en désuétude depuis une époque immémoriale, tels que le moulin ou la forge, le four et les latrines à eau courante.

Désormais, les barbares le considéraient comme un excentrique lunatique, ils riaient à sa vue ou se moquaient de lui. Tous, à une exception près : Wulfila. Celui-ci le savait trop intelligent pour le sous-évaluer. Il le laissait déambuler librement à l'intérieur de la villa et ne l'autorisait à franchir l'enceinte extérieure que sous stricte surveillance.

Songeant que son maître, trop occupé par une activité pour le moins absorbante, avait oublié de lui dispenser sa leçon de grec, Romulus se dirigea vers la partie inférieure de la villa, celle qui épousait la pente.

Les gardes y étaient peu nombreux car le mur était haut, inaccessible du bas, et donnait sur un précipice abrupt. C'était une journée de fin novembre, fraîche et si limpide qu'on apercevait au loin les ruines de l'Athenaion de Surrentum et, au fond du golfe, le cône du Vésuve, silhouette rouille se détachant sur le bleu intense du ciel. Ses pas sur le sol de terre cuite brisaient le silence, mêlés au bruissement du vent dans les chevelures des pins et des yeuses séculaires. Un rouge-gorge s'envola dans un léger battement d'ailes, un lézard vert émeraude courut se cacher dans une fissure du mur : ce petit univers saluait son passage par des frémissements tout juste perceptibles.

Jusqu'au matin, ou presque, un grand vacarme avait retenti dans le quartier des soldats, du fait de l'arrivée d'un groupe de prostituées. Ce chahut avait empêché Romulus de dormir, mais il ne se sentait pas fatigué : le manque d'activité, l'absence de projets, de perspectives et d'avenir rendaient toute fatigue impossible. Son esprit vibrait bêtement et inutilement au contact du monde environnant, comme une toile d'araignée dans le vent. Toutefois, l'air pur et le souffle paisible de la nature étaient agréables, et Romulus chantonnait tout bas une comptine qui, pour une mystérieuse raison, remontait à sa mémoire à cet instant précis.

Il se disait qu'il finirait par s'habituer à sa cage, qu'on s'habitue à tout, et que son sort, au fond, n'était pas pire que tant d'autres. Le continent n'était-il pas tourmenté par des massacres, des guerres, des invasions et des famines ? Il essayait de faire abstraction de Wulfila, de refouler son image, seul élément capable de bouleverser la torpeur apathique de son esprit et d'y engendrer de douloureuses convulsions, une colère qu'il ne pouvait ni se permettre ni entretenir, une peur

désormais injustifiée, un sentiment opprimant de honte d'autant plus désagréable qu'il était inévitable.

Brusquement, son visage fut caressé par un souffle intense et concentré qui sentait le musc et l'eau. Il balaya les alentours du regard mais ne vit rien. Alors qu'il s'apprêtait à poursuivre son chemin, il perçut une nouvelle fois cette caresse, accompagnée d'un sifflement. Soudain, il comprit que l'air venait d'en bas, d'une grille en terre cuite destinée à l'écoulement de l'eau de pluie. Après s'être assuré qu'il n'y avait personne aux environs, il tira son stylet du sac d'écolier qu'il portait en bandoulière, s'agenouilla et entreprit de gratter tout autour de la grille. Quand il eut achevé cette opération de nettoyage, il s'empara d'un bâtonnet, souleva la grille et la posa sur le sol. Il lança de nouveau un regard à la ronde, puis il glissa la tête dans l'ouverture. Il découvrit une vision stupéfiante, d'autant plus impressionnante qu'elle se présentait renversée : un vaste cryptoportique, orné de fresques et de grotesques, s'ouvrait à ses pieds dans les entrailles de la montagne.

L'un des murs latéraux s'était écroulé, créant ainsi une sorte de toboggan qui permettait de se laisser tomber jusqu'en bas. Il s'y installa, tira la grille derrière lui et descendit sans grandes difficultés. Alors, un spectacle fantasmagorique s'offrit à sa vue : une pluie de rayons lumineux filtrait à travers les grilles d'écoulement, éclairant un long passage dallé, flanqué de deux séries de statues. Le garçon l'emprunta, empli de stupeur et d'émerveillement, se déplaçant au milieu de ces hommes aux cuirasses historiées, aux visages sculptés par la lumière changeante. On pouvait lire sur les piédestaux de marbre les entreprises qu'ils avaient accomplies, les titres d'honneur qu'ils avaient obtenus, les triomphes qu'ils avaient remportés sur leurs ennemis : c'étaient les statues des empereurs romains !

Plus Romulus avançait, plus il se sentait écrasé par cet énorme concentré d'histoire, par l'héritage grandiose dont il devinait le poids sur ses fragiles épaules. Il marchait lentement en lisant les inscriptions, en répétant tout bas ces titres et ces noms : « Flavius Julius Constans, restaurateur de l'Orbe, défenseur de l'Empire ; Lucius Septimius Severus, suprême vainqueur des Parthes, vainqueur des Germains, des Parthes d'Adiabène, Grand Pontife ; Marcus Aurelius Antoninus, Pius Felix, toujours Auguste, Grand Pontife, six fois tribun de la plèbe ; Titus Flavius Vespasianus, Auguste ; Claudius Tiberius Drusus César, vainqueur des Bretons ; Tiberius Nero César, vainqueur des Germains, Père de la Patrie, Grand Pontife ; Auguste César, fils du divin Julius, Grand Pontife, consul pour la septième fois... »

Une mince couche de poussière s'était déposée sur ces imposantes statues, sur les sourcils, dans les profondes rides qui sillonnaient les fronts, sur les drapés, les armes et les décorations, mais elles n'étaient ni abîmées ni mutilées. Ces lieux constituaient sans doute un sanctuaire créé en secret, peut-être par Julien, que les chrétiens avaient condamné à l'infamie sous le nom d'Apostat, et dont l'image sombre et mélancolique inaugurait la longue série des maîtres du monde.

Tremblant d'émotion et de stupeur, Romulus se tenait à présent devant le mur nord du cryptoportique. Une dalle de marbre vert, au centre de laquelle s'étalait une couronne de laurier en bronze doré, se dressait devant lui. Une inscription y trônait en lettres capitales :

CAIVS IVLIVS CAESAR

Et au-dessous, en italique, une expression sibylline : *quindecim caesus*, que Romulus prononça à voix basse, « Frappé quinze fois ». Quel en était le sens ? César

avait reçu vingt-trois coups de poignard, ainsi qu'il l'avait lu de nombreuses fois dans ses livres d'histoire, et non quinze... Et pourquoi le triste souvenir des ides de mars, l'évocation de l'assassinat du plus grand des Romains apparaissaient-ils donc dans une inscription commémorative, dans une épigraphe de marbre précieux, de bronze et d'or ?

Quelle était la signification de ce chiffre ? Romulus se souvint alors des nombreux acrostiches et énigmes que son précepteur lui avait mille fois proposés pour exercer sa finesse, sa perspicacité, et pour tromper le temps. Il parcourut du regard chacune de ces lettres, de gauche à droite et vice versa : elles devaient bien renfermer une clef.

Dans un silence que le gazouillement des moineaux était le seul à briser, dans cette atmosphère vide et suspendue, l'esprit du garçon essayait frénétiquement toutes les combinaisons possibles pour aboutir à la solution désirée : il savait que son absence ne passerait pas longtemps inaperçue, que les recherches commenceraient bientôt et qu'Ambrosinus serait, lui aussi, en danger. Sous l'effet d'une angoisse croissante, son intelligence s'aiguisa, et soudain sa pensée se posa comme un papillon sur cette inscription, la décomposa en une succession de nombres qui donnaient un total de quinze, c'est-à-dire la somme de V, V, V : les « V » de bronze doré qui apparaissaient dans les mots CAIVS IVLIVS. Le fait que l'expression suivante était en italique ne relevait en rien du hasard : le « u » ne pouvait en aucune façon être l'équivalent du « v », comme dans les lettres capitales. Oui, telle était sans doute la solution ! D'une main tremblante, il pressa les trois V. Les lettres reculèrent facilement dans la dalle, mais ce fut tout. Romulus poussa un soupir résigné et se dirigea vers l'endroit d'où il était venu. C'est alors qu'une nouvelle idée tra-

versa son esprit : l'inscription disait *quindecim*, à savoir la somme des trois cinq, et non leur succession. Il rebroussa chemin et appuya d'un même geste sur les trois V des mots CAIVS IVLIVS. Les trois lettres se rétractèrent aussitôt, et l'on entendit résonner un déclic métallique, le bruit d'un contrepoids, le grincement d'un treuil. De l'air jaillit des contours de la dalle : la grande pierre s'était ouverte en pivotant sur elle-même !

Romulus en agrippa le bord et, au prix d'un grand effort, la fit tourner encore un peu sur ses gonds. Il posa ensuite une pierre sur le sol afin que la dalle ne se referme pas derrière lui. Il respira profondément et entra.

Une vision des plus stupéfiantes s'offrit à ses yeux dès qu'il se fut habitué à la pénombre : une statue magnifique, sculptée dans des marbres polychromes qui imitaient les couleurs naturelles, revêtue de véritables armes métalliques finement ciselées, se dressait devant lui.

Romulus leva lentement les yeux pour en explorer le moindre détail, des sandales nouées sur les mollets musclés à la cuirasse historiée, ornée de gorgones et de baleines aux queues d'écailles, en passant par le visage austère, le nez aquilin, les yeux farouches du *dictator perpetuus :* c'était Jules César ! Une étrange onde lumineuse caressait la statue : on aurait dit le reflet d'une vague invisible. Bientôt, Romulus comprit qu'une lumière fantasmagorique, bleuâtre, l'éclairait d'en bas, cachée dans une margelle de marbre sculpté qu'il avait pris, de prime abord, pour un autel votif. Il se pencha et aperçut, au fond, une lueur bleuâtre, une lumière changeante. Il jeta un caillou en dressant l'oreille, l'entendit rebondir et rouler pendant de longs instants avant que l'eau l'engloutisse dans un bruit sourd. Le passage devait être long, le saut énorme.

Il recula, contourna la statue en l'examinant avec plus d'attention. Le ceinturon qui soutenait le fourreau lui parut d'un réalisme qu'il n'avait observé nulle part ailleurs, ni dans les statues de marbre ni dans celles de bronze. Il grimpa sur un chapiteau et tendit sa main tremblante vers l'épée. Il l'empoigna en essayant d'éviter le regard courroucé du dictateur, qui semblait prêt à le foudroyer, et tira l'arme vers lui. Elle suivit docilement sa main en jaillissant du fourreau : une lame inouïe, aussi aiguisée qu'un rasoir, aussi brillante que le verre, aussi sombre que la nuit. Elle était gravée de lettres qu'il ne parvint pas à lire. Maintenant, il brandissait l'arme des deux mains à un pouce de son visage et tremblait comme une feuille à sa vue : c'était l'épée qui avait dompté les Gaulois et les Germains, les Égyptiens et les Syriens, les Numides et les Ibériens. L'épée de Jules César !

Son cœur battait la chamade. De nouveau, il songea à l'angoisse d'Ambrosinus, ne le voyant pas venir, et à la fureur de Wulfila. Il avait envie de remettre l'épée à sa place, mais une mystérieuse force l'emporta sur sa volonté et le lui interdit. Il ne voulait ni ne pouvait s'en séparer.

Il ôta son manteau, en enveloppa l'arme et rebroussa chemin en refermant la dalle. Il lança un dernier regard au dictateur courroucé et murmura : « Je la garde juste un peu... juste un peu... je te la rendrai ensuite... »

Il sortit à grand-peine de l'hypogée en observant les alentours de sous l'égouttoir et en attendant le bon moment pour filer sans être vu. Il courut derrière une haie de buissons, puis, dissimulé par une rangée de draps étendus sur une corde à linge, il regagna sa chambre à bout de souffle et cacha son fardeau sous le lit. On entendait des cris résonner à l'extérieur, accompagnés de piétinements frénétiques : les gardes allaient et

venaient sans réussir à le trouver. Il descendit au rez-de-chaussée, passa à travers les écuries et finit par sortir à l'air libre, les vêtements parsemés de balles d'avoine. Le voyant, un barbare s'écria : « Il est ici ! Je l'ai débusqué ! » Il l'attrapa brutalement par le bras et l'entraîna vers le corps de garde, d'où s'échappaient des gémissements. Romulus les reconnut, le cœur serré : Ambrosinus payait durement la disparition momentanée de son élève.

« Laissez-le ! hurla-t-il en se libérant et en se ruant à l'intérieur. Laissez-le immédiatement, espèces de salauds ! » Immobilisé sur un tabouret, les mains liées derrière le dos, Ambrosinus avait le nez et la bouche ensanglantés, ainsi que la joue gauche tuméfiée. Romulus se précipita vers lui et l'étreignit. « Pardon, pardon, *Ambrosine*, disait-il. Je ne voulais pas, je ne voulais pas...

— Ce n'est rien, mon garçon, ce n'est rien, répondit le vieillard. L'important, c'est que tu sois rentré, je m'inquiétais pour toi. »

Wulfila le saisit par les épaules et l'écarta violemment. Déséquilibré, le garçon s'en alla rouler au sol. « Où étais-tu fourré ? hurla le barbare.

— J'étais dans l'écurie, je me suis endormi sur la paille, répondit Romulus en se relevant brusquement et en l'affrontant avec courage.

— Tu mens ! » s'écria Wulfila. Il lui assena un coup du revers de la main qui le projeta contre le mur. « Nous avons fouillé partout ! »

Romulus essuya le sang qui coulait de son nez, il s'approcha une nouvelle fois avec un courage qui stupéfia Ambrosinus. « Vous n'avez pas bien regardé, répondit-il. Ne vois-tu pas que j'ai encore des balles d'avoine sur mes vêtements ? »

Wulfila leva la main mais Romulus le fixa d'un air

imperturbable en disant : « Si tu oses encore toucher mon précepteur, je t'égorge comme un porc. Je le jure. »

Le barbare éclata d'un grand rire. « Et avec quoi ? Allez, dégage, et remercie ton Dieu que je sois de bonne humeur aujourd'hui. Dehors, j'ai dit, toi ct ton vieux cafard ! »

Romulus détacha Ambrosinus et l'aida à se lever. Le maître vit dans les yeux de son élève une lueur de fierté et d'orgueil qu'il ne connaissait pas, il fut impressionné, comme s'il avait assisté à un miracle ou à une apparition inattendue. Romulus le soutint affectueusement, le conduisant vers ses appartements parmi les rires et les grimaces des barbares. Mais la joie euphorique et presque frénétique de ces derniers était la conséquence de la terreur dans laquelle ils étaient encore plongés quelques instants plus tôt. Un garçon de treize ans avait échappé pendant plus d'une heure à la surveillance et à la vue de soixante-dix guerriers d'exception, membres de l'armée impériale, et la panique s'était emparée d'eux.

« Où étais-tu ? » demanda Ambrosinus quand ils eurent regagné leurs appartements.

Romulus prit un linge humide et commença à lui nettoyer le visage. « Dans un endroit secret, répondit-il.

— Quoi ? Il n'y a pas d'endroits secrets dans cette villa.

— Il y a un cryptoportique sous la cour inférieure, et je... je suis tombé dedans.

— Tu ne sais pas mentir. Dis-moi la vérité.

— J'y suis entré par une grille d'écoulement. J'ai senti qu'il y avait de l'air, je l'ai soulevée et je me suis laissé tomber en bas.

— Et qu'est-ce que tu y as trouvé ? J'espère que cela justifie les coups que j'ai reçus par ta faute.

— Avant de te répondre, je dois te poser une question.

— J'écoute.

— Que sait-on de l'épée de Jules César ?

— Étrange question, en vérité. Laisse-moi réfléchir... La mort de César fut suivie par une longue période de guerres civiles opposant Octavien et Marc Antoine à Brutus et Cassius, qui avaient organisé la conjuration des ides de mars et l'assassinat de César. Comme tu le sais, il y eut une bataille à Philippes en Grèce, durant laquelle Brutus et Cassius furent battus et tués. Pendant quelques années, Octavien et Marc Antoine se partagèrent le pouvoir sur l'empire de Rome : Octavien en Occident et Antoine en Orient. Mais bien vite leurs relations se détériorèrent, car Antoine avait répudié la sœur d'Octavien pour épouser Cléopâtre, la fascinante reine d'Égypte. Antoine et Cléopâtre furent vaincus dans une grande bataille navale, à Actium, ils s'enfuirent en Égypte où ils se suicidèrent, l'un après l'autre. Octavien restait donc le seul maître du monde. Il accepta le titre d'Auguste que lui offrait le sénat. C'est à ce moment-là qu'il fit construire le temple de Mars Vengeur dans le Forum romain, et qu'il y déposa l'épée de Jules César. Quelques siècles plus tard, quand les barbares se rapprochèrent de Rome, l'épée fut enlevée et cachée par Valérien, je crois, ou par Gallien, à moins que ce ne soit par un autre empereur. J'ai également entendu dire que Constantin l'avait emportée à Constantinople, sa nouvelle capitale. L'épée a, semble-t-il, été remplacée par une copie à un moment donné, mais personne ne sait ce qu'est devenue l'originale. »

Romulus lui lança un regard énigmatique et triomphal. « Tu vas voir », dit-il. D'un coup d'œil à la fenêtre

et à la porte, il s'assura que personne ne fût dans les environs, puis il se pencha sur le lit et en tira le fagot qu'il y avait caché, tandis que son maître l'observait avec curiosité.

« Regarde ! » s'écria-t-il en montrant la merveilleuse épée. Ambrosinus la contempla d'un air stupéfait, incapable d'articuler le moindre mot. Romulus l'avait posée sur ses paumes, exhibant ainsi la poignée en or qui représentait un aigle aux yeux de topaze. Le précieux acier de la lame scintillait dans la pénombre.

« C'est l'épée de Jules César, déclara Romulus. Regarde cette inscription : *Cai Iulii Caesaris ensis ca...*

— Oh, grands dieux ! interrompit Ambrosinus en tendant vers la lame ses doigts tremblants. Oh, grands dieux ! L'épée chalybique de Jules César ! J'ai toujours pensé qu'elle était perdue depuis des siècles. Mais comment l'as-tu trouvée ?

— Elle était sur sa statue, dans son fourreau, à un endroit secret. Un jour, quand ils relâcheront la surveillance, je t'y emmènerai et te montrerai tout. Tu n'en croiras pas tes yeux. Mais quel est le mot que tu as prononcé ? Qu'est-ce qu'une épée chalybique ?

— Cela signifie simplement "forgée par les Chalybes", un peuple de l'Anatolie célèbre pour sa capacité de produire un acier invincible. Il paraît que lorsque César remporta la guerre contre Pharnace, roi du Pont...

— Lorsqu'il dit : *Veni, vidi, vinci* ?

— Exactement. Eh bien, il paraît qu'un forgeron qu'il avait épargné la fabriqua pour lui en utilisant un bloc de sidérite, du fer tombé du ciel. Le météore, trouvé sur un glacier de l'Ararat, fut passé par le feu, battu sans relâche pendant trois jours et trois nuits, puis trempé dans le sang d'un lion.

— Est-ce possible ?

— Plus que possible. Bien sûr. Nous allons savoir

si l'arme que tu as trouvée est l'épée la plus forte du monde. Allez, serre-la dans ton poing ! »

Romulus obéit.

« Et maintenant, frappe ce chandelier de toutes tes forces. »

Romulus assena un coup. La lame tournoya dans l'air en sifflant, mais elle rata sa cible de peu. Le garçon haussa les épaules et se prépara à une seconde tentative. C'est alors qu'Ambrosinus l'arrêta d'un geste de la main.

« Je peux mieux faire, dit Romulus, attention... », mais il se figea devant le regard captivé et ému de son maître.

« Qu'y a-t-il, *Ambrosine* ? Pourquoi me regardes-tu ainsi ? »

Le coup qui avait raté le chandelier avait tranché en deux une toile d'araignée tendue dans un coin de la chambre, n'en laissant que la moitié supérieure à l'animal qui l'avait tissée. La coupure était d'une netteté et d'une perfection ahurissantes.

Ambrosinus s'approcha avec un air incrédule en murmurant : « Regarde, mon fils, regarde... aucune épée au monde n'est capable de ça. »

Il observa d'un air ravi l'araignée qui abandonnait la moitié de son piège, planait dans la poussière que dorait un rayon de soleil filtrant à travers une fente des volets, puis disparaissait dans l'obscurité. Il se tourna ensuite vers Romulus : il y avait dans les yeux du garçon la même fierté et le même orgueil qu'il y avait vus un peu plus tôt, quand celui-ci avait pris sa défense en affrontant le féroce Wulfila sans broncher. Une lumière que son maître ne lui connaissait pas... identique au reflet métallique et coupant qui scintillait sur le fil de la lame et dans les yeux splendides de l'aigle. Alors,

les vers antiques fleurirent sur ses lèvres comme une prière :

Veniet adulescens a mari infero cum spatha...

« Qu'as tu dit, *Ambrosine* ? demanda Romulus en enveloppant l'épée dans son manteau.

— Rien, rien. Je suis heureux... Heureux, mon garçon.

— Pourquoi ? Parce que j'ai trouvé cette épée ?

— Parce que le moment est venu de quitter ces lieux. Et personne ne pourra nous en empêcher. »

Romulus garda le silence. Il rangea l'épée et sortit en refermant la porte derrière lui. Ambrosinus s'agenouilla sur le sol, les doigts serrés sur le rameau de gui qui pendait à son cou. Il pria du plus profond de son cœur pour que les paroles qu'il venait de prononcer deviennent réalité.

XVI

Assis sur un banc de bois, Romulus s'amusait à plonger une brindille dans une fourmilière. Les fourmis, qui s'étaient installées pour l'hiver, fuyaient de toutes parts en essayant de sauver les œufs de la reine. Ambrosinus passait par là, il s'approcha : « Comment va mon petit César aujourd'hui ?

— Mal. Et ne m'appelle pas comme ça. Je ne suis rien.

— Et tu déverses ta frustration sur ces pauvres créatures innocentes ? À leur échelle, tu leur as causé une tragédie aussi importante que la chute de Troie, ou l'incendie de Rome du temps de Néron, le sais-tu ? »

Romulus jeta son bâtonnet d'un geste de rage. « Je veux mon père, je veux ma mère. Je ne veux pas être seul et prisonnier. Pourquoi mon destin doit-il être aussi cruel ?

— Crois-tu en Dieu ?

— Je ne sais pas.

— Tu devrais. Personne n'est plus proche de Dieu que l'empereur. Il est son représentant sur terre.

— Si mes souvenirs sont bons, aucun empereur n'est resté plus d'un an sur le trône. Dieu devrait peut-

être choisir des représentants moins éphémères sur cette terre, ne crois-tu pas ?

— Il le fera, et son pouvoir marquera clairement l'élu. Ne perds pas ton temps avec ces fourmis, retourne travailler dans la bibliothèque. Aujourd'hui, tu dois commenter les deux premiers livres de *L'Énéide*. »

Romulus haussa les épaules. « De vieilles histoires inutiles.

— Ce n'est pas vrai. Virgile nous raconte les aventures de son héros Énée et de son fils Iule, un garçon de ton genre qui devint le fondateur de la plus grande nation de tous les temps. Ils étaient fuyards, désespérés, et pourtant ils surent renaître, retrouver le courage et la volonté de bâtir un nouveau destin pour leur peuple et pour eux-mêmes.

— Tout est possible dans les mythes. Mais le passé est le passé, il ne revient pas.

— Vraiment ? Alors pourquoi gardes-tu cette épée sous ton lit ? N'est-elle pas, elle aussi, le vestige d'une vieille histoire inutile ? »

Ambrosinus jeta un coup d'œil au cadran solaire, placé au centre de la cour, et sembla se rappeler brusquement quelque chose. Il tourna le dos et, sans mot dire, traversa la cour avant de disparaître dans l'ombre des arcades. Quelques instants plus tard, Romulus le vit gravir un petit escalier qui conduisait au parapet de l'enceinte, devant lequel il s'immobilisa, face à la mer, tandis que le vent agitait ses longs cheveux gris.

Le garçon se leva et se dirigea vers la bibliothèque. Avant d'y pénétrer, il lança un dernier regard à son maître, qui paraissait désormais plongé dans une de ses observations habituelles. Il regardait droit devant lui tout en écrivant quelque chose sur son inséparable cahier. Il étudiait peut-être le mouvement des ondes, ou la migration des oiseaux, ou encore les fumerolles qui,

depuis quelques jours, s'échappaient avec une densité accrue du sommet du Vésuve, accompagnées de grondements menaçants.

Il secoua la tête. Alors qu'il s'apprêtait à franchir le seuil de la bibliothèque, Ambrosinus l'invita d'un signe à le rejoindre. Romulus obéit. Il se précipita vers son maître, qui l'accueillit sans un mot, se contentant d'indiquer un point au milieu de la mer. Devant eux, se détachait un bateau de pêcheurs qui, du fait de la distance, évoquait une coquille de noix sur l'étendue bleue.

« Je vais te montrer un jeu intéressant », dit Ambrosinus. Il tira de sa robe un miroir en bronze, l'orienta vers le soleil et, avec une précision impressionnante, projeta une phalène scintillante sur les vagues, près de la barque, puis sur la proue et sur la voile. Il effectua ensuite une série de mouvements rapides du poignet, faisant apparaître et disparaître le point lumineux sur le pont de l'embarcation.

« Que fais-tu ? l'interrogea Romulus d'une voix stupéfaite. Je peux essayer, moi aussi ?

— Il ne vaut mieux pas. Je m'entretiens avec ces marins au moyen de signaux lumineux. Un système qu'on appelle *notae tironianae*. Il fut inventé il y a cinq siècles par un domestique de Cicéron. Au début, ce n'était qu'un système permettant d'écrire rapidement sous la dictée. Il fut ensuite transformé en code de communication pour l'armée. »

Il n'avait pas terminé sa phrase quand un signal analogue lui répondit depuis la barque.

« Que disent-ils ?

— "Nous viendrons vous chercher. Aux nones de décembre." Ce qui signifie... dans trois jours exactement. Je t'avais bien dit qu'ils ne nous abandonneraient pas et qu'il ne faut jamais désespérer.

— Tu ne te moques pas de moi... », dit Romulus, l'air incrédule. Ambrosinus l'étreignit.

« C'est vrai, répondit-il d'une voix tremblante. C'est vrai, enfin ! »

Romulus avait grand-peine à maîtriser son émotion. Dans la crainte d'être encore une fois déçu, il refusait de s'abandonner à ce nouvel espoir. Il se contenta de demander : « Depuis combien de temps cela dure-t-il ?

— Depuis deux semaines. Nous devions discuter d'un certain nombre de détails.

— Qui a commencé ?

— Eux. Ils m'ont fait parvenir un message par l'intermédiaire d'un domestique qui fait les courses au port. Je me suis montré à l'heure de notre rendez-vous avec mon miroir bien astiqué. Cette petite discussion avec des gens de l'extérieur a été un vrai plaisir.

— Tu ne m'as jamais rien dit... »

Romulus lança un regard abasourdi à son précepteur qui lui souriait en clignant de l'œil. Puis il observa la barque, au loin. C'est alors que le dialogue lumineux reprit. Seul un bruit de pas signalant l'arrivée de la ronde l'interrompit. Ambrosinus saisit la main de son élève. Ensemble, ils descendirent l'escalier et se dirigèrent vers la bibliothèque.

« Je ne voulais pas te donner de faux espoirs. Mais je suis à présent persuadé que cette entreprise a des chances de succès. Certes, nos sauveteurs ne constituent qu'une poignée de désespérés, mais ils possèdent une arme puissante...

— Laquelle ?

— La foi, mon garçon. La foi qui déplace les montagnes. Non pas la foi en un dieu, sur lequel ils ne sont pas habitués à compter. La foi en l'homme, en dépit de cette époque obscure, où tous les idéaux et toutes les certitudes s'écroulent. Et maintenant, allons travailler,

je pourrais t'enseigner le *notae tironianae*, qu'en dis-tu ? »

Romulus le dévisagea d'un air admiratif. « Y a-t-il quelque chose qui échappe à ton savoir, *Ambrosine* ? »

Le visage de son maître se fit brusquement songeur. « Beaucoup de choses, et des plus importantes. Un fils, par exemple, une maison, une famille... l'amour d'une épouse... » Il le caressa tandis que l'ombre d'un regret traversait ses yeux bleus.

L'embarcation poursuivit sa route en dépassant la pointe septentrionale de l'île.

« Es-tu certain qu'ils aient compris ? demanda Batiatus.

— Bien sûr. Ce n'est pas la première fois que nous échangeons des messages, répondit Aurelius.

— Voici le promontoire est, et voici la paroi nord, dit Vatrenus. Par Hercule, elle est aussi abrupte qu'un mur ! Ainsi, nous sommes censés grimper là-haut, arracher le garçon à soixante-dix gardes féroces, redescendre et nous en aller à bord de notre bateau *insalutato hospite* ?

— Plus ou moins. »

Livia lâcha une écoute et manœuvra largue. La barque s'immobilisa en se balançant doucement sur les vagues. À présent, la paroi se dressait à pic devant eux, nue et rugueuse, surmontée du mur de la villa.

« C'est le seul point accessible, continua Aurelius, et ce pour la bonne raison qu'une telle ascension semble impossible. Les sentinelles ne passent qu'à deux reprises : à la première ronde et à la troisième, avant l'aube. Nous avons donc près de deux heures pour mener à bien notre mission. » Il renversa une clepsydre à eau et pointa le doigt sur les divers niveaux. « Une heure pour monter, une demi-heure pour nous emparer

du petit, une demi-heure pour descendre et filer jusqu'à la côte, où nous attendent nos chevaux. Batiatus restera en bas, il surveillera la barque et s'occupera des cordes ; les autres grimperont. Livia sera déjà sur place, elle nous attendra sur le chemin de ronde qui surmonte le mur nord de la villa.

— Et comment ? » interrogea Vatrenus.

Aurelius échangea un regard complice avec Livia. « En mettant en œuvre un stratagème vieux comme le monde, celui du cheval de Troie. »

Batiatus examina attentivement la paroi jusqu'au mur supérieur et soupira. « Je suis bien content de rester en bas. Je n'aimerais pas être à votre place.

— Ce n'est pas si terrible que ça, lança Livia. Un homme a déjà réussi à atteindre le sommet à mains nues.

— Je ne peux pas le croire, rétorqua Batiatus.

— C'est pourtant la vérité. Un pêcheur voulait offrir à l'empereur Tibère une langouste qu'il venait de pêcher. Comme on lui interdisait d'entrer par la porte principale, il décida d'escalader la paroi.

— Par Hercule ! s'exclama Vatrenus. Et comment cette histoire s'est-elle terminée ? »

Livia ébaucha un sourire. « Je vous le dirai quand nous aurons accompli notre mission. Mieux vaut rentrer maintenant, avant que le vent change. » Elle tendit l'écoute pendant que Démétrios manœuvrait la vergue de manière à mettre à la voile. Le bateau vira vers la terre en dessinant une large courbe. Aurelius posa une dernière fois les yeux sur les remparts de la villa, où il vit soudain surgir une figure spectrale : un guerrier gigantesque enveloppé dans un manteau noir que la brise gonflait.

Wulfila.

Trois jours plus tard, à la tombée du soir, un navire de transport pénétra dans le petit port. Le capitaine ordonna aux débardeurs de décharger et leur lança une corde. Le timonier en jeta une seconde, de l'arrière, et le bateau accosta. Les débardeurs installèrent une passerelle et les porteurs commencèrent à décharger les marchandises les moins volumineuses : des sacs de blé et de farine, de haricots secs et de pois chiches, des amphores de vin, de vinaigre et de moût cuit. Ils approchèrent ensuite un élévateur à balancier pour les charges les plus lourdes : six grandes jarres de terre cuite de deux mille cotyles chacune, contenant de l'huile d'olive pour trois d'entre elles, et de l'eau potable destinée à la garnison de la villa pour les trois autres.

Accroupie à l'arrière, parmi les sacs, Livia souleva le couvercle d'une jarre d'eau en veillant à ne pas être vue. Elle y jeta un rouleau de corde, s'y glissa et tira le couvercle au-dessus de sa tête. L'équipage étant occupé par les opérations de déchargement, personne ne remarqua l'eau qui déborda et se déversa sur le sol. Les énormes récipients furent déchargés l'un après l'autre par l'élévateur et déposés sur un char tiré par deux paires de bœufs. Une fois l'opération achevée, le charretier fit claquer son fouet en criant : « Ha ! Ha ! » Alors, le véhicule s'engagea sur la route étroite et escarpée qui menait à la villa, au sommet. Quand il parvint à destination, la base de l'île était plongée dans l'ombre, tandis que les nuages et les toits de la grande demeure rougissaient dans les derniers feux du soleil couchant. Le portail fut ouvert et le char entra dans la cour basse. En entendant les roues grincer sur les pavés, les oies et les poules s'enfuirent en battant des ailes, les chiens se mirent à aboyer, les domestiques et les porteurs se préparèrent à décharger.

Le chef des domestiques, un vieux Napolitain à la peau parcheminée, ordonna à ses hommes d'installer les jarres dans la loggia supérieure. Ceux-ci s'exécutèrent en descendant la plate-forme du monte-charge et en l'approchant du char. Ils couchèrent la première jarre, la firent rouler jusqu'à la plate-forme et l'immobilisèrent à l'aide de cordes et de cales. Les mains des deux côtés de la bouche, le Napolitain s'écria : « Hisse ! » Alors les domestiques s'affairèrent autour du treuil, et la plate-forme s'éleva dans des grincements et des gémissements, en oscillant dans le vide.

De l'autre côté de la villa, au pied de la paroi abrupte, Batiatus sauta à terre et tira le bateau sur une petite crique entourée de gros galets et de rochers pointus. Le temps changeait : des rafales de vent froid ridaient la surface de l'eau en soulevant des éclaboussures d'écume. Un front de nuages noirs arrivait de l'ouest, transpercé par les lueurs intermittentes des éclairs, et le grondement du tonnerre se mêlait aux marmonnements du Vésuve, atténués par la distance.

« Il ne manquait plus que la tempête, grommela Vatrenus en déchargeant deux rouleaux de cordes.

— Tant mieux, dit Aurelius. Les gardes resteront à l'abri et nous serons plus libres d'agir. Allez, dépêchons-nous, le temps passe. »

À l'arrière, Batiatus assura le bateau à un rocher avant d'inviter Démétrios à jeter l'ancre de proue. Puis ils sautèrent tous à terre. Ils avaient enfilé sur leur tunique un corselet de cuir renforcé ou une cotte de mailles, une culotte moulante, un ceinturon auquel ils avaient suspendu une épée, un poignard et un casque en fer. Aurelius se plaça au pied de la paroi et respira profondément, comme chaque fois qu'il s'apprêtait à affronter

un ennemi. L'inclinaison du mur permettait d'escalader sans trop de difficultés la première moitié du parcours.

« Nous devons monter à deux jusqu'à cette arête, où vous voyez une veine de roche plus claire, dit-il. Je porterai la corde, ponctuée de crochets, qui servira d'échelle. Toi, Vatrenus, charge-toi du sac contenant les piquets et le marteau. Livia devrait nous lancer une corde pour nous permettre de gravir la partie la plus abrupte. Si elle n'y parvient pas, nous continuerons à mains nues. Puisque le pêcheur y est arrivé, nous y arriverons, nous aussi. Il se tourna vers Batiatus : « À notre retour, tiens fermement l'extrémité de la corde afin qu'elle n'oscille pas dans le vent : le petit pourrait s'effrayer, perdre l'équilibre et tomber, surtout s'il se met à pleuvoir, ce qui rendrait la corde et la roche plus glissantes. Allons-y tant qu'il fait encore jour. »

Vatrenus lui saisit le bras : « Tu es sûr que ton épaule résistera ? Il vaut peut-être mieux que Démétrios monte à ta place. Il est également plus léger.

— Non, j'y vais. Mon épaule est guérie, ne t'inquiète pas.

— Tu es une vraie tête de mule. Si nous étions dans notre camp, je te montrerais qui commande, mais ici, c'est toi qui décides, et cela me convient. Bon, dépêchons-nous. »

Aurelius mit le rouleau de corde en bandoulière et s'attaqua à l'ascension de la paroi. Il fut bientôt suivi de Vatrenus, muni d'un gros sac en cuir qui contenait le marteau et les piquets qui lui permettraient de fixer la corde d'Aurelius au rocher, une fois la première base atteinte.

Dans la cour basse de la villa, on hissait la cinquième jarre quand une rafale de vent subite fit ondoyer la plate-forme. Une deuxième rafale imprima au charge-

ment une oscillation plus ample, et l'énorme récipient, à mi-chemin entre le sol et la loggia supérieure, emporta l'élingue fragile qui l'immobilisait. Il s'écrasa au sol dans un grand vacarme et projeta ici et là des tessons de terre cuite qui blessèrent un certain nombre de domestiques. D'autres, ruisselants d'huile, furent transformés en silhouettes chancelantes et grotesques. Le responsable des domestiques les bourra de coups de pied en pestant et en hurlant : « Maudits incapables, vous avez bien choisi la jarre ! Vous me le paierez ! Ah, ça, oui ! vous pouvez me croire ! »

Livia souleva légèrement le couvercle pour jeter un rapide coup d'œil. Au bout de quelques hésitations, la plate-forme redescendit. Livia se rendit compte que des serviteurs bloquaient le couvercle avant d'incliner la jarre sur le côté. Elle retint son souffle un moment, et quand l'eau se fut stabilisée à l'intérieur, elle glissa une paille dans sa bouche et recommença à respirer. Au fur et à mesure que la plate-forme montait, les grincements et les oscillations croissaient, et le sifflement du vent résonnait comme un mugissement sourd. Livia sentit son cœur battre de plus en plus fort dans l'obscurité de sa prison liquide, dans cette sorte d'utérus de pierre où elle était ballottée à la moindre oscillation.

À bout de résistance, elle s'apprêtait à transpercer la jarre d'un coup d'épée, sans se soucier des conséquences d'un tel geste, quand elle se rendit compte qu'on posait la plate-forme sur un appui stable. Elle rassembla alors tout son courage, retint encore son souffle un moment tandis que la jarre roulait sur le sol, poussée par les domestiques, avant d'être installée en position verticale, sans doute à proximité des précédentes. Livia dressa alors la tête au-dessus du niveau de l'eau et respira profondément. Elle attendit que les bruits de pas s'éloignent pour s'emparer de son poignard, l'intro-

duire entre le col de la jarre et son couvercle, et trancher la corde qui maintenait ce dernier. Elle était épuisée et tout engourdie, presque paralysée par le froid.

Non loin de là, dans les appartements impériaux, Ambrosinus et Romulus se préparaient à fuir : ils enfilaient des vêtements confortables, passaient des chaussures de feutre qui leur permettraient de se mouvoir rapidement dans le silence le plus absolu. Le vieillard rassembla ce qu'il pouvait dans sa besace : de la nourriture, ses herbes, ses amulettes. Et pour terminer, *L'Énéide*.

« C'est un poids inutile, dit Romulus.

— Crois-tu ? Tu te trompes. C'est le chargement le plus précieux, mon garçon. Quand on fuit et qu'on abandonne tout derrière soi, on ne peut emporter qu'un seul trésor : la mémoire. La mémoire de nos origines, de nos racines, de notre histoire ancestrale. Seule la mémoire peut nous permettre de renaître du néant. Peu importe où, peu importe quand, mais si nous conservons le souvenir de notre grandeur passée et des raisons qui nous l'ont enlevée, nous renaîtrons.

— Mais tu viens de la Bretagne, *Ambrosine*, tu es un Celte.

— C'est vrai, et pourtant en cet instant terrible où tout s'écroule et disparaît, où la seule civilisation de ce monde est frappée en plein cœur, tous les membres de cet Empire doivent se considérer comme des Romains, y compris ceux qui proviennent, comme nous, de sa limite extrême, ceux qui, comme nous, ont été abandonnés il y a de nombreuses années à leur destin... Et toi, César, tu n'emportes rien ? »

Romulus tira l'épée de sous le lit. Il l'avait soigneusement enveloppée et attachée à l'aide d'une cordelette,

à laquelle il avait accroché une ceinture qui lui permettrait de la suspendre dans son dos.

« Moi, je prends ça. »

Aurelius se trouvait à une trentaine de mètres de l'arête rocheuse qui coupait transversalement la paroi quand un éclair illumina le précipice. Le tonnerre gronda et il se mit aussitôt à pleuvoir à verse. L'ascension se compliquait : les appuis devenaient glissants, la vue des légionnaires se brouillait à cause de l'eau qui trempait leurs cheveux, s'insinuait dans leurs yeux et alourdissait, pas après pas, le rouleau de corde qu'Aurelius portait en bandoulière. Devinant les difficultés que son ami rencontrait, Vatrenus tenta de le rejoindre. En équilibre sur un appui, il planta un clou le plus haut possible dans le rocher. Aurelius le vit : il se déplaça et y posa le pied, enfin, il se hissa et atteignit une saillie sur sa droite. À partir de là, l'inclinaison de la paroi rocheuse facilitait l'ascension jusqu'à la plate-forme située au pied du tronçon à pic. Il s'agissait d'un rebord de calcaire, recouvert de débris qui s'y étaient entassés pendant des millénaires en tombant du rocher. Aurelius y jeta sa corde et se pencha en arrière pour aider son compagnon à y grimper.

Une fois sur le rebord, Vatrenus s'empara de sa masse, planta deux clous sur la paroi, y attacha la corde et la lança à Batiatus, qui l'attrapa et tira dessus énergiquement pour s'assurer qu'elle était bien accrochée.

« Elle tient bon », commenta Vatrenus avec un air satisfait.

Ponctuée d'une trentaine de crochets, qui la traversaient à intervalles d'environ trois pieds, la corde ainsi tendue évoquait une échelle.

« Je suis certain que le petit y arrivera, dit Aurelius.

— Et le vieux ?

— Lui aussi. Il est plus leste que tu ne peux l'imaginer. » Il leva la tête en essayant de se protéger les yeux de la pluie, qui tombait à verse. « Toujours pas de Livia, malédiction ! Que faisons-nous ? J'attends encore un peu, puis je monte.

— C'est une folie. Tu n'y arriveras jamais. Pas dans ces conditions.

— Tu te trompes. Je m'aiderai des clous. Passe-moi le sac. »

Vatrenus le dévisagea d'un air abasourdi. C'est alors que quelques cailloux s'abattirent sur lui. Aurelius se tourna de nouveau vers le haut et aperçut une silhouette qui lui adressait de grands signes.

« Livia ! s'exclama-t-il. Enfin ! »

La jeune fille lança la corde, dont l'extrémité s'immobilisa à quelques mètres de la tête d'Aurelius. Celui-ci dut donc escalader la paroi pour l'atteindre, s'égratignant les mains, les bras, les genoux, s'écorchant sur les arêtes coupantes. Quand il l'eut saisie, il escalada le dernier tronçon en produisant un énorme effort. À cause des rafales de vent, de plus en plus violentes, la corde se balançait, le projetant parfois sur les aspérités de la roche qui lui arrachaient des cris de douleur. Heureusement, ceux-ci se confondaient avec le rugissement de la tempête. Au loin, de sinistres reflets sanguins brillaient sur le cratère du Vésuve. La corde était de plus en plus trempée, et Aurelius glissait souvent, perdant en un instant la distance qu'il avait eu tant de mal à couvrir. Mais il reprenait son ascension en serrant les dents, en chassant la fatigue et la souffrance qui tourmentaient le moindre de ses muscles, la moindre de ses articulations, ainsi que les élancements de sa vieille blessure qui martyrisaient son crâne comme des coups de poignard.

En proie à une extrême tension, Livia ne le perdait

pas des yeux. Quand Aurelius toucha presque au but, elle se pencha dans le vide et lui attrapa le bras, le tirant de toutes ses forces. Avec un dernier effort, le légionnaire enjamba le parapet et serra sa compagne contre lui dans une étreinte libératrice, sous la pluie battante. « Vite, dit-elle en se dégageant, aidons Vatrenus et les autres. »

En bas, Démétrios et Orose avaient grimpé jusqu'à l'arête rocheuse en empruntant l'échelle improvisée. L'un après l'autre, ils attachèrent la corde de Livia autour de leur taille et montèrent rapidement, aidés de leurs camarades qui les tiraient d'en haut. Vatrenus rejoignit le groupe le dernier.

« Je vous avais bien dit que nous réussirions ! s'écria Livia. Et maintenant, allons chercher Romulus avant que la ronde ne survienne. »

XVII

Le chemin de ronde était désert, et les grandes dalles de schiste qui recouvraient le sol brillaient comme un miroir à la lumière subite des éclairs. Contre le mur, les jarres qui avaient été hissées au cours de l'après-midi rappelèrent à Livia sa récente aventure dans le ventre de l'une d'elles.

« Il y a derrière ces jarres une plate-forme qui donne sur l'intérieur, dit-elle. Orose et Démétrios pourraient nous descendre dans la cour à l'aide du treuil. De là, il nous sera facile de gagner la bibliothèque où ils nous attendent, n'est-ce pas ?

— Oui, répondit Aurelius, mais imagine qu'on nous voie pendre dans le vide... nous ferions une trop belle cible. Mieux vaut passer par l'intérieur. Il ne doit pas être très compliqué d'atteindre la cour. Et je suis sûr qu'il y aura une lumière pour nous guider jusqu'à la bibliothèque. » Il se tourna vers Orose. « Toi, tu restes ici afin de nous ménager une issue. Commence à compter dès que tu nous verras disparaître. À mille, si nous ne sommes pas de retour, prends le large avec Batiatus. Si, dans deux jours, nous ne vous avons pas rejoints sur le continent, vous pourrez en conclure que nous

avons échoué. Alors, vous serez libres d'aller où vous le voudrez.

— Je suis certain que vous reviendrez sains et saufs. Bonne chance. »

Aurelius adressa à Orose un sourire hésitant, puis il fit un signe à ses compagnons et s'engagea, l'épée au poing, dans l'escalier en pierre qui menait aux étages inférieurs. Livia, Vatrenus puis Démétrios lui emboîtèrent le pas.

La cage d'escalier était obscure, seuls les éclairs l'illuminaient de temps à autre en filtrant à travers les meurtrières qui donnaient sur la cour intérieure. Bientôt, ils entrevirent un halo lumineux qui rayonnait sur les murs et les marches en tuf.

Aurelius invita ses compagnons à la prudence, tandis qu'il avançait vers la lumière. La volée de marches aboutissait à un couloir qu'éclairaient plusieurs lampes à huile, accrochées au mur.

Aurelius appela ses camarades d'un geste de la main. Il leur expliqua dans un murmure : « Il y a devant nous un couloir sur lequel donnent sans doute des chambres. À mon signe, traversez-le le plus rapidement possible. La deuxième volée de marches devrait nous conduire au rez-de-chaussée. Courage, tout a l'air tranquille pour l'instant.

— Vas-y, dit Vatrenus. Nous te suivons. »

Aurelius s'ébranla. Au même instant, une porte s'ouvrit à sa gauche, et un guerrier barbare surgit avec une fille à demi nue. Aurelius brandit son épée et transperça l'homme de part en part avant même qu'il ait le temps de réagir. La fille se mit à crier, mais Livia bondit sur elle et posa les mains sur sa bouche. « Tais-toi ! Nous n'avons pas l'intention de te faire de mal, mais si tu cries, je te tranche la gorge. C'est compris ? » La fille hocha la tête frénétiquement. En quelques instants,

Démétrios et Vatrenus lui lièrent les poignets et les pieds, la bâillonnèrent et la poussèrent dans une niche sombre.

En bas, dans le vieux triclinium, Wulfila, qui terminait son dîner, sursauta. « Tu as entendu ? demanda-t-il à son lieutenant, un des Scyrres qui avaient combattu aux ordres de Mlède.

— Quoi ?

— Un cri.

— Les hommes s'amusent avec les nouvelles prostituées arrivées hier de Naples. Sois tranquille.

— Ce n'était pas un cri de plaisir. C'était un cri de terreur, insista Wulfila en se levant, la main à l'épée.

— Et alors ? Certains aiment les jeux violents. Les filles sont habituées, cela fait partie de leur métier. Une seule chose m'inquiète : que ces traînées finissent par épuiser nos guerriers. Depuis un certain temps, ils ne pensent qu'à baiser... »

Il fut interrompu par un autre cri, cette fois de rage et de douleur, qui se conclut par un râle d'agonie.

« Malédiction ! » pesta Wulfila en courant à la fenêtre qui donnait sur la cour. Une seule lanterne brillait à l'intérieur de la bibliothèque, et c'est à sa lumière qu'il aperçut des silhouettes en mouvement, des lames brillantes qui filaient dans la pénombre, tandis que des cris et des râles retentissaient une nouvelle fois.

« On nous attaque. Fais sonner l'alerte, vite, vite ! »

L'homme s'exécuta : il appela un garde, qui souffla aussitôt dans le cor de guerre. Un deuxième cor lui répondit, et bientôt ce son terrible se diffusa dans toute la villa. Alors qu'un éclair illuminait a giorno la grande cour, Wulfila reconnut Aurelius qui abattait l'un de ses hommes. Il était flanqué de deux ou trois silhouettes. Le vieillard et l'enfant leur emboîtaient le pas.

« Malédiction ! s'écria-t-il. Encore lui ! »

Il se rua dans le couloir, épée au poing, en hurlant comme un possédé : « Je le veux vivant, amenez-le-moi vivant ! »

Comprenant qu'il disposait de peu de temps, Aurelius conduisit les siens vers l'escalier tandis que des guerriers jaillissaient de toutes parts en brandissant des torches. Ils gagnèrent le couloir supérieur, mais se heurtèrent à un groupe de soldats bien fourni. Livia attaqua par la gauche, Vatrenus et Démétrios par la droite, en essayant d'éloigner les barbares afin de permettre à Aurelius d'atteindre le chemin de ronde. Aplati contre le mur, Ambrosinus serrait Romulus contre sa poitrine. Il était plongé dans le plus grand effroi : avant même de commencer, cette entreprise semblait déjà vouée à l'échec. Soudain, Aurelius leva son épée sur un adversaire, qui réussit à éviter le coup, et son arme se brisa contre le pilier portant de l'escalier. Romulus n'eut aucune hésitation : tandis que le Romain reculait en se défendant le mieux possible à l'aide de son poignard, il se dégagea et lança au guerrier son épée en criant : « Essaie donc celle-ci ! »

Brillant comme la foudre dans la nuit, l'épée voltigea dans les airs. Aurelius la saisit au vol et l'abattit inexorablement.

Rien ne pouvait résister à cette arme : des cascades d'étincelles jaillissaient au contact des boucliers et des haches. Elle entaillait les casques et s'enfonçait dans les crânes, elle arrachait à la pierre une myriade d'éclats incandescents en produisant un vacarme assourdissant. Abasourdis et effarés, les survivants furent balayés. Alors, Livia entraîna Romulus et Ambrosinus dans l'escalier, désormais libre, tandis qu'Aurelius les couvrait. C'est ainsi que Wulfila le vit, au milieu d'un enchevêtrement de corps inanimés, brandissant son arme magnifique et ensanglantée. Leurs regards se croi-

sèrent rapidement, puis Aurelius disparut pour rejoindre ses compagnons. Une fois parvenus sur le chemin de ronde, ils refermèrent et barrèrent la grosse porte ferrée avant que leurs poursuivants surviennent. Wulfila l'atteignit donc trop tard, il la bourra de coups de poing, impuissant et écumant de rage. Il hurla : « Vite, à la rampe est ! Ils n'ont pas d'issue ! » Puis il s'engouffra dans l'escalier avec ses guerriers. Un autre groupe surgissait déjà, mené par son lieutenant.

« À l'escalier extérieur des entrepôts, vite ! Nous allons les prendre en tenaille ! » hurla Wulfila. Les hommes s'élancèrent dans la direction opposée, au fond du couloir.

Déjà, Aurelius et ses compagnons gagnaient le parapet, où Orose les attendait avec anxiété en protégeant leur seule issue.

« D'abord, le petit ! » ordonna Aurelius. Orose se pencha dans le vide, criant à pleins poumons pour couvrir le fracas de la tempête. Batiatus l'entendit et se prépara à accueillir les fugitifs. Pendant ce temps, le groupe se disposa en demi-cercle autour de Romulus, qui s'apprêtait à descendre. En regardant vers le bas, le garçon sentit son cœur se serrer : à cette distance, la paroi, brillante comme de l'acier, plongeait dans un bouillonnement d'écume qui laissait entrevoir des rochers acérés ; ballotté par les vagues, le bateau évoquait une fragile coquille. Le garçon respira profondément tandis qu'Orose l'attachait à la corde avec un harnais de fortune. C'est alors que Livia, postée sur une saillie du parapet, aperçut les hommes de Wulfila qui convergeaient vers eux. Elle donna aussitôt l'alerte.

« Les jarres ! s'écria-t-elle en sautant à terre. Lançons-leur les jarres dessus ! La première et la troisième sont remplies d'huile ! » Ses compagnons accoururent. Orose lâcha un moment la corde pour prêter main-forte.

Ils inclinèrent les grands récipients l'un après l'autre et les firent rouler dans les deux directions opposées. Abandonnées à elles-mêmes, les jarres oscillèrent, raclant le parapet, puis le mur intérieur, et finissant par se briser en libérant une vague huileuse et brillante qui atteignit les deux groupes, lancés en pleine course. Les premiers dérapèrent et churent, mettant involontairement le feu au liquide à l'aide de leurs flambeaux, incendiant les deux extrémités du chemin de ronde. Transformés en torches humaines, certains guerriers se jetèrent dans la mer et disparurent parmi les flots ; d'autres s'écrasèrent sur les rochers, leurs corps rebondissant d'une saillie à l'autre comme des pantins désarticulés. Mais déjà des renforts arrivaient, et Aurelius comprit qu'il lui faudrait se battre jusqu'à la fin. Il serra les dents et brandit l'épée que son empereur lui avait confiée. Il utiliserait sa dernière étincelle de vie pour la projeter dans la mer, avant de tomber aux mains de ses ennemis. Alors que les cinq guerriers se plaçaient en position de combat, Romulus fut soudain saisi par une inspiration. « Suivez-moi ! s'écria-t-il, je connais une issue ! » Il se rua sur une petite porte en fer dont il tira le loquet.

Devinant ses intentions, Aurelius se pencha sur le parapet, il ordonna à Batiatus de larguer les amarres et de prendre le large. Pour être certain d'être compris, il jeta la corde dans le vide. Il s'élança derrière ses compagnons et dévala l'escalier qu'ils avaient auparavant gravi. L'orage grossissait, cependant on entendait au lointain les grondements du volcan, dont la rage couvait dans le noir.

Ils débouchèrent dans la cour en longeant le mur nord. Romulus s'engagea dans l'allée bordée d'arbres, qui offrait un abri supplémentaire aux fugitifs. Parvenu à la grille d'écoulement qui permettait de pénétrer dans

le cryptoportique, il l'ouvrit et invita les autres à le suivre tandis qu'il se laissait tomber.

« Heureusement que Batiatus n'est pas avec nous, dit Vatrenus. Il n'aurait jamais pu passer par là. »

Ils descendirent l'un après l'autre. Réveillé par ce remue-ménage, un domestique les aperçut. Il se mit à crier, provoquant les aboiements des chiens et l'arrivée d'un groupe de gardes, munis de torches et de lanternes.

« Où sont passés les intrus ? » demanda leur chef.

Le domestique ne sut que répondre. « Je vous jure qu'ils étaient là, je les ai vus, j'en suis certain. »

Aurelius et ses compagnons se tenaient immobiles sous la grille d'écoulement, car leurs poursuivants se tenaient exactement à hauteur de leurs têtes ; ils pouvaient voir leurs visages, éclairés par leurs lanternes.

« Alors ? » insista le chef des gardes. L'homme haussa les épaules tandis que les chiens arpentaient les lieux en jappant. Le barbare repoussa violemment le domestique avant de conduire ses hommes vers d'autres lieux. Romulus souleva légèrement la grille pour s'assurer qu'ils s'étaient vraiment éloignés, puis il se glissa dans le cryptoportique, suivi par le reste du groupe. Le souterrain était plongé dans l'obscurité. Ambrosinus tira de sa besace sa pierre à feu et parvint à allumer une mèche, qui était enroulée autour d'un pot rempli d'une substance noirâtre à la consistance de la sciure. La minuscule flamme fumante se mua bientôt en un globe de lumière blanche qui le guida à travers l'impressionnante série de monuments impériaux jusqu'à la dalle de marbre vert. La miraculeuse flamme d'Ambrosinus, ainsi que cette incroyable parade de Césars, représentés dans la splendeur de leurs vêtements et de leurs armures, remplissaient Aurelius et ses compagnons de stupeur.

« Par les dieux..., murmura Vatrenus, je n'ai jamais rien vu de pareil de toute mon existence.

— Seigneur..., lui fit écho Orose, les yeux écarquillés.

— C'est lui qui l'a découvert », déclara Ambrosinus en indiquant son élève, qui atteignait à cet instant la grande dalle verte.

Romulus se tourna alors vers Aurelius en disant : « Vous n'avez encore rien vu. C'est d'ici que vient l'épée que tu tiens à la main. Regarde ! »

Il posa les doigts sur les trois « V » et appuya à fond. On entendit retentir les contrepoids, ainsi que le mécanisme qui se déclenchait, puis, sous les regards ébahis de ses compagnons, la grande dalle commença à pivoter, offrant à leur vue la statue d'un Jules César resplendissant, avec son armure d'argent, sa tunique et son manteau en marbre polychrome, avec son visage pâle et courroucé, sculpté par un grand artiste dans le marbre de Luna le plus précieux. Mais le silence du groupe fut bientôt brisé par le cri de Démétrios : « Ils nous ont vus ! Ils ont vu notre lumière ! »

En effet, des torches brillaient au fond du grand cryptoportique, tandis qu'on entendait déjà résonner des cris et des appels : Wulfila en personne menait ses gardes le long de l'éboulement et dans l'allée des statues.

« Vite, à l'intérieur ! dit Romulus. Il y a une issue dans cette cellule ! » Le groupe s'engouffra dans le monument et la grande dalle se referma derrière lui. Bientôt, le vacarme des armes qui heurtaient le marbre et les hurlements de rage de Wulfila résonnèrent dans la cavité du petit hypogée. Bien que l'épaisseur du grand monolithe constituât une défense inexpugnable, l'écho de cette colère sauvage donnait à ces lieux un aspect angoissant et concentrait dans l'air inerte une menace impuissante mais terrible, latente. Un instant,

ils se dévisagèrent tous avec effroi. Romulus leur montra alors la margelle d'où s'élevait une mystérieuse lueur bleuâtre, qui évoquait l'au-delà.

« Ce puits débouche dans la mer, expliqua-t-il. C'est la seule issue. Allons-y, nous n'avons rien à faire ici. » Sous les yeux de ses compagnons, il se glissa dans l'ouverture sans leur laisser le temps de réagir. Aurelius l'imita, sans aucune hésitation, suivi de Livia, de Démétrios, d'Orose et de Vatrenus. Ambrosinus fut le dernier à s'élancer. La longue glissade sur un plan incliné, ainsi que la chute verticale à travers un conduit étroit, qu'il lui fallut affronter, lui semblèrent interminables. En entrant au contact de l'eau, il fut envahi par une sensation de panique, puis d'étouffement, et enfin de paix. Il se sentait fluctuer dans un liquide gargouillant, dans une lumière céleste et palpitante. Sa torche lui échappa et se déposa lentement sur le fond ; quant au globe lumineux, il teinta les eaux d'un bleu aussi intense et brillant qu'un saphir. Ambrosinus poussa de toutes ses forces vers le haut, émergeant parmi ses compagnons qui tentaient de rejoindre la rive. Ils se trouvaient à l'intérieur d'une grotte qui communiquait avec la mer à travers une ouverture si petite et si basse qu'elle était à peine visible. Aurelius et les siens regardaient avec stupéfaction la flamme brûler dans l'eau, tandis qu'Ambrosinus promenait sur l'antre un regard d'émerveillement. Vatrenus s'approcha en indiquant la lumière qui paraissait jaillir du fond de la mer. « Mais... qu'est-ce que ce prodige ? Es-tu un magicien ?

— Il s'agit du feu grec, une recette d'Hermogène de Lampsaque, répondit Ambrosinus avec une indifférence affectée. Il brûle également sous l'eau. »

Mais il ne parvenait pas à détourner les yeux des sublimes représentations des dieux de l'Olympe que les eaux de la grotte découvraient totalement, ou en partie :

Neptune sur un char tiré par des chevaux à la queue de poisson, son épouse Amphitrite avec un cortège de nymphes océaniques, des tritons qui soufflaient dans des coquillages marins en gonflant leur poitrine écailleuse. La lumière irréelle que la mer ondoyante projetait sur ces formes semblait leur rendre la vie, animant leurs visages et leurs yeux de marbre. Un nymphée antique, secret et abandonné.

Romulus observait également ces images d'un air ravi. « Qu'est-ce que c'est ? demanda-t-il.

— Les portraits des dieux oubliés, répondit Ambrosinus.

— Mais... ont-ils vraiment existé ?

— Bien sûr que non ! rétorqua Orose, scandalisé. Il n'existe qu'un seul dieu. »

Ambrosinus lui lança un regard énigmatique. « Peut-être, dit-il. Tant qu'un individu a cru en eux. »

Un long silence s'abattit sur ces lieux : leur magie bouleversait tout le groupe. La lumière bleuâtre que la grande voûte rocheuse réfléchissait, ces images, le grondement du tonnerre au loin et le souffle puissant de la mer, qui étirait ses vagues après la tempête, les emplissaient d'une sensation de tranquillité presque surnaturelle. Bien que tremblants de froid et épuisés par les efforts surhumains qu'ils avaient fournis, ils savouraient un bonheur indicible.

Romulus brisa le silence. « Sommes-nous libres ? demanda-t-il.

— Pour l'instant, répondit Aurelius. Nous nous trouvons encore sur l'île. Mais si tu n'avais pas été là, nous serions déjà tous morts. Tu t'es comporté comme un véritable chef d'armée.

— Et maintenant, que faisons-nous ? interrogea Vatrenus.

— Batiatus a compris que nous ne pouvions pas des-

cendre, et il a sans doute largué les amarres. Il doit croiser dans les parages. Il nous faut le rejoindre ou l'attirer jusqu'à nous.

— Je vais voir, dit Livia. Reste ici avec le petit. »

Avant même qu'Aurelius eût le temps de répondre, elle plongea, traversa la grotte en effectuant quelques brasses vigoureuses et ressortit en pleine mer. Elle nagea encore un moment près de la côte, puis elle distingua une saillie qu'il était possible d'escalader. Elle la gravit afin de dominer une large étendue de mer, et elle patienta en tremblant de froid. Les nuages commençaient à s'ouvrir, et la lumière répandait sa clarté sur les ondes ; le Vésuve lançait des éclairs rouges aux nimbus qui galopaient dans le ciel, poussés par le vent d'ouest.

Soudain, Livia sursauta : un bateau surgissait derrière un promontoire. À la proue, un petit phare ; au gouvernail, une silhouette qui n'avait pas sa pareille. Elle s'écria : « Batiatus, Batiatus ! »

L'embarcation vira de bord et se dirigea vers la côte.

« Où es-tu ? demanda le nautonier.

— Par ici, de ce côté !

— Enfin ! dit Batiatus dès qu'il se fut rapproché. Je commençais à désespérer. Êtes-vous tous là ?

— Oui, grâce à Dieu. Les autres sont cachés dans une grotte. Je vais leur dire de sortir. »

Batiatus hissa la voile tandis que Livia plongeait et rejoignait la grotte pour avertir ses compagnons.

L'un après l'autre, les fugitifs se lancèrent à la nage et atteignaient la pleine mer, sous les encouragements de Batiatus : « Vite, vite, j'ai vu un navire quitter le port. On ne va pas tarder à nous remarquer ! »

Livia se plaça aux côtés de Romulus ; ils furent les premiers à monter à bord avec l'aide de Batiatus. Ce fut ensuite le tour d'Ambrosinus. Suivirent Vatrenus,

Orose et Démétrios. Aurelius avait grimpé sur l'un des pitons rocheux qui se dressaient devant la grotte pour examiner les alentours. Soudain, il aperçut à sa gauche une lueur rougeâtre qui se répandait sur les vagues, précédant un navire de guerre mû par la force des rames. À la proue, Wulfila dirigeait l'embarcation contre le bateau de Batiatus. Sans la moindre hésitation, Aurelius s'écria de toutes ses forces : « Wulfila, je t'attends ! Viens me chercher, barbare, si tu en as le courage ! Maudit balafré, viens me chercher ! »

Wulfila sursauta. À la clarté de la lanterne accrochée à la proue, il aperçut son ennemi, qui brandissait son épée invincible au sommet d'un rocher, sur la côte. Il hurla : « Virez ! Virez ! Je veux cet homme et je veux cette épée à tout prix ! »

Comprenant les intentions d'Aurelius, Batiatus mit à la voile et s'éloigna vers le continent, tandis que Romulus s'exclamait : « Non ! Non ! Nous devons l'aider ! Nous ne pouvons pas l'abandonner ! Retourne en arrière, je te l'ordonne ! »

Livia s'approcha. « Veux-tu rendre son sacrifice inutile ? Il l'a fait pour toi. Il a attiré leur attention pour nous permettre de prendre le large. » Elle se tourna vers l'île. Alors l'image d'Aurelius debout sur la rive, dans la lueur des torches, se confondit avec une vision éloignée dans le temps, celle d'un soldat romain dressé sur un rivage et assailli par une horde de barbares, sur fond de ville en flammes. Et Livia se revit, enfant, dans une barque pleine de réfugiés qui glissait sur les eaux noires de la lagune.

Elle fondit en larmes.

XVIII

Wulfila ordonna qu'on soulève la lanterne de l'avant, et l'équipage s'exécuta en éclairant la rive rocheuse, où Aurelius attendait, immobile, l'épée au poing.

Une partie de ses hommes encochèrent leurs flèches et visèrent l'ennemi en pensant que leur chef avait voulu, par son ordre, leur rendre la tâche plus facile, mais Wulfila les arrêta. « Baissez vos arcs ! Je vous ai dit que je voulais cette épée. Si elle tombe à l'eau, nous ne la retrouverons jamais. Accoste ! » cria-t-il ensuite au nautonier.

Au loin, Vatrenus assistait à la scène.

« Amène la voile ! » cria-t-il à Batiatus. À ces mots, Livia sursauta, elle s'essuya les yeux en entrevoyant un espoir dans cet ordre subit.

Perplexe, Batiatus obéit, et le bateau ralentit sa course avant de s'immobiliser.

« Pourquoi nous arrêtons-nous ? demanda-t-il.

— Parce que Aurelius les attire sur les rochers, répondit Vatrenus. Tu n'as pas compris ?

— Navire à tribord ! » s'exclama Démétrios, à l'avant.

Voilà que se présentait une embarcation plus petite,

chargée de guerriers. Des torches et des lanternes ponctuaient ses murailles et ses vergues. Elle se trouvait à deux lieues, mais elle approchait à vive allure.

« Que faisons-nous ? demanda Démétrios. Ils nous foncent dessus.

— Attendons ! s'exclama Romulus. Attendons le plus possible, je vous en prie ! »

C'est alors qu'un grand bruit retentit, suivi du grondement assourdissant du volcan, qui commençait à projeter vers le ciel un nuage de feu et d'étincelles. Dans son désir de rejoindre son ennemi, Wulfila n'avait pas songé aux écueils, et la proue de son navire s'était encastrée parmi les rochers. Les vagues soulevèrent l'arrière en renversant équipage et soldats ; tous tentaient de s'appuyer au bastingage en pestant. Wulfila reprit son équilibre, il s'apprêtait à se jeter contre son adversaire, quand Aurelius plongea dans la mer et disparut.

Le ciel ne cessait de s'assombrir : une pluie de cendres, puis de lapilli enflammés, s'abattit sur le bateau des fuyards.

« Il faut partir, dit Ambrosinus, sinon ce sera trop tard : le volcan va bientôt atteindre la phase paroxystique de son éruption. Même si les barbares ne nous rejoignent pas, les lapilli enflammés incendieront notre bateau, et nous coulerons.

— Non ! s'écria Romulus. Attendons encore un peu. »

Il scrutait avec anxiété la surface sombre de l'eau tandis que l'embarcation ennemie avançait, se plaçant devant le navire de Wulfila, à présent à la merci des lames. La pluie de lapilli redoublait, elle allumait de petits foyers sur le pont et sur les rouleaux de cordage. L'embarcation ennemie ne pouvait pas encore voir

l'épave de Wulfila, secouée par les vagues, mais elle n'allait pas tarder à apercevoir le bateau des fuyards.

« Combien peuvent-ils être ? demanda Orose en regardant droit devant lui au moment même où la chiourme ennemie se pressait à l'avant en agitant ses armes.

— Ils sont assez nombreux », répondit Vatrenus d'une voix grave, avant de se tourner vers Livia : « Le moment est venu de partir, si tu tiens à sauver le petit. » La jeune fille acquiesça à contrecœur.

« Voile au vent ! ordonna alors Vatrenus. Vite, filons ! »

Batiatus manœuvra l'écoute, aidé de Démétrios qui s'était placé au gouvernail. Ils reprirent de la vitesse en s'éloignant lentement. Au même moment, une épée jaillit de l'eau dans un bouillonnement d'écume, et l'on vit surgir à la lueur des torches un bras musclé et luisant, puis une tête et un torse puissant : Aurelius !

« Aurelius ! s'écria Romulus, bouleversé.

— C'est lui ! » s'exclamèrent ses compagnons en se ruant au bastingage.

Vatrenus lui lança une corde et le hissa à bord. Il était épuisé, et il s'effondra sur le pont, presque inanimé. Livia se précipita vers lui et l'étreignit, Romulus s'approcha, se demandant si le légionnaire était vivant ou mort, comme si cette atmosphère irréelle était un rêve trompeur, destiné à s'évanouir avec le jour.

À présent, le brouillard dense que vomissait le volcan se répandait sur la mer, glissant sur les vagues pour lécher les rives de l'île. Le bateau des fuyards s'y enfonça, disparaissant à la vue des ennemis. C'est alors que leurs poursuivants entendirent les hurlements de leurs compagnons, qui se débattaient parmi les débris de leur navire. Wulfila était parvenu à grimper sur les rochers, il appelait au secours en poussant de grands

cris. L'embarcation accosta en veillant à garder de prudentes distances afin de ne pas s'échouer à son tour. Les naufragés la rejoignirent à la nage et montèrent à bord l'un après l'autre. Une fois en sécurité, Wulfila donna l'ordre de se lancer sur la trace des fugitifs, mais le nautonier, un vieux marin de Capri qui connaissait bien la mer, l'en dissuada : « Si nous prenons le large, nous n'en réchapperons pas. Il n'y a aucune visibilité et il pleut du feu, regarde ! »

Wulfila leva la tête vers le ciel noir, strié par une myriade de météores flamboyantes, et il sentit la terreur s'emparer de ses hommes, des gens du Nord qui n'avaient jamais rien vu de la sorte. À la pensée qu'il avait laissé échapper un vieillard et un enfant de treize ans d'une forteresse gardée par soixante-dix guerriers féroces, il se mordit la lèvre, mais il était surtout frappé par la perte de l'épée fantastique qu'il avait désirée de toutes ses forces dès l'instant où il l'avait vue lancer des lueurs sinistres au poing de son ennemi.

« Rentrons au port », ordonna-t-il. Le bateau vira de bord. Les marins, des hommes de la région, ramaient avec force, conscients du danger qui les menaçait, mais obéissant avec discipline et sérénité aux ordres du nautonier. Les barbares, en revanche, étaient saisis de panique, ils tournaient leurs visages blêmes vers la pluie infernale que déversait le ciel, sursautaient en tremblant au moindre grondement. Le brouillard ne cessait de se répandre, accompagné d'une odeur âcre de soufre, et l'horizon palpitait d'éclairs sanglants du côté du continent.

Pendant ce temps, le bateau des fuyards avançait lentement dans l'obscurité. Démétrios avait grimpé au bout du mât de misaine, où était accrochée la lanterne, et il regardait droit devant lui pour tenter de prévenir dan-

gers ou obstacles imprévus, mais, dans ces conditions épouvantables, le destin du groupe reposait essentiellement dans les mains du hasard. Il régnait à bord une tension extrême ; pour éviter de distraire leurs compagnons attentifs aux manœuvres, dans cette navigation quasi aveugle, les occupants de l'embarcation évitaient de parler. Perché sur le mât, les jambes pendant dans le vide, Démétrios distribuait des instructions à ses camarades en se fiant essentiellement à son instinct. Ambrosinus rejoignit Vatrenus et lui demanda : « Dans quelle direction allons-nous ?

— Qui peut le savoir ? Vers le nord, je suppose. Nous n'avons pas d'autre possibilité.

— Je pourrais peut-être vous aider... si seulement... »

Vatrenus secoua la tête avec un air sceptique. « Laisse tomber, nous avons déjà les idées assez embrouillées comme ça. Je n'ai jamais rien vu de pareil.

— Et pourtant, ce n'est pas la première fois qu'une telle situation se produit. Il y a quatre cents ans, le volcan a enseveli trois villes avec leurs habitants. Il n'est resté aucune trace d'eux, mais Pline décrit avec exactitude l'éruption du volcan. Voilà pourquoi j'avais choisi cette nuit... Je pensais que le désordre général faciliterait notre fuite. Hélas, je me suis trompé : la phase paroxystique a eu lieu avec quelques heures de retard par rapport à mes prévisions. »

Vatrenus le dévisagea avec stupéfaction.

C'est alors qu'Aurelius s'approcha. « Comment comptais-tu nous aider ? » demanda-t-il. Ambrosinus s'apprêtait à lui répondre quand la voix de Démétrios retentit à l'avant : « Regardez ! »

Le ciel s'éclaircissait un peu et le faible scintillement des eaux devant eux annonçait l'arrivée de l'aube. Ils doublaient le cap Misène, dont la tête se dressait au-

dessus de la couche de fumée et de cendre. Les premières lueurs du soleil en éclairaient le sommet. Tous les passagers fixèrent un regard extatique sur cette apparition subite, tandis que le brouillard se levait progressivement. Enfin, le bateau et son équipage furent assaillis par les rayons du soleil, qui surgissait au sommet des monts Lattari.

Désormais, la nuit était derrière eux, et avec elle la terreur et l'angoisse, les efforts d'une fuite haletante, d'une poursuite impitoyable et sans répit, la peur, enfin, que l'espoir s'évanouisse comme un rêve trompeur avec le jour. Le soleil brillait au-dessus de leurs têtes, pareil à un dieu bienveillant, le grondement du volcan se perdait au lointain, comme les derniers coups de tonnerre d'un orage quelconque, le bleu de la mer et celui du ciel se fondaient en un unique triomphe de lumière, d'air, de parfums intenses, apportés par le vent.

Romulus rejoignit son maître. « Et maintenant, sommes-nous libres ? »

Ambrosinus aurait voulu lui expliquer que les dangers n'étaient pas encore totalement conjurés, qu'un voyage ponctué de péripéties et semé d'obstacles les attendait probablement, mais il n'eut pas le courage d'assombrir la joie qu'il voyait enfin briller dans les yeux de Romulus. Il répondit en maîtrisant à grand-peine l'émotion qui tremblait dans sa voix : « Oui, mon fils, nous sommes libres. »

Romulus acquiesça à plusieurs reprises comme s'il souhaitait se persuader de la vérité de ces paroles, puis il s'approcha d'Aurelius et de Livia, qui l'observaient à l'écart, et il leur dit avec un filet de voix : « Merci. »

Le bateau toucha terre dans une localité déserte de la côte, près des ruines d'une ville maritime, une trentaine de milles au nord de Cumes. Après avoir bondi

dans l'eau, Livia précéda ses compagnons sur la terre ferme, montrant ainsi que les rênes du commandement étaient toujours entre ses mains.

« Coulez le bateau ! cria-t-elle à l'adresse d'Aurelius. Et puis suivez-moi par ici, vite ! » Elle indiqua une ferme en ruine qu'on distinguait à peine derrière un bouquet d'arbres, à un peu moins d'un mille de distance. Aurelius aida Romulus à descendre, tandis que Batiatus et Démétrios empoignaient leurs haches sous le regard anxieux d'Ambrosinus.

« Mais pourquoi ? demanda-t-il. Pourquoi couler ce bateau ? Par les temps qui courent, il n'y a pas de moyen plus sûr pour voyager. Arrêtez-vous, s'il vous plaît, écoutez-moi ! »

Livia revint alors sur ses pas. « Je vous ai dit de me suivre ! Il n'y a pas un instant à perdre. Ils peuvent fondre sur nous d'un moment à l'autre. Ce garçon est la personne la plus recherchée de tout l'Empire, ne t'en rends-tu pas compte ?

— Oui, bien sûr, répondit Ambrosinus. Mais le bateau est le moyen le plus sûr et...

— Pas de discussion, suivez-moi, un point c'est tout, et au pas de course ! » ordonna Livia sur un ton sec et péremptoire.

Ambrosinus lui emboîta le pas à regret, se retournant plusieurs fois pour regarder le bateau couler. Orose était déjà descendu. Démétrios l'imita, puis Aurelius, Vatrenus et Batiatus sautèrent à terre l'un après l'autre en s'élançant derrière le groupe de tête, que Livia conduisait à l'abri, dans le maquis qui bordait la côte et la région.

« Je n'arrive toujours pas à y croire, disait Vatrenus, hors d'haleine. À six, nous avons baisé soixante-dix gardes retranchés dans cette espèce de forteresse.

— Comme au bon vieux temps ! exulta Batiatus.

Mais à une différence près, et non des moindres, ajouta-t-il en clignant de l'œil à Livia, qui lui rendit son sourire.

— Il me tarde de compter toutes ces jolies pièces d'or, reprit Vatrenus. Mille ducats, as-tu dit, n'est-ce pas ?

— Exactement, confirma Aurelius. Mais je te fais remarquer que nous ne les avons pas encore gagnés. Il nous faut d'abord traverser l'Italie de part en part jusqu'à notre lieu de rendez-vous.

— Et où se situe-t-il ? l'interrogea Vatrenus.

— Il s'agit d'un port de l'Adriatique, où un bateau nous attend. Le petit y sera en sûreté et nous y recevrons un tas d'argent. »

Livia s'immobilisa devant la ferme, dont elle explora prudemment les ruines après avoir encoché une flèche et bandé son arc. Elle entendit un léger ébrouement, puis elle découvrit six chevaux et une mule attachés par les rênes à une corde tendue entre deux grilles. Parmi eux, on distinguait sans peine Juba, qui se mit à piaffer en sentant l'odeur de son maître.

« Juba ! » s'écria Aurelius en courant le détacher. Il l'embrassa comme un vieil ami.

« Tu es content ? demanda Livia. Eustathius a fait du bon travail. Stephanos a d'excellents contacts dans la région. Tout se passe à merveille.

— Je suis heureux, répondit Aurelius. Il n'y a pas de meilleur cheval au monde que Juba. »

Ambrosinus rejoignit Livia, qui détachait son cheval et s'apprêtait à monter en selle. « Je suis responsable de la sécurité de l'empereur, dit-il en fixant sur elle un regard ferme. Je crois avoir le droit de connaître notre destination.

— C'est moi qui suis la responsable de la sécurité du petit, puisque je vous ai libérés tous les deux. Mais

je comprends ton inquiétude. Tu devines que je n'ai pas agi de ma propre initiative, n'est-ce pas ? Je suis les instructions que j'ai reçues. Nous conduirons Romulus sur les rives de l'Adriatique, d'où il partira pour être emmené là où les barbares ne pourront jamais l'atteindre et où sa dignité impériale trouvera son siège naturel... »

Le visage d'Ambrosinus s'assombrit. « Constantinople... c'est ça ? Vous voulez le conduire à Constantinople... C'est un nid de vipères, où la lutte pour le pouvoir n'épargne personne, ni les frères, ni les sœurs, ni les parents, ni même les enfants... » Il n'avait pas remarqué que Romulus s'était approché et qu'il avait probablement entendu ses propos. Mais il était trop tard, désormais, et il valait mieux que le jeune empereur apprenne ce qu'il en était. Ambrosinus posa une main sur son épaule et le serra contre sa poitrine, comme s'il entendait le défendre contre une nouvelle menace, aussi importante que les précédentes. « Personne ne le protégera là-bas, poursuivit-il. Il sera à la merci du moindre caprice, du moindre geste arbitraire. Laisse-le-moi, je t'en supplie. »

Livia ne parvint pas à soutenir son regard. Elle répondit, non sans embarras : « Ce n'est pas n'importe qui, et tu le sais très bien. Comment peux-tu imaginer le conduire où bon te semble ? D'autant plus que, sans nous, vous n'iriez pas loin. Quoi qu'il en soit, tu pourras l'accompagner, si tu le souhaites. Pour l'heure, montez en selle, et dépêchons-nous : il est dangereux de s'attarder ici, nous sommes trop proches de la côte. » Elle poussa son cheval sur le sentier qui s'enfonçait dans le maquis.

« C'est une question d'argent, n'est-ce pas ? Une question d'argent, c'est ça ? » s'écria Ambrosinus.

Aurelius lui tendit les rênes de la mule. « Ne dis pas

de bêtises, maître. Peux-tu imaginer ce que les barbares lui auraient fait s'ils l'avaient capturée alors qu'elle tentait de vous libérer ? Personne ne risque sa vie seulement pour de l'argent. Et nous avons tous risqué la nôtre plusieurs fois. Maintenant, dépêche-toi, tu m'as entendu ?

— Puis-je monter à cheval avec toi ? » demanda Romulus. Mais Aurelius refusa : « Il vaut mieux que tu chevauches avec ton maître. Nous devons pouvoir nous déplacer librement en cas d'attaque. » Il éperonna sa monture. Déçu, Romulus s'installa derrière Ambrosinus, qui poussa leur mule et s'engagea sur le sentier avec un air taciturne. Vatrenus, Orose, Démétrios et Batiatus leur emboîtèrent le pas en se disposant deux par deux et en adoptant une allure vive. Arrivés au sommet d'une colline, ils se retournèrent et lancèrent un coup d'œil à la côte : la mer scintillait sous les rayons du soleil, qui brillait désormais haut dans le ciel, éclairant la crête des montagnes, et le bateau y disparaissait dans un bouillonnement d'écume. De l'autre côté, les cimes de l'Apennin dressaient leurs coupoles enneigées au-dessus du manteau boisé, du vert sombre des sapins. Bientôt, la montée se fit plus escarpée, et les cavaliers se mirent au pas. Vatrenus rejoignit Livia et Aurelius afin de renforcer le groupe de tête, qui était le plus exposé.

« J'aimerais que tu me dises quelque chose, lança-t-il bientôt à Livia.

— Quoi ?

— Qu'est-il arrivé au pêcheur qui escalada la paroi nord pour apporter une langouste à Tibère César ?

— L'empereur prit mal la chose. Furieux qu'un intrus soit entré dans sa villa par une voie qu'il estimait inaccessible, il ordonna à ses gardes de frotter la lan-

gouste sur son visage plusieurs fois avant de le mettre à la porte. »

Vatrenus se gratta la nuque. « Bon sang ! En fin de compte, nous avons eu plus de chance que lui.

— Pour le moment, rétorqua Aurelius.

— Oui, pour le moment. »

À une centaine de pieds, venaient Ambrosinus et Romulus, montés sur la mule.

« Crois-tu vraiment qu'on m'emmènera à Constantinople ? demanda le garçon.

— Je le crains fort. Ou mieux, j'en suis certain. Livia ne l'a pas démenti quand je le lui ai dit, elle l'a même confirmé d'une certaine façon.

— Est-ce donc si terrible ? »

Ambrosinus ne sut que dire.

« Réponds-moi, insista Romulus. J'ai le droit de savoir ce qui m'attend.

— Le fait est que je ne le sais pas moi-même, je ne peux qu'élaborer des suppositions. Une chose est certaine : quelqu'un a chargé Livia de nous emmener loin de Capri. C'est elle qui a tout organisé. La présence d'Aurelius m'avait d'abord trompé. Sachant qu'il avait essayé de te libérer à Ravenne, j'avais cru qu'il tentait sa chance une seconde fois. Et je n'avais pas été surpris de le voir en compagnie d'une femme. Il pouvait s'agir de sa compagne. De nombreux soldats en ont une, qu'ils épousent à la fin de leur service. Mais j'ai dû revenir sur mon jugement. À l'évidence, c'est elle qui commande, et c'est donc elle qui dispose de l'argent destiné à les payer.

— Alors, ce que tu as dit est vrai... ils agissent pour de l'argent.

— Quoi qu'il en soit, nous devons leur être reconnaissants. Aurelius a raison, personne ne risque sa vie seulement pour de l'argent, mais il est certain que

l'argent n'est pas négligeable. Il est normal qu'un homme essaie d'améliorer sa condition, en particulier par les temps qui courent, et nos sauveteurs sont des soldats en déroute, privés d'armée et de patrie.

— Pourquoi as-tu dit ces choses-là ? Que pourrait-il m'arriver à Constantinople ?

— Probablement rien. Tu vivrais dans un luxe peut-être excessif. Mais tu es l'empereur d'Occident et cela représenterait toujours un danger pour toi. Un individu pourrait, par exemple, t'utiliser contre un autre, comme un pion dans un jeu, comprends-tu ? Et l'on sacrifie souvent les pions sans remords pour préparer une action menant à la victoire. Tu en ferais les frais, hélas. Constantinople est une capitale corrompue.

— Alors ces gens-là ne valent pas mieux que les barbares.

— Tout se paie dans ce monde, mon enfant. Quand un peuple atteint un haut niveau de civilisation, il développe simultanément un certain taux de corruption. Les barbares ne sont pas corrompus parce qu'ils sont barbares, mais ils apprendront bien vite à aimer les beaux vêtements, l'argent, les mets raffinés, les parfums, les belles femmes, les belles demeures. Tout cela se paie, et seule la corruption parvient à mobiliser assez d'argent pour l'obtenir. Quoi qu'il en soit, il n'y a pas de civilisation sans un certain degré de barbarie, et il n'y a pas de barbarie sans un germe de civilisation. Tu me suis ?

— Oui, je crois. Mais alors, dans quel monde vivons-nous, *Ambrosine* ?

— Le meilleur des mondes possibles, ou le pire, selon le point de vue que l'on adopte. En tous les cas, la civilisation est de loin préférable à la barbarie.

— D'après toi, qu'est-ce que la civilisation ?

— La civilisation se caractérise par les lois, les

règles politiques, la certitude du droit. Les professions et les métiers, les routes et les communications, les rites et les solennités. La science, mais aussi l'art, surtout l'art. La littérature, la poésie, comme celle de Virgile que nous avons lue tant de fois ensemble : des activités de l'esprit qui nous rapprochent de Dieu. Un barbare, en revanche, ressemble à une bête. J'ignore si je suis assez clair. Le fait d'appartenir à une civilisation t'apporte une fierté particulière, la fierté de prendre part à une grande entreprise collective, la plus grande entreprise qui soit donnée à l'homme d'accomplir.

— Mais la nôtre, notre civilisation, je veux dire, est en train de mourir, n'est-ce pas ?

— Oui », répondit Ambrosinus. Et il s'enfonça dans un long silence.

XIX

« Elle est belle, n'est-ce pas ? »

Aurelius sursauta. Romulus avait surgi dans son dos tandis qu'il tournait et retournait l'épée devant le feu, comme hypnotisé par les reflets bleuâtres de la lame, aussi changeants que les ocelles qui parsèment la queue des paons.

« Pardonne-moi, répondit-il en la lui tendant. J'ai oublié de te la rendre. Elle t'appartient.

— Il vaut mieux que tu la gardes pour l'instant. Tu en feras certainement un meilleur usage que moi. »

Aurelius la contempla une nouvelle fois. « Cette arme est incroyable. Malgré les coups qu'elle a assenés et subis, elle ne présente ni ébréchure, ni marque, ni égratignure. On dirait l'arme d'un dieu.

— C'est ce qu'elle est dans un certain sens. Elle a appartenu à Jules César. As-tu vu son inscription ? »

Aurelius hocha la tête et passa les doigts le long de la série de lettres gravées au centre de la lame, à l'intérieur d'une rainure tout juste perceptible. « Je l'ai vue et je ne pouvais pas en croire mes yeux. Elle dégage une force mystérieuse qui pénètre sous la peau, dans les doigts, dans le bras et jusqu'au cœur...

— Ambrosinus dit qu'elle a été forgée par les Chalybes en Anatolie, à partir d'un bloc de fer sidéral, et trempée dans le sang d'un lion...

— C'est la poignée... celles des épées de combat ne sont pas aussi riches et aussi précieuses. Seules les épées de parade en sont ornées. Et pourtant, le cou de l'aigle épouse la main comme aucune autre poignée au monde, on dirait le prolongement du bras...

— Ce n'est qu'un formidable instrument de mort, fabriqué pour un grand conquérant. Tu es un combattant, il est normal qu'elle te fascine. » Romulus jeta un coup d'œil à son précepteur, occupé à aligner ses affaires près du feu. « Tu vois Ambrosinus ? C'est un homme de savoir. Lui, il tente de sauver ses instruments imbibés d'eau après notre plongeon dans la grotte : ses poudres... ses herbes... Tu vois, là, c'est mon exemplaire de *L'Énéide*, un cadeau que j'ai reçu le jour de mon acclamation.

— Et ce cahier ?

— C'est son journal intime. Il y a consigné son histoire... et la nôtre.

— Tu veux dire qu'il y parlait aussi... de moi ?

— Tu peux en être certain. Mais pourquoi dis-tu "parlait" ?

— Il a été plongé dans l'eau. J'imagine qu'il n'en est pas resté grand-chose.

— Tu te trompes. Ambrosinus emploie de l'encre indélébile. Une de ses nombreuses recettes. Et il connaît aussi celle de l'encre invisible.

— Tu te moques de moi.

— Oh, non ! Quand il écrit, on ne voit rien, comme s'il trempait sa plume dans de l'eau de source, et puis, soudain, lorsqu'il... »

Aurelius l'interrompit : « Tu l'aimes beaucoup, n'est-ce pas ?

— Je n'ai que lui au monde », répondit Romulus, et il prononça ces mots sur un ton bien particulier comme s'il exigeait un démenti de son interlocuteur.

Mais Aurelius s'abstint de tout commentaire, et Romulus le regarda ranger l'épée dans son fourreau d'un mouvement long et harmonieux qui évoquait le geste d'un prêtre. Ensemble, ils contemplèrent un moment les flammes du bivouac. Puis Romulus brisa de nouveau le silence. « Pourquoi as-tu refusé que je monte sur ton cheval aujourd'hui ?

— Je te l'ai déjà dit. Je dois te protéger, je dois être libre de mes mouvements.

— Ce n'est pas vrai. Tu dois être libre, un point c'est tout, n'est-ce pas ? »

Avant même qu'Aurelius ait eu le temps de répondre, Romulus s'en alla rejoindre son précepteur, qui étendait sa couverture sur une couche de feuilles mortes. Démétrios montait la garde à la limite du champ, Orose s'était posté non loin de là, sur une petite colline, afin de prévenir les mouvements d'éventuels poursuivants venus de l'ouest. Batiatus, Livia, Aurelius et Vatrenus se préparaient, quant à eux, pour la nuit.

« C'est étrange, dit Vatrenus. Je n'ai aucune envie de dormir, alors que je devrais être mort de sommeil.

— Nous en avons trop fait en l'espace d'une journée, observa Aurelius, et notre corps n'arrive pas à croire qu'il peut se reposer.

— Bonne explication ! s'exclama Batiatus. En effet, moi, qui n'ai presque rien fait, je tombe de sommeil.

— J'aimerais bien chanter, dit Vatrenus, comme nous le faisions certains soirs, au camp, autour du feu. Vous vous rappelez ? Par les dieux... vous vous rappelez la voix d'Antoninus ?

— Oh ! oui, répondit Aurelius. Plutôt deux fois qu'une ! Et Canidius alors ? Et Paulinus ?

— Notre commandant Claudianus avait, lui aussi, une belle voix, dit Batiatus. Vous vous souvenez ? Il lui arrivait de venir s'asseoir avec nous près du feu en rentrant de son tour d'inspection. S'il nous trouvait occupés à chanter, il se mettait à chantonner lui aussi, tout bas. Et puis, il faisait apporter un peu de vin et buvait avec nous. Il disait : "Buvez, les enfants, cela vous réchauffera un peu." Pauvre commandant. Je revois encore son dernier regard pendant qu'il tombait, transpercé, au milieu d'une horde d'ennemis... » Les yeux du géant noir brillaient dans l'obscurité tandis qu'il évoquait cette scène cruelle.

À ces mots, Aurelius leva la tête, et les deux hommes échangèrent un long regard en silence ; un instant, celui d'Aurelius fut traversé par une expression inquisitrice et par l'ombre d'un soupçon qui n'échappèrent pas à Batiatus. « Je sais ce que tu penses, dit-il. Tu te demandes pourquoi nous n'avons pas péri à Dertona, n'est-ce pas ? Tu veux savoir pourquoi nous sommes vivants...

— Tu te trompes, je ne...

— Ne mens pas, je te connais trop bien. Mais nous, t'avons-nous demandé pourquoi tu n'étais pas revenu ? pourquoi tu n'étais pas revenu mourir avec nos compagnons ?

— Je suis revenu vous libérer, cela ne te suffit pas ?

— Arrêtez, leur ordonna Vatrenus, et il prononça ce mot sans crier, sur un ton calme et ferme. Je vais te raconter comment les choses se sont passées, Aurelius. Nous nous mettrons ainsi l'âme en paix et nous cesserons d'en parler, d'accord ? J'aurais préféré ne pas le faire, mais je comprends que c'est nécessaire. Donc, après ton départ, nous avons commencé à nous battre, assaillis de toutes parts, et nous nous sommes battus pendant des heures. Et des heures. Et des heures. Près des palissades d'abord, puis sur le mur, et enfin dehors,

en carré, à pied, comme du temps d'Hannibal. Nous étions de moins en moins nombreux et de plus en plus fatigués, alors que les barbares ne cessaient d'aligner des troupes fraîches contre nous, par vagues, l'une après l'autre... Des flèches, des milliers de flèches s'abattaient sur nous. Au coucher du soleil, voyant que nous étions épuisés, en sang, au bout du rouleau, ils ont avancé au pas sur leurs chevaux caparaçonnés, en brandissant leurs haches pour nous achever, pour nous massacrer. L'un après l'autre. Nous avons vu nos camarades tomber par dizaines, par centaines, désormais incapables de supporter le seul poids de leurs armes ; certains se jetaient sur leur épée pour mettre fin à leurs souffrances, d'autres étaient découpés en morceaux encore vivants... abandonnés sur le sol sans jambes, sans bras, pauvres troncs informes qui hurlaient, se vidaient de leur sang dans la boue...

— Je ne veux pas entendre ça ! » s'exclama Aurelius. Mais Vatrenus ne l'écouta pas.

« C'est alors qu'est intervenu leur chef, le fameux Mlède, un des lieutenants d'Odoacre. Nous n'étions plus qu'une centaine, je crois, défigurés par la fatigue, souillés de sang et de boue, harassés. Tu aurais dû nous voir, Aurelius... Tu aurais dû... nous voir ! » ajouta-t-il d'une voix tremblante. Rufius Elius Vatrenus, le dur soldat, le vétéran de mille batailles, s'était caché le visage et pleurait, il sanglotait comme un enfant tandis que Batiatus posait une main sur son épaule et lui assenait des petits coups pour le calmer. C'est lui qui poursuivit : « Mlède a crié quelque chose dans sa langue, et le massacre a cessé. Un héraut nous a ordonné de jeter nos armes, en échange de quoi nous aurions la vie sauve. Nous les avons jetées, oui, avions-nous le choix ? Ils nous ont enchaînés, nous ont traînés sous les coups et les crachats à leur campement, où nombre

d'entre eux souhaitaient nous faire subir les plus effroyables tortures car nous avions éliminé quatre mille de leurs compagnons et blessé beaucoup d'autres. Mais Mlède avait sans doute reçu l'ordre de sauver un bon groupe d'hommes afin de les réduire en esclavage. Nous avons été conduits à Classe et envoyés dans diverses directions. Certains ont pris le chemin de l'Istrie, je crois, pour servir dans les carrières de pierre, d'autres celui de la Norique pour couper des arbres. Nous avons été expédiés à Misène, où tu nous as trouvés. Voilà, Aurelius, c'est tout, je n'ai rien d'autre à ajouter. Et maintenant, je vais me coucher, si vous n'avez pas besoin de moi. »

Aurelius hocha la tête d'un air grave. « Va, dit-il. Va dormir, l'homme noir. Vous tous, dormez si vous le pouvez, et toi aussi Vatrenus, mon vieil ami. Je... je n'ai jamais douté de vous. Je... je n'avais qu'un seul espoir, vous retrouver en vie, c'est tout, je le jure... J'aurais donné n'importe quoi pour vous retrouver en vie. La vie est la seule chose qui nous reste. » Il se leva et alla s'asseoir contre le tronc d'un chêne, près de Juba. Livia se tenait non loin de là, elle avait sans doute tout entendu, mais elle ne dit rien. Aurelius non plus. Il aurait aimé pleurer, or son cœur était comme pétrifié et ses pensées se débattaient dans son cerveau comme des serpents enchevêtrés dans leur nid.

Un peu plus loin, Romulus était allongé sur sa couche, incapable de s'endormir. Il avait compris que des propos horribles avaient provoqué une confrontation pénible entre ses compagnons de route, mais il n'en avait pas saisi la teneur. Il craignait d'être lui-même l'objet de cette discussion. Voilà pourquoi il ne cessait de se tourner et de se retourner sans parvenir à trouver la paix.

« Tu ne dors pas ? lui demanda Ambrosinus.

— Je n'y arrive pas.

— Je suis désolé, c'est ma faute. Je n'aurais pas dû te parler en ces termes de Constantinople et de tout le reste. Je suis un imbécile. Pardonne-moi.

— Ne te tourmente pas, c'était logique. Une entreprise aussi difficile et risquée ne pouvait être montée sur pied que pour des raisons politiques, ou pour de l'argent, comme tu l'as dit. Je t'ai entendu parler à Livia.

— J'étais hors de moi. N'accorde pas trop d'importance à ces paroles.

— Et pourtant, tu es dans le vrai. Ce sont tous des mercenaires, Livia, Aurelius et ceux qui se sont unis à eux.

— Tu es injuste. Aurelius a tenté de te libérer à Ravenne sans la moindre récompense, pour la seule raison que ton père l'en avait prié au moment de mourir. Ne l'oublie pas, Aurelius a recueilli les derniers mots de ton père. Ton père vit en lui, d'une certaine façon.

— Ce n'est pas vrai.

— Tu es libre de tes pensées. Telle est pourtant la vérité. »

Romulus tenta de se calmer et d'étirer ses membres contractés. Le cri d'un petit duc retentit au lointain, comme un chant désolé, le faisant frissonner sous la couverture.

« *Ambrosine...*

— Oui.

— Tu ne veux pas qu'on m'emmène à Constantinople, n'est-ce pas ?

— Non, je ne le veux pas.

— Comment pourrions-nous l'éviter ?

— C'est difficile, pratiquement impossible.

— Mais tu m'accompagneras, n'est-ce pas ?

— Comment peux-tu en douter ?

— Non, je n'en doute pas. Que ferais-tu si mon sort dépendait de toi ?

— Je t'emmènerais loin d'ici.

— Où ?

— En Bretagne. Dans ma patrie. Elle est belle, tu sais. Une île toute verte, dotée de jolies villes et de champs fertiles, de majestueuses forêts de chênes, de hêtres et d'érables qui, en cette saison, tendent leurs bras nus vers le ciel, comme des géants qui essaient d'attraper les étoiles. Il y a aussi de vastes prairies, où paissent les troupeaux. Ici et là se dressent des monuments grandioses, d'énormes monuments de pierre disposés en cercle dont seuls les prêtres de la religion ancienne connaissent la signification.

— Je sais ce dont il s'agit. Je l'ai lu dans *De Bello Gallico* de Jules César... C'est la raison pour laquelle tu portes ce rameau de gui au cou. *Ambrosine ?* Es-tu, toi aussi, un druide ?

— J'ai été instruit dans ce savoir antique, oui.

— Et crois-tu en notre dieu ?

— Il n'existe qu'un seul dieu, César. Seules divergent les voies que les hommes parcourent à sa recherche.

— Et pourtant, j'ai lu dans tes Mémoires la description d'une terre turbulente. Vous avez, vous aussi, des barbares féroces...

— C'est vrai. Le Grand Mur ne suffit plus à les contenir.

— N'y a-t-il donc pas de paix en ce monde ? N'y a-t-il pas de lieu où l'on puisse vivre en paix ?

— La paix doit être conquise, mon fils, car elle est le bien le plus précieux qui soit. Mais pour l'heure, dors. Dieu nous donnera une inspiration quand viendra le moment. J'en suis certain. »

Romulus se recroquevilla sous sa couverture en écoutant le cri monotone du petit duc, qui s'échappait de la montagne. Enfin, il fut envahi par une sensation de grande fatigue, et il ferma les yeux.

Les étoiles traversaient lentement le ciel et le vent du nord rendait l'air aussi transparent que du cristal. Les flammes du bivouac se ranimèrent en diffusant une lumière intense, puis elles s'éteignirent rapidement, et il n'y eut plus que le reflet des braises dans la vaste montagne.

Au milieu de la nuit, Aurelius remplaça Démétrios, et Vatrenus Orose. La vie du camp les avait habitués à ce rythme, et ils se réveillaient toujours au bon moment, comme si leur esprit suivait et mesurait le mouvement des étoiles pendant qu'ils dormaient. Ils se remirent en route à l'aube, après un petit déjeuner frugal. Eustathius avait rempli de provisions les sacoches des chevaux : du pain, des olives, du fromage et deux outres de vin. Ambrosinus ramassa les herbes et les objets qu'il avait fait sécher près des braises, il les rangea dans sa besace. Romulus roulait et attachait sa couverture avec une habileté digne d'un soldat.

Livia passait à côté de lui à cet instant, munie du harnachement de son cheval. « Tu es très doué, dit-elle. Où as-tu appris ?

— J'ai eu un instructeur militaire pendant ces deux dernières années, un officier de la garde de mon père. Il est mort, lui aussi, la nuit de l'assaut de la villa. On lui a coupé la tête.

— Aimerais-tu monter avec moi, aujourd'hui ? demanda Livia en bridant sa monture.

— Peu importe. Je ne veux gêner personne.

— J'en serais ravie », insista-t-elle.

Romulus hésita un instant avant de répondre.

« D'accord, à condition que nous ne parlions pas de Constantinople, ni de tout le reste.

— D'accord. Pas de Constantinople.

— Il faut d'abord que j'avertisse Ambrosinus. Je ne voudrais pas qu'il se fâche.

— Je t'attends. »

Romulus revint quelques instants plus tard. « Ambrosinus est d'accord, mais il te demande de ne pas aller trop vite. »

Livia acquiesça avec un sourire. « Allez, monte. » Et elle aida le garçon à s'installer devant elle.

La colonne se mit en marche vers le col qui apparaissait au loin, semblable à une selle, entre deux pics enneigés.

« Il fera froid, là-haut, dit Romulus. Et nous y passerons la nuit.

— Oui, mais ensuite nous descendrons vers l'Adriatique, ma mer. Nous trouverons les derniers troupeaux de brebis qui regagnent les pâturages d'hiver. Tu verras peut-être des agneaux tout juste nés. Cela te plairait-il ?

— Je m'y entends en agriculture et en élevage : j'ai lu Columelle, Varron, Caton et Pline, j'ai pratiqué l'apiculture, je connais les techniques de l'émondage et de la greffe, les saisons de la monte, la vinification des moûts...

— Comme un vrai Romain des temps anciens.

— Et j'ai sans doute appris tout cela pour rien. Je ne crois pas que j'aurai un jour le moyen d'exercer ces arts. Mon avenir ne dépend pas de moi. »

Livia s'abstint de répondre à ces propos qui avaient une allure de reproche. C'est Romulus qui reprit la parole. « Tu es la compagne d'Aurelius ?

— Non.

— Mais aimerais-tu l'être ?

— Je ne crois pas que cela te regarde. Quoi qu'il en

soit, si tu veux tout savoir, c'est moi qui l'ai sauvé la nuit où il a tenté de te libérer, à Ravenne. Il avait une mauvaise blessure à l'épaule.

— Je le sais. J'étais avec lui quand il a été touché. Mais cela ne fait pas de toi sa compagne.

— Non, en effet. Nous sommes juste réunis pour mener à bien cette mission.

— Et ensuite ?

— Ensuite, chacun s'en ira de son côté, je le suppose.

— Ah.

— Tu es déçu ?

— Pourquoi, le devrais-je ? À ce qu'il paraît, ce ne sont pas mes affaires.

— Non, en effet. »

Ils parcoururent deux milles en silence. Romulus observait le paysage presque désert, mais d'une beauté enchanteresse. Ils longeaient un lac dans lequel se reflétait un ciel pur et limpide. Un petit groupe de sangliers, qui fougeaient à l'orée du bois, coururent se cacher. Un gros cerf leva sa tête superbe en se détachant sur le soleil levant, puis il disparut d'un seul bond.

« Est-il vrai que vous avez agi pour de l'argent ? demanda à nouveau Romulus.

— Nous aurons une récompense, comme tout soldat qui sert son pays, mais cela ne signifie pas que nous avons agi dans ce but.

— Et pourquoi, alors ?

— Parce que nous sommes romains et que tu es notre empereur. »

Romulus garda le silence. Le vent redoublait de vigueur, un vent froid, qui venait du nord-est et qui avait léché les cimes enneigées de l'Apennin. Sentant que le garçon frissonnait, Livia le couvrit de son man-

teau et l'attira doucement à elle en glissant son bras autour de sa taille. Romulus tenta d'abord de résister, puis il s'abandonna à la tiédeur de ce corps. Il ferma les yeux et il lui sembla qu'il était encore possible d'être heureux.

XX

Le voyage se poursuivit encore pendant trois jours à travers des lieux pour la plupart inhabités et des forêts, le long de sentiers peu pratiqués, où il était plus facile d'éviter des rencontres indésirables. Quand on s'arrêtait pour installer le campement, Aurelius effectuait une longue reconnaissance avec l'un des siens, ou en compagnie de Livia, afin de s'assurer qu'ils ne couraient aucun danger. Mais ils n'eurent jamais matière à inquiétude : leurs ennemis n'avaient probablement pas deviné où ils se rendaient. D'autre part, il était légitime de croire qu'ils n'avaient pas retrouvé leurs traces : l'obscurité de la nuit et la brume de l'éruption les avaient d'abord dissimulés à la vue des barbares, puis ils avaient coulé leur bateau et rejoint leurs chevaux dans l'arrière-pays pour ne pas se faire remarquer à l'endroit où ils avaient débarqué.

Tout semblait se dérouler à la perfection, et ils avaient programmé leur marche afin d'arriver sur la côte le jour de leur rendez-vous avec le navire byzantin. Les membres du groupe étaient détendus, il régnait une atmosphère sereine parmi eux. On se remettait à plaisanter et à rire, Romulus ne quittait plus la monture de

Livia. Aurelius lui souriait, il chevauchait fréquemment à leurs côtés, et il approchait souvent le garçon, le soir, au bivouac, même s'il préférait, à l'évidence, garder ses distances. Romulus songea que leur séparation imminente expliquait son comportement.

« Rien ne t'empêche de me parler, lui dit-il un soir qu'Aurelius mangeait son dîner à l'écart. Cela ne te compromet en rien.

— M'entretenir avec toi est un honneur et un plaisir, César, répondit Aurelius en souriant, sans relever la provocation. Si je suivais mon penchant, je le ferais très souvent. Hélas, nous devrons bientôt nous séparer, et nouer une amitié rendrait nos adieux encore plus pénibles.

— Je n'ai pas dit que j'avais l'intention de nouer une amitié avec toi, rétorqua Romulus en masquant à grand-peine sa déception. J'ai dit qu'on pouvait échanger quelques mots, rien de plus.

— S'il en est ainsi... De quoi veux-tu parler ?

— De vous, par exemple. Que ferez-vous lorsque vous m'aurez livré à mes nouveaux geôliers ?

— "Livré" ne me semble pas le mot approprié.

— Peut-être, mais cela ne change rien à la substance.

— Aurais-tu préféré rester à Capri ?

— Non, mais en réalité je ne sais pas ce qui m'attend. L'alternative, si tant est qu'elle existe, à la prison de Capri est une autre prison, dont j'ignore tout. Dans ces conditions, comment exprimer une préférence ? Un homme libre a le droit de choisir. Je suis transféré, pour ma part, d'une autorité à l'autre, et rien ne me garantit que la seconde ne me fera pas regretter la première. »

Aurelius admira l'habileté rhétorique de cette argumentation, à laquelle il ne put rien opposer. Il se

contenta de dire : « J'espère que non. Et je l'espère de tout mon cœur.

— Je suis prêt à le croire. Alors, que ferez-vous ?

— Je l'ignore. J'en ai débattu avec mes camarades en chemin, pour tromper le temps ou par crainte de l'avenir, mais nous n'avons aucune idée précise. Un jour, le jour de l'attaque du camp, Vatrenus a déclaré qu'il en avait assez de cette vie, qu'il voulait s'en aller sur une île pour garder des chèvres et cultiver la terre. Par les dieux, un siècle semble s'être écoulé depuis, et non quelques semaines ! Ce jour-là, j'ai interprété cette solution comme une blague, mais désormais, dans cette situation incertaine et obscure, elle me paraît concrète, presque souhaitable...

— Garder des chèvres sur une île. Pourquoi pas ? Ce serait également souhaitable pour moi, si je pouvais décider de mon avenir. Mais je ne le puis.

— Ce n'est la faute de personne.

— Tu te trompes. Ceux qui laissent une injustice se produire deviennent ses complices.

— Sénèque.

— Ne change pas de conversation, soldat.

— Il est impossible de se battre à six ou sept contre le monde entier, et je refuse de mettre encore une fois en danger la vie de mes compagnons. Ils ont fait tout ce qu'ils pouvaient, ils méritent désormais la récompense promise et la liberté de décider de leur avenir. Nous irons peut-être en Sicile, où Vatrenus a une propriété, à moins que nous ne nous séparions. Il est également possible que nous prenions, nous aussi, la route de l'Orient un de ces jours. Alors, nous viendrons te saluer dans ton somptueux palais. Tu y penses ? J'espère que tu nous inviteras à dîner.

— Oh, oui, bien sûr, ce serait fantastique ! J'en serais heureux, fier et... » Comprenant qu'il n'y avait

pas de place pour les sentiments dans cet échange, il se maîtrisa. « Il vaut peut-être mieux que j'aille me coucher, dit-il en se levant. Merci pour ta compagnie.

— Merci à toi, César », répondit Aurelius en hochant la tête. Et il le regarda s'éloigner.

Le lendemain, ils se déplacèrent sur un terrain accidenté et durent mettre pied à terre sur de longs tronçons pour éviter que leurs montures se blessent. Ils longeaient le cours d'un ruisseau, suivant une route qui était certes pénible, mais qui leur permettait d'éviter les lieux habités où il leur serait impossible de passer inaperçus. De temps à autre, la petite vallée s'élargissait, se transformant en plaine ; on y voyait des bergers surveillant leurs troupeaux, ou des paysans ramassant dans le bois des broussailles qu'ils brûleraient dans leur foyer au cours de l'hiver. Avec leurs barbes, leurs cheveux hirsutes, leurs chaussures en peau de chèvre, leurs vêtements usés et rapiécés qui les protégeaient mal du froid, ils avaient l'air de sauvages. Ils interrompaient toujours les tâches auxquelles ils étaient occupés au passage de la petite colonne, dont ils observaient les membres sans mot dire. Les hommes armés et à cheval étaient, à leurs yeux, des personnages importants, capables de se défendre ou d'attaquer, et donc redoutables. Un jour, Romulus aperçut des garçons de son âge et des fillettes un peu plus jeunes : ils marchaient, courbés sous le poids d'une hotte pleine de bois, le nez coulant, les lèvres gercées par le froid et la dénutrition. L'un d'eux rassembla son courage : il déposa sur le sol son fardeau disproportionné et s'approcha, la main tendue.

Romulus, qui chevauchait la monture de Livia, demanda à celle-ci : « Pouvons-nous lui donner quelque chose ?

— Non. Si nous le faisions, nous rencontrerions bien vite une nuée de gamins comme lui, en aval, et nous

ne saurions pas comment nous en débarrasser. Nous finirions par attirer l'attention, chose que nous ne pouvons pas nous permettre. »

Romulus contempla le garçon, sa main tendue et vide, ses yeux qui se remplissaient progressivement de tristesse et de déception. Il se retourna pour le suivre un moment du regard, comme pour lui dire qu'il aurait voulu l'aider, mais qu'il ne le pouvait pas, que cela ne dépendait pas de lui. Constatant qu'ils s'apprêtaient à pénétrer dans le bois, il leva la main pour le saluer. Le garçon émacié lui répondit avec un sourire mélancolique en agitant la main à son tour, puis il reprit son fardeau et s'enfonça en chancelant dans les broussailles.

Devinant les pensées de Romulus, Livia lui expliqua : « C'est triste, mais nécessaire. Dans la vie, nous devons souvent faire des choix qui nous répugnent, mais qui sont obligatoires. Nous vivons dans un monde dur et impitoyable, gouverné par l'arbitraire et le hasard. »

Romulus garda le silence. Le spectacle de cette misère lui laissait toutefois entendre que ces pauvres individus auraient considéré comme une bénédiction du ciel, et peut-être même comme un luxe, le genre de vie qu'il menait encore à Capri quelques jours plus tôt, que sa condition, toute triste qu'elle fût, n'était en rien comparable avec la leur.

Au fil du temps et des milles, le ruisseau s'était transformé en torrent, il coulait parmi des rochers polis et gargouillait en formant des tourbillons et des cascades, confluant enfin dans un autre cours d'eau qu'Ambrosinus identifia sous le nom de Métaure. La température s'adoucissait, signe qu'on se rapprochait de la mer, et donc du but, de la conclusion d'une aventure dont personne n'était en mesure de prévoir l'épilogue. Les bois s'espaçaient de plus en plus, cédant la place à des prés

et des cultures. Les villages se multipliaient sur leur route, et il était de plus en plus ardu de les éviter. Il leur arrivait aussi de croiser des tronçons de la voie Flaminia. À la fin de la dernière journée de voyage, ils passèrent devant une vieille *mansio* abandonnée, mais encore pourvue de son enseigne, rouillée, de sa borne milliaire et d'une fontaine remplissant les abreuvoirs. Ces beaux bassins, creusés dans le grès de l'Apennin et jadis utilisés pour les chevaux du relais de poste, servaient désormais aux troupeaux de la transhumance, comme en témoignaient les nombreuses empreintes de sabots fendus et le fumier répandu tout autour.

Livia s'avança à pied, pour s'assurer qu'ils ne couraient pas de danger, laissant à Romulus les rênes de son cheval. Elle feignit de puiser de l'eau puis, voyant qu'il n'y avait personne dans les environs, siffla pour appeler le reste du groupe. Romulus pénétra le premier dans le relais, après avoir attaché le cheval de Livia. Il examina attentivement les lieux : sur les murs, on pouvait encore lire les graffitis, souvent obscènes, que des milliers de clients y avaient inscrits au cours des siècles de fréquentation. Une fresque s'y étalait aussi : une carte montrant l'Italie, avec la Sicile, la Sardaigne et la côte africaine, en bas, celle de l'Illyrie en haut, les mers, les montagnes, les fleuves et les lacs peints en plusieurs couleurs. On distinguait aussi une trace rouge, le *cursus publicus*, le réseau de routes qui avait constitué l'honneur et la fierté de l'empire, avec toutes ses étapes et ses distances données en milles. Elle était surmontée d'un titre que des infiltrations d'eau avaient effacé en partie : TABVLA IMPERII ROMANI. Le regard de Romulus se posa sur l'inscription CIVITAS RAVENNA. Elle était illustrée par une miniature représentant la ville avec ses tours et son mur d'enceinte. Brusquement envahi par la peur, il détourna les yeux. Ce faisant, il croisa ceux d'Aurelius. Chacun

perçut dans le regard de l'autre les pensées tourmentées que cette image suscitait en eux : leur fuite angoissante, l'échec de l'entreprise, la prison, la mort de Flavia Serena. Ambrosinus se mit, quant à lui, à fouiner à la recherche d'objets utiles. Il découvrit au fond d'un meuble branlant deux rouleaux de parchemin partiellement utilisés, sur lesquels il se hâta de recopier l'un des itinéraires que la carte murale indiquait.

Le reste du groupe entra à son tour et s'employa à installer les couvertures. Constatant qu'il y avait, en contrebas, un champ de chaumes parsemé de meules, Démétrios alla chercher de la paille pour la nuit. Les couches superficielles des meules étaient grises et moisies, mais à l'intérieur la paille, dont la simple vue transmettait une sensation de chaleur, était sèche et d'une belle couleur blonde. Un peu plus loin se dressait une haie d'érables champêtres et de ronces, qui s'interrompait ici et là, découvrant une végétation de buissons qui s'étendait presque jusqu'à la côte sableuse. À leur gauche, on distinguait l'embouchure du Métaure, le fleuve dont ils avaient suivi le lit pendant les derniers jours de marche. Dans leur dos, la forêt rayonnait vers l'ouest et le nord. Vatrenus l'inspecta à cheval. Non loin de la limite du champ cultivé, des troncs de chênes et de pins étaient entassés et fixés au sol par des cordes en écorce entrelacée et des piquets. Cette région était sans doute peuplée de bûcherons, qui vivaient du commerce du bois avec les populations de la côte.

Au loin, on apercevait la mer ridée par le vent de Borée, mais relativement calme. Les conditions météorologiques laissaient présager que le bateau n'aurait aucun mal à arriver.

Malgré sa contrariété, Ambrosinus avait décidé de montrer sa gratitude aux hommes qui les avaient libérés au risque de leur vie et conduits sains et saufs à cet

endroit. Quand vint le moment, il prépara soigneusement le dîner en l'enrichissant d'herbes et de racines qu'il avait ramassées dans les environs. Il réussit même à se procurer quelques fruits : des pommes sauvages qui pendaient à un arbre nu, dans ce qui avait sans doute été le verger du relais de poste. Il avait allumé un feu dans la vieille cheminée et bien que le toit fût parcouru de larges fissures, qui laissaient entrevoir les étoiles, le crépitement des flammes et la lumière du foyer créaient une sensation de gaieté et d'intimité qui adoucissait la tristesse de la future séparation.

Personne n'évoqua le départ de Romulus, prévu le lendemain. Le petit empereur connaîtrait un destin obscur de l'autre côté du monde, dans une métropole immense et inconnue, parmi les intrigues et les dangers d'une cour corrompue et sanguinaire : sans doute ne le reverraient-ils jamais. Mais à en juger par les regards fuyants qu'ils lui jetaient de temps à autre, par les demi-mots, les phrases incomplètes qui leur échappaient, les rudes caresses qu'ils lui distribuaient en passant à côté de lui, presque par hasard, ils y songeaient tous.

Aurelius se chargea de la première ronde. Il alla s'asseoir près des abreuvoirs et se mit à contempler la mer, qui avait adopté la couleur du plomb. Livia surgit dans son dos.

« Pauvre petit, dit-elle. Il a essayé de s'attacher à chacun d'entre nous, à toi et à moi en particulier, mais nous ne le lui avons pas permis.

— Cela aurait rendu la séparation plus pénible », répondit Aurelius sans se retourner.

Une volée de grues traversa la nuit, et leurs cris plurent du ciel sombre, pareils aux gémissements des exilés.

« Elles atteindront le Bosphore avant lui, dit Livia.

— Oui.

— Le bateau devrait arriver avant l'aube. Les amis d'Anthemius emmèneront le petit et nous verseront notre récompense. Une belle somme. Vous pourrez refaire votre vie, acheter des terres, des domestiques... Vous l'avez bien mérité. »

Aurclius garda le silence.

« À quoi penses-tu ? demanda Livia.

— Rien ne dit que le bateau se présentera à l'heure convenue. Il pourrait tarder.

— Est-ce une hypothèse ou un souhait ? »

Un moment, Aurelius sembla écouter le chant syncopé des grues, qui s'évanouissait au lointain. Il soupira. « Pour la première fois de ma vie, j'ai eu l'impression d'avoir une sorte de famille. Et demain, tout sera terminé. Romulus s'en ira au-devant de son destin et tu...

— Et moi aussi, dit Livia avec un aplomb soudain. Nous traversons des temps difficiles, nous assistons avec impuissance à l'agonie de notre monde. Nous devons tous chercher un but, une raison nous permettant de survivre à tant de ruines.

— Est-ce la raison pour laquelle tu entends retourner dans ta lagune ? N'aimerais-tu pas...

— Quoi ?

— Venir avec nous... avec moi.

— Et où ? Jc te l'ai déjà dit. Un espoir est en train de naître dans la lagune. Venetia est ma patrie, même si cela peut te paraître étrange : un groupe de cabanes bâties par une poignée de désespérés, qui ont fui leurs villes détruites. »

À ces mots, Aurelius tressaillit imperceptiblement, et Livia poursuivit : « Je suis certaine qu'elle deviendra bientôt une ville à part entière. Et je consacrerai l'argent qu'on me donnera demain à renforcer ses défenses, à armer nos premiers navires, à construire de nouvelles

maisons pour de nouveaux réfugiés. Tu devrais te joindre à nous, et tes compagnons aussi, pourquoi pas ? Nous avons besoin d'hommes de votre trempe. À Venetia, revit l'âme de nos villes brûlées et rasées : Altinum, Concordia... Aquilée ! Souviens-toi de ta ville, Aurelius, souviens-toi d'Aquilée !

— Pourquoi ne cesses-tu de me tourmenter avec ce nom ? Pourquoi ne me laisses-tu pas tranquille ? »

Livia s'agenouilla devant lui en plantant ses yeux fébriles dans les siens. « Parce que je peux te rendre le passé qu'on a chassé de ton esprit, ou que tu as toi-même voulu effacer. Je l'ai compris dès le premier instant où je t'ai vu. Je l'ai compris à ta manière de regarder cette médaille, même si tu continues à nier... » Elle souleva son pendentif, le plaça devant lui, comme elle l'eût fait avec une relique sacrée, capable de guérir un mal mystérieux. Ses yeux brillaient dans l'ombre, embués par les larmes et la passion. Aurelius s'enflamma, et une puissante émotion l'envahit, mêlée au désir brûlant qu'il avait en vain étouffé. Il sentit les lèvres de Livia s'approcher, sa respiration se fondre dans la sienne en un baiser ardent et soudain, longuement désiré et toutefois inespéré, inattendu. Il l'étreignit et l'embrassa comme il n'avait jamais embrassé aucune femme de toute son existence, en rassemblant toute l'énergie qui ruisselait de son cœur et en lui dispensant une infinie douceur. Elle jeta ses bras à son cou, colla contre lui son corps frémissant, ses seins fermes, son ventre tendu, ses longues jambes nerveuses. Il l'étendit au sol, sur son manteau, et il la prit sur l'herbe sèche, alors que l'odeur de la terre se confondait avec le parfum de ses cheveux. Il demeura longtemps en elle pour prolonger le plus possible l'intimité qui lui remplissait le cœur, et il souhaita qu'elle ne s'achève jamais. Puis il s'allongea à ses côtés en l'enroulant dans son manteau, en la serrant

contre lui, en savourant la tiédeur de son corps et l'odeur de sa peau.

Bientôt Livia le quitta avec un baiser. « C'était merveilleux, dit-elle, et cela le serait encore plus si nous avions un avenir, mais je suis certaine que le bateau ne tardera pas. Avec le jour, les choses nous sembleront différentes, plus difficiles et plus pénibles, comme elles l'ont toujours été jusqu'à présent. Tu suivras tes compagnons, tu t'efforceras d'échapper à ta mémoire, et moi, je regagnerai ma lagune. Il ne nous restera que le souvenir de ces jours, de l'amour que nous avons volé à cette dernière nuit, le souvenir de cette formidable aventure, de ce garçon malchanceux et gentil que nous avons aimé sans avoir le courage de le lui avouer. Peut-être, un jour, te décideras-tu à me rejoindre, et je t'accueillerai avec enthousiasme s'il en est encore temps. Peut-être ne te reverrai-je jamais plus, car les vicissitudes de la vie t'auront entraîné au loin. Adieu, Aurelius, que tes dieux te protègent. »

Elle s'éloigna et pénétra dans le vieux bâtiment en ruine. Aurelius resta seul sous le ciel sombre, écoutant la voix du vent et les cris des grues qui franchissaient les ténèbres.

XXI

Le cri du hibou s'éleva à plusieurs reprises d'un bosquet de saules, en bordure du fleuve, puis une lumière brilla, agitée de haut en bas, d'avant en arrière, non loin du pont qui enjambait le torrent. À l'intérieur de la *mansio*, Livia semblait dormir, adossée au mur, près d'une brèche. Elle sursauta en entendant le cri des grues, bondit et se glissa à travers la fracture. Aurelius, qui avait terminé sa ronde, dormait près du mur, du côté opposé. C'était désormais Démétrios qui veillait. Assis par terre et appuyé à son bouclier, il observait probablement la côte en souhaitant voir surgir le bateau tant attendu. Livia contourna l'angle sud du bâtiment, elle gagna l'enclos et détacha son cheval en posant une main sur son nez afin qu'il ne trahisse pas sa présence. Juba, qui se tenait un peu plus loin, ne parut même pas la remarquer, à moins que son odeur, désormais familière, ne suffît pas à le détourner de son repos nocturne.

Livia prit la direction de l'ouest, se déplaçant à pied dans l'affaissement postérieur, puis elle infléchit sa route vers la droite et se dirigea vers la vallée du torrent, d'où l'on pouvait rejoindre discrètement à cheval le pont et la mer en passant parmi les bosquets de saules.

Dans la *mansio*, ses mouvements n'avaient pas échappé à Ambrosinus, qui n'avait pas fermé l'œil de la nuit. Il s'approcha de Romulus et le secoua délicatement jusqu'à ce qu'il se réveille.

« Chut ! lui murmura-t-il à l'oreille pour prévenir une réaction bruyante de sa part.

— Qu'y a-t-il ? demanda Romulus tout bas.

— Nous partons. Maintenant. Livia est sortie. Le navire est peut-être en train d'accoster. »

Romulus l'étreignit violemment, et le sage précepteur perçut dans cette étreinte toute la gratitude de son élève face à cette issue inespérée. Il sentit monter son désir de liberté, la volonté d'abandonner ce monde qui ne lui avait réservé que souffrances et amertume. Il chuchota encore à son oreille : « Veille à ne pas faire de bruit en te levant, nous devons nous déplacer comme des ombres. » Il se dirigea vers la petite porte qui donnait sur le potager, derrière le bâtiment. Romulus balaya les alentours du regard, il attendit que le ronflement puissant de Batiatus atteigne son pic, puis il emboîta le pas à son maître sur la pointe des pieds. Ils étaient maintenant à l'extérieur. À leur gauche, les chevaux raclèrent nerveusement le sol de leurs sabots. Juba secoua sa tête fière et se mit à souffler, suscitant la crainte d'Ambrosinus. Il fit signe à Romulus de s'aplatir contre le mur.

« Laissons-lui le temps de se calmer, dit-il. Après quoi, nous nous dirigerons vers le bois. Nous nous cacherons dans un lieu sûr et attendrons que tout soit tranquille pour nous mettre en route, toi et moi.

— Mais si je m'enfuis, Aurelius et ses amis ne recevront pas de récompense : ils auront bataillé et risqué leur vie pour rien.

— Chut ! Crois-tu que c'est le moment d'avoir des

scrupules ? Ils sauront certainement comment se débrouiller. »

Loin de se calmer, les chevaux s'énervaient de plus en plus. Juba se cabra, il heurta le mur de ses sabots et poussa un hennissement sonore.

« Partons ! » dit Ambrosinus en prenant Romulus par le bras. Il s'apprêtait à s'élancer quand une main de fer se referma sur son épaule, l'immobilisant. « Ne bouge pas !

— Aurelius, dit Ambrosinus qui l'avait reconnu dans l'obscurité. Laisse-nous partir, je t'en conjure ! Si tu as un peu d'affection pour ce garçon, rends-lui la liberté. Il a trop souffert... Accorde-lui la liberté. » Mais Aurelius ne semblait pas lui prêter attention.

« Tu ne sais pas ce que tu dis, répondit-il. Regarde, regarde en bas, près de ces arbres. »

Ambrosinus plissa les paupières et suivit des yeux le geste d'Aurelius. Il vit des ombres menaçantes s'agiter et il sentit son cœur se glacer.

« Oh, seigneur miséricordieux... », murmura-t-il.

Près du pont, Livia pouvait distinguer, aux premières lueurs de l'aube, une silhouette derrière un buisson de tamaris, qui tenait une lanterne à la main. Non loin de là, un cheval était attaché à un arbuste, derrière un bosquet de saules. Livia poussa sa monture et s'approcha. « Stephanos.

— Livia, répondit l'homme, la reconnaissant à son tour.

— Nous avons suivi un itinéraire pénible à travers les bois, mais nous sommes arrivés à temps. Le petit et son précepteur se portent bien, les hommes ont été formidables. Mais où est le bateau ? Le soleil va se lever, et il devrait être là depuis hier soir. Embarquer

en plein jour me semble plutôt risqué, sans compter ton signal : on aurait pu te voir. »

Stephanos l'interrompit d'un geste. « Le bateau ne viendra pas.

— Comment ?

— Tu m'as bien entendu, hélas. Le bateau ne viendra pas.

— A-t-il été attaqué ? A-t-il fait naufrage ?

— Non. La situation a changé, tout simplement.

— Hé, cette histoire ne me plaît guère. J'ai risqué ma peau, mes hommes aussi et...

— Calme-toi, je t'en prie, ce n'est pas notre faute. Zénon a reconquis le trône que Basile avait usurpé, mais il a besoin de paix pour consolider son pouvoir. Il ne peut risquer de se brouiller avec Odoacre. De plus, son candidat au trône d'Occident est depuis toujours Julius Nepos, tu le sais bien. »

Livia mesura soudain le péril que cette situation absurde représentait. « Anthemius est-il au courant de cette histoire ? demanda-t-elle avec une inquiétude croissante.

— Anthemius n'a pas eu le choix.

— Malédiction ! Mais ainsi, il condamne à mort le petit !

— Non. Et cela explique ma présence ici. J'ai un bateau, un peu plus au nord, près de l'estuaire du fleuve. Nous pourrons rallier ma villa, à Rimini, où vous serez tous en sécurité. Mais il ne faut pas tarder, cet endroit est à présent trop dangereux. »

Livia sauta à cheval. « Je vais les avertir, dit-elle en poussant sa monture.

— Non, attends ! Regarde là-haut ! »

Livia tourna les yeux vers la colline et vit qu'un premier groupe de cavaliers barbares, venant du sud, encerclait le petit bâtiment, tandis qu'un second surgis-

sait du bois. Stephanos tenta encore de la retenir. « Attends ! Ils vont te tuer ! » Mais il trébucha, sa lanterne tomba et se brisa au sol. À la vue de la tache d'huile brûlante, la jeune fille n'eut plus d'hésitation. Elle s'empara de son arc, accroché à sa selle, mit le feu à une flèche et la projeta sur une meule de paille. Elle continua jusqu'à ce que les grands tas de paille s'enflamment en libérant des volutes de fumée.

« Tu es folle, dit Stephanos en se relevant. Tu ne peux pas y arriver.

— C'est ce qu'on verra.

— Je ne peux pas rester ici, je dois partir, ajouta l'homme, visiblement effrayé par le pli qu'avaient pris les événements. Je t'attends à Rimini. Essaie de gagner un lieu sûr, je t'en prie ! »

Livia lui adressa un signe de la tête puis elle lança son cheval sur le sentier qui longeait le fleuve, en direction de la colline.

Occupés qu'ils étaient à encercler la vieille *mansio*, les barbares ne s'aperçurent de rien. Ils avaient sauté à terre et avançaient, l'épée au poing, en attendant un signe de leur chef : Wulfila.

Le paysage était plongé dans le silence irréel qui s'abat sur la nature chaque fois que se taisent les animaux de nuit sans que les autres n'osent encore saluer le soleil, ce silence qui délimite la frontière entre l'obscurité de la nuit et les premières lueurs du jour. Seule l'enseigne de la *mansio* grinçait péniblement dans la brise marine. Wulfila donna le signal en abaissant brusquement la main gauche, et tous ses hommes se ruèrent à l'intérieur, armes au poing, s'employant à transpercer les corps endormis, dans la pénombre de cet abri en ruine. Mais, bien vite, un chœur d'imprécations retentit. Il n'y avait que de la paille sous les couvertures : les occupants du relais étaient déjà repartis.

« Cherchez-les ! hurla Wulfila. Ils ne doivent pas être loin. Cherchez les traces, ils ont des chevaux ! » Les guerriers se précipitèrent dehors, où les attendait une terrible vision : celle des champs parsemés de bûchers, de flammes que le vent alimentait. Une vision qui tenait du prodige, car Livia était encore invisible, dissimulée au fond de la vallée.

« Que diable se passe-t-il ? pesta Wulfila, qui ne parvenait pas à s'expliquer ce brusque changement de décor. Ce sont eux, malédiction ! Cherchez-les, cherchez-les ! Ils ne sont pas loin ! »

Les hommes obéirent en s'éparpillant aux alentours, en inspectant le moindre pouce de terre. Enfin, l'un d'eux distingua des empreintes d'hommes et de chevaux qui se dirigeaient vers le bois. « Par ici ! s'écria-t-il. Ils sont partis par là ! »

Les soldats coururent à leurs montures et s'élancèrent vers le bois. Devinant leurs intentions, Livia sortit à découvert pour attirer sur elle l'attention des ennemis. L'une de ses flèches incendiaires se ficha sur sa cible, une autre siffla dans l'air et s'abattit sur un barbare. « Par ici, bande de salauds ! s'exclama-t-elle alors. Venez me chercher ! » Elle commença à caracoler à mi-côte en passant entre les rideaux de fumée épaisse, en jaillissant brusquement à découvert pour frapper encore, décocher ses flèches mortelles.

À un signe de Wulfila, trois guerriers abandonnèrent le groupe et se lancèrent à sa poursuite tandis que les flammes, nourries par le vent, transformaient le champ en un immense bûcher. Livia tua l'un de ses poursuivants, esquiva le deuxième et fondit, épée au poing, sur le troisième qui galopait en poussant des cris de forcené. Elle le déséquilibra au moyen d'une feinte, puis le heurta violemment avec le flanc de son cheval, le faisant rouler au milieu des flammes. Les hurlements

de douleur du barbare, changé en torche humaine, se perdirent bien vite dans le rugissement de l'incendie qui enveloppait toutes choses. Livia traversa à toute allure le champ infernal jusqu'à l'orée du bois. Elle se dressa soudain devant ses camarades, épée au poing et cheveux au vent, pareille à une déesse antique de la guerre.

« Filons ! s'écria-t-elle. Nous avons été trahis ! Suivez-moi, vite ! Ils ne vont pas tarder à nous tomber dessus !

— Laisse-moi d'abord leur laisser un souvenir », répondit Aurelius.

Aussitôt, il adressa un signe à ses camarades, postés derrière les tas de troncs que Vatrenus avait remarqués la veille au soir. Alors, ceux-ci levèrent leurs haches et leurs épées, et tranchèrent les cordes qui fixaient le bois au sol. Puis Batiatus poussa les troncs vers le bas : bien vite, ils dévalèrent la pente en prenant de la vitesse et en rebondissant dans un grand fracas sur les aspérités du terrain, semant la panique et la mort parmi les cavaliers de Wulfila qui se dirigeaient vers le bois. D'autres heurtèrent les meules en flammes et les désintégrèrent dans des tourbillons d'étincelles que le vent poussait vers le ciel.

Dans le bois, tout le monde sauta à cheval. Aurelius tendit le bras à Romulus afin qu'il grimpe sur la croupe de Juba, et ils suivirent tous Livia qui savait, semble-t-il, où les conduire. Ils s'engagèrent à vive allure sur un sentier, au milieu de la végétation, et débouchèrent bientôt sur une vieille ramification de la voie Popilia, réduite à l'état d'un chemin qui disparaissait dans un enchevêtrement de ronciers et de petits chênes. Livia mit pied à terre et indiqua un passage dans le bois, vers le haut. « Descendez et suivez-moi en tenant vos che-

vaux par les rênes. Et que le dernier essaie d'effacer nos traces ! »

Orose se chargea de cette tâche, il réunit quelques branchages et, en reculant, balaya les empreintes des hommes et des chevaux. Pendant ce temps, Livia avait contourné le bosquet qui interrompait lc sentier, et s'était immobilisée devant une colline basse, couverte d'une végétation dense de plantes grimpantes et de lierre. À plusieurs reprises, elle planta la pointe de son arc dans la paroi, jusqu'à ce que l'arme s'enfonce totalement dans le rideau verdoyant. « Par ici, dit-elle, je l'ai trouvé ! » Elle écarta les plantes grimpantes, découvrant un passage creusé dans le grès, à l'intérieur de la colline. Ses camarades la suivirent l'un après l'autre. Puis Orose referma derrière lui le rideau de plantes, camouflant entièrement le passage. Une fois à l'intérieur, il vit que tous ses camarades promenaient sur les lieux un regard stupéfait. La lumière du jour filtrait à travers le feuillage, atténuant l'obscurité et laissant entrevoir les contours de la grotte qui les dissimulait.

« C'est un vieux temple de Mithra, abandonné depuis des siècles, et jadis fréquenté par les marins orientaux qui accostaient à Fanum, expliqua Livia. Je l'ai utilisé une seule fois comme refuge. C'est un miracle si j'ai retrouvé son emplacement. Dieu doit être avec nous, puisqu'il nous indique ici la voie du salut.

— Si Dieu est avec nous, il a une drôle de manière de nous le montrer, commenta Vatrenus. Pour être sincère, je préférerais qu'il nous laisse tomber et qu'il s'occupe de quelqu'un d'autre à l'avenir.

— Rassemblez les chevaux dans le coin le plus sombre et essayez de les calmer. Nos poursuivants ne vont pas tarder à arriver. S'ils nous trouvent, c'en est fini de nous. »

Avant même que Livia termine sa phrase, on enten-

dit un bruit de sabots le long de la route. La jeune femme s'approcha de l'ouverture et jeta un coup d'œil à l'extérieur : Wulfila surgissait à la tête de ses hommes et continuait sa route, emporté par son cheval. Livia poussa un soupir de soulagement et se tourna vers ses camarades pour leur signaler qu'ils étaient désormais hors de danger. Mais elle dut aussitôt se raviser : le grondement du galop avait cessé, cédant la place à un piétinement de chevaux au pas qui rebroussaient chemin. Elle lança un nouveau regard au-dehors, après avoir intimé à ses amis l'ordre de se taire. Aurelius tendit les rênes de Juba à Batiatus et la rejoignit.

Wulfila se dressait à une vingtaine de pas de l'embouchure de la galerie, le buste et les épaules dépassant des broussailles qui avaient recouvert l'ancien tracé de la route. Le visage noir de suie, défiguré, il promenait ses yeux rougis sur les lieux, comme un loup flairant sa proie. Derrière lui, ses hommes, déployés en éventail, inspectaient le bois en cherchant sur le sol des traces d'empreintes. À l'intérieur de la galerie, les combattants retenaient leur souffle et serraient leur arme dans leur poing, prêts, comme toujours, à engager une lutte mortelle.

Le détachement se dispersa dans les environs pour explorer d'autres issues. Bientôt, constatant l'inutilité de ses recherches, Wulfila réunit ses hommes autour de lui et revint sur ses pas.

« J'ai rencontré Stephanos avant le lever du jour, dit Livia. Il m'a appris qu'Anthemius nous a vendus. Hélas, je n'aurai pas l'argent que je vous avais promis, tout au moins pas pour l'instant. »

Ambrosinus s'approcha. « Mais... je ne comprends pas.

— C'est simple, expliqua Livia. En Orient, l'empereur Zénon a repris le pouvoir en renversant Basile. Il

est décidé à maintenir de bonnes relations avec Odoacre. Il a peut-être eu vent de l'accord passé avec Anthemius, qui s'est sans doute vu contraint de sacrifier Romulus à la nouvelle situation politique.

— Et maintenant, que faisons-nous du petit ? l'interrogea Vatrenus.

— Nous pourrions l'emmener, répondit Aurelius.

— Un instant..., tenta de s'immiscer Livia.

— Et où ? rétorqua Démétrios sans lui accorder la moindre attention. Odoacre lancera tous ses hommes à nos trousses, il ne nous laissera aucun répit, nous fera poursuivre sans relâche. Certes, les barbares se sont éloignés, mais ils reviendront au moment où nous nous y attendrons le moins, et ils nous le feront payer cher. Il est bon que tout le monde le sache.

— Et alors, que devrions-nous faire d'après toi ? lui jeta Aurelius. Négocier une récompense et le livrer nous-mêmes aux barbares ?

— Hé, un moment ! s'exclama Batiatus. J'aimerais bien comprendre, moi aussi. Si quelqu'un se donnait la peine de m'expliquer la situation...

— Laissez-moi donc parler, malédiction... », hasarda encore une fois Livia.

Romulus lança à la ronde un regard angoissé : ces cris confus, cette discussion qui se déroulait en dépit de sa présence l'effrayaient. Encore une fois, son sort reposait entre les mains d'autrui. Maintenant qu'il n'y avait plus de récompense à toucher, il n'était plus qu'un poids, pour ces guerriers, une gêne indésirable. Devinant son état d'esprit, lisant dans ses yeux son humiliation et son égarement, Aurelius lui dit : « Écoute, ils ne... » Mais la voix d'Ambrosinus l'interrompit, une voix dans laquelle la colère et l'indignation retentissaient pour la première fois. « Ça suffit, maintenant ! s'exclama-t-il. C'est plutôt à toi d'écouter, et à vous

aussi ! Il y a de nombreuses années, j'ai quitté la Bretagne, mon pays, au sein d'une délégation, afin de gagner l'Italie pour m'entretenir avec l'empereur. Nous réclamions son aide pour la population de notre île, maltraitée par un féroce tyran, humiliée par les mises à sac et les violences incessantes de féroces barbares. Au long du voyage, j'ai perdu mes compagnons, tués par le froid, les maladies, les embuscades des brigands. Je suis arrivé seul dans ce pays, et je n'ai pas été reçu. L'empereur était un pantin pusillanime entre les mains d'autres barbares : il n'a pas voulu m'écouter. Je suis rapidement tombé dans la misère, survivant grâce à mes connaissances de médecine et d'alchimie, jusqu'au jour où je suis devenu le précepteur de ce garçon. Je l'ai suivi et assisté dans le bonheur comme dans le malheur, dans les moments de joie et dans les instants de désespoir, d'humiliation et d'emprisonnement, et je puis vous dire qu'il y a en lui plus de courage, plus de compassion et plus de noblesse d'âme que chez tous les individus que j'ai rencontrés au cours de mon existence. » Les membres du groupe se turent, impressionnés par la voix de l'orateur, qui posa la main sur l'épaule de Romulus et le poussa au centre de la grotte, comme s'il voulait l'imposer à l'attention générale. Puis il reprit la parole sur un ton plus modéré, quoique plus solennel : « Je lui demande maintenant d'écouter l'invocation de ses sujets de Bretagne, abandonnés depuis de longues années à leur destin, de voler à leur secours, d'affronter avec moi d'autres dangers et d'autres privations, avec ou sans votre aide. »

Les membres de l'assistance lui jetèrent un regard stupéfait avant de se dévisager l'un l'autre, comme s'ils n'en croyaient pas leurs oreilles.

« Je connais vos pensées, je peux les lire sur vos visages, ajouta Ambrosinus. Vous vous dites que j'ai

perdu la tête, et vous vous trompez. Maintenant que vous êtes privés de votre récompense et du but de votre mission, il ne vous reste plus qu'une alternative. Vous pouvez livrer Romulus Auguste à ses ennemis et obtenir peut-être une récompense supérieure, trahir votre empereur et vous souiller d'un crime horrible. Mais vous ne le ferez pas. J'ai eu moyen de vous connaître au cours des quelques jours que nous avons passés ensemble, et j'ai vu survivre en vous des vertus que je croyais mortes depuis des siècles : la valeur, le courage et la fidélité des vrais soldats de Rome. Ou alors, vous pouvez nous laisser partir, nous rendre la liberté. » Le regard d'Ambrosinus se posa sur la poignée de l'épée qui pendait à l'épaule d'Aurelius. « Cette épée sera notre talisman, et nous aurons pour guide l'ancienne prophétie que Romulus et moi sommes les seuls à connaître. »

Un grand silence s'abattit dans la vaste grotte. Les présents étaient intimidés par les paroles du sage, par la dignité et le courage du petit souverain sans royaume ni armée.

« J'irai avec toi, *Ambrosine*, dit Romulus, là où tu le voudras, avec ou sans cette épée. Dieu nous aidera. » Il lui saisit la main et fit mine de s'acheminer vers l'extérieur.

Aurelius se dressa devant lui. « Puis-je te demander comment vous comptez arriver là-bas ?

— À pied, répondit Ambrosinus sur un ton laconique.

— À pied, répéta Aurelius comme s'il voulait s'en persuader.

— Ah.

— Et quand vous aurez atteint votre but, intervint Vatrenus d'une voix sarcastique, en admettant que vous y parveniez, comment l'emporterez-vous sur le féroce

tyran dont tu parlais et sur ses terribles barbares ? Vous n'êtes que deux, un vieillard et un...

— Enfant, compléta Romulus. C'est ce que tu voulais dire, n'est-ce pas ? Eh bien, Iule, le fils d'Énée, était lui aussi un enfant quand il quitta Troie en flammes et vint en Italie. Et pourtant, il devint le fondateur de la plus grande nation de tous les temps. Moi, je n'ai rien à vous donner, je n'ai ni biens, ni argent, ni domaines pour rembourser la dette que j'ai envers vous. Je puis seulement vous remercier de ce que vous avez fait pour moi. Je puis vous dire que je ne vous oublierai jamais, que vous serez toujours dans mon cœur, dussé-je vivre cent ans... » Sa voix tremblait sous l'effet de l'émotion. « Toi, Aurelius, et toi, Vatrenus, et Démétrios, Batiatus, Orose, toi aussi Livia, ne m'oubliez pas... Adieu. » Il se tourna vers son maître. « Viens, *Ambrosine*, mettons-nous en chemin. »

Ils atteignirent l'entrée du temple, écartèrent le rideau de végétation et s'engagèrent sur le sentier. Alors, Aurelius prit Juba par les rênes et déclara en regardant ses compagnons droit dans les yeux : « Je les accompagne. » Comme s'il affirmait la chose la plus évidente du monde.

Vatrenus s'arracha à sa stupeur. « Tu es sérieux ? Attends, bon sang, attends, où vas-tu ? » Il lui emboîta le pas. Livia sourit, comme si elle n'attendait que cela, elle se mit en route à son tour en tirant son cheval derrière elle. Batiatus se gratta la tête. « Elle est si éloignée que ça, cette Bretagne ? demanda-t-il aux deux autres.

— Je crois bien, répondit Orose. Je crains qu'il n'existe pas de terre plus lointaine, tout au moins parmi celles dont j'ai entendu parler.

— Alors, nous avons intérêt à ne pas tarder. » Il

siffla son cheval et franchit avec lui le rideau de plantes grimpantes.

Ambrosinus et Romulus, qui cheminaient déjà sur le sentier, entendirent le bruit des branchages derrière eux et le crépitement des sabots, mais ne s'arrêtèrent pas pour autant. Constatant un pcu plus tard qu'ils suivaient tous la même route, Romulus s'immobilisa enfin et serra le bras d'Ambrosinus. Puis il se retourna lentement et découvrit les six compagnons : « Où allez-vous ? »

Aurelius s'approcha. « Tu croyais vraiment que nous t'abandonnerions ? À partir de maintenant, tu possèdes une armée. Petite, mais valeureuse. Et fidèle. *Ave, Caesar !* » Il dégaina son épée et la lui offrit. Au même instant, un rayon de soleil perça les nuages et se fraya un chemin parmi les branches des pins et des chênes verts, répandant sur le garçon et sa prodigieuse épée une lumière magique, irréelle.

Romulus rendit l'arme à Aurelius avec un sourire. « Garde-la pour moi », dit-il.

Alors, Aurelius lui tendit la main et l'aida à monter devant lui. Après quoi, il fit amener sa mule à Ambrosinus. « Un voyage périlleux et long nous attend, annonça-t-il. Dans deux ou trois jours, la vallée du Pô s'ouvrira devant nous. Elle est en grande partie rase et dépourvue de cachettes, il sera difficile d'y passer inaperçus.

— C'est vrai, répondit Ambrosinus. Mais nous aurons un puissant allié.

— Ah oui ? Et lequel ?

— Le brouillard.

— Stephanos peut encore nous être utile, déclara Livia. Il était venu avec son bateau pour nous offrir une issue. Il nous donnera peut-être une partie de l'argent qu'on nous avait promis, ou tout au moins des provi-

sions. La vallée du Pô est immense, les journées brèves et brumeuses, il ne sera pas facile de nous y distinguer.

— C'est vrai, approuva Aurelius. Mais il nous faudra ensuite traverser les Alpes, et nous serons déjà en plein hiver. »

XXII

Stephanos vit surgir le détachement de Wulfila, une demi-douzaine d'hommes, à l'orée du bois. Il alla à leur rencontre en s'efforçant de paraître naturel. « Où sont les autres ? demanda-t-il.

— Je les ai divisés en deux groupes et je les ai envoyés à la recherche des fugitifs. Je suis certain qu'ils sont encore dans les parages. Avec le vieux et le gamin, ils ne peuvent pas nous avoir beaucoup distancés.

— Oui, mais le temps se gâte et cela ne vous facilitera pas la tâche », répliqua Stephanos. En effet, des nuages noirs se profilaient à l'horizon, et une pluie glacée, mêlée de grésil, commença bientôt à tomber.

L'incendie, qui avait brûlé chaumes et meules, s'éteignit, cédant la place à une étendue noircie et fumante. Les troncs d'arbres qui avaient dévalé la pente s'étaient immobilisés çà et là sur des obstacles, ou avaient atteint la plaine côtière et le torrent.

Sous l'effet du froid, Stephanos claquait des dents et tremblait comme une feuille. Il trouva cependant la force de parler. « Odoacre ne va guère apprécier, et encore moins les émissaires de Zénon. Je n'aimerais pas être à ta place quand tu devras raconter comment

les choses se sont passées. Et ne crois pas que je risquerai ma position pour te sauver. Tu as laissé échapper un vieillard et un gamin, malgré les soixante-dix gardes que tu avais à tes ordres. C'est incroyable ! On pourrait penser que tu as été corrompu.

— Tais-toi ! grogna Wulfila. Si tu m'avais averti à temps, nous les aurions tous capturés.

— Cela n'a pas été possible. L'homme d'Anthemius à Naples a si bien organisé leur fuite que j'ai moi-même perdu leurs traces et qu'ils ne se sont plus montrés. Que pouvais-je te dire ? Ils n'étaient convenus que d'un seul lieu de rencontre, ici, pour le rendez-vous avec le bateau. Je ne te l'ai pas caché.

— Je me demande à quel camp tu appartiens vraiment. Mais prends garde à toi. Si je devais découvrir que tu joues double jeu, tu regretterais le jour de ta naissance. »

Stephanos n'eut pas la force de rétorquer. « Donne-moi quelque chose pour me couvrir, dit-il. Ne vois-tu pas que je meurs de froid ? »

Wulfila le toisa avec un ricanement de mépris, puis il s'empara d'une couverture, accrochée à sa selle, et la jeta sur le sol, devant lui. Stephanos la ramassa et la posa sur ses épaules, s'en enveloppant jusqu'à la tête.

« Et maintenant, quels sont tes plans ? dit-il quand il eut retrouvé son souffle.

— Les capturer. À tout prix. Où qu'ils aillent.

— Il pourrait s'écouler un certain temps. Si tu ne les as pas capturés alors qu'ils étaient à ta portée, rien ne dit que tu seras en mesure de le faire par la suite. Le temps joue en leur faveur. En outre, d'étranges rumeurs pourraient circuler à Capri et engendrer des attentes absurdes. »

Wulfila se décida enfin à mettre pied à terre. Le cou

de Stephanos put ainsi adopter une position plus normale. « Qu'entends-tu dire par là ?

— C'est simple. Si le bruit selon lequel l'empereur s'est enfui se répand, des individus pourraient en profiter, ce qui aurait de graves conséquences. » Wulfila haussa les épaules. « En outre, poursuivit Stephanos, Odoacre avait décidé que l'enfant passerait le restant de ses jours sur cette île, et sa volonté doit être faite. Personne ne doit apprendre qu'il a disparu.

— Comment agir ?

— Envoie à Capri un homme de confiance. Fais remplacer Romulus Auguste par un sosie, un garçon de son âge portant les mêmes vêtements, et veille à ce que personne ne le voie de près pendant quelques mois, tant que tu n'auras pas fait relever ton personnel, gardes compris. Pour les gens ordinaires, et pas seulement pour eux, il n'a jamais quitté la villa, il n'a jamais quitté l'île. Il ne la quittera jamais. Ai-je été assez clair ? »

Wulfila acquiesça.

« Tu devras ensuite en référer à Odoacre. Et tu devras le faire personnellement. »

Wulfila opina une nouvelle fois en réprimant sa colère. Il détestait ce courtisan intrigant, mais il comprenait qu'en dépit de la pluie et du froid, de son air transi sous la couverture de cheval dont il s'était enveloppé, cet homme était mieux loti que lui. Il l'invita à le suivre et gagna avec lui la vieille *mansio*, qui avait été épargnée par l'incendie grâce à sa position. Là, ils attendirent que les hommes rentrent de leur battue. Se rappelant un renseignement qu'on lui avait livré, Stephanos invita Wulfila à se rapprocher par souci de discrétion. « Anthemius possédait également des informateurs à Capri et sur les navires à bord desquels tu pourchassais les fuyards. L'un d'eux m'a raconté une étrange histoire... », commença-t-il. Wulfila lui lança

un regard soupçonneux. « Il paraît que l'un de ces hommes possédait une arme formidable, une épée extraordinaire. En sais-tu quelque chose ? »

Wulfila détourna son regard avec un embarras qui trahit son mensonge : « J'ignore de quoi tu parles.

— Étrange... Et pourtant, tu as bien dû te battre pour empêcher ce petit groupe d'enlever l'empereur.

— Les gens disent ce qu'ils veulent. Moi, je n'en sais rien. Quand tu te bats, ce n'est pas l'épée de ton ennemi que tu regardes, mais ses yeux. Et puis je t'avais, moi aussi, demandé un renseignement que tu ne m'as pas encore donné.

— À propos de ce légionnaire ? Il faisait partie de l'unité que Mlède a exterminée à Dertona, et il se nomme Aurelius, c'est tout ce que je sais.

— Aurelius ? Tu as bien dit Aurelius ?

— Cela te rappelle-t-il quelque chose ? »

Wulfila réfléchit un moment avant de répondre : « Je suis certain de l'avoir déjà vu quelque part, il y a longtemps. Il me suffit de voir une personne une seule fois pour ne jamais l'oublier. Mais cela n'a plus d'importance désormais. Cet homme a disparu dans la mer cette nuit-là, et il a sans doute été transformé en nourriture pour poissons.

— Je n'en serais pas aussi sûr. D'après ce que je sais, il est probablement en vie, et toujours en possession de cette épée. »

Les premiers hommes de Wulfila se présentèrent un peu plus tard, sur leurs chevaux fumant de sueur. À en juger par leur air abattu, ils rentraient bredouilles. Écumant de rage, Wulfila les fouetta. « Vous ne pouvez pas me dire que vous ne les avez pas trouvés. Huit individus à cheval ne s'évanouissent pas dans le néant, malédiction !

— Nous avons cherché partout, dit l'un d'eux. Ils

avaient peut-être une cachette. Ils ont toujours vécu sur cette terre, ils la connaissent mieux que nous. À moins que quelqu'un ne les ait cachés.

— Vous deviez fouiller partout, faire parler les paysans. Vous savez vous y prendre, n'est-ce pas ?

— Nous l'avons fait. Mais nombre d'entre eux ne nous comprennent pas.

— Ils font semblant ! » hurla Wulfila.

Stephanos l'observait sans manifester la moindre réaction, mais la vue de cette bête hirsute saisie de panique le remplissait de satisfaction. D'autres groupes surgirent aux environs de midi.

« Ils ont peut-être trouvé des traces plus au nord, dit l'un des cavaliers. Quoi qu'il en soit, nous nous sommes donné rendez-vous à Pesaro. Les premiers arrivés attendront les suivants. Et maintenant, que faisons-nous ?

— Nous reprenons la chasse, répondit Wulfila. Maintenant. »

Stephanos prit congé de Wulfila. « J'imagine que je te reverrai à Ravenne. Je reste ici pour attendre le bateau qui doit venir me chercher. » Il lui fit encore signe de s'approcher : « Est-il vrai que cette épée avait une poignée en or imitant une tête d'aigle ?

— Je n'en sais rien. Je ne vois pas ce que tu veux dire.

— C'est possible, mais si cette arme devait se retrouver entre tes mains, sache que certaines personnes seraient prêtes à te verser n'importe quelle somme pour l'avoir, à te couvrir littéralement d'or. Tu m'as bien compris ? Ne fais pas de bêtises, si tu devais te l'approprier, dis-le-moi et je veillerai à ce que tu passes le reste de ton existence dans le luxe. »

Wulfila s'abstint de répondre. Un instant, il lança à son interlocuteur un regard énigmatique, puis il appela

ses hommes, les disposa en éventail et les lança de nouveau au galop dans toutes les directions, se plaçant lui-même à la tête du groupe qui allait vers le nord. Ils marchèrent des jours entiers en arpentant tous les sentiers. Cependant ils rejoignirent, bredouilles, le groupe qui les avait précédés aux portes de Pesaro. Le temps se gâtait partout, il tombait une pluie légère, mais insistante, qui transformait les rues en torrents et les champs cultivés en bourbiers, tandis que les hauteurs blanchissaient progressivement. L'avant-garde avait déjà communiqué aux diverses garnisons de la région qu'on recherchait un groupe de cinq hommes et une femme, accompagnés d'un vieillard et d'un enfant. Tôt ou tard, on les remarquerait. Wulfila se mit alors en route pour Ravenne, où l'attendait l'épreuve la plus pénible : affronter Odoacre.

Le *magister militum* le reçut dans les appartements impériaux où il s'était installé. Wulfila comprit à son regard qu'il avait déjà eu vent des événements, et que la moindre parole de sa part ne ferait qu'aggraver sa mauvaise humeur. Il attendit donc que la tempête se déchaîne avant de réagir.

« Mes meilleurs hommes ! s'écria Odoacre. Mon lieutenant joué par une poignée de désespérés, de Romains débiles ! Comment est-ce possible ?

— Ce n'étaient pas des débiles ! répondit Wulfila d'une voix irritée.

— C'est évident. Dans ce cas, les débiles, c'est vous !

— Attention, Odoacre, ne te hasarde pas à me parler de la sorte.

— Me menacerais-tu ? Tu oses me menacer après avoir échoué aussi honteusement ? Tu vas me dire ce qui s'est passé sans négliger le moindre détail. Il faut que je comprenne de quoi mes hommes sont faits, que

je sache si vous avez égalé en lâcheté et inaptitude les Romains que nous avons vaincus et asservis.

— Ils nous ont surpris par une nuit de tempête en escaladant la paroi nord, une voie pratiquement inaccessible. Ils ont fui à travers un passage secret qui communiquait avec la mer. Malgré cela, j'ai lancé deux navires sur les eaux environnantes, mais les éléments se sont également déchaînés contre nous. Alors que la tempête semblait se calmer, il y a eu une éruption, et leur bateau a disparu au milieu d'un brouillard impénétrable. La mer a englouti leur chef, l'homme qui avait déjà tenté de libérer le gamin ici même, et pourtant je n'ai pas baissé les bras.

— En es-tu certain ? demanda Odoacre avec stupéfaction. S'agit-il vraiment de la même personne ? Comment peux-tu l'affirmer s'il faisait aussi sombre que tu le prétends ?

— Je l'ai vu aussi bien que je te vois, et je ne peux pas m'être trompé. En outre, cela n'a rien d'étonnant : on peut tenter sa chance plusieurs fois. Pourtant le fait de le revoir m'a beaucoup frappé.

— Continue, dit Odoacre, impatient de connaître la suite de cette étrange histoire.

— Je pouvais estimer qu'ils avaient fait naufrage, que leur bateau s'était fracassé sur les écueils en avançant dans le noir le plus complet. Mais j'ai traversé l'Apennin et je suis arrivé sur la côte le même jour qu'eux, alors qu'ils connaissaient le territoire mieux que moi. Hélas, ils m'ont échappé au moment où je m'apprêtais à les capturer, et nous n'avons pas réussi à retrouver leurs traces. À l'évidence, ils savaient où se tenaient les prisonniers, ils savaient que la paroi nord était dégarnie, ils connaissaient une issue dont nous ne soupçonnions même pas l'existence. Cela ne peut signifier qu'une chose : on les a informés.

— Qui ? hurla Odoacre.

— N'importe qui, un domestique, un ouvrier, un boulanger ou un maréchal ferrant, l'une des cuisinières ou des vivandières, ou encore... une prostituée, pourquoi pas ? Mais un personnage important devait manœuvrer en coulisse, car comment auraient-ils connu autrement l'existence du passage secret ? J'ai restreint le plus possible mes contacts entre la villa et le reste de l'île, mais il était impossible de les suspendre totalement.

— Si tu as des soupçons, parle.

— Anthemius, peut-être : il connaissait probablement la villa de Capri, il paraît qu'il a beaucoup de relations à Naples. Et Stephanos...

— Stephanos est un homme intelligent, compétent, doté de sens pratique, dont j'ai besoin pour soigner mes relations avec Zénon », répondit Odoacre. À l'évidence, les paroles de Wulfila l'avaient toutefois impressionné : elles relataient l'entreprise d'hommes extrêmement courageux et habiles, d'une sagacité extraordinaire. Soudain, il comprit qu'il serait difficile, sinon impossible, de régner sur ce pays avec la seule force d'une armée que tous les habitants jugeaient étrangère, violente et cruelle, en un mot : barbare. Il comprit qu'il lui faudrait s'entourer d'intelligences plutôt que d'épées, de connaissance plutôt que de force, et qu'il était plus exposé et plus vulnérable parmi les centaines de guerriers qui occupaient le palais que sur un champ de bataille. Un instant, il se sentit menacé par ce garçon de treize ans, désormais libre, protégé et introuvable, il se souvint des paroles de vengeance qu'il avait prononcées devant le cadavre de sa mère, dans la crypte de la basilique. Et il réagit avec agacement. « Et maintenant, comment devrions-nous agir, d'après toi ?

— J'ai déjà pris les mesures nécessaires. J'ai fait remplacer le gamin par un sosie : un garçon de son âge

et de sa taille, portant les mêmes vêtements que lui, qui vivra au même endroit, mais que seuls des hommes de confiance approcheront. Les autres ne le verront que de loin. Je ferai bientôt relever tous les gardes et tous les domestiques, de façon que les nouveaux n'aient aucun moyen dc comparaison et qu'ils croient avoir le vrai Romulus Auguste devant les yeux.

— C'est un plan habile, qui me surprend de ta part. Tant mieux. Mais dis-moi maintenant comment tu captureras le garçon et ceux qui l'accompagnent.

— Donne-moi un décret m'accordant les pleins pouvoirs et la possibilité de mettre leurs têtes à prix. Ils ne nous échapperont pas : c'est le cortège le plus hétérogène qu'on puisse imaginer, et il ne sera pas difficile de les distinguer. Ils seront tôt ou tard obligés de se montrer, il leur faudra acheter de la nourriture et chercher un logement. En cette saison, on ne peut plus dormir à la belle étoile.

— Mais tu ne connais même pas la direction qu'ils ont prise.

— Je pense qu'il sont partis vers le nord, puisque la route de l'est est maintenant exclue. Ils n'ont pas le choix. Ils sont bien obligés de quitter l'Italie. Et la saison de la navigation est désormais terminée. »

Odoacre réfléchit quelques instants. Wulfila l'observait comme s'il le voyait pour la première fois. Quelques mois avaient suffi pour accroître le fossé qui les séparait. Le changement était impressionnant : Odoacre avait désormais les cheveux courts et bien soignés, le visage rasé de près, il arborait une dalmatique en lin à manches longues, ornée de deux bandes brodées de fil d'or et d'argent qui s'étendaient de l'épaule au bord inférieur, et des bottes en cuir de veau aux broderies en laine rouge et jaune, aux lacets en cuir rouge. Un médaillon d'argent avec une croix en or pendait à son

cou, une ceinture en mailles d'argent ceignait ses côtés. Il portait à l'annulaire gauche une bague parée d'un précieux camée. On l'aurait volontiers pris pour un grand dignitaire romain s'il n'avait eu les cheveux d'un blond roussâtre, ainsi que des taches de son sur le visage et les mains. Odoacre remarqua l'étrange examen auquel Wulfila se livrait, mais il préféra ne pas l'interrompre. « L'empereur Zénon m'a envoyé ma nomination au rang de patricien romain, dit-il, ce qui me donne le droit d'utiliser le nom de "Flavius". En outre, j'ai reçu les pleins pouvoirs pour l'administration de ce pays et des régions voisines. Je te donnerai les décrets que tu réclames. Étant donné que l'existence de ce garçon n'a plus aucune valeur politique, tout au moins en ce qui concerne nos relations avec l'empire d'Orient, et que sa présence risque de provoquer de graves troubles, trouve-le et tue-le. Apporte-moi sa tête, brûle le reste et éparpille ses cendres. Il n'y aura plus qu'un seul Romulus Auguste, ou Augustule, ainsi que ses courtisans l'appelaient dans son dos par moquerie : celui qui réside à Capri. Pour tout le monde et à jamais. Quant à toi, ne reviens pas avant d'avoir exécuté mes ordres. Tu le poursuivras, si nécessaire, jusqu'au bout du monde, et si tu ne me rapportes pas sa tête, je prendrai la tienne en échange. Et tu sais que j'en suis capable. »

Wulfila ne daigna pas répondre à cette menace. « Prépare ces décrets, dit-il. Je partirai au plus vite. » Il se dirigea vers la porte. Avant d'en franchir le seuil, il se retourna. « Qu'en est-il d'Anthemius ? demanda-t-il.

— Pourquoi veux-tu le savoir ?

— Pour mieux saisir la personnalité de Stephanos, qui est, semble-t-il, devenu un homme fort important ici.

— Stephanos a permis de rétablir de bonnes relations entre l'Orient et l'Occident. Il a contribué à stabiliser ma position à Ravenne, une opération complexe et délicate que tu ne parviendrais pas à comprendre. Quant à Anthemius, il a eu ce qu'il méritait : il avait promis à Basile une base dans la lagune en échange de sa protection pour Romulus. Tous deux fomentaient un complot contre moi. Je l'ai fait étrangler.

— J'ai compris », répondit Wulfila avant de sortir.

Stephanos débarqua à Rimini le lendemain car son embarcation avait été contrainte de remonter l'Adriatique en affrontant un vent de nord-est très dangereux. Dès lors, Wulfila veilla à ce qu'aucun de ses mouvements ne lui échappe. Il avait compris que l'épée obsédait le courtisan, et ce pour de mystérieuses raisons qui avaient sans doute quelque chose à voir avec le pouvoir et l'argent puisqu'il était prêt à lui promettre monts et merveilles. En outre, Stephanos avait certainement hérité du réseau d'informateurs qu'Anthemius dirigeait autrefois, sans avoir eu pour cela à se salir les mains avec sa mort. Enfin, c'était l'homme le plus habile et le plus dangereux qu'il eût jamais rencontré. Négocier avec lui équivalait à jouer sur son terrain et perdre certainement. Il convenait donc de l'épier. D'après ce qu'il avait entendu, Stephanos ne tarderait pas à s'éloigner de Ravenne. Il se mettrait donc à ses trousses, certain d'atteindre un but important. En attendant, il avait envoyé des courriers de toutes parts à la recherche d'informations concernant un convoi de six ou sept personnes, dont un homme noir gigantesque, un vieillard et un adolescent.

Après le départ des hommes de Wulfila, le petit groupe d'Aurelius avait brouillé ses traces en remontant

la vallée encaissée et discrète d'un petit torrent, puis en cheminant à flanc de montagne afin de dominer le territoire sur un vaste rayon. En outre, il avait divisé le convoi en trois parties, qui marchaient à environ un mille de distance l'une de l'autre. Batiatus avançait à pied, couvert d'un long manteau à capuche qui le dissimulait presque entièrement, et seul : son immense stature paraissait ainsi moins imposante qu'elle ne l'eût été au milieu de ses compagnons de route. Romulus suivait, en compagnie de Livia et d'Aurelius, tous trois évoquant une famille qui se déplaçait avec son maigre bagage. Les membres du groupe avaient tous dissimulé leurs armes sous leurs vêtements, à l'exception des boucliers qui, trop encombrants, avaient été placés sur la mule d'Ambrosinus et cachés sous une étoffe. Le précepteur avait lui-même suggéré ce stratagème, et Livia avait choisi l'itinéraire en montrant encore une fois qu'elle possédait l'expérience d'un vétéran. La neige saupoudrait le paysage, mais elle n'était pas assez épaisse pour rendre les routes inaccessibles. De plus, le ciel étant toujours chargé de nuages, la température n'était pas très rigoureuse.

La première nuit, ils préparèrent un abri de fortune en coupant des branches de sapin à la hache et en construisant une cabane contre une protection naturelle. Après s'être assurés de ne pas avoir d'ennemis aux trousses, ils firent du feu à l'intérieur de la forêt. Le lendemain, le ciel était dégagé et la température avait baissé ; l'air tiède et humide qui montait de la mer se concentrait sur les hauteurs de l'Apennin en créant un épais rideau de brouillard qui les dissimulait totalement aux yeux d'autrui. Une fois arrivés aux environs de la plaine, à la fin du deuxième jour, ils se demandèrent s'il convenait de la traverser ou de poursuivre leur route sur la crête de l'Apennin, allant ainsi vers l'ouest. Cette

voie était sans doute la plus facile et la moins escarpée, mais elle les obligerait à passer sur la côte ligure, en direction de la Gaule, où ils risquaient de rencontrer des garnisons d'Odoacre, probablement averties de leur passage. De plus, Wulfila avait peut-être envoyé sur les cols des hommes capables de reconnaître les fugitifs, puisque plusieurs dizaines de ses guerriers avaient côtoyé Romulus et son précepteur à Capri, pendant les quelques semaines qu'avait duré leur détention. La carte qu'Ambrosinus avait providentiellement recopiée dans la *mansio ad Fanum* leur fut alors précieuse. À la tombée de la nuit, ils se réunirent tous autour du feu pour choisir leur itinéraire et discuter de ce qu'il convenait de faire.

« J'éviterais pour le moment de descendre dans la plaine et de traverser l'Émilie, dit Ambrosinus. Nous serions trop proches de Ravenne, et les espions d'Odoacre pourraient nous reconnaître. Je vous propose de rester dans la montagne en nous déplaçant à mi-côte vers l'ouest tant que nous n'aurons pas atteint la hauteur de Plaisance. Une alternative s'imposera alors : poursuivre notre route jusqu'à la voie Postumia et descendre ensuite vers la Gaule, ou nous diriger vers le nord, vers le lac Verbannus, d'où l'on peut rejoindre le col qui relie la vallée du Pô à la Rhétie occidentale, à présent contrôlée par les Burgondes. » Ambrosinus rappelait en outre que, non loin du col, un sentier relativement praticable menait, à travers le territoire des Mésiates, à un village rhétique qui se situait presque sur la ligne de partage des eaux. Il l'avait lui-même emprunté à son arrivée en Italie.

« Si vous voulez mon avis, conclut-il, j'écarterais la première hypothèse, car elle nous obligerait à suivre un itinéraire trop fréquenté, qui nous exposerait à un danger constant. L'itinéraire nord est beaucoup plus péni-

ble, plus fatigant et plus malaisé. C'est justement ce qui le rend plus sûr. »

Aurelius l'approuva, tout comme Batiatus et Vatrenus. Ambrosinus ne put s'empêcher de remarquer l'unanimité des trois compagnons d'unité : ils savaient qu'en allant vers l'ouest, ils devraient passer par Dertona, où les champs étaient encore jonchés des os de leurs camarades.

XXIII

« C'est un voyage très long, dit Livia en brisant le silence qui s'était brusquement abattu sur le petit campement. Il nous faudra de l'argent.

— C'est vrai, admit Ambrosinus, nous en aurons besoin pour acheter de la nourriture, payer les péages sur les ponts et les bacs, le fourrage pour les chevaux lorsque nous serons en haute montagne, ou pour nous loger quand le mauvais temps nous empêchera de dormir au bivouac.

— Il n'y a qu'un seul moyen. À l'heure qu'il est, Stephanos est sans doute à Rimini, dans sa villa du bord de mer. Il nous doit la récompense promise pour la mission que nous avons accomplie. S'il ne nous la verse pas dans son intégralité, il ne nous refusera probablement pas son aide. Je connais cette villa, car j'y ai rencontré un jour Anthemius. Je n'aurai aucune difficulté à l'atteindre.

— Pouvons-nous lui faire confiance ? demanda Aurelius.

— Au fond, il était venu à Fanum nous offrir une issue. Stephanos doit survivre, il est obligé, comme tout le monde, de s'adapter aux équilibres et aux déséqui-

libres du pouvoir. Anthemius avait sans doute une bonne raison de se fier à lui.

— C'est bien ce qui m'inquiète : Anthemius nous a trahis.

— Je l'ai d'abord pensé, moi aussi. Mais en y réfléchissant bien, je me suis dit que l'arrivée de Zénon sur le trône de Constantinople l'avait placé dans une situation impossible. Il a peut-être été démasqué et torturé. Il est difficile d'imaginer ce qui s'est réellement passé. Dans tous les cas, vous ne courez aucun risque. J'irai seule.

— Non, je t'accompagne, répliqua Aurelius.

— Il ne vaut mieux pas. Ta présence est nécessaire ici, aux côtés de Romulus. Je me mettrai en route avant l'aube et, si tout va bien, je serai de retour après-demain, à la tombée du soir. Si je ne devais pas revenir, partez sans moi. Vous arriverez bien à survivre, vous avez traversé des épreuves plus difficiles.

— Es-tu certaine de réussir en si peu de temps ? interrogea Ambrosinus.

— Oui, si je ne rencontre pas d'imprévus. J'arriverai chez Stephanos avant le crépuscule. Je repartirai le lendemain avant l'aube et je serai de nouveau ici pour passer la nuit avec vous. »

Les membres du petit groupe se dévisagèrent d'un air perplexe.

« Que redoutez-vous ? les rassura Livia. Avant de faire votre connaissance, je m'en suis toujours très bien tirée toute seule, et puis vous m'avez vue à l'action, n'est-ce pas ? »

Ambrosinus détourna les yeux de sa carte. « Écoute-moi, Livia, dit-il, les séparations engendrent des situations pénibles. Ceux qui attendent plus longtemps que prévu élaborent des hypothèses étranges à chaque instant, imaginent toutes sortes de périls, comptent les pas

de leurs compagnons absents, tentent de calculer et de recalculer le temps nécessaire à leur retour. Et les explications qu'ils trouvent à leur retard ne correspondent jamais à la réalité. D'autre part, ceux qui sont au loin et qui rencontrent des imprévus se tourmentent en songeant qu'il aurait suffi de s'accorder un délai plus grand pour éviter à leurs camarades de nombreuses heures d'angoisse et d'inquiétude. Donnons-nous donc un deuxième rendez-vous. Si nous ne te voyons pas revenir après-demain soir, nous passerons quand même la nuit ici et nous ne repartirons qu'avant l'aube. En ton absence, nous penserons que tu t'es heurtée à un obstacle. Sache toutefois que nous franchirons les Alpes au col des Mésiates, que tu vois ici sur la carte. Tu peux la conserver car j'en ai gravé tous les détails dans ma mémoire. Elle te guidera jusqu'au col, de façon que tu puisses nous retrouver par la suite.

— Cela me semble une excellente solution, répondit Livia. Je vais me préparer pour le départ. » Elle s'empara de sa bride et rejoignit son cheval, qui broutait non loin de là.

Aurelius lui emboîta le pas. « À Rimini, tu seras très près de chez toi. Quelques heures de navigation te suffiraient pour gagner ta ville sur la lagune. Que feras-tu ?

— Je reviendrai. Comme je l'ai promis.

— Nous allons au-devant de l'inconnu en suivant les rêves d'un vieux précepteur, à la suite d'un jeune empereur traqué par de féroces ennemis. Peut-être serait-il sage, pour toi, de mettre fin à ce voyage. Ta ville sur l'eau t'attend, n'est-ce pas ? Tes concitoyens doivent s'inquiéter de ta longue absence. N'as-tu pas laissé derrière toi des êtres chers ? »

Livia paraissait contempler la vallée, la mer de neige dont jaillissaient les cimes des arbres les plus hauts, ainsi qu'un minuscule village perché au sommet d'un

coteau. De minces volutes de fumée s'élevaient des cheminées, comme les prières du soir vers le ciel étoilé, et l'aboiement des chiens était atténué par l'air opaque et froid qui pesait sur la plaine. Après avoir fui la *mansio* de Fanum, ils n'avaient plus joui de la moindre intimité, ce qui avait créé en eux un sentiment d'embarras et de malaise, comme s'ils s'attribuaient réciproquement la volonté d'éviter ne fût-ce qu'un bref tête-à-tête. Après les adieux de Fanum, ils n'avaient, semble-t-il, plus trouvé d'occasion assez forte pour se jeter dans les bras l'un de l'autre. On aurait dit qu'ils voyaient le soleil s'enfoncer dans un horizon brumeux en songeant qu'il ne parviendrait pas à renaître le lendemain.

« Avais-tu imaginé que notre entreprise prendrait ce pli ? demanda encore Aurelius.

— Non. Mais je ne crois pas que cela ait beaucoup d'importance.

— Alors, qu'y a-t-il d'important ?

— Ce que nous éprouvons au fond de notre cœur. Toi, par exemple, pourquoi les accompagnes-tu ? Pourquoi avez-vous décidé de les suivre ?

— Parce que je me suis attaché à ce garçon, parce qu'il n'a personne pour le défendre, parce qu'une moitié du monde souhaite sa mort et que l'autre moitié est prête à s'en réjouir. Parce qu'il porte un fardeau insupportable pour un adolescent, un fardeau qui finira par l'écraser... Ou tout simplement parce que je ne sais pas quoi faire d'autre, ni où aller.

— Crois-tu donc avoir des épaules assez fortes pour supporter ce fardeau à sa place, comme Hercule lorsqu'il se substitua à Atlas et soutint la voûte du ciel ?

— Les sarcasmes ne constituent pas, à mes yeux, une réponse adéquate, dit Aurelius en lui tournant le dos.

— Effectivement. Je regrette. En réalité, je suis

furieuse contre moi-même, furieuse d'avoir été jouée de la sorte, de vous avoir entraînés dans cette folle aventure sans être en mesure de vous récompenser, furieuse de vous avoir tous exposés à un péril mortel.

— Et d'avoir perdu le commandement des opérations. Désormais, tu n'es plus à la tête des autres, mais tu les suis sans savoir où ils vont et ce qui t'attend.

— C'est vrai. Je suis habituée à bâtir des plans sûrs, je n'aime pas les imprévus.

— Est-ce pour cela que tu m'évites ?

— C'est toi qui m'évites.

— Nous avons peur de nos sentiments... peut-être. Est-ce, à tes yeux, une explication plausible ?

— Des sentiments... Tu ne sais pas de quoi tu parles, soldat. Combien d'amis as-tu vus tomber sur le champ de bataille, combien de villes et de villages brûlés et rasés, combien de femmes violées ? Et tu oses encore penser qu'il y a de la place pour des sentiments en ce monde ?

— Tu ne semblais pas de cet avis il n'y a pas si longtemps que ça. Quand tu parlais de ta ville, quand tu couvrais Romulus de ton manteau et l'étreignais sur ton cheval.

— La situation était différente, car nous avions presque achevé notre mission. Romulus était destiné à un lieu où il aurait été traité avec tous les égards, vous auriez reçu votre argent, et moi aussi. Le moment se prêtait à de telles effusions.

— Ce n'était pas la seule raison, j'en suis certain.

— Non, je m'apprêtais à retrouver un homme que je cherchais depuis des années.

— Et cet homme s'est dérobé, n'est-ce pas ?

— Oui, par peur, par lâcheté, je l'ignore.

— Tu es maîtresse de tes pensées. Je ne suis pas le héros que tu recherches, ni même l'acteur capable

d'interpréter son rôle. Je crois être un bon guerrier, et donc un homme plutôt ordinaire par les temps qui courent. Rien de plus. Tu désires quelqu'un, ou quelque chose, que tu as perdu la nuit que tu as fui Aquilée. Le garçon qui a cédé à ta mère sa place sur le bateau représente, à tes yeux, la racine à laquelle tu as été arrachée quand tu étais petite. Quelque chose en toi a fané cette nuit-là, irrémédiablement. Et puis, tu as pensé qu'un inconnu, un légionnaire blessé qui fuyait dans le marais de Ravenne, traqué par une horde de barbares, pouvait être ce fantôme ressuscité. Mais seule la répétition de la situation précédente avait déclenché dans ton esprit cette association de pensées : le légionnaire, les barbares, la barque, le marais... Ces choses-là arrivent, Livia, elles arrivent, comme dans les rêves, le comprends-tu ? Comme dans les rêves. »

Il la regarda droit dans les yeux, tandis qu'elle essayait en vain de ravaler ses larmes en serrant les dents. Il poursuivit : « Que voulais-tu ? Que je te suive dans ta ville sur l'eau ? Que je t'aide à faire revivre Aquilée, à jamais perdue ? Cela aurait peut-être été possible. Tout est possible et tout est impossible pour l'homme que je suis devenu, un homme qui a tout égaré, y compris ses souvenirs. Je n'ai gardé qu'une seule chose, une seule richesse : ma parole de Romain. Un concept obsolète, je le sais, qu'on ne trouve que dans les livres d'histoire, mais une ancre de salut, pour moi, un point de repère si tu veux. Et j'ai donné cette parole à un mourant. Je lui ai promis de sauver son fils et j'ai tenté en vain de me persuader qu'une première tentative me libérerait de cette promesse, j'ai voulu le croire en dépit de mon échec. Mais non, rien à faire, ces mots continuent de résonner dans mes oreilles, et je ne peux les chasser. Voilà pourquoi je t'ai suivie à Misène, voilà pourquoi je resterai à tes côtés tant que

le petit ne sera pas en sécurité quelque part. En Bretagne, au bout du monde, qu'en sais-je ?

— Et moi ? demanda Livia. Je ne représente rien pour toi ?

— Si, bien sûr. Tu représentes tout ce que je ne pourrai jamais avoir. »

Livia le foudroya d'un regard qui trahissait une passion blessée et déçue. Puis elle lui tourna le dos et alla se préparer pour son départ.

Ambrosinus lui apporta le petit rouleau de parchemin qui contenait son itinéraire. « Voici ta carte, dit-il. J'espère que tu n'en auras pas besoin, et que nous te reverrons après-demain soir.

— Je le souhaite, moi aussi.

— Cette mission n'est peut-être pas nécessaire.

— Elle est indispensable. Imagine qu'un cheval se blesse, qu'un de nous tombe malade, ou encore que nous soyons obligés de prendre un bateau. Avec de l'argent, notre voyage sera beaucoup plus rapide. Si, en revanche, nous étions contraints de demander de l'aide, nous nous exposerions au danger, nous nous ferions remarquer... Sois tranquille. Je reviendrai.

— J'en suis sûr. Mais nous allons tous nous inquiéter jusqu'à ce moment-là, en particulier Aurelius. »

Livia baissa la tête.

« Essaie de te reposer », lui lança Ambrosinus avant de s'éloigner.

Livia se réveilla avant l'aube. Elle brida sa monture, s'empara de sa couverture et de ses armes.

La voix d'Aurelius résonna derrière elle : « Fais attention, je t'en prie.

— Je ferai attention. Je sais me débrouiller toute seule. »

Aurelius l'attira à lui et l'embrassa. Livia l'étreignit

quelques instants, puis elle sauta à cheval. « Prends soin de toi », dit-elle avant de pousser sa monture au galop. Elle traversa le bois jusqu'à la vallée du fleuve Ariminus, qu'elle suivit au pas pendant plusieurs heures, comme on suit un guide sûr vers son but. Le ciel était de nouveau chargé de grands nuages noirs, poussés par le vent marin, et il se mit bientôt à pleuvoir. Livia se couvrit le mieux qu'elle put, puis elle continua sa route le long du sentier solitaire, ne rencontrant que des passants pressés, pour la plupart des paysans, ou des domestiques surpris par le mauvais temps alors qu'ils allaient travailler.

Elle atteignit les environs de Rimini en fin d'après-midi, et se dirigea vers le sud en laissant la ville sur sa gauche. De là où elle se trouvait, elle apercevait le mur d'enceinte et, au loin, le haut de l'amphithéâtre à moitié en ruine. La villa de Stephanos se dressa devant elle après qu'elle eut traversé la voie Flaminia, foulant ses dalles de basalte qui luisaient comme du fer sous la pluie : avec ses deux petites tours, flanquant la porte d'entrée, et son chemin de ronde, elle évoquait une forteresse. Des hommes armés gardaient l'entrée et patrouillaient le long du mur d'enceinte, aussi Livia préféra-t-elle éviter l'accès principal. Elle contourna le bâtiment. Voyant un domestique sortir par une porte de service, du côté des écuries, elle l'accosta.

« Stephanos, ton maître, est-il chez lui ?

— Pourquoi veux-tu le savoir ? répondit l'homme avec mauvaise grâce. Va à la porte d'entrée et fais-toi annoncer.

— S'il est à l'intérieur, dis-lui que l'ami qu'il a rencontré à Fanum il y a deux jours est dehors, et qu'il a besoin de lui parler. » Elle tira de sa poche l'une de ses dernières pièces de monnaie et la glissa dans la main du serviteur.

Le regard de l'homme alla de la pièce à Livia, qui dégoulinait de pluie. Il lui dit : « Attends » et disparut de nouveau à l'intérieur du bâtiment. Il revint un peu plus tard en hâte et se contenta de lui lancer : « Vite, entre. » Il attacha lui-même le cheval de Livia à un anneau de fer fixé dans le mur, sous un auvent, puis il la précéda. Ils parcoururent un couloir qui s'enfonçait dans la villa. Bientôt, le domestique l'abandonna devant une porte. La jeune femme frappa légèrement. Elle entendit qu'on soulevait le loquet, puis elle vit Stephanos se dresser devant elle. « Enfin ! dit-il. Je n'espérais plus. Je me suis rongé les sangs en me demandant ce que tu étais devenue... Entre, et essuie-toi. Tu es trempée. »

Livia pénétra dans une vaste pièce, au centre de laquelle brûlait un beau feu. Elle s'approcha pour se réchauffer à ces flammes. C'est alors que Stephanos appela deux femmes de chambre. « Occupez-vous de mon invitée, leur ordonna-t-il. Préparez-lui un bain et des vêtements propres. Vite ! »

Livia tenta de l'arrêter. « Je n'ai pas le temps, il vaut mieux que je reparte sans tarder, je ne veux pas courir de risques.

— Oublie ça. Tu fais peur à voir. Il n'y a qu'une seule urgence pour toi : prendre un bain et te détendre en ma compagnie devant une bonne table. Nous avons beaucoup de choses à nous raconter. Il faut que tu me dises tout ce qui s'est passé et en quoi je puis t'être utile. »

Livia savourait la tiédeur du feu qui caressait son visage et ses mains. Soudain, les efforts et les péripéties qu'elle avait affrontés au cours de ces dernières journées semblèrent l'écraser. Un bain et un repas chaud lui parurent la chose la plus désirable au monde, et elle

acquiesça. « D'accord, je vais prendre un bain et manger quelque chose, dit-elle, mais je repartirai ensuite. »

Stephanos sourit : « C'est bien. Suis donc ces braves femmes, elles vont s'occuper de toi. »

Les deux domestiques conduisirent Livia dans une pièce à l'écart, ornée de mosaïques anciennes, parfumée d'essences rares, remplie de vapeurs qui se dégageaient d'un grand bassin de marbre rempli d'eau chaude. Livia se déshabilla et se glissa dans l'eau après avoir posé ses armes, deux poignards très aiguisés, sur le rebord du bassin, sous l'œil étonné des servantes. Elle étira ses membres, engourdis par la fatigue et le froid, et aspira avec volupté les effluves qui flottaient dans la pièce. Jamais, au cours de son existence, elle ne s'était trouvée dans une telle situation, jamais elle n'avait goûté à un tel luxe. L'une des domestiques passa une éponge sur ses épaules et dans son dos, la massant avec une grande habileté, l'autre lui lava les cheveux avec un produit parfumé et tonifiant. Bientôt, Livia s'enfonça dans l'eau en fermant les yeux, elle eut l'impression de se dissoudre dans cette eau tiède. Quand elle sortit du bain, les deux femmes l'aidèrent à enfiler une tunique en laine phrygienne, très élégante et finement brodée, des pantoufles moelleuses, avant de confier à la lavandière son corselet et son pantalon en cuir, souillés de boue.

Stephanos l'attendait dans la salle à manger. Il alla à sa rencontre en souriant. « Incroyable ! s'exclama-t-il. Une métamorphose stupéfiante ! Tu es la femme la plus belle que j'aie jamais rencontrée. Magnifique ! »

Gênée par cette situation inconfortable, Livia répondit sèchement : « Je ne suis pas venue chercher des compliments, mais ce dont nous étions convenus. Les choses ont changé, et ce n'est pas ma faute. J'ai accom-

pli ma mission, je dois maintenant payer mes hommes. »

Stephanos adopta un ton plus détaché. « Tu as parfaitement raison. Hélas, l'argent qu'Anthemius t'avait promis aurait dû arriver de Constantinople, mais la situation ayant été bouleversée, tu comprends... Quoi qu'il en soit, je t'en prie, assieds-toi, mange. » D'un signe, il ordonna à l'écuyer tranchant de lui servir du poisson grillé et de lui verser du vin.

« J'ai besoin d'argent, insista Livia. Si tu n'es pas en mesure de me payer ce que tu nous dois, verse-moi au moins une partie de la somme convenue. Ces hommes ont risqué leur vie, et je leur ai donné ma parole. Il m'est impossible de leur dire : "Merci, excellent travail, adieu."

— C'est inutile. Cette maison est à ta disposition, et je serais ravi de t'héberger autant de temps que tu le voudras. Personne ne songera jamais à venir te chercher ici. »

Livia porta un gros morceau de poisson à sa bouche et avala un verre de vin, puis elle dit : « Le crois-tu vraiment ? Tu oublies que ces hommes ont escaladé le promontoire de Capri, tué une quinzaine de gardes, libéré l'empereur et traversé la moitié de l'Italie en évitant des centaines de poursuivants lâchés par Wulfila. Ils pourraient arriver ici, dans cette salle, à n'importe quel instant s'ils le voulaient. »

Stephanos accusa le coup. « Ce n'est pas ce que je voulais dire... sauf que... personne ne pouvait imaginer comment les choses se termineraient. Que comptez-vous faire du garçon ?

— Le conduire en lieu sûr.

— Dans ta ville ?

— Je ne peux pas te le dire, on pourrait nous écouter. »

Stephanos feignit de ne pas relever cette manifestation de méfiance. « Exact, répondit-il. Mieux vaut être prudents. Les murs ont des oreilles dans cette région, en particulier en ce moment.

— Alors, que me réponds-tu ? Je dois repartir demain matin au plus tard.

— De quelle somme as-tu besoin ?

— Deux cents ducats me suffisent. C'est une minuscule partie de ce que nous avions convenu.

— Quoi qu'il en soit, c'est une somme considérable. Je n'en dispose pas actuellement. Mais je peux me la procurer. » Il appela un domestique et murmura quelques mots à son oreille. L'homme s'éloigna d'un pas rapide. « Je l'aurai demain, si tout va bien. J'aurai ainsi le plaisir de t'héberger cette nuit. Ne veux-tu pas t'attarder davantage ?

— Je te l'ai déjà dit. Je dois repartir au plus vite. »

Stephanos sembla se résigner, il se remit à manger sans rien ajouter. Bientôt, il se versa du vin et alla s'asseoir aux côtés de Livia, comme s'il avait à lui dire quelque chose de confidentiel. « Il y aurait encore un moyen, pour vous, d'obtenir la somme convenue... ou plutôt beaucoup, beaucoup plus.

— Lequel ?

— Je sais qu'un de tes hommes se battait avec une épée... un objet très particulier, dont la poignée représente une tête d'aigle, et dont la garde imite deux ailes déployées. Tu vois ce que je veux dire, n'est-ce pas ? »

Constatant que Stephanos possédait des informations très précises, Livia songea qu'il était inutile de nier. Elle acquiesça donc.

« Certaines personnes que je connais paieraient une somme énorme pour se l'approprier. Cet argent pourrait vous arranger, ne crois-tu pas ? Les choses seraient alors plus faciles.

— Je crains que cette épée n'ait été perdue pendant le combat. »

Stephanos baissa la tête pour masquer sa déception, et il en resta là.

« Qu'est devenu Anthemius ? demanda Livia pour changer de sujet de conversation.

— C'est lui qui m'a convoqué d'urgence pour me communiquer que vous étiez en danger, car ses projets avaient été découverts, et pour me prier de vous sauver. Hélas, je suis arrivé trop tard. Mais vous avez au moins réussi à vous enfuir... Quant à Anthemius, je ne l'ai plus jamais revu, et je crains de ne pas pouvoir grand-chose pour lui, en admettant qu'il soit encore vivant.

— Je comprends. »

Stephanos se leva et posa une main sur l'épaule de Livia. « Es-tu vraiment décidée à retourner dans la montagne, au milieu des bois, à vivre comme un animal traqué ? Écoute-moi, tu as déjà fait tout ce qui était en ton pouvoir, rien ne t'oblige à risquer une nouvelle fois ta vie pour ce garçon. Reste avec moi, je t'en prie. Je n'ai jamais cessé de t'admirer, je... »

Livia le fixa d'un regard ferme. « Ce n'est pas possible, Stephanos. Jamais je ne pourrais vivre dans un tel endroit, au milieu de toutes ces richesses, après avoir vu tant de misère et tant de souffrances.

— Où irez-vous ? Je pourrais peut-être vous aider, au moins...

— Nous n'avons pas encore pris de décision. Pour l'heure, si tu me le permets, j'aimerais aller me coucher. Cela fait plusieurs nuits que je dors peu.

— Comme tu le souhaites », répondit Stephanos. Il appela les servantes afin qu'elles la conduisent à la chambre qui lui était réservée.

Livia se déshabilla tandis que les femmes ôtaient l'amphore de terre cuite remplie de braises et de cen-

dres qui avait réchauffé son lit. Elle se coucha en savourant cette merveilleuse tiédeur à l'odeur de lavande, mais elle ne parvint pas à s'endormir. Dehors, l'orage redoublait d'intensité : on entendait la pluie crépiter sur le toit et les terrasses, et l'on voyait les éclairs s'abattre derrière les volets en projetant une lumière blême sur le plafond, tandis que les coups de tonnerre retentissaient dans un vacarme assourdissant, la faisant sursauter sous les couvertures. Elle songeait à ses compagnons cachés au milieu du bois, rassemblés autour d'un bivouac fumant, dans le froid et l'obscurité, et elle avait du mal à retenir ses larmes. Elle repartirait sans tarder dès qu'elle aurait obtenu l'argent.

Dans la salle du rez-de-chaussée, Stephanos veillait à côté du feu en caressant de temps à autre un gros molosse allongé à ses pieds, sur une natte. La beauté de Livia l'avait troublé ; l'admiration et le désir qu'elle suscitait en lui depuis leur première rencontre dans la lagune se changeaient désormais en obsession : il ne cessait de penser qu'elle dormait dans sa demeure, non loin de sa chambre à coucher, légèrement vêtue. Mais comment aurait-il pu dompter pareille créature ? Le luxe et le confort dont il l'avait aussitôt entourée n'avaient eu, à l'évidence, aucun effet sur elle, ni même la promesse d'une grosse somme d'argent. Il était certain qu'elle lui avait menti au sujet de l'épée. Cette épée... il aurait donné n'importe quoi pour l'admirer, pour la toucher. Elle symbolisait le pouvoir auquel il aspirait de tout son cœur, une sorte de force qu'il n'avait jamais possédée et toujours désirée.

Soudain, une des femmes entra. Elle tenait un objet à la main. « Regarde ce que j'ai trouvé dans les vêtements de ton invitée, dit-elle en lui tendant un petit parchemin plié. Je ne voulais pas qu'il s'abîme au lavage.

— Tu as été fort avisée », répondit Stephanos, qui examina la carte à la lumière d'une lanterne. À la vue de l'itinéraire tout tracé, il sut où le groupe se dirigeait. L'épée fantastique ne lui échapperait plus, et Livia lui appartiendrait peut-être. Il se tourna vers la femme, qui s'éloignait déjà. « Attends, dit-il. Remets ce parchemin où tu l'as trouvé. » La servante s'inclina avant de s'en aller.

Alors, Stephanos appuya la tête contre le dossier de sa chaise pour s'octroyer quelques heures de sommeil. À présent, seuls le bruit de la pluie battante et le sifflement du vent, qui venait de la mer en poussant d'énormes vagues contre la côte déserte, résonnaient dans la grande salle.

XXIV

Livia se réveilla à l'aube. Ses vêtements étaient étendus sur un tapis, lavés et secs ; en les passant, elle remarqua qu'ils étaient encore tièdes : on avait dû les faire sécher devant le feu toute la nuit. Elle glissa ses deux poignards dans sa ceinture, sous son corselet, elle chaussa ses bottes et descendit au rez-de-chaussée. Stephanos se tenait encore devant le feu, allongé sur sa chaise à accoudoirs : un meuble ancien, datant des empereurs Antoniens, qui faisait sans doute partie du précieux mobilier de la maison. Il sursauta en entendant le pas léger de Livia dans l'escalier, et se tourna vers elle.

« Je vois que tu ne t'es pas couché, dit la jeune femme.

— J'ai un peu somnolé devant le feu. Le bruit de l'orage m'aurait de toute façon empêché de dormir. Tu entends ? Il pleut encore à verse.

— Oui », répondit Livia, l'air inquiet. Une servante survint, elle lui tendit une tasse de lait chaud additionné de miel.

« Tu ne peux pas partir avec ce temps, lui lança Stephanos. Regarde donc. On dirait que les cataractes du

ciel se déversent sur la terre. Si tu avais emmené tes camarades, comme je t'y avais invitée, je les aurais tous hébergés et vous auriez été en sécurité.

— Tu sais bien que c'est faux. Notre groupe n'aurait pas pu passer inaperçu. Et je suis certaine que ta maison regorge d'espions. Bien vite, Odoacrc apprendra ma présence dans ta demeure, et Wulfila aussi.

— Je ne crois pas qu'ils auraient couru un danger supérieur à celui qu'ils affrontent à l'heure qu'il est, où qu'ils soient. Et les espions les plus diligents n'ont sans doute guère envie de quitter ma maison avec ce mauvais temps pour rapporter les visites que je reçois. Si tu changeais d'avis, je pourrais te rendre de grands services. Amener, par exemple, l'Orient et l'Occident à reconnaître l'autonomie de ta petite ville sur la lagune. N'est-ce pas ton rêve depuis toujours ?

— Un rêve que nous avons défendu avec les armes et la foi en notre avenir. »

Stephanos soupira. « À l'évidence, il n'y a rien que je puisse faire ou dire pour te persuader à renoncer à cette entreprise absurde. Bien que je regrette de l'admettre, une seule explication s'impose : tu dois être amoureuse de ce soldat.

— Je préférerais parler de l'argent que tu m'as promis. Quand l'auras-tu ?

— Qu'en dis-tu ? Avec ce temps, le fleuve a dû déborder, provoquant de vastes inondations entre Ravenne et Rimini. Mon homme n'arrivera pas avant la fin de l'après-midi, ou demain matin, dans le meilleur des cas.

— Je ne peux pas attendre, répondit Livia d'une voix sèche.

— Réfléchis un peu. Il est absurde de repartir dans ces conditions. Et puis, les membres de ton groupe t'attendront quoi qu'il arrive. »

Livia secoua la tête. « Non. Pas au-delà du délai prévu. Ils ne peuvent se le permettre, pour une raison qui ne t'échappe sans doute pas. »

Stephanos acquiesça avant d'ajouter : « Alors, reste, je t'en prie, ils se feront une raison. Tu as déjà été assez généreuse avec eux, tu as risqué ta vie, et ce soldat n'a rien à t'offrir, alors que je suis prêt à tout partager avec toi : mes rêves, mon pouvoir, mes richesses. Penses-y, tant qu'il en est encore temps.

— J'ai déjà réfléchi. Cette nuit, tandis que j'étais bien au chaud dans ce lit parfumé, je les imaginais dormant à la belle étoile, sous un abri de fortune, et j'étais bouleversée. Ma place est avec eux, Stephanos. Si cet argent n'arrive pas avant la fin de la matinée, je partirai. Et maintenant, pardonne-moi, je vais préparer mon cheval. »

Elle traversa le couloir qu'elle avait emprunté la veille et courut jusqu'à l'écurie sous une pluie diluvienne. Son cheval l'attendait tranquillement, attaché à son anneau. Il avait été étrillé et nourri, il était prêt à affronter une dure journée de voyage. Elle le brida et lui mit la selle, à laquelle elle fixa sa couverture. Stephanos la rejoignit un peu plus tard, accompagné de deux domestiques qui tenaient un drap au-dessus de sa tête pour l'abriter de la pluie.

« Que puis-je faire pour toi, demanda-t-il, puisque je ne puis te persuader de rester ?

— Je te serais reconnaissante de bien vouloir me donner quelque chose, ce que tu peux... je ne veux rien pour moi, tu le sais. »

Stephanos lui remit une bourse. « C'est tout ce que j'ai, dit-il. Environ vingt ou trente ducats.

— Je m'en contente, et je te remercie. Mais donne-les-moi au moins en siliques d'argent : rares sont ceux

qui peuvent rendre la monnaie sur des pièces aussi précieuses. »

Stephanos s'exécuta. Après quoi, Livia se dirigea vers le couloir.

« Je n'ai même pas le droit à un au revoir ? » lui lança son hôte. Il essaya de l'embrasser, mais Livia se déroba et lui tendit la main. « Une poignée de main s'impose entre vieux compagnons d'armes. »

En vain, il tenta de retenir ses mains entre les siennes. « Il faut que je parte, dit-elle en se libérant. Il est tard. »

Stephanos ordonna alors à ses domestiques de lui remettre un manteau de toile cirée et des besaces remplies de provisions. Livia le remercia encore, puis elle monta à cheval et disparut derrière un rideau de pluie. Stephanos se rendit dans sa grande bibliothèque, où il se fit servir le déjeuner. Sur la grande table de chêne qui occupait le centre de la pièce, trônait un rouleau de parchemin, ainsi qu'une édition illustrée de la *Géographie* de Strabon, ouvert à la description du Forum romain. L'une des représentations montrait le temple de Mars Vengeur et son autel, vus de l'extérieur. Une autre dépeignait l'intérieur, et en particulier une magnifique statue de César en marbre polychrome, revêtue de son armure et ornée d'une épée. Malgré l'échelle du dessin, on pouvait distinguer la finesse de l'arme, sa poignée en forme de tête d'aigle aux ailes déployées. Stephanos la contempla longuement, l'air fasciné, puis il referma le rouleau et le reposa sur son étagère.

Pendant ce temps, Livia se dirigeait au pas vers la ville en songeant que le pont de la voie Emilia était sans doute le seul passage praticable sur le fleuve Ariminus. Mais elle se heurta bien vite à une vaste inondation qui recouvrait totalement la route. Au loin, le parapet avait presque été emporté par la fureur des eaux.

Elle fut envahie par un profond découragement : comment retrouverait-elle ses compagnons dans les délais prévus ? L'attendaient-ils à l'endroit convenu, ou avaient-ils été contraints de se déplacer, de chercher un abri pour se protéger contre les éléments déchaînés ? À cause des pluies torrentielles, le fleuve avait débordé, submergeant une vaste étendue. En altitude, la situation devait être encore plus pénible, du fait des éboulements et des glissements de terrain qui s'étaient, à l'évidence, produits.

Elle s'arma de courage et entreprit de remonter le fleuve à la recherche d'un gué, mais sa marche se changea bientôt en cauchemar. Les éclairs aveuglaient son cheval, qui se cabrait en poussant des hennissements de terreur, dérapait dans la boue et reculait avant de se remettre en route, tiré par Livia, qui avait sauté à terre et qui avançait au prix d'immenses efforts. Le sentier sur lequel elle s'était engagée se transforma bientôt en un torrent hérissé de rochers pointus, et le fleuve, en bas, n'était plus qu'un bouillonnement d'eaux boueuses qui se précipitaient en grondant dans la vallée. À mi-journée, elle n'avait parcouru que trois milles. Elle comprit que la nuit la surprendrait à mi-côte dans un territoire dénudé et totalement dépourvu d'abris. En voyant les cimes blanchir, elle eut peur pour sa vie.

Pour la première fois de son existence, elle fut saisie de panique, envahie par la crainte de mourir seule, dans un lieu désert, au milieu de la boue. Elle imagina son corps abandonné, entraîné par l'inondation, renversé sur le fond de l'eau trouble, parmi les rochers acérés. Elle rassembla toutes ses forces et tenta de réagir, d'avancer le plus possible vers le village qu'elle avait vu, la veille, se dresser dans la brume. Elle l'aperçut en fin d'après-midi, alors que la pluie se muait en un grésil gelé qui entamait la peau comme des éclats de

verre. Guidée par les faibles lumières des fermes qui étaient éparpillées entre les pâturages et l'orée du bois, elle aborda bientôt un pont suspendu de troncs et de branchages. À la vue des tourbillons et du bouillonnement d'écume, son cheval recula, et elle fut obligée de lui bander les yeux pour l'entraîner, pas après pas, sur cette passerelle précaire qui se balançait dangereusement au-dessus du torrent en crue. Elle arriva au village à la nuit tombée et réunit ses dernières forces pour se traîner entre les maisons et les cabanes. Éreintée, elle s'effondra bientôt à genoux dans la boue. Elle entendit un aboiement et des voix. Elle sentit qu'on la soulevait et qu'on la portait au sec, à la chaleur du feu. Puis, plus rien.

Devinant que Livia avait rencontré des obstacles de toutes sortes sur le chemin du retour, Aurelius et ses compagnons patientèrent longuement avant de se décider à abandonner l'abri qu'ils avaient construit pour se protéger des intempéries. Ils attendirent toute la journée et toute la nuit suivante, puis ils durent prendre une décision. « Si nous ne partons pas, c'est de faim et de froid que nous mourrons, déclara Ambrosinus. Nous n'avons pas le choix. » Il posa les yeux sur Romulus, enveloppé dans sa couverture, blême.

« Je suis d'accord avec toi, l'approuva Vatrenus. Nous devons partir tant que nous sommes encore capables de marcher. Nous ne pouvons pas en arriver à tuer nos chevaux pour nous nourrir. En outre, rien ne dit que Livia n'a pas regagné sa ville après avoir tenté en vain de nous rejoindre.

— Ce serait un choix parfaitement compréhensible, admit Ambrosinus, l'air songeur. Cette mission ne lui appartient plus, ni même ce voyage. Elle a une patrie et peut-être des êtres chers. » Il regarda Aurelius

comme s'il voulait interpréter ses pensées. « Je crois que nous la regretterons tous. C'était une femme extraordinaire, digne des exemples les plus illustres du passé.

— Cela ne fait aucun doute, dit Vatrenus. Et l'un de nous la regrette certainement plus que les autres. Pourquoi ne vas-tu pas la rejoindre, Aurelius, dans son refuge de la lagune, tant qu'il en est encore temps ? C'est peut-être ce qu'elle désire, ne crois-tu pas ? Elle a peut-être voulu te mettre le dos au mur. À nous trois, nous parviendrons à protéger Romulus, et nous saurons un jour te retrouver. Il ne doit pas y avoir beaucoup de villes sur l'eau. C'est peut-être même la seule. Dans tous les cas, nous nous reverrons et nous fêterons nos retrouvailles avec joie. Même si cela ne devait pas arriver, considérons ces adieux comme les meilleurs possibles, ceux d'amis sincères qui n'oublieront jamais les années passées ensemble.

— Ne dis pas de bêtises, répondit Aurelius. Je vous ai entraînés dans cette entreprise, et je continuerai à remplir mon devoir. Dépêchons-nous, une longue marche nous attend, et nous n'avons pas de temps à perdre : plus les jours passeront, plus il sera difficile de traverser les Alpes. »

Il en resta là, parce que son cœur était brisé : il aurait donné n'importe quoi pour revoir, ne fût-ce qu'un instant, la femme qu'il aimait. Romulus fut emmitouflé le mieux possible et placé sur un cheval, tandis que le reste du groupe s'engageait à pied sur le sentier escarpé, à travers des lieux sauvages et solitaires, sous la neige qui tombait à gros flocons.

Livia rouvrit les yeux. Elle se trouvait dans une cabane qu'éclairaient faiblement une lanterne à suif et les flammes du foyer. Un homme et une femme d'un

âge indéfinissable l'observaient d'un œil curieux. La femme plongea une louche dans la marmite qui ronronnait sur le feu, et remplit une écuelle de potage qu'elle tendit à Livia avec un quignon de pain sec, aussi dur qu'un caillou. Ce n'était qu'une soupe de navets, mais la seule vue de l'écuelle fumante suffit à revigorer la jeune femme.

« Qui es-tu ? demanda l'homme au bout d'un moment. Que faisais-tu dans le coin par ce temps ? On ne voit jamais personne ici.

— Je voyageais avec mes parents, et je me suis perdue dans la tempête. Ils m'attendent dans une clairière près du col. Pourriez-vous m'accompagner, s'il vous plaît, afin que je ne m'égare pas une nouvelle fois ? Je peux vous payer.

— Le col ? Le sentier est complètement inondé et l'eau a emporté le pont. Et puis il neige maintenant, ne le vois-tu pas ?

— Êtes-vous certains qu'il n'existe pas d'autres moyens de monter ? Il faut à tout prix que je les rejoigne. Ils doivent s'inquiéter, ils imaginent sans doute que je suis morte. Je vous en supplie, aidez-moi !

— Nous le ferions volontiers, intervint la femme, car nous sommes chrétiens et vivons dans la crainte de Dieu, mais c'est impossible. Nos deux fils, qui tentaient de redescendre avec nos bêtes, ont été bloqués en altitude, sans pouvoir rebrousser chemin. Nous sommes inquiets, nous aussi, mais nous n'avons pas d'autre choix que de patienter.

— Alors je descendrai, déclara Livia. Je les retrouverai plus loin.

— Pourquoi n'attends-tu pas que la neige cesse de tomber ? lui dit l'homme. Tu peux rester ici, si tu le souhaites. Nous sommes pauvres, mais nous t'hébergerons de bon cœur.

— Je vous remercie, mais je dois retrouver ceux que j'aime. Que Dieu vous récompense pour l'abri et la nourriture que vous m'avez donnés, ils m'ont sauvé la vie. Adieu, priez pour moi. » Elle jeta son manteau sur ses épaules et sortit.

Livia dévala à grand-peine les flancs escarpés de la vallée, s'immobilisant fréquemment pour explorer les passages dangereux afin que son cheval ne se blesse pas. Quand elle atteignit enfin la plaine, elle remonta en selle et s'engagea sur un itinéraire parallèle à la voie Emilia, qui se dévidait en hauteur et lui permettait donc d'éviter les zones submergées par les eaux. Tout en avançant, elle se demandait comment ses camarades, en particulier Aurelius, avaient réagi en constatant qu'elle ne revenait pas. Avaient-ils songé que des obstacles s'étaient dressés sur sa route, ou s'étaient-ils crus abandonnés ? Et comment réussiraient-ils à poursuivre leur route, alors qu'ils étaient dépourvus d'argent et de provisions suffisantes ?

Elle voyagea trois jours durant, ne s'arrêtant que pour dormir dans des fenils, ou dans les cabanes que les paysans utilisaient pendant les nuits d'été pour surveiller leurs récoltes. Il n'y avait qu'une seule façon de rejoindre ses compagnons, se disait-elle : les précéder à un passage obligatoire qu'elle pensait avoir distingué sur la carte d'Ambrosinus, un signe sur la feuille correspondant à un pont, ou un bac, sur la Trébie, l'indication, ou presque, d'un point de transit. Elle avait calculé si souvent leur progression qu'elle était désormais certaine de les retrouver au passage fluvial qu'elle comptait rallier ce soir-là, après le coucher du soleil. Elle chemina lentement, dans les ténèbres de la longue nuit d'hiver, à travers un paysage brumeux, parmi les squelettes des arbres et les gémissements des chiens errants. Elle finit par s'arrêter, à bout de forces, attirée

comme une phalène par une lueur, seule lumière visible dans l'obscurité du ciel et de la terre. Alors qu'elle s'approchait, un chien se mit à aboyer furieusement, mais Livia ne lui prêta guère attention. Elle était harassée, épuisée, affamée : le froid et l'humidité engourdissaient ses membres au point que le moindre mouvement lui coûtait plus de douleur que de fatigue. La lumière en question était une lanterne accrochée devant un bâtiment croulant qui arborait l'enseigne d'une auberge : *Ad pontem Trebiae*.

Contrairement à ce qu'annonçait l'enseigne rouillée, il n'y avait pas de pont, mais peut-être un bac, qui, à en juger par le grondement de la rivière, constituait sans doute le seul moyen de traverser en direction du nord. Elle entra et fut accueillie par une atmosphère lourde et sombre. Au centre de la pièce, un feu de branches de peuplier humides dégageait plus de fumée que de chaleur. Quelques voyageurs étaient assis autour d'une table de planches gauchies. Ils mangeaient une soupe de millet, ainsi que des fèves vertes et des navets, disposés sur un plat central, qu'ils saupoudraient de sel. Assis de l'autre côté, près des fourneaux, l'aubergiste écorchait des grenouilles encore vivantes et les jetait dans une corbeille où elles se tordaient de douleur. Une fillette maigre, vêtue de loques, les ramassait l'une après l'autre, les décapitait et les vidait avant de les cuire dans du lard de porc. Livia s'assit à son tour, à l'écart. Quand l'aubergiste s'approcha, elle lui demanda s'il avait du pain.

« De seigle », répondit-il.

Livia acquiesça. « Je voudrais aussi du foin et un abri pour mon cheval.

— Je n'ai que de la paille. Et le cheval peut dormir avec toi dans l'écurie.

— D'accord. En attendant, mets-lui la couverture qui est accrochée à ma selle. »

L'aubergiste dit quelque chose à la fillette, qui alla chercher le pain. Il sortit en grommelant pour s'occuper du cheval. L'animal et les bottes de cuir de son propriétaire l'amenaient à penser que ce nouveau client avait sans doute de quoi payer. Une fois à l'extérieur, il sursauta à la vue d'un groupe de cavaliers qui atteignaient la rive, sur un bac fixé à cet endroit par des cordes. Ils descendirent l'un après l'autre en pestant, chacun tenant les rênes de son cheval dans une main et un flambeau dans l'autre. Ils confièrent les animaux au tavernier et lui ordonnèrent de leur apporter immédiatement de quoi se sustenter. Ils voulaient de la viande. « De la viande ! » continuaient-ils de crier en s'asseyant. L'aubergiste appela un apprenti. « Tue le chien, dit-il, et fais-le cuire. C'est tout ce que nous avons. De toute façon, ils ne s'apercevront de rien. Ces types-là sont des bêtes. Si nous ne les contentons pas, ils démoliront l'auberge. »

Livia observa les nouveaux arrivés à la dérobée : c'étaient des mercenaires barbares, sans doute enrôlés dans l'armée impériale. Elle se sentit très mal à l'aise, mais elle préféra ne pas éveiller leurs soupçons en quittant aussitôt la pièce. Elle mâcha péniblement le pain et avala quelques gorgées d'un liquide qui tenait plus du vinaigre que du vin. Alors qu'elle s'apprêtait à se lever, elle s'aperçut qu'un barbare l'examinait, debout devant elle. D'instinct, elle porta une main au poignard glissé sous son corselet et remplit son gobelet de l'autre pour se donner une contenance. Elle but lentement puis elle poussa un soupir et se leva. Le barbare s'éloigna sans un mot, se dirigeant vers la cuisine, où il réclama du vin. Livia paya son dîner et se rendit dans l'écurie afin de s'étendre à côté de son cheval. Elle ne vit pas

que le barbare se retournait sur son passage et échangeait avec son chef un regard qui semblait signifier : « C'est elle ? » Ce dernier acquiesça avant de s'écrier : « Aubergiste, apporte du vin et de la viande, si tu ne veux pas que je te fasse rouer de coups !

— Un peu de patience, mon seigneur, répondit l'aubergiste. Nous venons de tuer un chevreau à votre intention, mais tu dois nous laisser le temps de le préparer. »

Une heure s'écoula avant que le chien soit cuit et servi à table, en morceaux, accompagné d'herbes amères, que les barbares écartèrent aussitôt. Ils dévorèrent la viande sous le regard satisfait de l'aubergiste, qui fut toutefois saisi de crainte lorsque le chef lui lança : « Apporte-moi la tête, les yeux sont ce qu'il y a de meilleur. » Mais il se ressaisit promptement : « La tête, mon seigneur ? Oh, je regrette, je ne puis te contenter, car je l'ai donnée avec les entrailles... au chien. »

Encore troublée par sa rencontre avec le barbare, Livia demeura un moment éveillée, l'oreille tendue, prête à sauter à cheval et à s'enfuir. Mais elle entendit bientôt que les barbares quittaient l'auberge et s'éloignaient vers le sud. Elle poussa un soupir de soulagement et s'installa du mieux possible pour la nuit. C'est alors que son esprit fut assailli par un tumulte d'émotions incontrôlables. La voix et la présence d'Aurelius lui manquaient, elle s'inquiétait pour Romulus, se demandait comment il se portait, où il se trouvait, ce qu'il pensait à cet instant précis. Son cœur se serra alors qu'elle songeait au vieil Ambrosinus, à son comportement serein de sage qui avait toujours réponse à tout, à son affection jalouse pour le petit et, en revanche, à sa foi aveugle en l'avenir du jeune empereur, en dépit des auspices contraires. Elle n'oubliait pas Vatrenus,

Batiatus, Orose et Démétrios, aussi inséparables que les Dioscures, des hommes de courage, d'abnégation, dotés d'une force d'esprit incroyable. Comment avait-elle pu les quitter pour aller chercher de l'argent ?

Le souvenir de sa ville semblait, lui aussi, s'évanouir. Elle n'avait qu'une seule pensée – tout lui manquait –, et un seul vœu : retrouver ses compagnons. Ce monde horrible, la misère méprisable qui caractérisait toute chose autour d'elle, le sentiment de solitude qui l'habitait et la perspective des difficultés qu'elle rencontrerait dans sa tentative de rejoindre ses amis la poussèrent à prendre une décision sans tarder. En attendant un ou deux jours leur arrivée, elle risquait d'être trop distancée sur la route du col, et de ne plus croiser leur chemin. La sagesse lui suggérait de suivre le conseil d'Ambrosinus : atteindre le col avant eux, et patienter. Et que Dieu fît sa volonté.

À la première lueur de l'aube, elle sella son cheval et sortit furtivement, se dirigeant vers le nord, le long de la route que ses amis devaient emprunter, qu'ils fussent devant ou derrière elle. Elle avançait rapidement, désormais certaine de se présenter en avance au col des Mésiates. Un instant, elle fut envahie par le découragement à l'idée que les conditions du terrain, ou des événements imprévus, les avaient contraints à changer d'itinéraire. Si tel était le cas, elle ne les reverrait jamais. Mais elle se ressaisit en songeant qu'Ambrosinus prenait toujours la décision la plus sage et y restait fidèle.

Ce soir-là, Stephanos fut informé qu'une femme correspondant à la description de Livia avait été aperçue dans l'auberge qui était située près du bac sur la Trébie. Il se mit donc en route avec une escorte pour la suivre à distance sans être vu. Il était persuadé qu'il finirait

par la retrouver sur le chemin de la Rhétie et la ramener vers lui, par récupérer aussi l'épée que détenait sans doute l'un de ses compagnons. Il avait parlé de cette arme merveilleuse aux émissaires de l'empereur Zénon. Nul doute que le César d'Orient lui offrirait n'importe quelle somme et n'importe quel privilège pour s'approprier un objet aussi précieux, symbole et relique de la puissance primitive de l'Empire romain.

Il était parti dès que l'orage s'était apaisé et que les eaux des fleuves avaient reflué vers la mer, inventant un prétexte à l'intention d'Odoacre pour obtenir une escorte de mercenaires. Mais Wulfila lui avait emboîté le pas, certain que seul Stephanos possédait les moyens et les informations nécessaires pour le conduire sur les traces de ses proies. Le barbare avait déjà envoyé des courriers à la recherche de renseignements concernant un convoi composé notamment d'un géant noir, d'un vieillard et d'un adolescent, mais il n'avait reçu aucune réponse satisfaisante. Lorsqu'il apprit que Stephanos préparait un voyage pour le moins suspect et hâtif, et qu'il avait réclamé une escorte armée à Odoacre sous le prétexte de mener une opération diplomatique avec les gouverneurs des régions alpines, il en devina aussitôt la raison.

Il rassembla ses hommes, soixante-dix guerriers prêts à tout, et partit sur les traces de Stephanos. Tous deux visaient, il en était intimement persuadé, les mêmes objectifs. Si tel n'était pas le cas, s'il réalisait qu'il avait tout misé sur le mauvais cheval, il n'aurait pas de salut. Il ne lui resterait plus qu'à disparaître dans les immenses profondeurs du continent, à s'évanouir à jamais dans le néant : Odoacre ne lui pardonnerait pas deux échecs aussi rapprochés dans le temps, sa réaction serait incontrôlable. Et pourtant, Wulfila était convaincu d'avoir raison. Il débusquerait les fuyards et mettrait fin sans tarder

à leur fuite. Il décapiterait le petit avec l'épée magnifique, il défigurerait à son tour le Romain qui l'avait mutilé, découvrirait enfin son identité avant de l'effacer à jamais.

Livia cheminait à la recherche de ses camarades. Jamais elle n'aurait pu imaginer, tandis qu'elle traversait les campagnes humides des Insubriens, qu'elle était le guide involontaire de ses ennemis les plus abhorrés et les plus féroces, qu'elle les conduirait sur la trace de ses amis, leur permettant de les menacer et de les traquer comme des animaux en fuite.

XXV

Livia avait d'abord espéré que le passage obligatoire sur le Pô pourrait lui offrir une seconde occasion de rejoindre ses camarades, s'ils tentaient de traverser en utilisant l'un des rares bacs fixes encore efficaces, comme celui qui glissait le long de cordes sur la Trébie. Les ponts de bateaux qui constituaient jadis un moyen de passer le grand fleuve, à plusieurs endroits, facilitant l'accès direct aux principales routes consulaires telles la voie Postumia et la voie Emilia, avaient été détruits pendant les dernières décennies d'anarchie et les troubles qui avaient suivi l'assassinat de Flavius Oreste. Les pontons flottants avaient, quant à eux, été accaparés par les habitants des deux rives qui les avaient transformés en bateaux de transport ou de pêche.

Ainsi, tout ce qui avait auparavant contribué à unir les villes, les populations, les communautés rurales et montagnardes, ainsi que les provinces d'un bout à l'autre de l'Empire se dégradait sous l'effet de l'incurie, des mises à sac et de l'abandon. Les structures publiques telles que les *mansiones* sur les routes consulaires, les établissements thermaux, les forums et les basiliques, les aqueducs et même le revêtement dallé

des routes avaient été démolis, démontés, revendus ou réemployés. La misère et la dégradation poussaient les gens à saccager leur propre pays afin d'en tirer un moyen de survie individuelle, la survie collective étant à présent exclue, et à plus forte raison tout progrès de la société. Les monuments anciens, les statues de bronze qui célébraient les fastes des ancêtres et de la patrie commune avaient été depuis longtemps fondus et changés en pièces de monnaie, ou en objets d'usage quotidien. Ainsi, le noble métal dans lequel avaient été gravées les effigies de Scipion ou de Trajan, d'Auguste ou de Marc Aurèle servait maintenant à cuire les repas des nouveaux seigneurs, ou à payer, sous forme de monnaie, la solde des mercenaires qui faisaient la loi sur cette malheureuse terre.

La langue commune, le latin, qui avait rassemblé des dizaines de peuples, et que les notables, les recteurs et les ecclésiastiques utilisaient et parlaient encore sous sa forme la plus noble, se fragmentait au niveau populaire en une myriade de parlers locaux, non seulement en renforçant les accents des anciens habitants de l'Italie d'avant la conquête romaine, mais aussi en donnant rapidement naissance à des dialectes exclusivement liés aux petites communautés régionales, de plus en plus renfermées sur elles-mêmes. La plupart des villes pouvaient encore compter sur leurs traditions municipales ; nombre d'entre elles conservaient leurs magistratures, et certaines leurs murs d'enceinte, grâce auxquels elles parvenaient parfois à organiser des formes de défense ne fût-ce que contre les groupes de déserteurs ou les bandes errantes d'hommes armés qui battaient la campagne à la recherche de proies.

Les temples de la religion antique, désormais abandonnés, avaient été abattus et démantelés parce qu'ils abritaient d'anciens démons. Parfois, leurs colonnes et

leurs marbres précieux étaient plus sagement réemployés dans la construction des églises du dieu chrétien ; réintroduits ainsi dans de nouvelles architectures tout aussi majestueuses, ils continuaient de vivre et d'inspirer par leur beauté l'esprit des gens qui fréquentaient ces lieux.

Par conséquent, tout ce qui divisait se multipliait, et tout ce qui avait été conçu pour réunir se perdait. Le monde se désagrégeait, se brisait en mille éclats et dérivait sur le fleuve de l'histoire. Seule la religion semblait encore capable de rassembler les hommes avec sa promesse d'immortalité, son espoir de bonheur dans une autre vie, mais de manière essentiellement superficielle. En effet, on assistait à la multiplication des hérésies, qui déchaînaient des conflits souvent sanglants, provoquaient des anathèmes et des excommunications réciproques, lancés au nom de l'unique dieu qui aurait dû être le père de l'humanité tout entière. La plupart des gens menaient une existence si misérable qu'ils n'auraient pu la supporter sans la promesse d'un bonheur infini après leurs obsèques, souvent prématurées.

De telles pensées traversaient l'esprit de Livia tandis qu'elle se dirigeait vers la grande vallée du Nord. Elle savait qu'elle courait un grand risque en voyageant seule, sur un magnifique cheval dont la valeur était aussi grande en qualité de réserve de nourriture qu'en tant qu'animal de guerre. Elle s'efforçait donc d'utiliser les stratagèmes qu'elle avait appris tout au long de son existence de fugues, d'assauts et d'embuscades sur la terre comme sur l'eau. Elle n'imaginait pas que sa sécurité n'avait jamais été aussi assurée, que des yeux invisibles la surveillaient nuit et jour, que ses mouvements ou ses changements de direction étaient immédiatement

signalés à Stephanos. Celui-ci cheminait à une distance suffisante afin d'éviter tout contact. Pour l'instant.

Il avait tout prévu, à une exception près : que des poursuivants encore plus dangereux que ses propres mercenaires ne le quittaient pas un instant des yeux.

Bientôt, Livia se mit à longer les digues du Pô. En partie surélevées par rapport à la campagne environnante, elles lui offraient un bon point de vue sur le territoire et constituaient un guide plus sûr que la route. Elle songeait que ses compagnons courraient un grand danger s'ils tentaient de traverser le fleuve sur un bac : elle en avait eu la preuve en rencontrant des soldats barbares à l'auberge *Ad pontem Trebiae*. D'autre part, comment pourraient-ils atteindre autrement la rive opposée avec leurs chevaux ? Peut-être les avaient-ils vendus pour en acheter d'autres ailleurs, mais Aurelius se séparerait-il de Juba ?

Elle chassa ses pensées pour se concentrer sur sa propre route. Enfin, elle constata qu'il existait un moyen de traverser plus prudent : à un demi-mille devant elle, se trouvait un gros chaland transportant du sable et du gravier. Elle négocia le prix du voyage et embarqua son cheval sans grandes difficultés. Elle commençait désormais à croire que le pire était derrière elle, que sa rapidité lui permettrait d'atteindre le col deux jours avant ses compagnons au moins, en admettant qu'aucun imprévu ne se produise. Elle se dirigea vers Pavie, en se tenant à une distance respectueuse de la ville, car elle redoutait la présence d'un détachement nourri de l'armée d'Odoacre. Elle s'élança ensuite vers le lac Verbannus et s'unit à un convoi de mules qui montait vers le col des Mésiates avec un chargement de blé et trois chars de foin. Ces denrées étaient destinées aux fermes de haute montagne, où les vaches et les brebis passaient l'hiver. De crainte d'être volés, lui expliqua-

t-on, les éleveurs ne voulaient plus descendre dans la plaine.

L'accent des populations avait beaucoup changé, tout comme le paysage au fur et à mesure qu'elle grimpait. Le convoi abandonnait le grand lac bleu-vert, enchâssé dans une vallée profonde et entouré de collines, de pentes boisées, de pâturages, de vignes et même d'oliviers, il gravissait des pentes de plus en plus escarpées en traversant des bois de hêtres et de chênes, puis de sapins et de mélèzes désormais nus.

Au quatrième jour de marche, Livia quitta ses compagnons de route occasionnels et, suivant les indications de sa carte, s'engagea sur la pente enneigée qui menait au col. À la vue de la fumée qui s'échappait de la cheminée, elle comprit que le vieux relais de poste du *cursus publicus* était toujours en activité, au nord d'un village qu'on appelait Tarussedum. Elle fut donc tentée d'y entrer pour se protéger du froid mordant. Cependant elle aperçut de nombreux chevaux de guerre attachés au râtelier, sous l'auvent, et couverts d'épais caparaçons de feutre, aussi préféra-t-elle chercher un endroit plus écarté et plus haut perché, afin de pouvoir contrôler le passage le long de la route. Elle distingua sur le flanc oriental deux cabanes en bois, d'où s'élevait de la fumée. Elle pensa qu'elles abritaient des bûcherons, car elles étaient entourées de piles de troncs, dont certains étaient écorcés et équarris. Elle s'approcha et frappa plusieurs fois à la porte. Une vieille femme lui ouvrit : elle portait des vêtements de laine brute et des chaussures en feutre, ses cheveux étaient nattés et réunis sur sa nuque à l'aide d'épingles en bois.

« Qui es-tu ? demanda cette femme avec mauvaise grâce. Que veux-tu ? »

Livia se découvrit la tête et sourit. « Je m'appelle Irene et je voyageais avec mes frères en direction de la

Rhétie. Hier, une tempête de neige nous a séparés, mais nous étions convenus de nous retrouver ici, au col, au cas où nous nous perdrions. Le relais de poste est plein de soldats, et je suis une fille seule. Tu me comprends.

— Je ne peux t'héberger ni te nourrir, répondit la femme sur un ton légèrement plus conciliant.

— Je me contenterai de dormir dans l'étable sur ma couverture, et je peux te payer la nourriture que tu me donneras. En outre, mon père et mes frères te récompenseront lorsqu'ils arriveront.

— Et s'ils ne viennent pas ? »

À ces mots, Livia s'assombrit. Effectivement, ses camarades pouvaient avoir choisi une autre route ou s'être égarés, et dans ce cas elle ne les reverrait plus. Devinant ses pensées et la voyant aussi troublée, la femme se fit plus compréhensive. « Mais oui, dit-elle, je ne vois pas pourquoi ils n'arriveraient pas, puisque toi, tu es là. Et puis, tu as raison, une fille seule ne peut pas dormir dans une auberge au milieu de tous ces barbares. Es-tu vierge ? »

Livia acquiesça avec un petit sourire.

« Tu ne devrais plus l'être à ton âge. Je veux dire, tu devrais déjà être mariée et mère de famille, d'autant plus que tu n'es pas laide. Évidemment, le mariage n'est pas la panacée. Allez, ne reste pas là sur le seuil ! Mets ton cheval dans l'étable et viens à l'intérieur. »

Livia s'exécuta. Elle entra et se plaça devant le feu pour réchauffer ses mains engourdies par le froid.

« Je pourrais peut-être envoyer mon mari dormir dans l'étable, et partager mon lit avec toi, dit la femme, dont la méfiance s'effaçait à la vue de Livia, de son air innoffensif. Pour ce qu'il fait... Au lit, je veux dire.

— Je te remercie, mais je ne veux pas vous créer de problèmes. Je dormirai dans l'étable, je sais m'adap-

ter à toutes les situations, et puis mon séjour ici ne durera pas longtemps.

— Bon... Alors je mettrai une paillasse de l'autre côté du mur du foyer. Comme ça, tu auras bien chaud pendant toute la nuit. Ici, il fait froid quand le soir vient. »

Le mari rentra au crépuscule : c'était un bûcheron. Il portait une hache, appuyée sur son épaule, et tenait à la main un sac de coins en fer. Il était accompagné d'un chien, un bel animal au pelage clair et moelleux, semblable à celui d'une brebis, qui obéissait au moindre signe et ne le quittait pas d'un pouce. L'homme paraissait heureux d'avoir une invitée ; tandis qu'ils dînaient, il l'interrogea longuement sur ce qui s'était passé à Pavie, à Milan et à la cour de Ravenne. À l'évidence, sa position sur une voie d'échanges aussi importante lui permettait d'obtenir fréquemment des nouvelles du reste du pays, ou tout au moins de la grande plaine. L'homme et la femme se nommaient Ursinus et Agata, ils n'avaient pas d'enfants, vivaient seuls dans cette cabane depuis leur mariage, c'est-à-dire depuis quarante ans au moins. Ursinus invita la jeune fille à dormir avec son épouse, mais Livia refusa poliment. « En mon absence, mon cheval pourrait s'effrayer, et il nous empêcherait de fermer l'œil. Et puis j'ai peur qu'on me le vole : c'est un bon cheval, et sans lui je serais déjà morte. »

Elle s'installa donc dans l'étable, avec les animaux, le dos contre le mur extérieur du foyer qui dégageait une agréable tiédeur. Agata lui donna des couvertures et lui souhaita une bonne nuit. C'était en vérité une nuit étoilée, extraordinairement limpide ; la Voie lactée évoquait un diadème d'argent, posé sur le front de Dieu. Livia finit par s'endormir, vaincue par la fatigue, même si elle continuait d'entendre le moindre bruit provenant du col. De temps à autre, elle se réveillait et regardait

par la fenêtre. Et si ses camarades étaient passés pendant qu'elle dormait ? Tous ces efforts auraient alors été inutiles. Il fallait absolument qu'elle trouve un moyen pour éviter qu'ils échappent à sa vigilance.

Le lendemain matin, elle s'entretint avec Ursinus tout en buvant un verre de lait chaud. « Je suis terrifiée à l'idée que mes frères passent à mon insu. D'autre part, je ne sais comment faire. Je ne peux tout de même pas rester éveillée toute la nuit.

— C'est inutile. Ils emprunteront ce chemin dans la journée. Il est trop dangereux de voyager de nuit.

— Je crains que non. Vois-tu, nous avons perdu nos biens et notre maison à cause des barbares, qui nous les ont pris, et il ne nous reste qu'un seul espoir : nous rendre en Rhétie, où nous avons des parents qui pourraient nous aider. C'est justement pour cette raison que ma famille sera tentée d'éviter le col et les guerriers qui le surveillent. »

Ursinus la dévisagea un moment : à l'évidence, cette étrange explication ne le convainquait guère. Alors Livia reprit la parole dans l'espoir d'obtenir son aide. « Nous sommes réfugiés et persécutés, traqués par les soldats d'Odoacre qui veulent notre mort. Mais nous n'avons fait de mal à personne, nous avons juste refusé de nous plier à sa tyrannie et sommes demeurés fidèles à nos principes.

— Et quels sont vos principes ? demanda Ursinus avec un air bizarre.

— La fidélité à la tradition de nos pères, la foi dans l'avenir de Rome. »

Ursinus soupira, puis il déclara : « J'ignore si tu me dis toute la vérité, jeune fille, et je comprends que tu dois être très prudente, y compris à l'égard de ceux qui t'offrent l'hospitalité, mais laisse-moi te montrer quelque chose qui t'amènera peut-être à te confier... » Livia

tenta de protester, mais Ursinus l'arrêta d'un geste de la main. Il se leva, tira d'un coffret une petite plaque en bronze et la posa sur la table devant elle. C'était une *honesta missio*, une feuille de congé honorable au nom d'Ursinus, fils de Sergius, signé par Aetius, chef suprême de l'armée impériale du temps de l'empereur Valentinien III.

« Comme tu peux le voir, dit-il, j'ai été soldat, jeune fille. Il y a de nombreuses années, je me suis battu aux champs Catalauniques contre Attila, sous les ordres d'Aetius, le jour où les barbares ont subi la plus désastreuse des défaites, le jour où nous avons tous cru sauver notre civilisation.

— Excuse-moi. Je ne pouvais pas imaginer.

— Et maintenant, dis-moi la vérité. Attends-tu vraiment tes frères ?

— Non... des amis et des compagnons d'armes. Nous essayons de quitter ce pays pour sauver d'une mort certaine un garçon innocent.

— Qui est ce garçon ? Peux-tu me le dire ? »

Livia plongea son regard dans le sien : il avait les yeux limpides d'un honnête homme. Elle répondit : « Mon vrai nom est Livia Prisca. J'ai tenté avec un groupe de soldats romains de libérer l'empereur Romulus Auguste, et cette tentative a été couronnée de succès. Nous devions confier l'empereur à des amis, mais nous avons été trahis et avons dû fuir, traqués comme des bêtes dans tous les recoins de cette terre. Nous n'avons qu'un seul espoir : franchir cette frontière et pénétrer en Rhétie, avant de rallier la Gaule, où Odoacre n'a plus de pouvoir.

— Seigneur tout-puissant ! s'exclama Ursinus. Et pourquoi es-tu seule, pourquoi as-tu abandonné tes compagnons ?

— Une inondation nous a séparés, et je n'ai pas réussi à les retrouver.

— Comment sais-tu qu'ils passeront par ici ?

— Tel était notre accord.

— C'est tout ce qu'ils t'ont dit ? C'est important, il faut que tu me rapportes leurs paroles exactes.

— Nous étions accompagnés d'un vieillard, le précepteur du garçon, qui a emprunté cette route il y a de nombreuses années en venant de Bretagne. Selon lui, il existe un passage en amont qui permet d'éviter le poste de garde. Voilà, regarde. » Elle lui montra la carte d'Ambrosinus.

« Je crois que j'ai compris. Il n'y a pas un instant à perdre. Quelle avance penses-tu avoir sur eux ?

— Je ne sais pas, un jour, peut-être deux, mais c'est difficile à dire. Il a très bien pu leur arriver quelque chose. Ils ont peut-être changé d'idée.

— Je ne crois pas. Ils savent que vous avez rendez-vous ici, ils viendront donc. Et maintenant, décris-les-moi, je dois pouvoir les reconnaître.

— C'est inutile. Je t'accompagnerai.

— Tu n'as toujours pas confiance, n'est-ce pas ? Mais il faut que tu restes ici pour le cas où ils tenteraient de franchir le col. On ne peut écarter cette hypothèse, car le sentier dont tu parles est couvert de neige et donc difficile à reconnaître. Comprends-tu maintenant ? »

Livia acquiesça. « Ils sont six, six hommes, dont un Noir gigantesque, qui ne peut pas passer inaperçu, un vieillard barbu, au crâne presque chauve, d'environ soixante ans, qui porte une robe et s'appuie sur un long bâton de pèlerin. Il y a aussi un adolescent de treize ans. C'est lui, l'empereur. Ils possèdent des armes et des chevaux.

— Maintenant, écoute-moi bien. Je vais monter au

col. Si je devais les apercevoir, je t'enverrais mon chien. Il viendra vers toi en aboyant et te conduira auprès de moi. Mais si tu vois tes amis, essaie de les arrêter avant qu'ils franchissent le col et cache-les dans le bois. Je les aiderai à passer à la faveur de la nuit. Convenons d'un signal : une fumée blanche sortant de la cheminée. Agata jettera des branchages verts sur le feu.

— Mais comment résisteras-tu en altitude par ce froid ?

— Ne t'inquiète pas, j'ai un petit refuge en troncs d'arbres bien à l'abri du vent, je m'en tirerai, et puis je suis habitué. » Il s'en alla, suivi de son chien, qui frétillait joyeusement.

Livia le rappela : « Ursinus !

— Oui.

— Merci de m'aider. »

Ursinus sourit. « Je le fais aussi pour moi, jeune fille. J'ai l'impression de reprendre du service et de rajeunir ! »

Il s'éloigna sans rien ajouter. Un peu plus tard, Livia le vit gravir l'autre versant, le long d'une pente enneigée qui menait au sommet de la montagne. Plusieurs heures s'écoulèrent. Livia remarqua d'étranges mouvements au passage, un va-et-vient d'hommes armés à cheval, ce qui éveilla ses soupçons. Que pouvait-il se produire en un lieu si peu fréquenté, à une telle période de l'année ? Puis le calme parut revenir. Deux gardes à cheval arpentaient la route, patrouillant normalement. Livia fut de nouveau assaillie par les doutes : comment s'était-elle crue capable d'intercepter un groupe minuscule se déplaçant sur un territoire immense, parmi des bois, des ravins et des vallées labyrinthiques ? Mais elle fut bientôt arrachée à ses pensées par l'aboiement d'un chien qu'elle n'avait pas encore remarqué, son pelage blanc se confondant avec la neige. Elle leva les yeux

vers le sommet de la montagne : Ursinus semblait lui adresser des signes. Seigneur tout-puissant ! Ses prières avaient-elles donc été exaucées ? Un miracle s'était-il produit ? Elle enfila son manteau et suivit le chien le long de la pente, puis sur le flanc opposé de la vallée, un parcours qui la dissimulait à la vue des gardes. Elle était en proie à une excitation irrépressible, mais elle n'osait pas y croire, elle n'osait pas espérer les revoir. Elle se disait qu'Ursinus s'était trompé ou que le chien l'avait rejointe pour une autre raison, et ces pensées déchaînaient en elle une tempête de passions violentes, contradictoires. Enfin, elle se glissa aux côtés du vieil homme, qui ne se retourna pas. Ses yeux étaient fixés sur un sentier qui montait en sillonnant au sommet de la montagne.

« Penses-tu qu'il puisse s'agir d'eux ? demanda-t-il. Regarde, je n'ai pas d'aussi bons yeux qu'autrefois. »

Livia eut un coup au cœur. Ils étaient loin, petits, mais ils étaient sept, avaient six montures, l'un d'eux se distinguait par sa taille gigantesque, un autre par sa petite stature. Ils grimpaient à pied, lentement, tenant leurs chevaux par les rênes. Livia aurait voulu crier, pleurer, les appeler de tout son souffle, et voilà qu'il lui fallait se taire, attendre, souffrir, se préparer à courir d'autres risques, à affronter des dangers mortels. Qu'importait ? Elle les avait retrouvés, et rien au monde ne valait la joie de ce spectacle.

Elle se jeta au cou d'Ursinus. « Ce sont eux, mon cher ami, ce sont eux, ce sont eux !

— Qu'est-ce que je te disais ? Tu vois, tu te faisais du souci pour rien.

— Je vais chercher mon cheval. Attends-moi, je reviens tout de suite.

— Ne te presse pas, jeune fille. Ils ont encore une longue route à parcourir, et les distances sont trompeu-

ses en montagne, le sais-tu ? » Il leva les yeux au ciel. « Comme si cela ne suffisait pas, le temps change et certes pas en bien. »

Livia lança un long regard au petit groupe qui gravissait péniblement l'escarpement neigeux, puis elle entreprit de descendre la colline. Elle entra dans la cabane pour faire ses adieux à son hôtesse. « Agata, je pars, mes parents sont arrivés et... » Mais Agata avait l'air terrorisé, elle était blême et toute raide.

— Quelle bonne nouvelle ! » s'exclama, derrière elle, un individu, dont la voix familière la fit tressaillir : Stephanos !

« La pauvrette est un peu contrariée car l'un de mes hommes a pointé une lance sur son dos, comme tu peux le remarquer. Et maintenant, ma chère, montre-toi, cela fait longtemps que je ne t'ai pas vue.

— Maudit salaud ! pesta Livia en se retournant brusquement. J'aurais dû m'y attendre !

— Ce sont des erreurs qui se paient, répliqua Stephanos sans trahir la moindre émotion. Mais heureusement, il y a des remèdes à tout. Il suffit de s'entendre. »

Livia aurait voulu le clouer au mur du poignard qu'elle serrait nerveusement sous son manteau. Stephanos sembla lire ses pensées. « Ne te laisse pas entraîner par l'émotion, elle est mauvaise conseillère.

— Comment m'as-tu retrouvée ? demanda Livia, presque résignée.

— Ah, il est bien vrai que la curiosité est féminine ! ironisa Stephanos. Je vais cependant te contenter : au fond, cela ne me coûte rien. Ma domestique a trouvé une carte dans tes vêtements avant de les laver, et j'ai donc pu prendre connaissance de ton itinéraire. Tu as également été trahie par la médaille dont tu ne te sépares jamais. » D'instinct, Livia referma les doigts sur le pendentif, comme pour le protéger. « C'est un objet

sans valeur mais très rare. L'un de mes hommes l'a remarqué dans la taverne située près du bac de la Trébie. Ce brave garçon s'est aperçu que tu étais une femme à l'harmonie de tes mouvements et à tes petits pieds de fillette. De plus, son œil a été attiré par ce pendentif grossier qui est l'une de tes caractéristiques, comme je l'avais signalé. Il avait ordre de ne pas agir en cas de rencontre avec l'un d'entre vous, mais de m'avertir, et c'est exactement ce qui s'est produit.

— Que veux-tu ? demanda Livia sans le regarder. Ce que tu as déjà fait ne te suffit-il pas ?

— La région est encerclée par mes hommes. De plus, une garnison d'auxiliaires goths, déjà avertis, surveille le col. Où qu'ils soient, tes amis ne nous échapperont pas. Mais je suis quelqu'un de civilisé, je ne veux pas de sang. Je ne prendrai que ce qui m'intéresse : l'épée et toi. Cet objet me rendra si riche qu'une vie ne suffira pas à dépenser autant d'argent, et tu le partageras avec moi. Tu verras, on s'habitue très vite au confort et à la richesse. Tu oublieras ton grossier ami. Quoi qu'il en soit, si tu tiens vraiment à lui, tu as intérêt à m'obéir.

— Je t'ai déjà dit que l'épée a été perdue.

— Ne mens pas, ou je fais immédiatement tuer cette femme. » Il leva la main.

« Non, arrête ! s'écria Livia. Laisse-la tranquille. Je te dirai tout ce que je sais. Oui, cette épée existe, mais cela fait plusieurs jours que j'ai perdu de vue mes compagnons, et j'ignore s'ils la détiennent encore. Ils pourraient l'avoir égarée ou vendue.

— Nous allons le savoir sans tarder, il suffira que tu les interroges. Tu seras mon négociateur. Je veux cette épée, et dès que je l'aurai je vous laisserai tous repartir, y compris le gamin. Tous, à une exception près : toi, évidemment. C'est une offre généreuse.

Odoacre a ordonné qu'on vous extermine, le sais-tu ? Alors, que réponds-tu ? »

Livia hocha la tête. « D'accord. Mais rien ne me garantit que tu ne nous trahiras pas.

— Réfléchis. Premièrement, je n'ai rien révélé à Wulfila. Il vous cherche, lui aussi, et s'il était arrivé avant moi, aucun d'entre vous n'en aurait réchappé. Deuxièmement, je ne suis pas un sanguinaire, je ne vois pas l'utilité de se livrer à un massacre quand on peut obtenir ce qu'on souhaite avec les bonnes manières. Troisièmement, tu n'as pas le choix.

— Bon, répondit Livia. Allons-y. Mais n'oublie pas, si tu m'as menti je te tuerai comme un chien, dussé-je y employer toute mon existence. Avant de mourir, tu auras le temps de regretter d'être né. »

Stephanos ne broncha pas. Il se contenta de dire : « Dépêchons-nous maintenant. Et vous, accompagnez-moi. » Une vingtaine de gardes sortirent de l'écurie. Ils suivirent Stephanos et Livia à quelques pas de distance.

« Réfléchis avant de me jouer un mauvais tour. Mes hommes ont l'ordre de t'abattre et de lancer l'alarme à tous les soldats postés dans le bois, ainsi qu'à la garnison. Tes amis seraient fauchés en quelques instants.

— Alors, laisse-moi prendre mon cheval, et ordonne à tes mercenaires de se cacher à l'orée du bois. J'ai un homme là-haut, le mari de cette femme. Il pourrait avoir des soupçons et avertir mes amis. »

Stephanos enjoignit ses hommes de leur emboîter le pas tout en restant à l'abri du bois. Livia prit son cheval par les rênes et se dirigea vers la route. Lentement, ils gravirent la pente menant à la colline.

« Et maintenant, reste en arrière, toi aussi. J'ignore comment ils pourraient réagir. »

Stephanos ralentit tandis que Livia rejoignait Ursinus. Au même moment, Aurelius, Vatrenus et les autres

surgissaient à quelques dizaines de pas après avoir contourné un pic rocheux.

« Livia ! s'écria Romulus en la voyant.

— Romulus ! » s'exclama Livia avant de se tourner vers Aurelius. « Aurelius, écoute ! » dit-elle, mais elle n'eut pas le temps de terminer sa phrase. Elle vit l'expression de joie et de surprise de ses compagnons se changer en une grimace de mépris. Elle vit Aurelius dégainer son épée en hurlant : « Maudite sois-tu, tu nous as trahis ! »

TROISIÈME PARTIE

XXVI

Wulfila et ses hommes jaillissaient à cet instant-là dans le dos de Livia. Déployés en demi-cercle, ils s'élançaient contre Aurelius et ses compagnons du haut de la colline.

Livia se retourna, elle les vit et comprit. « Je ne vous ai pas trahis ! s'exclama-t-elle. Il faut me croire ! Vite, montez ici et sautez à cheval, vite !

— C'est vrai ! s'écria Ursinus. Cette jeune fille voulait vous aider. Dépêchez-vous, allez, montez ! »

Sans parvenir à saisir ce qui s'était passé, ni pourquoi Livia se trouvait en ces lieux, suivie par leurs ennemis les plus implacables, les membres du petit groupe gravirent la dernière pente et atteignirent le faux plat situé au-dessous du sommet d'où les cavaliers de Wulfila surgissaient en s'enfonçant dans la neige épaisse. Ils étaient au moins une cinquantaine. « Les autres sont sur le col, hurla Ursinus. Vous ne pouvez pas descendre du côté de la route !

— Et il y a là-haut des mercenaires de Stephanos, ajouta Livia. C'est lui qui m'a fait suivre à mon insu ! »

Constatant qu'il lui était impossible de mettre son plan à exécution, Stephanos se dirigea vers la route afin

de rejoindre ses mercenaires. Livia s'empara de son arc et décocha une flèche qui le toucha en plein dos, à cent pas de distance. Puis elle projeta une nuée de dards sur ses hommes, qui sortaient du bois, les obligeant à s'abriter au milieu de la végétation : ayant vu leur chef tomber, ils étaient en proie au plus grand trouble.

Ursinus indiqua le flanc occidental de la colline. « Vous n'avez qu'une seule issue, s'écria-t-il, mais soyez prudents car elle longe un précipice et la neige risque d'y être glacée. Allez-y, allez-y, vite, par là ! »

Livia s'ébranla la première, à la tête de la colonne, mais Wulfila, posté sur le sommet de la colline, devina ses intentions et lança une partie de ses cavaliers dans cette direction. « N'oubliez pas ! hurlait-il. Je veux la tête du gamin et je veux cette épée, à tout prix ! Ainsi que le soldat au ceinturon rouge ! »

Entre-temps, Vatrenus avait emboîté le pas à Livia, tout comme Aurelius, Batiatus et les autres. La voie semblait dégagée et ils poussaient tous leurs montures pour traverser rapidement le tronçon le plus dangereux, qui se concluait, vers l'ouest, par un rebord donnant sur un précipice. Ils avançaient à mi-côte en s'efforçant de ne pas s'écarter de leur chemin. Derrière eux, Ambrosinus encourageait sa mule. Conscient de la vulnérabilité de ses compagnons, et désireux de gagner un peu de hauteur afin de mieux dominer la situation, Aurelius talonna Juba. Au même moment, Wulfila et les siens jaillirent de l'arête dans un nuage de neige en brandissant leurs épées.

Le barbare fondit sur Aurelius, le heurta et le désarçonna, puis il se rua sur lui, et les deux hommes commencèrent à dévaler la pente en roulant, dans un enchevêtrement de membres ankylosés par la haine et la neige glacée. C'est alors que l'épée d'Aurelius s'échappa de son fourreau et glissa le long de la pente.

La chute des deux guerriers fut arrêtée par un gros rocher, qui dépassait du blanc manteau. À bout de souffle, chacun s'agrippait aux poignets de l'autre. Wulfila planta les yeux dans ceux de son adversaire et eut la révélation qu'il attendait depuis longtemps. « Je te reconnais enfin, Romain ! C'est toi qui nous as ouvert les portes d'Aquilée ! »

Le visage d'Aurelius se contracta en un masque de douleur. « Non ! cria-t-il. Non ! Noooon ! » Et l'écho multiplia son cri, qui rebondit sur les parois glacées des Alpes. Au même instant, comme envahi par une force herculéenne, il pointa les genoux contre la poitrine de son ennemi et le catapulta vers l'arrière. Puis il roula sur le flanc et se redressa. Non loin de lui se tenait Ambrosinus, qui freinait sa chute pour éviter de glisser dans le ravin. Leurs regards ne se croisèrent qu'un seul instant, mais Aurelius se rendit compte que le vieillard avait entendu et parfaitement compris les paroles du barbare. Il se ressaisit et remonta laborieusement la pente, bien décidé à aider ses amis, qui étaient déjà engagés dans un furieux combat. Il percevait les rugissements de Batiatus, qui attrapait ses adversaires et les soulevait au-dessus de sa tête avant de les projeter en direction du précipice ; les imprécations de Vatrenus, qui, armé de deux épées, affrontait les barbares deux par deux, enfoncé dans la neige jusqu'aux genoux.

Enfin, il se releva et porta la main à son épée pour se lancer dans la mêlée et peut-être au-devant de la mort. C'est alors qu'il s'aperçut que son fourreau était vide. Au même moment, un autre détachement de cavaliers, venant du col, jaillit au sommet de la colline. Il traversa toute la clairière puis s'élança dans la direction opposée en suivant une trajectoire oblique afin d'éviter les inconvénients de la pente trop escarpée. Ce mouvement net et transversal coupa en deux le manteau nei-

geux, qui se mit à glisser en aval en s'élargissant et en s'épaississant. Il finit par heurter Vatrenus et Batiatus, qui se battaient en position plus avancée, et le reste de la petite troupe, Romulus inclus.

Démétrios et Orose avaient essayé de protéger le garçon avec leurs boucliers contre les flèches et les javelots de leurs ennemis, qui tentaient de l'atteindre de toutes les manières possibles. Mais l'avalanche les renversa, tout comme leurs chevaux, qui furent emportés et entraînés vers le ravin.

Wulfila avait, quant à lui, continué de déraper, enfonçant les mains dans la neige, se brisant les ongles et s'égratignant pour freiner sa chute. Il avait enfin réussi à s'arrêter en refermant les doigts sur une protubérance rocheuse. Suspendu à présent dans le vide, il sentait ses articulations se raidir sous l'effet du froid, malgré les efforts qu'il déployait pour échapper à la mort et se hisser sur le rebord. Il songeait déjà à l'instant où la morsure du froid l'obligerait à lâcher prise quand il aperçut l'épée fantastique, non loin de là. Poussée elle aussi vers le ravin, elle avait ralenti sans cesser toutefois de descendre, de plus en plus lentement, de plus en plus près du bord. Elle l'atteignit, sembla basculer dans le gouffre, mais elle s'immobilisa miraculeusement, la moitié de sa lame dans le vide. Au dernier instant, le poids de la poignée l'avait ancrée au sol.

Cette vision fut comme un coup de fouet pour Wulfila. Il arqua le dos et, avec un hurlement sauvage, rassembla toutes les forces de son grand corps, se hissant sur le rebord glacé, y appuyant les coudes, un genou, puis l'autre. Il était sain et sauf. Et debout. Devinant que la moindre vibration du terrain, voire de l'air, risquait de projeter l'épée dans le ravin, il s'en approcha lentement. Une fois parvenu à quelques pas de distance, il s'aplatit sur le sol, écarta les jambes et pointa le bout

de ses chaussures dans la neige pour se créer un point d'ancrage. Il étira la main, effleura la poignée de l'épée et finit par la saisir. Il se leva en la brandissant vers le ciel orageux, et son hurlement de victoire transperça les nuages, heurta les pics incrustés de glace, résonnant longuement dans les vallées boisées. Puis il rejoignit péniblement le détachement qui avait provoqué l'avalanche un peu plus tôt. L'un de ses hommes lui tendit aussitôt son cheval. Le temps se gâtait, la lumière faiblissait à chaque instant.

« Il fait nuit désormais, dit-il à ses hommes. Nous reviendrons demain. De toute façon, ils ont perdu leurs chevaux, et en admettant qu'il y ait des survivants, ils ne peuvent pas aller bien loin. Quoi qu'il en soit, demain, vous barrerez tous les passages en aval, au nord et au sud du col : ils ne doivent pas nous échapper. Nous chercherons les corps à la lumière du jour. Je veux la tête du gamin, et celui d'entre vous qui me l'apportera recevra une grosse récompense. » D'un geste, il invita ses guerriers à le suivre, et ils se dirigèrent tous vers le relais de poste, sur le col.

Il commençait à neiger : des petits cristaux aussi pointus que des aiguilles, qui piquaient le visage et les mains ; ils se transformèrent bientôt en flocons, de plus en plus gros et de plus en plus épais, qui dansaient en tournoyant autour des silhouettes des cavaliers. Pareils à des spectres, ceux-ci descendaient la colline souillée de sang et jonchée de corps inanimés. Wulfila distingua celui de Stephanos, touché au dos par une flèche, qui l'avait transpercé de part en part et que l'homme avait tenté d'arracher dans les derniers spasmes de son agonie. « Tu as eu la mort que tu méritais », pensa le barbare, qui continua sa route en baissant la tête et en ajustant son manteau autour de ses épaules pour mieux se protéger de la tourmente.

Ils pénétrèrent dans la *mansio* que réchauffait un beau feu de pin tout crépitant, et s'assirent sur un banc tandis que le tavernier cuisait un mouton à la broche en s'interrompant pour servir des bocks de bière et des pains entiers. Malgré la douleur que lui causaient ses blessures, Wulfila nageait en pleine euphorie. L'arme la plus formidable qu'il eût jamais désirée pendait à son côté, et sa victime gisait désormais sous une épaisse couche de neige. La décapiter serait aussi facile que de briser un stalactite.

« Vous, dit-il en indiquant le groupe qui était assis en face de lui, vous prendrez la route dès qu'il fera jour et descendrez vers le fleuve qui coule au fond de la vallée. Vous bloquerez le pont, qui est le seul passage menant à la Rhétie. Quant à vous », et il se tourna alors vers un autre groupe, installé à sa droite, « vous rebrousserez chemin sur cette route jusqu'à ce que vous croisiez un sentier qui conduit au même pont, mais en partant de l'ouest. Vous aurez un guide, et vous ne pourrez donc pas vous perdre. De cette façon, personne ne nous échappera. Vous autres, lança-t-il à un troisième groupe, à sa gauche, vous m'accompagnerez là-haut et m'aiderez à chercher les cadavres. Comme je vous l'ai dit, une bourse d'argent récompensera celui qui trouvera la carcasse du gamin et qui la décapitera. Et maintenant, mangeons, buvons, soyons joyeux, car le destin a été bienveillant avec nous. » Il leva son bock sous les acclamations de ses hommes. Exultant de joie, les barbares avalèrent d'énormes quantités de bière pour fêter la victoire, ponctuant chaque gorgée de rots bruyants.

Juba se redressa au prix d'un énorme effort et s'ébroua, se débarrassant de la neige qui le recouvrait. Deux jets de vapeur se libérèrent de ses naseaux ourlés

de gel. Il secoua sa crinière et poussa des hennissements sonores pour appeler son maître, mais les lieux étaient déserts, et l'obscurité s'abattait, avec le silence du soir, sur le vaste champ de neige que l'avalanche avait bouleversé. Il entreprit de l'arpenter sans cesser de souffler ni d'agiter la queue. Soudain, il s'immobilisa et commença à racler le sol de ses sabots. Il continua de la sorte jusqu'à ce qu'il voie apparaître le dos de son maître, puis son cou, qu'il lécha en soufflant de la vapeur chaude. Ce contact tiède et délicat insuffla un peu d'énergie à Aurelius, qui était recroquevillé et transi de froid. Au prix d'un grand effort, il s'appuya sur ses mains, ses coudes, et souleva les genoux tandis que Juba hennissait doucement, comme s'il l'encourageait. Enfin, Aurelius se dressa devant lui et l'étreignit. « Sage, Juba, sage, je sais que tu es un brave cheval, je le sais. Et maintenant, aide-moi à retrouver les autres. » Non loin de là, il aperçut la mule d'Ambrosinus, qui semblait surgir du néant. Se souvenant des boucliers qui étaient accrochés à son bât, il en détacha un, qu'il utilisa en guise de pelle. À force de creuser, il heurta bientôt la poitrine de Vatrenus, qui émit un gémissement.

« Tu es entier ? lui demanda Aurelius.

— Je crois que oui, grommela Vatrenus. Surtout si tu arrêtes de labourer ma poitrine avec cet engin. »

Un aboiement retentit de l'autre côté de la pente, en direction de la route, et Ursinus apparut aussitôt après, accompagné de son chien. Il se déplaçait à grand-peine. Il se présenta aux deux soldats en disant : « C'est moi qui ai hébergé Livia. Je peux vous aider, car mon chien est entraîné à rechercher les gens enfouis sous les avalanches. Il n'y a pas de temps à perdre. Avec la nuit, nos chances de les retrouver s'évanouiront.

— Je te remercie, répondit Aurelius. Ton aide est la bienvenue. »

Alors l'homme lança à son chien : « Allez, Argus, allez, cherche, cherche nos amis, allez... Il s'appelle Argus, comme le chien d'Ulysse, expliqua-t-il à Aurelius qui s'employait déjà à creuser la neige avec son bouclier. N'est-ce pas un beau nom ?

— Magnifique, commenta Vatrenus. Il a un nom magnifique. Espérons qu'il est également doué. »

Mais le chien avait déjà flairé une autre vie en danger, il raclait frénétiquement le sol de ses pattes antérieures.

« Il vous montre où creuser, obéissez-lui », dit Ursinus. Aurelius et Vatrenus s'exécutèrent. Bientôt, ils dégagèrent Ambrosinus, blême et presque gelé.

« Aidez-nous, vite ! » résonna une voix à la droite, du côté du rebord rocheux. Aurelius accourut en veillant à ne pas déraper. Une scène impressionnante l'attendait : Orose pendait au-dessus de l'abîme, suspendu à un tronc de pin, Démétrios se tenait au manche de son poignard planté dans la glace, et Livia glissait le long de son corps. Quand Orose fut parvenu à s'agripper à ses jambes, la jeune femme s'efforça de remonter en s'accrochant au ceinturon de Démétrios. Aurelius comprit que son ami pouvait céder d'un instant à l'autre. Il ficha son poignard dans la glace et tendit l'autre main à Démétrios, qui réussit ainsi à se traîner vers l'avant en enfonçant son arme dans une couche plus compacte. La résistance que lui offrait ce nouveau point d'ancrage, associée à l'énergie d'Aurelius, imprima à cette chaîne humaine un mouvement décisif qui permit de sauver tous ses maillons.

« Batiatus ? demanda Aurelius.

— La dernière fois que je l'ai vu, il roulait le long de la pente, enlacé à deux ennemis, ou trois, je l'ignore. Il va s'en sortir, j'en suis sûr, répondit Démétrios.

— S'ils ne l'ont pas tué, objecta Aurelius.

— S'ils ne l'ont pas tué. Mais je doute qu'ils l'aient fait. »

Un grognement résonna non loin de là, et un guerrier barbare se dressa devant Livia, qui l'abattit d'un coup de pied dans le visage et le précipita vers le bord de l'abîme.

« Où est Romulus ? » demanda-t-elle après avoir jeté un regard à la ronde. Mais la voix d'Ambrosinus s'éleva alors, empreinte d'angoisse. « Courez ! criait-il. Courez, pour l'amour de Dieu ! » La masse de Batiatus surgit alors de l'est, et l'Éthiopien s'approcha le plus vite possible. « Qu'est-il arrivé ? demanda-t-il.

— Je crois que le chien a retrouvé Romulus », répondit Aurelius, dont la voix ne laissait rien espérer de gai.

Ils rejoignirent Argus, qui aboyait. Vatrenus tenait dans ses bras le corps inanimé de l'adolescent. Le visage du vétéran, fouetté par le vent, était un masque de pierre. Livia toucha les membres gelés et blêmes du garçon, puis fondit en larmes. « Oh, non, Seigneur ! Non ! Non ! »

Aurelius lança à Vatrenus un regard interrogateur.

« Il est mort, répondit son camarade. Je ne sens pas son pouls. » Les membres du groupe se dévisagèrent, en proie au plus grand effroi. Batiatus pleurait et essuyait ses larmes du dos de la main, sans lâcher son épée. Seul Ambrosinus semblait conserver la maîtrise de lui-même, dans ce tourbillon de vent et de désespoir. « Nous devons chercher un abri, vite, dit-il. Il n'y a pas un instant à perdre. La nuit va bientôt tomber, et c'en sera fini de nous.

— Alors, suivez-moi, dit Ursinus, et ne me quittez pas d'une semelle, il est facile de se perdre. » Il se mit en marche en contournant la colline vers le nord, puis

il indiqua une dalle rocheuse qui saillait sur le flanc de la montagne. Une palissade de troncs de sapins la reliait au terrain en créant une sorte d'abri sur trois côtés. Il se glissa à l'intérieur et invita ses nouveaux compagnons à entrer. Des feuilles mortes et de fines branches de pin étaient éparpillées en couche épaisse, dans le fond ; des peaux de chèvres tannées étaient étendues sur le côté intérieur de la palissade. « C'est ici que j'amène les brebis pour qu'elles puissent mettre bas, dit-il. Je ne peux rien vous offrir de mieux. »

Vatrenus déposa sur le sol le corps de Romulus, et Livia éclata de nouveau en sanglots, dissimulant son visage contre le mur. Ambrosinus paraissait absent. Des images lointaines traversaient son esprit : un enfant mourant sous une tente, au milieu d'une forêt de l'Apennin, de nombreuses années plus tôt, une femme noble, en larmes, écrasée par la douleur... Jamais il ne baisserait les bras. Il caressa l'adolescent et entreprit de le déshabiller.

« Mais... que fais-tu ? » demanda Aurelius.

Ambrosinus posa une main sur la poitrine nue de Romulus et ferma les yeux. « Il y a encore une étincelle de vie en lui, expliqua-t-il. Nous devons l'alimenter. »

Aurelius secoua la tête, l'air incrédule. « Il est mort, ne le vois-tu pas ? Il est mort.

— Il ne peut pas être mort, répondit Ambrosinus d'une voix calme. Les prophéties ne mentent pas. »

L'obscurité s'était abattue sur le refuge, et la seule réponse que reçurent ses paroles fut le sifflement rageur du vent, qui cinglait la montagne. Après avoir déshabillé l'adolescent jusqu'à la ceinture, Ambrosinus l'avait installé sur une couche de feuilles. La blancheur de ses membres se détachait dans la pénombre. Le vieillard se tourna vers Batiatus. « Tu dégages plus de chaleur que quiconque, dit-il, car tu as accumulé en toi

l'ardeur de l'Afrique. Dénude-toi le torse et étreins-le, serre-le sur ta poitrine en veillant à ce que son cœur soit bien contre le tien. Je vais essayer d'allumer un feu. »

Batiatus s'exécuta. Il souleva l'adolescent inanimé comme s'il se fût agi d'une brindille, et le plaqua contre lui. Livia jeta sur eux une couverture, tandis qu'Aurelius et Vatrenus observaient la scène d'un air incrédule, inconsolables.

À l'aveuglette, ou presque, Ambrosinus cueillit des lichens secs sur les parois et les entassa soigneusement, avant de les recouvrir de feuilles mortes. Il tira ses pierres à feu de sa besace et les frotta l'une contre l'autre avec des mouvements habiles. De grosses étincelles jaillirent à la base du petit foyer et un minuscule point rouge apparut enfin. Alors, Ambrosinus se pencha et commença à souffler, sous les regards stupéfaits de ses compagnons. Le point rouge grossit progressivement, tandis que le vieillard ne cessait de s'activer, comme s'il soufflait sur la vie presque éteinte de son élève dans le but de la rallumer.

Soudain, une petite flamme brilla dans le noir, si petite qu'il était difficile de la distinguer. Mais elle s'élargit bien vite, et les lichens prirent feu. Ambrosinus continuait de souffler en alimentant la flamme à l'aide de mousse sèche, de feuilles et de rameaux, jusqu'à ce qu'elle se transforme en feu, en lumière, conquérant, pouce après pouce, l'obscurité de ce misérable refuge, léchant enfin les corps entassés, le regard illuminé d'Ambrosinus et le large visage du géant éthiopien, ses grands yeux écarquillés, d'où coulaient de grosses larmes. De joie.

« Il respire », dit-il.

Ambrosinus promena sur l'assemblée un regard halluciné, le regard d'un homme qui s'est brusquement

réveillé dans le cœur de la nuit, fuyant un épouvantable cauchemar.

Les membres du groupe se pressèrent autour de Romulus, ils l'étreignirent en se le disputant, tandis qu'Ambrosinus protestait : « Du calme, doucement, ce petit est encore très faible. Laissez-le reprendre son souffle et un peu de vigueur. » Ursinus alla couper quelques branches sèches, avec lesquelles il alimenta le feu, puis il étendit d'autres peaux de chèvres devant l'entrée afin de mieux lutter contre le froid. Un peu de chaleur se répandit dans l'étroit refuge, et Romulus se réchauffa en tendant ses mains transies vers la flamme.

« C'est lui qui t'a ramené à la vie », lui expliqua Ambrosinus en indiquant Batiatus. Romulus se leva et embrassa l'Éthiopien, qui lui rendit son étreinte en veillant à ne pas lui faire de mal. Aurelius dit : « Je sors un instant pour couvrir mon cheval, c'est la seule monture qui nous reste, à l'exception de la mule d'Ambrosinus, qui ne nous sera pas d'une grande utilité. Cette nuit, il fera très froid. » Mais Ambrosinus lut dans son regard une tristesse qui tranchait sur la joie générale. Il attendit quelques instants, puis il jeta son manteau sur ses épaules en disant : « Moi aussi, je dois prendre soin de ma mule. » Et il sortit à son tour.

Aurelius se tenait près de son cheval. Enveloppé dans son manteau, il semblait scruter la vallée et le fleuve. Il sursauta en entendant la voix d'Ambrosinus. « Deux vérités, deux images différentes et opposées de ton passé, celle de Livia et celle de Wulfila... Laquelle faut-il croire ? »

Aurelius ne se retourna même pas, il serra les pans de son manteau contre son corps comme si le froid pénétrait jusque dans son âme. « Si tu les connais toutes deux, pourquoi n'y réponds-tu pas toi-même ? lança-t-il ensuite.

— C'est vrai, j'ai entendu les paroles du barbare, mais tu demandes trop à un pauvre précepteur. Tu affrontes à présent une vérité qui a jailli du néant, une tache sur ta conscience, dont tu ignorais l'existence. »

Aurelius garda le silence.

« C'est douloureux, je le sais, reprit Ambrosinus, mais c'est mieux ainsi. Quand le mal est caché, il nous dévore lentement sans que nous puissions lui opposer le moindre remède, il nous surprend à n'importe quel moment. Maintenant, au moins, tu sais.

— Je ne sais rien.

— Ce n'est pas possible. Tu dois bien te rappeler quelque chose. »

Aurelius soupira. Il éprouvait un grand besoin de parler, de se confier avec un être qui pût alléger le lourd fardeau qui lui opprimait le cœur. « Des fragments de souvenirs seulement, dit-il. Ainsi qu'un cauchemar récurrent...

— Lequel ? Quel cauchemar ? »

La voix d'Aurelius se mit à trembler. « Il fait nuit... Deux vieillards, chacun attaché à un pal par les poignets. On peut voir sur leurs corps les signes de tortures atroces, et puis...

— Continue, je t'en prie.

— Et puis... un barbare gigantesque s'approche en brandissant son épée, il les transperce l'un après l'autre. » Aurelius poussa un long soupir, comme s'il venait d'accomplir un immense effort.

« Qui sont ces deux vieillards ? demanda Ambrosinus. Ils renferment peut-être le secret de ton identité.

— Je ne sais pas, répondit Aurelius en portant les mains à ses yeux, je ne sais pas. »

Ambrosinus pouvait sentir le chagrin qui blessait l'âme du légionnaire, aussi posa-t-il une main sur son épaule. « Ne te tourmente pas, dit-il. Peu importe qui

tu as été. Seul le présent compte, et il t'honore. Ce garçon t'offrira peut-être un avenir. Tu as vu de tes propres yeux qu'il est presque impossible d'éteindre sa force vitale.

— J'ai perdu l'épée.

— Cesse d'y penser, nous la retrouverons, j'en suis certain. Et nous retrouverons aussi ton passé. Mais pour cela, il te faudra traverser les Enfers, à l'instar de cet enfant innocent. »

XXVII

Une heure avant l'aube, alors qu'il faisait encore nuit, Démétrios termina sa ronde et réveilla ses camarades. En dépit du maigre feu qu'ils avaient réussi à alimenter à l'intérieur de leur abri, ils étaient transis, tout comme les deux animaux qui avaient passé la nuit dehors, se rapprochant pour se protéger du froid mordant. Si leur salut et la réanimation inespérée de Romulus les avaient comblés de joie, ils devaient maintenant affronter une réalité qui s'annonçait très dure, sinon sans issue. Il ne leur restait plus qu'un cheval et une mule ; de plus, l'épée d'Aurelius était à présent entre les mains de Wulfila, qui brûlait sans doute de mettre à l'épreuve sa puissance dévastatrice. Comment pourraient-ils poursuivre leur voyage ? Mais surtout comment parviendraient-ils à échapper à Wulfila et à ses hommes si ceux-ci les retrouvaient ? À l'évidence, leurs ennemis regagneraient la colline qui surplombait le col pour chercher les cadavres et les traces éventuelles des rescapés que la neige tombée pendant la nuit n'aurait pas totalement effacées.

Après une brève consultation, ils convinrent qu'il était nécessaire d'abandonner au plus vite ces lieux pour

descendre dans la vallée et franchir la frontière. Ursinus leur conseilla de traverser le fleuve en toute hâte avant que leurs ennemis remarquent leur présence. Puis il salua chacun d'eux avec une grande émotion. « Le fleuve se trouve droit devant vous, tout comme le pont de bateaux, vous ne pouvez pas vous tromper. Si je n'étais pas si vieux, je vous accompagnerais et je serais très honoré de me battre pour mon empereur, mais je risque de vous gêner, et d'autre part je dois retourner chez moi pour voir comment se porte ma femme, qui est certainement terrifiée. » Il s'approcha de Romulus et lui baisa la main avec respect. « Que le Seigneur te protège, César, où que tu ailles, et qu'il perpétue à travers ta personne le nom de Rome pour les siècles à venir. » Il s'éloigna avec son chien pour rentrer chez lui avant que le jour se lève. Les membres du groupe le suivirent du regard, gagnés, eux aussi, par l'émotion. Ils espéraient que les barbares ne se vengeraient pas sur sa femme et lui-même en apprenant qu'il avait prêté main forte à leurs proies.

« Et maintenant, dépêchons-nous, dit Ambrosinus. Il ne nous reste plus beaucoup de temps. »

Ils s'ébranlèrent en direction de la vallée. Aurelius marchait en tête, tenant Juba par les rênes, tandis que Vatrenus guidait la colonne à la recherche des passages les moins raides. Soudain, il leva un bras. « Arrêtez ! »

Aurelius le rejoignit en courant. « Que se passe-t-il ?

— Regarde toi-même. »

Au fond de la pente, s'étendait une sorte de plateau de deux ou trois cents pieds de large, traversé au nord par un torrent qui brillait dans l'obscurité de la vallée. Les rives étaient reliées par un pont de bateaux que maintenaient deux cordes, fixées sur la terre ferme. Au-delà du fleuve, à une centaine de mètres de distance,

on distinguait la masse sombre d'une forêt de sapins, qui tranchait sur l'étendue de neige.

« Oui, c'est le pont. Si nous parvenons à le franchir, nous serons saufs. Nous nous introduirons dans la forêt, où il sera plus facile de brouiller nos traces. C'est tout au moins ce que j'espère.

— Ce n'est pas de ça que je parle, rétorqua Vatrenus. Regarde au fond, à ta gauche, ne vois-tu donc rien ? »

Aurelius pesta : « Maudits fils de chienne ! Qu'allons-nous faire maintenant ? » À l'endroit que Vatrenus indiquait, on apercevait, dans la lumière hésitante de la neige, une colonne d'hommes armés qui se dirigeait vers le pont.

« Et il en vient d'autres d'ici, annonça Démétrios en montrant un autre groupe sur la droite. Nous sommes piégés.

— Non, il y a encore un espoir, intervint Livia. Toi, Aurelius, tu as encore ton cheval. Prends Romulus en croupe et quand tu auras atteint l'endroit où la pente se radoucit, précipite-toi à toute allure sur le pont. Les barbares avancent lentement car ils se déplacent dans une neige épaisse. Nous chercherons, quant à nous, une cachette et nous vous rejoindrons dans la forêt cette nuit, à pied.

— Je ne crois pas que cela soit possible, objecta Ambrosinus. Ces hommes ont certainement reçu l'ordre de monter la garde devant le pont, et nous risquons donc d'être à jamais séparés. » Il jeta un coup d'œil à sa mule et aux boucliers accrochés à son bât. Soudain, son visage s'éclaira. « Écoutez, je viens d'avoir une idée. Il y a six siècles, un groupe de guerriers cimbres parvint à échapper à la manœuvre d'encerclement du consul Lutatius Catulus, dans les Alpes, en dévalant une pente neigeuse, assis sur leurs boucliers.

— Sur leurs boucliers ? demanda Vatrenus, l'air incrédule.

— Oui, en se tenant aux sangles internes. C'est écrit dans les *Vies* de Plutarque. Mais dépêchons-nous. »

Cette proposition, apparemment absurde, suscita un instant d'hésitation, puis les membres du groupe s'emparèrent des boucliers et les posèrent par terre.

« Voilà, continua Ambrosinus, asseyez-vous sur le côté concave et agrippez-vous aux courroies, comme ça. En déplaçant le poids de votre corps à droite ou à gauche et en manœuvrant simultanément les courroies, vous devriez garder la direction souhaitée. Ai-je été clair ? »

Ils acquiescèrent tous, même si Batiatus contemplait avec perplexité la pente raide qui le séparait du pont. Pendant ce temps Aurelius fit monter Romulus devant lui et entreprit de descendre en zigzag. Quand la pente commença à se radoucir, il poussa progressivement son cheval et le lança au galop à travers l'étendue ennemie. S'apercevant de sa présence, les barbares éperonnèrent leurs montures, mais leur vitesse était limitée par la profondeur de la neige, qui s'était beaucoup accumulée dans les creux qui flanquaient la colline, si bien qu'Aurelius semblait en mesure de conserver son avantage.

« Vas-y, Juba ! » criait-il tandis que Romulus mesurait du regard l'avancée de leurs ennemis, sur les côtés, et se retournait de temps à autre pour voir si Ambrosinus mettait son projet extravagant à exécution. « Regarde, Aurelius, s'écria-t-il bientôt d'une voix stupéfaite. Ils arrivent ! » Aussitôt après, les boucliers fusèrent à toute allure des deux côtés, pilotés par leurs occupants : Démétrios, Vatrenus, Orose, Livia, Ambrosinus avec sa longue chevelure blanche volant au vent et enfin Batia-

tus, qui avait grand-peine à garder son équilibre sur cet appui précaire.

Aurelius poursuivit sa course, il traversa le pont au galop et atteignit l'orée de la forêt. Alors, il pivota et vit que l'avalanche humaine, parvenue aux premières aspérités du plateau, avait terminé sa descente sur une terrible chute. Ensuite, ce fut l'affaire de quelques instants. Vatrenus se releva le premier. Constatant que les barbares se rapprochaient dangereusement, il regarda le pont et comprit qu'il ne leur restait plus qu'une chance. Il hurla : « Tous sur le pont ! Fuyons par le fleuve ! » Ses compagnons se redressèrent et se lancèrent à ses trousses. Vatrenus ordonna : « Batiatus et Démétrios, coupez cette corde, je m'occupe de l'autre avec Orose ! À mon signal, prêts ! »

Aussitôt, les haches et les épées s'abattirent sur les cordes d'ancrage et le pont de bateaux glissa sur le courant à grande vitesse, sous le regard furieux des barbares joués. C'est à cet instant que se présenta Wulfila. Il cria à Aurelius : « Je te retrouverai, espèce de lâche, je te retrouverai où que tu te caches, dussé-je te suivre jusqu'au bout du monde ! »

Aurelius frémit : pour la première fois de son existence, il ne pouvait réagir à un défi aussi arrogant. S'abstenant toutefois de répondre, il talonna son cheval et disparut rapidement.

Ils parcoururent environ un mille. Romulus, qui ne perdait pas de vue le fleuve, vit le train de bateaux glisser à toute allure sur le courant et crut constater que le groupe était au complet. Accrochés aux cordes du parapet, ils se tenaient les uns les autres en veillant à ne pas tomber dans les tourbillons du courant impétueux. Puis l'étrange embarcation s'évanouit derrière

un bosquet. Quand le garçon s'écria : « Les voici ! », ils étaient désormais devenus invisibles.

Aurelius ralentit son cheval.

« Au pas, nous ne les rejoindrons jamais ! se plaignit Romulus.

— Aucun cheval ne peut rivaliser avec un fleuve de montagne. La pente est forte et les eaux se précipitent rapidement dans la vallée. Et puis Juba est fatigué, il doit porter deux cavaliers et nous ne pouvons pas lui en demander trop. Mais ne t'inquiète pas, nous allons suivre le courant, et je suis sûr que nos amis finiront par s'échouer dans une crique, à moins qu'ils n'abordent un port une fois que le fleuve aura ralenti sa course et se sera enfoncé dans la plaine. Ils nous y attendront et nous les y rejoindrons.

— Pourquoi ont-ils agi de la sorte ? Ils auraient pu franchir le pont et couper les cordes de notre côté.

— C'est vrai. Mais Vatrenus a pris la décision la plus sage : il s'est comporté en véritable stratège et en bon soldat. Il a été formidable. Réfléchis donc un peu : s'il avait fait ce que tu dis, nous nous serions tous retrouvés ensemble, mais à pied, et notre marche aurait été si lente que les barbares auraient eu le temps de jeter une passerelle de fortune, ou de guéer le torrent un peu plus en amont, avant de nous rejoindre sans le moindre effort au bout d'une journée de marche. Au lieu de ça, nos compagnons ont la possibilité de distancer nos poursuivants. Quant à nous, nous sommes seulement deux et nous pouvons donc nous déplacer beaucoup plus rapidement et beaucoup plus agilement, nous cacher, changer d'itinéraire, trouver un autre cheval peut-être et augmenter considérablement notre allure. »

Romulus réfléchit quelques instants, puis il dit : « Je crois que tu as raison, mais je m'interroge sur les pen-

sées d'Ambrosinus, en cet instant, et sur les sentiments que notre séparation suscitera en lui.

— Ambrosinus sait parfaitement s'occuper de lui-même, et ses conseils seront précieux pour nos camarades.

— Tu as raison, mais te rends-tu compte que c'est la première fois que nous nous séparons depuis notre rencontre ? J'avais alors cinq ans.

— Tu veux dire qu'il ne t'a jamais quitté depuis ?

— Oui. Il est plus proche de moi que ne l'ont été mes parents, ou qui que ce soit d'autre. C'est l'homme le plus sage et le plus intelligent que je connaisse, et il ne cesse jamais de me surprendre. Depuis le moment où Odoacre nous a capturés, je l'ai vu faire des choses inouïes, et je suis persuadé qu'il a encore un grand nombre de secrets et d'expédients en réserve.

— Tu dois beaucoup l'aimer. »

Romulus sourit en se remémorant certains épisodes de leur vie commune. « Il est parfois lunatique, dit-il, mais je n'ai pas d'être plus cher au monde. »

Aurelius garda le silence. Il poussa son cheval afin de ne pas se laisser trop distancer par les bateaux qui, à son avis, filaient rapidement sur le fleuve, ou rejoindre par ses poursuivants, qui étaient sans doute occupés à le franchir. Le voyage se poursuivit sans difficulté dans un paysage enchanteur de pics rocheux que le soleil teintait de pourpre en descendant vers l'horizon, de lacs à l'incroyable transparence, aussi brillants que des miroirs qui reflétaient le vert sombre des bois, le blanc aveuglant de la neige, le bleu vif du ciel. Frappé par tant de beauté, Romulus lançait à la ronde des regards abasourdis chaque fois que la perspective et la lumière changeaient. Aurelius accorda encore un peu de repos à Juba, le mettant à nouveau au pas.

« Je n'avais jamais rien vu de pareil, dit Romulus. Quelle est donc cette terre ?

— C'était jadis la terre des Helvètes, un peuple appartenant à la nation celtique, qui osa défier le grand César.

— Je connais cette histoire. J'ai lu le *De Bello Gallico* plusieurs fois. Mais pourquoi ont-ils voulu quitter une terre aussi magnifique ?

— Les hommes ne sont jamais satisfaits de ce qu'ils possèdent. Ils sont condamnés à chercher sans cesse de nouvelles terres, de nouveaux horizons, de nouveaux biens. Et comme les hommes, les peuples et les nations désirent prévaloir sur d'autres, exceller en matière de richesses, de valeur ou de sagacité. Cela engendre des progrès incessants dans le domaine des études, des explorations, des activités humaines, mais cela produit aussi des conflits et des heurts souvent sanglants. C'est un effort énorme et inutile : nous finissons par payer très cher tout ce que nous obtenons au prix de grandes difficultés. Et les pertes sont souvent supérieures aux avantages qui en découlent. Les Helvètes avaient des montagnes, mais ils voulaient peut-être vivre dans les plaines, dans des terres vastes et fertiles. À moins qu'ils ne se soient multipliés excessivement et que ces vallées ne soient devenues trop étroites pour eux. Ils pensaient qu'en s'étendant dans la plaine ils se changeraient en une nation plus forte, plus nombreuse et donc plus puissante. Mais ils sont allés tout droit à l'anéantissement.

— Et toi, Aurelius, toi, qu'aimerais-tu ? À quoi aspires-tu ?

— Je voudrais... la paix.

— La paix ? Je ne peux pas le croire ! Tu es un guerrier, le guerrier le plus fort et le plus courageux que j'aie jamais rencontré.

— Je ne suis pas un guerrier, je suis un soldat. Ce

n'est pas la même chose. Je me bats essentiellement par nécessité, pour défendre ce en quoi je crois. Cependant, mieux que quiconque, le combattant, le *miles*, sait que la guerre est terrible. J'aimerais pouvoir vivre un jour dans un endroit tranquille et caché, cultiver les champs et élever des animaux, dormir sans avoir à bondir dans la nuit au moindre bruit, l'épée au poing. Me réveiller au chant du coq et non aux sonneries de la trompette qui donne l'alarme. Et surtout, j'aimerais trouver la paix de l'esprit, que je n'ai jamais connue. On pourrait croire que ce sont des aspirations modestes, et pourtant elles paraissent inaccessibles. Nous vivons dans un monde dément où rien n'est plus sûr pour personne. »

À présent, le soleil plongeait au-dessous de l'horizon en diffusant une dernière lueur rosée sur les cimes majestueuses qui couronnaient l'immense massif. Aurelius s'efforça de ne pas s'écarter du fleuve, de manière à garder le contact avec la seule voie qui pût le mener à ses camarades, mais il savait que cela l'exposait aussi au risque d'être reconnu par les hommes de Wulfila, qui n'avaient certainement pas renoncé à leur donner la chasse.

« Nous nous reposerons un peu, dit-il, le moins possible, puis nous reprendrons notre route.

— Où doivent-ils être en ce moment ? demanda Romulus.

— Devant nous certainement, au moins à une journée de marche. Le fleuve ne dort pas, il coule jour et nuit, et ils suivent son rythme. Quant à nous, nous parcourons des sentiers escarpés, étroits et difficiles, nous traversons des bois et des torrents. »

Romulus détacha la couverture de sa selle et l'étendit dans une niche rocheuse, en position dominante, tandis

qu'Aurelius ôtait la bride à son cheval et lui passait un licol.

« Aurelius...

— Oui, César. »

Romulus hésita un instant, contrarié par l'insistance avec laquelle Aurelius utilisait ce titre, puis il demanda : « Est-il possible que nous ne les retrouvions pas ?

— C'est une question dont tu connais déjà la réponse : oui. Ce fleuve est peut-être ponctué de rapides, de cascades ou de rochers à fleur d'eau, capables de briser leurs bateaux. S'ils tombent à l'eau, ils ne pourront résister que quelques instants au froid. Ils sont entourés de glace et de neige. Il n'y a pas de milieu plus hostile que la montagne, l'hiver. Sans compter les bandes de brigands, les groupes de déserteurs en quête de proies. Dans ce monde, les dangers sont infinis. »

Romulus s'allongea en silence en tirant la couverture sur ses épaules.

« Dors, lui dit Aurelius. Juba montera la garde. Si quelqu'un approche, il nous avertira, et nous pourrons nous éloigner à temps. De plus, je ne dors que d'un œil.

— Et eux ? À quelle distance sont-ils ?

— Nos poursuivants ? Je l'ignore. À quelques heures de marche peut-être, à une demi-journée, voire plus. Mais je ne crois pas qu'ils soient très loin. Et nous laissons des traces si nettes dans la neige qu'un enfant pourrait les suivre. »

Au bout d'un moment, Romulus reprit la parole : « Que se passerait-il s'ils nous rejoignaient ? »

Aurelius hésita quelques instants avant de répondre. « Il convient d'affronter les dangers au moment où ils se présentent. En les anticipant on ne fait qu'aggraver la situation : la peur augmente, la menace est accentuée par notre imagination. Quand, en revanche, on se trouve

brusquement placé face au danger, notre esprit mobilise en un éclair toutes ses ressources, notre corps est envahi par un puissant flux d'énergie, notre cœur bat plus vite, nos muscles se gonflent et se durcissent, notre ennemi se transforme en cible à abattre, à anéantir... »

Romulus lui lança un regard admiratif. « Tu n'es pas seulement un soldat, Aurelius. Tu es aussi un guerrier...

— Ces choses-là arrivent quand on doit cohabiter pendant des années avec des menaces incessantes, des horreurs et des destructions, des massacres et des calamités, des tortures et des sévices. Il y a une bête sauvage qui dort en chacun d'entre nous, et la guerre la réveille.

— Puis-je te poser une dernière question ?

— Bien sûr.

— À quoi penses-tu quand tu gardes le silence pendant des heures et que tu n'entends même pas les paroles que je t'adresse ?

— C'est ce que je fais, vraiment ?

— Oui. Ma conversation t'ennuie ou t'agace peut-être.

— Non, César, non... J'essaie seulement de... j'essaie de...

— De quoi ?

— De me souvenir. »

Libéré de son ancrage, le pont de bateaux avait été entraîné à grande vitesse par le courant. Il avait d'abord conservé son équilibre transversal, ce qui laissait présager de futures catastrophes. En effet, un rocher se dressait au milieu du cours d'eau, à environ un demi-mille de distance, et il était facile de prévoir qu'il couperait la fragile embarcation en deux. Ambrosinus s'en rendit compte immédiatement et s'écria : « Tous sur le bateau extérieur, vite ! » Il le rejoignit le premier à qua-

tre pattes en s'efforçant de ne pas tomber à l'eau. Ses compagnons le suivirent. Au fur et à mesure que le poids augmentait sur le bateau de gauche, il acquérait plus de vitesse et se plaçait à l'avant, tandis que les autres flottants déviaient rapidement dans la même direction. Ainsi stabilisé, le convoi passa à droite du rocher en le frôlant, et tous ses occupants poussèrent un soupir de soulagement.

« Nous avons besoin de rames, dit Ambrosinus. Essayez d'attraper des branches sur le courant.

— Nous pourrions décrocher une partie des bateaux ! proposa Vatrenus.

— Non, nous prendrions ainsi trop de vitesse. Cette longue rangée de bateaux nous offre plus de stabilité. Trouvons plutôt des rames. »

Mais le courant ne transportait que des branchages trop légers. Batiatus s'approcha alors du parapet. « Que dis-tu de ça ? » cria-t-il pour couvrir le vacarme du courant. Ambrosinus acquiesça et l'Éthiopien arracha sans le moindre effort le parapet de gauche, une sorte de long pal grossièrement équarri, avant de se placer aux côtés d'Ambrosinus, transformé en nautonier. L'allure de l'embarcation ne faiblissait pas et voilà que des rapides se profilaient au loin : l'eau bouillonnait au milieu du fleuve, créant une écume qui se répandait jusqu'à la rive droite. Ambrosinus ordonna donc à Batiatus de planter le pal à gauche de toute la force qu'il possédait. Batiatus s'exécuta avec une habileté insoupçonnée, et le ponton vira à gauche, rasant les rapides. Or la queue ne s'adapta pas assez vite au changement de direction des flottants de tête, si bien que le dernier bateau heurta violemment des rochers à fleur d'eau et se brisa en mille morceaux.

Les membres du groupe se retournèrent pour contempler les éclats de bois éparpillés entre les tour-

billons et l'écume des rapides. Mais ils durent de nouveau se concentrer sur leur équilibre, constamment menacé par des secousses et des ondoiements. Les oscillations de leurs bateaux, qui suivaient les aspérités du fond et des rives, étaient si fortes qu'ils avaient parfois la sensation de chevaucher un cheval sauvage. Des pitons rocheux dressés vers le centre du cours d'eau alimentaient remous et tourbillons, les élargissements du fleuve engendraient des ralentissements subits du courant qui, avec l'accroissement de la déclivité, reprenait aussitôt de la vitesse, obligeant les occupants de cette étrange embarcation à accomplir un effort énorme et incessant pour conserver leur équilibre. Soudain, le torrent ralentit, les aspérités du fond se raréfièrent et s'amenuisèrent, laissant cependant la place à de gros bancs de graviers contre lesquels il était facile de s'échouer. Lors d'une de ces soudaines virées de bord, Orose perdit l'équilibre, il roula sur le bateau et tomba à l'eau.

« Orose est tombé à l'eau ! s'écria Démétrios d'une voix angoissée. Vite, aidons-le, le courant l'emporte ! » D'un coup d'épée, Vatrenus trancha l'une des cordes qui servaient de tirants et la jeta au naufragé, qui ne parvenait pas à l'attraper.

« Si nous n'arrivons pas à le remonter, le froid le tuera ! » s'exclama Ambrosinus. Sans mot dire, Livia attacha l'extrémité de la corde à sa taille et tendit l'autre à Vatrenus. « Tiens-la bien », lui lança-t-elle avant de plonger. Elle nagea vigoureusement vers Orose, qui était désormais à la merci du courant et incapable de réagir. Elle le rejoignit et agrippa sa ceinture en hurlant : « Je l'ai attrapé ! Tirez ! Vite ! » Vatrenus et ses camarades tirèrent de toutes leurs forces sur la corde tandis que Batiatus tentait de stabiliser l'embarcation. Enfin, Livia et Orose furent hissés à bord. Comme ils

étaient trempés d'eau glacée, leurs camarades les couvrirent à l'aide de leurs manteaux afin qu'ils puissent ôter leurs vêtements et s'essuyer. Ils étaient tous deux blêmes et claquaient des dents. Orose balbutia un faible « Merci » avant de s'évanouir. Vatrenus posa une main sur l'épaule de Livia. « Et moi qui ne voulais pas de toi... Tu es forte et généreuse, jeune fille. Bienheureux l'homme auquel tu uniras ta vie. » Livia lui répondit d'un sourire las, puis elle alla se blottir tout près d'Ambrosinus.

Le courant ralentit à la tombée du soir et le fleuve s'élargit au fur et à mesure qu'il traversait des régions de collines et de hauts plateaux, mais il fut impossible de s'arrêter pour attendre Aurelius. Le lendemain matin, ils se trouvèrent à la confluence d'un autre cours d'eau, qui venait de leur gauche. Le surlendemain, à la tombée du soir, alors que le fleuve se frayait un chemin dans la plaine, ils réussirent à conduire leur embarcation vers la rive et à l'ancrer à l'aide d'une corde et d'un piquet. Leur grande aventure fluviale avait atteint son épilogue. À présent, il leur fallait être patients. Bientôt, ils seraient réunis, la petite armée aurait à nouveau un chef et un empereur. Ambrosinus, qui était peut-être le plus inquiet du groupe, s'efforça de rassurer et de tranquilliser les autres. Mais la paix qui régnait dans ces lieux, la vue des bergers qui regagnaient leurs étables avec leurs troupeaux, la bande rouge que le soleil avait tracée sur les nuages en disparaissant sous la lointaine ligne de la plaine, l'anse tranquille du fleuve et les bateliers qui descendaient lentement le courant afin de s'abriter pour la nuit transmettaient un sentiment de sécurité aux six compagnons d'infortune.

« Dieu nous a secourus, dit Ambrosinus. Et il continuera à le faire car nous sommes dans le vrai, et per-

sécutés. Je suis certain que nous allons bientôt retrouver nos amis.

— C'est surtout à toi que revient le mérite de notre succès, répliqua Vatrenus. J'ignore comment tu as réussi à conduire cette épave à travers les rapides, les bancs de sable et les tourbillons. En vérité, je pense que tu es un mage, maître.

— Je n'ai fait qu'appliquer le principe d'Archimède, mon cher ami. L'embarcation qui est la plus immergée gagne en rapidité et entraîne les plus légères si le courant est fort, alors qu'elle oppose plus de résistance si le courant est faible. Voilà pourquoi j'ai rééquilibré les poids dès que nous avons atteint des eaux calmes : il a suffi pour cela de placer Batiatus sur le ponton de queue. Et maintenant, j'aimerais descendre à terre avec Livia, qui a de l'argent, si je ne m'abuse, afin d'acheter un peu de nourriture : cette région devrait regorger de lait, de fromage et de pain. »

Non loin de là se dressait un village du nom de Magia, dont les habitants parlaient un dialecte celtique qui différait peu de la langue natale d'Ambrosinus. Mais les notables et le prêtre qui célébrait les rites chrétiens dans la petite église s'exprimaient dans un latin étonnamment correct. Le vieillard apprit ainsi qu'ils étaient sur le Rhin. Un peu plus bas, se trouvaient un lac et des rapides qu'il était impossible de franchir. Il leur faudrait donc marcher un moment avant de reprendre le cours du fleuve, le plus grand d'Europe et l'un des plus grands du monde, après le Tigre et l'Euphrate, qui coulaient dans le paradis terrestre. Ambrosinus acquiesça. « Notre route nous est tout indiquée. Nous descendrons le courant, éviterons un grand nombre de dangers et atteindrons peut-être l'Océan. Mais il nous faut d'abord trouver une embarcation digne de ce nom.

C'est un miracle si nous sommes arrivés ici sains et saufs sur un pont de bateaux à la merci du courant. »

Il pesa aussi la situation du Nord, où les Francs avaient occupé de vastes territoires dans ce qui constituait jadis la Gaule, la province la plus riche et la plus fidèle de l'Empire. Le centre, en revanche, formait une sorte d'îlot de romanité, gouverné par un général du nom de Syagrius qui s'était proclamé roi des Romains.

« Voilà pourquoi je pense qu'il nous faudra débarquer sur la rive ouest, conclut-il, et continuer par la voie terrestre jusqu'aux rives du canal de Bretagne. Alors, une seule journée de navigation nous séparera de ma terre. Seigneur Dieu ! Comme le temps a passé, de nombreuses choses ont dû changer, de nombreux amis ont dû disparaître... d'autres m'ont sans doute oublié.

— Tu parles comme si nous étions à proximité de tes côtes, dit Livia, alors que nous avons encore à affronter un long chemin, tout aussi difficile que celui que nous venons de parcourir.

— Tu as raison, mais le cœur est plus rapide que les pieds, plus rapide que le destrier le plus rapide, et il n'a peur de rien. Je me trompe ?

— Non, tu es dans le vrai, admit Livia.

— Et toi, ne penses-tu pas à ta ville ? Ne te manque-t-elle pas ?

— Elle me manque beaucoup, mais je n'aurais jamais pu quitter Romulus...

— Et Aurelius... si j'ai bien compris.

— Oui, Aurelius. Mais malgré tout le temps que nous avons passé ensemble, il ne s'est laissé aller qu'une seule fois à me montrer un semblant de sentiment. Cela s'est produit à Fanum, et il était alors certain que, le lendemain, nous prendrions des routes différentes et ne nous reverrions plus. Cette nuit-là, je n'ai pas

eu le courage, moi non plus, de prononcer les mots qu'il attendait peut-être. »

Ambrosinus prit un air grave. « Aurelius est déchiré par un doute qui occupe son esprit. Tant qu'il n'aura pas résolu l'énigme qui le tourmente, il n'y aura de place pour personne dans son cœur. Tu peux en être certaine. »

Alors qu'ils approchaient du fleuve, Ambrosinus changea brusquement de sujet de conversation. « Il faut que nous trouvions un bateau, dit-il. C'est indispensable. Si Aurelius a échappé à Wulfila, il pourrait nous rejoindre d'ici deux jours, et nous devrions alors être prêts à lever l'ancre. Préparez le repas, j'espère revenir bientôt avec une bonne nouvelle. »

Il se dirigea alors vers le ponton, où un certain nombre d'embarcations avaient désormais jeté l'ancre pour passer la nuit. Des pêcheurs exposaient sur des bancs de bois les poissons qu'ils avaient attrapés, et des clients négociaient leurs achats. Sur les bateaux, on commençait à allumer des lanternes qui projetaient leur lumière tremblante sur la surface du grand fleuve.

XXVIII

Il faisait nuit quand Ambrosinus revint en compagnie de deux porteurs, chargés de peaux de mouton, de couvertures et de manteaux pour la nuit. Il annonça qu'il avait conclu un accord avec un batelier qui transportait du sel gemme vers le nord en descendant le courant du Rhin. Moyennant un supplément assez raisonnable, il était prêt à les conduire dans la région d'Argentoratum, qu'ils rallieraient, si tout allait bien, au terme d'une semaine de navigation. De plus, l'homme lui avait vendu très peu cher ces peaux, ces couvertures et ces manteaux qui leur permettraient de passer la nuit plus confortablement dans le froid et l'humidité. L'optimisme d'Ambrosinus tranchait toutefois sur le sentiment d'incertitude et d'inquiétude qui s'était emparé d'eux à la pensée d'Aurelius et de Romulus, dont ils n'avaient plus de nouvelles. Sans le garçon, les efforts et les dangers qu'ils avaient affrontés, ils le savaient, n'avaient aucune signification. Ils comprenaient qu'ils avaient lié leur propre destin à son sort, et que ce sort dépendait de leur soutien ; de fait, l'absence de ce point de repère privait leur existence de tout sens.

Ambrosinus s'assit sur le pont en croisant les jambes, il prit un peu de pain et de fromage, disposés sur un bouclier transformé en garde-manger, et se mit à manger sans grand appétit.

« J'ai fait et refait les calculs, dit Vatrenus. En considérant le type de terrain que le fleuve traversait, je suis parvenu à la conclusion que nous avons deux jours d'avance sur eux.

— Cela signifie-t-il qu'il nous faudra attendre toute la nuit, la journée de demain et d'après-demain ? demanda Orose.

— C'est possible, mais pas certain, observa Démétrios. Je suis persuadé qu'Aurelius compte distancer le plus possible ses poursuivants. Il peut compter sur Juba, qui est un cheval rapide et résistant. À mon avis, ils réduiront au minimum leur temps de repos pour mieux avancer.

— Mais les journées ne cessent de raccourcir, objecta Batiatus, et il est impossible, voire très dangereux, de marcher en montagne pendant la nuit. Je ne pense pas qu'Aurelius ait envie de tomber dans un précipice, ou de blesser son cheval. Notre estimation doit donc tenir compte de ces parcours limités. »

Chacun donnait son opinion, et il apparut rapidement que leurs calculs différaient.

« Ils pourraient être là-haut, dans ces montagnes, dit Livia. Ils doivent avoir faim et froid, ils sont sans doute épuisés. Au fond, nous avons eu plus de chance, même si notre voyage a été plus mouvementé. »

Vatrenus tenta d'apporter une note d'optimisme. « Nous nous inquiétons peut-être sans raison. Rien ne garantit que Wulfila ait pu traverser le torrent, qu'il ait trouvé un gué. Aurelius prendra peut-être son temps, il arrivera quand cela lui sera possible. Il sait que nous l'attendrons dans un lieu visible et que nous ne quitte-

rons pas ce convoi flottant tant que nous ne l'aurons pas revu.

— Et si nous leur envoyions un signal lumineux ? demanda Démétrios. S'ils sont là-haut, ils le verront et reprendront courage. Mon bouclier est en métal, nous pourrions l'astiquer et...

— Il ne vaut mieux pas, répondit Ambrosinus. Ils savent que nous les attendons et ils nous retrouveront car ils ne s'écarteront pas du fleuve. Un signal lumineux attirerait également Wulfila, qui n'a certainement pas renoncé à la chasse. Il ne se résignera pas tant qu'il ne nous aura pas tous exterminés, je vous l'assure. Et maintenant, essayez de dormir : la journée a été mouvementée et nous connaîtrons demain notre sort.

— Je m'occupe de la première ronde, dit Livia. Je n'ai pas sommeil. » Elle alla s'asseoir à l'avant, laissant ses jambes pendre au-dessus de l'eau. Ses compagnons étendirent sur le pont les peaux de mouton qu'Ambrosinus avait achetées et s'allongèrent côte à côte pour se réchauffer mutuellement, se couvrant à l'aide des manteaux. Ambrosinus se plaça à l'écart, scrutant longuement l'obscurité. Puis il se leva et rejoignit Livia.

« Tu devrais dormir, toi aussi. Cet endroit est relativement calme. Un vieux précepteur est sans doute suffisant pour monter la garde.

— Je te l'ai dit, je n'ai pas sommeil.

— Moi non plus. Je pourrais peut-être te tenir compagnie un moment... si tu veux.

— J'en serais ravie. D'autant plus que nous avons laissé notre conversation en suspens, t'en souviens-tu ?

— Oui, bien sûr.

— Tu parlais d'une énigme concernant la vie d'Aurelius.

— Oui. Des paroles que j'ai entendues sans le vou-

loir. Cette nuit-là à Fanum, et la nuit où je glissais vers le précipice, sur le col.

— De quoi s'agit-il ? demanda Livia d'une voix troublée.

— Tu devrais peut-être me dire d'abord ce que tu sais de lui.

— Bien peu de chose.

— Ou ce que tu crois savoir.

— Je... je crois qu'il est le jeune héros qui a défendu Aquilée pendant neuf mois contre les Huns d'Attila, et qui s'est sacrifié en cédant à ma mère et à moi-même la dernière possibilité de fuir, la nuit que la ville est tombée, trahie par l'un des siens.

— Comment peux-tu en être certaine ?

— Je le sens. Je sais que je suis dans le vrai. »

Ambrosinus chercha les yeux de Livia dans l'obscurité. « De fait, tu lui as menti... N'est-ce pas ? Tu avais besoin d'un homme capable de tenter une entreprise impossible et tu as voulu lui attribuer la mémoire d'un héros qui a peut-être disparu depuis de nombreuses années.

— Non. Au début, peut-être, mais ensuite, quand je l'ai vu se battre, se prodiguer, risquer sa vie pour sauver celle d'autrui, je n'ai plus eu le moindre doute : c'est lui, le héros d'Aquilée, et peu m'importe si cela est faux. Pour moi, c'est la vérité.

— Une vérité qu'il refuse. Du reste, c'est la cause de votre mésentente, le fantôme qui s'immisce entre vous. Écoute, aucune mémoire, aucun souvenir ne peut s'enraciner dans son esprit, s'il y a le vide au-dessous. On ne peut pas construire sur l'eau.

— Le crois-tu ? C'est pourtant ce que j'ai vu.

— Oui, ta ville dans la lagune. Mais ici, les choses sont différentes, ici nous parlons d'un homme, de son esprit blessé, de ses sentiments. De plus, une autre

vérité vient de jaillir de son passé, et elle risque de l'écraser.

— De quoi parles-tu ? Dis-le-moi, je t'en prie.

— Je ne peux pas. Je n'en ai pas le droit.

— Je comprends, répondit Livia sur un ton résigné. Mais ne pouvons-nous donc rien pour lui ? »

Ambrosinus soupira. « Il faut faire jaillir la vérité, la seule, du fond de son esprit où elle est ensevelie depuis de nombreuses années. Je connais peut-être un moyen d'y parvenir, mais c'est une expérience terrible, terrible... Il risque de ne pas en réchapper.

— Où est-il à présent, *Ambrosine* ? »

À ces mots, le vieillard se raidit, son regard se fit absent. Il semblait entièrement tendu dans un immense effort.

« Peut-être... en danger », dit-il d'une voix étrange, métallique.

Livia se rapprocha de lui et l'observa d'un air surpris. Elle se rendit compte qu'il n'était plus là. Son esprit et son âme parcouraient des sentiers mystérieux, exploraient des terres éloignées, de glaciales étendues de neige. Ils erraient sur les montagnes, portés par le vent, parmi les forêts de sapins et les pics aigus, ils volaient sur la surface des lacs gelés, aussi silencieux et invisibles qu'un rapace nocturne.

Livia garda le silence. Elle s'absorba dans ses pensées en écoutant le faible clapotis de l'eau contre le bordé du bateau. Le vent du nord déchira les nuages, dévoilant pendant quelques instants le disque de la lune. Éclairé par cette lumière diaphane, le visage d'Ambrosinus évoquait un masque de cire ; ses paupières étaient immobiles, ses yeux blancs et vides, comme ceux des statues. Seule sa bouche était ouverte, comme s'il criait sans émettre le moindre son, et son haleine ne se

condensait pas, contrairement à celle des autres : on aurait dit qu'il ne respirait plus.

Le cri aigu d'un rapace résonna dans le calme du bois et Aurelius sursauta dans son demi-sommeil, il jeta un regard à la ronde et tendit l'oreille. Aussitôt, il réveilla Romulus, qui dormait, recroquevillé à côté de lui. « Vite, lui dit-il. Il faut partir. Wulfila est ici. »

Romulus balaya les alentours d'un regard terrorisé, mais tout était silencieux et tranquille. De temps à autre, la lune apparaissait entre les nuages et les cimes des arbres.

« Vite ! insista Aurelius. Nous n'avons pas un instant à perdre. » Il brida rapidement son cheval et le prit par les rênes, commençant à dévaler le sentier qui traversait le bois. Romulus courait à ses côtés.

« Qu'est-ce que tu as vu ? lui demanda ce dernier en haletant.

— Rien. Un cri m'a réveillé, un cri d'alarme. Et mon instinct. Après avoir guerroyé pendant tant d'années, je suis habitué à deviner les menaces. Cours, nous devons nous hâter. Plus vite ! »

Ils traversèrent le bois et débouchèrent sur une vaste étendue enneigée. La lune répandait une clarté diffuse que le reflet de la neige intensifiait. Aurelius aperçut à quelques pas de là les empreintes de deux roues qui se dirigeaient vers la vallée.

« Par là, dit-il. Là où les chars passent, le terrain est bon. Nous pouvons monter à cheval. Allez, monte, vite.

— Mais je ne comprends pas... il n'y a personne... »

Sans se soucier de lui répondre, Aurelius le saisit par le bras et le hissa sur son cheval, devant lui. Puis il poussa Juba, qui s'élança au galop sur la pente en suivant les traces du char à travers la prairie enneigée. Au loin, on distinguait la silhouette sombre d'un vil-

lage. Aurelius talonna encore Juba. Accueilli par un chœur d'aboiements à la hauteur des premières maisons, il dévia vers le fond de la vallée, puis atteignit un plateau légèrement surélevé d'où l'on pouvait dominer le lit du fleuve. Il poussa un soupir de soulagement et ralentit Juba pour lui permettre de reprendre haleine. Fumant de sueur, l'animal généreux soufflait de grands nuages de vapeur et rongeait le mors, comme s'il était impatient de poursuivre sa course. Peut-être sentait-il, lui aussi, le danger menaçant.

Wulfila et ses hommes franchirent l'orée du bois et remarquèrent sans tarder les empreintes laissées sur le manteau neigeux : celles d'un cheval qui se confondaient bientôt avec celles d'un char, descendant la pente.

L'un des barbares sauta à terre et toucha les traces du bout des doigts. « Le fer postérieur gauche n'a que trois clous et les traces antérieures sont plus profondes que les autres. Le cheval porte un poids, placé entre la selle et l'encolure. Ce sont eux.

— Enfin ! s'exclama Wulfila. Et maintenant, capturons-les, ils ne peuvent plus nous échapper. » Il leva la main et ordonna à ses hommes de le suivre au galop vers la vallée. Ils étaient une soixantaine et soulevaient à leur passage un nuage blanc, un halo de poussière argentée que la lune faisait scintiller comme un arc-en-ciel magique. Réveillés par l'aboiement des chiens, un certain nombre de villageois se levèrent et virent cette horde fantasmagorique traverser la grande clairière qui surmontait leurs habitations. Ils se signèrent en songeant aux âmes maudites qui sortaient des Enfers, la nuit, afin d'entraîner des proies dans les tourments de l'au-delà, puis ils refermèrent leurs fenêtres et collèrent l'oreille aux volets, tremblant de peur, jusqu'à ce que

ce bruit de galop s'évanouisse au loin, jusqu'à ce que le dernier aboiement des chiens de garde se transforme en un faible gémissement.

La froide lumière de l'aube commença à pénétrer la fine couche de nuages amassés dans le ciel. L'un après l'autre, les hommes, qui dormaient sous leurs manteaux, se réveillèrent. Livia se leva, elle aussi, et passa les mains sur son front et ses tempes : elle avait l'impression d'avoir rêvé, de ne pas avoir discuté avec Ambrosinus. En effet, il gisait, lui aussi, avec les autres, étendu sur les peaux de mouton. Démétrios, qui montait la garde, semblait scruter la ligne des collines enneigées. Ambrosinus proposa à ses compagnons de s'installer dans le bateau qui les conduirait au nord, afin d'être prêts à partir dès que possible. Il avait abandonné les autres embarcations au marinier, qui comptait s'en servir comme remorques pour ses transports fluviaux.

C'était un homme d'environ cinquante ans aux manières brusques et décidées, robuste, trapu, doté d'une épaisse chevelure grise, vêtu d'une tunique en feutre et d'un tablier en cuir.

« Je ne peux pas attendre très longtemps, dit-il en les voyant. Les gens commencent à tuer leurs cochons, ils ont besoin de sel pour conserver la charcuterie. Il y a plus important : si nous tardons trop, nous risquons d'être bloqués au nord. Le fleuve peut geler, et je ne veux pas que mon bateau soit bloqué et broyé par la glace.

— Nous étions convenus de patienter jusqu'à ce soir. Quelques heures d'attente supplémentaires ne changeront rien à la situation », objecta Ambrosinus. Livia remarqua que sa voix était très faible, comme voilée, que son teint était terreux, son visage sillonné

par des rides profondes : à l'évidence, il n'avait pas fermé l'œil de la nuit.

« Je regrette, dit le batelier. Mais le temps se gâte, comme vous pouvez le constater, le brouillard se lève et la navigation risque de devenir dangereuse. Ce n'est tout dc même pas ma faute. »

Ambrosinus insista. « Nous t'avons donné les bateaux, tu as déjà ton gain sur le chargement, et nous paierons notre passage. Accepte donc notre requête. Nous attendons des amis qui ne sauraient tarder. Je te l'assure. »

Mais l'homme était inébranlable. « Je dois larguer les amarres. Je ne sais que vous dire. »

Vatrenus s'approcha. « Eh bien, moi, je le sais. Écoute-moi bien. De deux choses l'une : ou tu nous obéis gentiment, ou nous emploierons la manière forte. Nous sommes tous armés. Tu largueras donc les amarres quand nous te le dirons. »

Furieux, le batelier gagna la poupe et se mit à discuter avec son équipage.

« Tu n'aurais pas dû, dit Ambrosinus. Il vaut toujours mieux négocier, il vaut toujours mieux convaincre que contraindre.

— C'est possible, mais si nous sommes encore à l'ancre, c'est parce que mes arguments ont été plus persuasifs que les tiens. »

Il n'avait pas terminé sa phrase quand Livia s'écria : « Les voici ! »

C'était vrai. Aurelius et Romulus dévalaient la pente à toute allure, mais ils étaient suivis par les hommes de Wulfila qui chargeaient en brandissant leurs épées et en poussant des cris terrifiants. En les voyant, le batelier imagina sa précieuse embarcation transformée en champ de bataille, ou pis, brûlée en représailles par ces démons hurlants qui l'accuseraient d'avoir abrité

des criminels sans doute recherchés. Il hurla de tout son souffle : « Larguez les amarres, immédiatement ! » Deux membres de l'équipage s'exécutèrent sur-le-champ, tandis qu'un troisième poussait le bateau en appuyant une rame contre le quai.

Vatrenus s'écria : « Non ! Maudits salopards ! »

Trop tard. Le bateau s'éloignait lentement du ponton de bois auquel il était auparavant ancré. Aurelius eut un instant d'hésitation, constatant sans doute que les bateaux sur lesquels il se ruait étaient vides. Le remarquant, Livia hurla de toutes ses forces : « Nous sommes ici ! Nous sommes ici ! Vite, Aurelius, vite ! » Et elle agita son manteau. Ses compagnons l'imitèrent aussitôt : « Par ici ! Nous sommes ici ! Vite ! »

Les voyant, Aurelius serra les flancs de Juba entre ses genoux et le freina violemment, obligeant l'animal à effectuer une brusque virée. Puis il le poussa à nouveau en criant : « Vas-y, Juba ! Vas-y, saute ! » et en lui frappant l'encolure de ses rênes. À présent, le bateau, parallèle à la rive, abandonnait le ponton. Aurelius s'y engagea, le parcourut au galop jusqu'à l'extrémité puis talonna encore une fois Juba, qui effectua un bond acrobatique et atterrit sur le tas de sel gemme, où il s'enfonça jusqu'aux genoux. Aurelius et Romulus se jetèrent sur le côté et tombèrent, eux aussi, sur la blanche couche de sel, qui amortit leur chute. Au même moment, Batiatus arracha les deux barres arrière et les posa sur les allonges, les utilisant comme des rames, ce qui imprima de la vitesse à l'embarcation. Wulfila se lança à son tour sur le ponton, mais il dut freiner son étalon au dernier moment pour ne pas tomber à l'eau. Rejoint par ses compagnons, il assista une nouvelle fois, furieux et impuissant, à la fuite de ses proies.

Vatrenus lui adressa un geste obscène en criant une expression des camps dont le sens échappa à Romulus.

Le garçon s'approcha, se débarrassant du sel qui le recouvrait totalement. « Qu'est-ce que ça veut dire, *temetfutue* ? lui demanda-t-il naïvement.

— César ! le gronda Ambrosinus. On ne répète pas ces choses-là.

— Cela signifie "va te faire foutre", répondit Vatrenus d'une voix calme avant de soulever le garçon et de le hisser au-dessus des têtes en disant : Bienvenue, César ! »

Ce fut une explosion de joie irrépressible que la tension étouffait encore quelques instants plus tôt. Ils s'étreignirent tous, et Juba fut également l'objet de ces effusions : ce n'était que justice, car ce destrier héroïque avait sauvé Romulus et Aurelius avec un courage incroyable. Batiatus rendit les barres à l'équipage et s'unit à la liesse de ses camarades.

Wulfila continuait de suivre le bateau en galopant le long de la rive et en agitant l'épée de César comme une menace éternelle, implacable. Aurelius s'appuya contre le bastingage de tribord, affrontant son ennemi, s'exposant à sa haine comme à un vent glacial qui lui brûlait la peau, sans pouvoir toutefois détourner le regard de l'épée resplendissante que le barbare brandissait. Les cavaliers lançaient sur l'embarcation des nuées de flèches, qui tombaient à l'eau en émettant des petits bruits sourds. L'une d'elles décrivit une large parabole au-dessus du pont, mais le bouclier de Démétrios, promptement levé, l'intercepta avant qu'elle transperce Livia. À chaque instant, la distance augmentait, et devint bien vite impossible à combler.

Alors Romulus rejoignit Aurelius et l'étreignit. « Ne pense plus à cette épée, dit-il. Peu importe que tu l'aies perdue. Il y a des choses plus importantes.

— Lesquelles ? demanda Aurelius sur un ton aigre.

— Le fait d'être à nouveau tous réunis. Une seule

chose m'importe : que tout le monde m'aime. Et j'espère que c'est aussi ton cas.

— Je t'aime, César, répondit Aurelius sans se retourner.

— Ne m'appelle pas César.

— Je t'aime, mon garçon », se reprit-il. Puis il pivota et serra Romulus contre sa poitrine, les yeux remplis de larmes.

Au même instant, les nuages s'ouvrirent et le brouillard qui léchait la surface de l'eau se leva. Alors le soleil enflamma le grand fleuve, illuminant l'étendue de neige qui recouvrait ses rives et la faisant scintiller comme un manteau d'argent. Tous les occupants du bateau furent fascinés par ce spectacle, comme s'il s'agissait d'une vision d'espoir. À l'arrière, où étaient regroupés les vétérans, la voix rauque d'Elius Vatrenus entonna avec lenteur et solennité l'hymne au soleil, le très ancien *carmen saeculare* d'Horace :

Alme Sol curru nitido diem qui
promis et celas...

Une deuxième voix s'unit à la sienne, puis une troisième, une quatrième, enfin celles de Livia et d'Aurelius :

aliusque et idem
nasceris, possis nihil Roma
visere maius...

Romulus hésita, les yeux tournés vers Ambrosinus. « Mais c'est un chant païen, dit-il.

— C'est le chant de la grandeur de Rome, mon fils, qui n'aurait pas atteint autant de splendeur si Dieu ne l'avait pas permis. Et maintenant qu'elle est sur son

déclin, il est juste d'entonner ce chant de gloire. » À son tour, il se joignit au chœur.

Romulus chanta, lui aussi. Sa voix limpide d'enfant s'éleva, couvrant les voix graves et puissantes de ses compagnons, s'unissant à celle de Livia, tendue et frémissante. Emporté par cette atmosphère si intense, le batelier fredonna lui aussi la mélodie, car il ne connaissait pas les paroles.

Quand le chant s'éteignit, le soleil, qui avait chassé les nuages et le brouillard, triomphait dans le ciel de l'hiver.

Romulus alla vers le batelier, dont les yeux brillaient d'une étrange lueur, une sorte d'émotion. « Es-tu romain, toi aussi ? lui demanda-t-il.

— Non, répondit l'homme. Mais j'aimerais l'être. »

XXIX

Le lac de Brigantium se présenta comme un énorme miroir entouré de bois et de pâturages, sur lesquels se détachaient des fermes isolées et des villages. Une journée de navigation fut nécessaire pour le traverser d'un bout à l'autre et atteindre un promontoire qui séparait, comme une fourche, deux anses longues et étroites. Le bateau s'engagea dans celle de gauche et jeta l'ancre pour la nuit près d'une petite ville du nom de Tasgaetium. Le lendemain, le voyage recommença à l'endroit où le fleuve reprenait son cours vers le nord.

« Nous voici à nouveau sur le Rhin, annonça le batelier alors que le navire s'enfonçait dans le bras émissaire. Nous en descendrons le cours pendant environ une semaine, jusqu'à ce que nous arrivions à Argentoratum. Mais vous aurez d'abord droit à un spectacle que vous n'avez jamais vu et que vous ne reverrez jamais, les grands rapides.

— Rapides ? demanda Orose, encore terrifié par son aventure sur le fleuve. Mais alors, c'est dangereux.

— Je veux bien te croire, rétorqua le batelier. Les rapides mesurent cinquante pieds de haut et cinq cents de large, ils se jettent vers la vallée en écumant dans

un grondement de tonnerre. En tendant l'oreille, vous pouvez dès à présent l'entendre, car le vent est favorable. »

Les membres du groupe se dévisagèrent mutuellement avec crainte, ne parvenant pas à imaginer ce qui se passerait. Au loin, on entendait en effet, ou l'on avait l'impression d'entendre, une sorte de grondement qui se fondait dans les autres bruits de la nature. S'agissait-il de la voix des rapides ?

Ambrosinus demanda au batelier : « Je suppose que tu as un itinéraire de rechange. Un saut de cinquante pieds me paraît excessif, même pour un bateau de la solidité du tien.

— Ta supposition est exacte, répondit l'homme en virant de bord. Nous allons accoster et emprunter la voie terrestre. Un service spécial de traîneaux attelés à des bœufs nous conduira en aval des cascades.

— Grands dieux ! s'exclama Ambrosinus. Un *diolkos* ! Qui l'eût cru, sur ces terres barbares ?

— Qu'est-ce que tu as dit ? l'interrogea Vatrenus.

— Un *diolkos*, un passage terrestre pour les bateaux qui doivent surmonter un obstacle naturel. Dans l'Antiquité, il y en avait un sur l'isthme de Corinthe, vraiment spectaculaire. »

À présent, le bateau accostait. Un groupe de haleurs le fixa à un traîneau tandis que le marinier négociait le prix du passage. Puis le conducteur cria, et l'imposant convoi s'ébranla. On fit descendre Juba à terre afin qu'il puisse se dégourdir les membres en une longue et paisible promenade. Deux journées de marche et de fréquents changements d'attelage furent nécessaires pour que le bateau atteigne un terrain plat. Quand le convoi passa au pied des rapides, tous les occupants contemplèrent avec fascination l'immense mur d'eau mousseuse, l'arc-en-ciel qui le traversait comme un pont

d'une rive à l'autre, les tourbillons et les remous, le bouillonnement tumultueux des eaux à l'endroit où le fleuve reprenait sa course vers l'ouest.

« Quelle merveille ! s'exclama Romulus. Ces rapides me rappellent un peu les cascades de la Nera en mille fois plus grands !

— Tu peux remercier Wulfila ! s'écria Démétrios en riant. Sans lui, tu n'aurais jamais vu ce spectacle ! »

À leur tour, les autres éclatèrent de rire tandis que le bateau était de nouveau lancé sur les eaux du fleuve. Ils riaient tous, comme s'ils participaient à un jeu, à l'exception d'Ambrosinus.

« Qu'y a-t-il, *Ambrosine* ? » demanda Livia.

Le vieillard plissa le front : « Wulfila. Ce voyage terrestre nous a fait perdre toute notre avance, ou presque. À l'heure qu'il est, il pourrait se trouver n'importe où sur ces collines. » Les rires s'atténuèrent, s'éteignant bientôt dans un bruissement. Certains membres du groupe se mirent à examiner les hauteurs du regard, d'autres observaient le cours paisible du fleuve, accoudés au bastingage.

« Le courant a ralenti, continua Ambrosinus, et lorsque nous virerons vers le nord il nous faudra affronter un vent contraire. De plus, notre bateau est facile à reconnaître, à cause de son chargement de sel et du cheval qu'il transporte. » Personne n'avait plus envie de rire, ni même de bavarder.

« Dis-nous plutôt ce que nous ferons lorsque nous aurons atteint Argentotarum ? demanda Livia pour changer de sujet de conversation.

— Il nous faudra sans doute pénétrer en Gaule, où nous serons moins exposés », répondit Ambrosinus. Il s'empara de la carte qu'il avait dessinée à la *mansio* de Fanum et que Livia lui avait rendue après leurs retrouvailles sur le col. Il l'étendit sur un banc et invita ses

compagnons à approcher. « Regardez, dit-il. Telle est plus ou moins la situation. Ici, au centre et au sud du pays, se trouvent les Wisigoths, qui sont depuis plusieurs années des confédérés et des amis du peuple romain. Ils se sont battus aux champs Catalauniques contre Attila, sous les ordres d'Aetius, qui était un ami intime de leur roi. À vrai dire, celui-ci a payé de sa vie sa fidélité à cette amitié : il est tombé sur le champ de bataille alors qu'il commandait courageusement l'aile droite de l'alignement confédéré.

— Ainsi, les barbares ne sont pas tous cruels et sauvages, commenta Romulus.

— Je ne l'ai jamais prétendu, répondit Ambrosinus. Mieux, certains d'entre eux possèdent un courage, une loyauté et une sincérité exceptionnels, des dons qui, hélas, n'appartiennent plus à nos habitudes prétendument civilisées.

— Cela ne les a pas empêchés de détruire notre empire, notre monde.

— Ce n'est pas notre faute, dit Batiatus. Moi, j'en ai tué tellement que j'en ai perdu le compte. »

Ambrosinus revint au cœur du problème. « Il ne s'agit pas ici, mon fils, de distinguer les bons des méchants. Ceux que nous qualifions de "barbares" étaient des peuples nomades qui vivaient depuis des temps immémoriaux dans les vastes steppes de Sarmatie. Ils possédaient leurs traditions, leurs usages, leurs règles de vie. À un moment donné, ils ont commencé à exercer une pression à nos frontières, peut-être poussés par la famine, ou par des épidémies qui fauchèrent leur bétail, à moins qu'ils n'aient été chassés par d'autres peuples qui fuyaient leurs terres d'origine, c'est difficile à établir. Peut-être ont-ils mesuré leur misère en la confrontant avec notre richesse, en comparant la pauvreté de leurs tentes en cuir à nos maisons

en briques et en marbre, à nos villas, à nos palais. Ceux qui vivaient aux frontières et commerçaient avec nous purent constater l'énorme fossé qui séparait leur vie frugale de nos gaspillages. Ils voyaient du bronze, de l'or et de l'argent à profusion, des monuments magnifiques, des mets et des vins abondants et raffinés, des vêtements et des bijoux somptueux, des champs fertiles. Aveuglés et fascinés par tant d'opulence, ils voulurent eux aussi vivre de cette façon. C'est ainsi que commencèrent leurs attaques, leurs tentatives de forcer nos défenses ou, dans d'autres cas, leur pression incessante, leur lente infiltration. Cet affrontement dure depuis trois cents ans, et il ne s'est pas encore conclu.

— Qu'est-ce que tu racontes ? Il est terminé, car notre monde n'existe plus.

— Tu te trompes. Rome ne s'identifie pas avec une race, un peuple ou une ethnie. Rome est un idéal, et les idéaux sont indestructibles... »

Romulus secoua la tête d'un air incrédule : comment cet homme pouvait-il encore nourrir autant de foi quand tout n'était que désolation et ruine ? Ambrosinus pointa encore le doigt sur la carte. « Ici, entre le Rhin et la Belgique, se trouvent les Francs, dont je t'ai déjà parlé. Ils vivaient dans les forêts de Germanie, et ils occupent maintenant les meilleures terres de la Gaule, à l'ouest du Rhin. Et sais-tu comment ils ont réussi à passer ? À cause du froid. Une nuit, la température chuta tant que le Rhin gela. Quand l'aube se leva, une vision spectrale s'offrait à nos soldats : une immense armée à cheval jaillissait du brouillard et marchait sur le fleuve transformé en dalle de glace. Nos hommes se battirent vaillamment, mais ils furent balayés.

— C'est vrai, confirma Orose. J'ai entendu un vétéran raconter cette histoire, sur le Danube. Il était tout édenté et couvert de cicatrices, mais il avait encore

bonne mémoire. Et la vision de ces guerriers qui franchissaient le fleuve à cheval ne cessait de hanter ses nuits, le faisant encore sursauter et crier dans son sommeil : “Alerte ! Alerte ! Ils arrivent !” Certains prétendaient qu’il était fou, mais je vous assure que personne n’osait se moquer de lui.

— Au nord-est, poursuivit Ambrosinus, s’étend ce qui reste de la province romaine de Gaule, qui a pris son indépendance. Un certain Syagrius règne sur ces terres. Ce général romain a obtenu le titre de *rex Romanorum*. Seul un grossier soldat pouvait adopter un titre aussi désuet et cependant illustre...

— Hé, maître, plaisanta Batiatus, nous aussi nous sommes de grossiers soldats, mais nous avons des qualités. Ce Syagrius ne me déplaît pas.

— Oui, tu as peut-être raison. Il convient de traverser son royaume, qui conserve une bonne organisation et un contrôle assez diffus du territoire. Nous pourrions nous engager sur la Seine, descendre son cours jusqu’à Parisii, et de là rejoindre le canal de Bretagne. C’est un voyage long et difficile, mais nous devrions nous en tirer. Une fois sur le canal, il nous sera aisé de brouiller nos traces et sans doute de trouver un passage. De nombreux marchands viennent vendre la laine de nos moutons en Gaule, où elle est tissée, et acheter des produits qui font défaut chez nous.

— Et ensuite ? Quand nous aurons enfin atteint ta Bretagne ? La situation s’améliorera-t-elle ? Notre vie sera- t-elle plus facile ? demanda Vatrenus, certain de traduire la curiosité générale.

— Je crains que non, répondit Ambrosinus. Cela fait de nombreuses années que je suis parti, et je n’ai plus aucune nouvelle précise, pourtant je ne me fais pas d’illusions. L’île est abandonnée à elle-même depuis cinquante ans, comme vous le savez, de nombreux

chefs locaux se font la guerre, mais j'espère que les institutions civiques ont subsisté dans les villes les plus importantes et surtout dans celle qui a mené la résistance contre les invasions du nord : Carvetia. C'est vers elle que nous nous dirigerons, et il nous faudra pour cela traverser l'île du sud au nord. »

Le silence s'abattit sur l'assistance. Ces hommes venus de la Méditerranée jetaient des regards à la ronde et découvraient un continent prisonnier du froid : la neige recouvrait tout de son manteau uniforme, effaçant la moindre démarcation, la moindre frontière. C'était la nature qui imposait ses règles et ses confins, composés de fleuves, de montagnes et d'immenses forêts.

Ils naviguèrent ainsi pendant des jours, y compris la nuit lorsque la clarté de la lune le permettait. Au fur et à mesure qu'ils avançaient vers le nord, le ciel se faisait de plus en plus froid, le vent de plus en plus cinglant. Aurelius et ses camarades s'étaient confectionné de grossières casaques en peau de mouton, ils avaient la barbe et les cheveux hirsutes, ressemblaient de plus en plus aux barbares qui peuplaient ces terres. Romulus contemplait le paysage avec un mélange d'émerveillement et de crainte ; cette étendue désolée remplissait son cœur d'effroi. Il lui arrivait de regretter les couleurs de Capri et de sa mer, le parfum de ses pins et de ses genêts, son automne si doux qu'il avait des allures de printemps. Mais il s'efforçait de reprendre courage et de dissimuler son abattement, mesurant les sacrifices et les dangers que ses amis affrontaient. Cependant, plus les jours passaient, plus ces sacrifices lui paraissaient lourds, et il les considérait parfois comme des tributs excessifs, disproportionnés par rapport à leur but. Ce but consistait, à ses yeux, en un projet obscur qu'Ambrosinus était le seul à envisager avec clarté. La sagesse de son maître, sa connaissance du monde et de

la nature ne cessaient de l'étonner, mais le côté mystérieux de sa personnalité l'inquiétait. Après les moments d'enthousiasme qui avaient suivi leur libération et leurs retrouvailles, Romulus se laissait dominer par les soucis. Il éprouvait des sentiments de culpabilité envers ces êtres qui avaient lié leur destin à celui d'un souverain sans terre ni peuple, d'un garçon pauvre qui ne pourrait jamais honorer la moindre dette de reconnaissance.

En réalité, Vatrenus, Batiatus et les autres se sentaient de plus en plus unis, pas tant par un but ou un projet commun, mais par le fait qu'ils étaient ensemble, armés et en marche. Seule les troublait l'inquiétude de leur chef, son air souvent absent et songeur : ils ne comprenaient pas son attitude et se demandaient où elle les conduirait. Livia s'en rendait compte, elle aussi, mais son trouble était engendré par des raisons plus intimes et plus personnelles.

Un soir, elle le rejoignit alors qu'il montait la garde, seul, accoudé au bastingage, en regardant la proue fendre les eaux grises du Rhin.

« Es-tu inquiet ? lui demanda-t-elle.

— Comme d'habitude. Nous nous enfonçons dans un territoire totalement inconnu.

— N'y pense pas. Nous sommes tous unis, nous affrontons ensemble notre destin. N'est-ce pas un réconfort ? J'étais follement inquiète quand tu étais dans la montagne avec Romulus. J'essayais de suivre mentalement votre parcours, je vous imaginais sur les sentiers, au milieu des bois, traqués par nos ennemis, exposés aux intempéries...

— Moi aussi, je pensais à vous et... surtout à toi.

— À moi ? interrogea Livia en cherchant son regard.

— Je n'ai jamais cessé de penser à toi, je n'ai jamais cessé de te désirer depuis que je t'ai vue te baigner dans

une source de l'Apennin, pareille à une divinité des bois, et je n'ai pas cessé de souffrir quand nous avons été séparés. »

Livia frissonna. Le vent du nord n'en était pas responsable : soudain, elle entrevoyait une brèche inattendue dans l'esprit d'Aurelius. Ses sentiments se manifestaient enfin dans cette situation fortuite.

« Pourquoi n'as-tu jamais voulu m'ouvrir ton cœur ? lui demanda-t-elle. Pourquoi m'as-tu empêchée de connaître tes sentiments, et t'es-tu efforcé de m'éloigner lorsque j'ai tenté de le faire ? Loin de toi, ma vie n'a aucun sens. Je le sais, j'ai fait des erreurs, moi aussi, mais je comprends que je t'ai aimé dès le premier instant. J'ai voulu résister à ce sentiment, le dissimuler, comme s'il m'affaiblissait, comme s'il me rendait plus vulnérable. Mon expérience m'avait appris à ne rien montrer à personne, à ne manifester aucun signe de faiblesse.

— Je ne voulais pas te repousser, je n'avais pas peur d'ouvrir mon cœur. Je craignais ce que tu aurais pu y voir. Tu ne peux pas savoir ce qui me traverse l'esprit, les souffrances que j'endure, les luttes que je mène contre mes fantômes. Comment m'attacher à quelqu'un alors que je suis moi-même déchiré, alors que je vis dans la crainte qu'un souvenir jaillisse et me transforme totalement, fasse de moi un étranger, un être odieux, peut-être, méprisable. Comprends-tu ce que je veux dire ? »

Livia posa la tête sur son épaule et chercha sa main. « Tu te trompes. Tu es, pour moi, ce que je vois, ce que je connais. Je te regarde droit dans les yeux et je vois un homme bon, un homme généreux. Et peu m'importe de savoir si tu es vraiment celui que je crois, si ton visage s'est vraiment imprimé dans ma mémoire

de petite fille. Peu importe ce que ton passé dissimule, peu m'importe ce dont il est fait. »

Aurelius se leva et fixa sur elle un regard plein de chagrin. « Mais sais-tu ce que cela signifie ?

— Cela signifie que je t'aime, soldat, et que je t'aimerai toujours, quoi que le destin nous réserve. L'amour est intrépide. Il nous donne la force d'affronter les problèmes qui ponctuent le sentier de l'existence, de surmonter n'importe quelle souffrance, n'importe quelle déception. Cesse donc de te tourmenter. Je ne veux savoir qu'une seule chose : si tu ressens aussi ce que j'éprouve pour toi. »

Aurelius l'étreignit et l'embrassa, il chercha sa bouche de ses lèvres assoiffées, puis il la serra contre sa poitrine comme s'il voulait lui transmettre au moyen de son corps ce qu'il n'arrivait pas à exprimer par les mots. « Je t'aime, Livia, plus que tu ne peux l'imaginer, dit-il, et la chaleur qui m'envahit l'esprit en cet instant précis pourrait faire fondre la neige et la glace qui nous entourent. Même si tout est contre nous, même si l'avenir demeure, pour moi, un mystère tout aussi angoissant que mon passé, je t'aime comme personne ne pourra jamais t'aimer sur cette terre ou dans le royaume des Enfers.

— Pourquoi as-tu choisi ce moment pour te déclarer ?

— Parce que tu es près de moi et parce que ma solitude est insupportable sur ces eaux glaciales, dans cette brume informe. Serre-moi contre toi, Livia, donne-moi la force de croire que rien ne pourra jamais nous séparer. » Livia se jeta à son cou et ils demeurèrent un long moment enlacés, tandis que le vent agitait et mêlait leurs cheveux en un seul nuage brun, dans la pâle lumière de l'hiver.

Le dernier jour de navigation approchait et le batelier observait avec inquiétude les morceaux de glace qui flottaient à la surface du fleuve.

« Tes craintes n'étaient pas infondées, dit Ambrosinus. Le fleuve est en train de geler.

— Hélas ! Heureusement, nous sommes presque arrivés. Nous jetterons l'ancre demain soir. Je connais un entrepreneur au port germanique, sur la rive orientale, qui pourrait vous conduire jusqu'à l'estuaire, mais étant donné la situation, la navigation sera sans doute interrompue jusqu'au dégel.

— Quand se produira-t-il ? Au printemps ?

— Pas forcément. Il y a parfois des changements de température pendant l'hiver. Vous pourriez trouver un logement et attendre. Si le gel des eaux est passager, vous gagnerez bientôt l'Océan sur un autre bateau. Il est facile ensuite de passer en Bretagne lorsque la mer est calme. »

Le soir, ils jetèrent l'ancre sur la rive droite, devant Argentoratum. Juste à temps : le vent de nord-ouest s'était renforcé, les plaques de glace s'épaississaient et se multipliaient, heurtant les flancs du bateau dans des bruits sourds. Le batelier éprouvait de la compassion à la vue du petit groupe de fuyards. Où iraient-ils ? Ils ne connaissaient ni le pays, ni les routes, ni les parcours les plus sûrs, et l'hiver s'intensifiait avec son cortège de tempêtes et de neige, de froid et de faim. Il s'approcha d'Ambrosinus, qui s'apprêtait à le payer. « Laisse tomber, lui dit-il. J'ai eu la chance de conduire mon chargement à bon port. Le vent du nord me ramènera chez moi plus rapidement que je ne pouvais l'espérer. Gardez cet argent, il vous sera utile. Vous pouvez dormir sur mon bateau. Il sera probablement plus sûr et plus confortable que n'importe quelle taverne en ville.

De plus, vous passerez ainsi inaperçus. Il est possible que vos ennemis soient déjà dans les parages.

— Je te remercie, répondit Ambrosinus, en mon nom et en celui de mes compagnons. Dans les conditions qui sont les nôtres, nous ne pouvons rien désirer de plus précieux qu'un ami.

— Et demain, que ferez-vous ?

— Je comptais passer sur l'autre rive, où nos ennemis n'ont sans doute pas d'appuis, et où nous pourrons trouver de l'aide. Nous diriger ensuite vers la Seine et descendre son cours en bateau jusqu'au canal de Bretagne.

— C'est, à mon avis, une bonne décision.

— Pourquoi ne nous amènes-tu pas à Argentoratum, de l'autre côté du fleuve ?

— Je ne peux pas, et ce pour de nombreuses raisons. J'attends un chargement de peaux venant de l'intérieur. De plus, nous avons un vent contraire, et les blocs de glace que vous voyez glisser sur l'eau risqueraient de nous faire chavirer. Vous avez tout intérêt à suivre la rive et à traverser plus loin, au premier passage. Demain, si la température remonte, vous pourrez trouver un bac qui vous conduira de l'autre côté. »

Ambrosinus acquiesça, il rassembla ses compagnons et leur exposa les perspectives qui les attendaient le lendemain. Ils décidèrent que l'un d'eux monterait la garde. Vatrenus se chargea de la première ronde, et Démétrios de la seconde. « Cela m'est arrivé bien souvent sur le Danube, avec la neige et le froid, expliqua ce dernier. Je suis donc habitué. »

À la tombée du soir, le batelier descendit à terre et revint en pleine nuit en avertissant Vatrenus de sa présence. Juba, entravé et attaché au bastingage avant, souffla doucement. Livia se présenta au même instant, apportant une gamelle de soupe fumante au légionnaire.

Après la lui avoir tendue, elle prit une poignée d'orge dans un sac et la donna au cheval.

« Où sont les autres ? demanda le batelier.

— Sous le pont. Y a-t-il du nouveau ?

— Hélas, oui. Rejoins-moi dès que possible. » Il descendit à son tour, armé d'une lanterne.

Livia le retrouva un peu plus tard, et l'homme commença à parler : « J'apporte des nouvelles peu rassurantes. Des inconnus dont les descriptions et le comportement correspondent au signalement de vos poursuivants sont arrivés au bourg. Ils interrogent les habitants à propos d'un groupe d'étrangers ayant débarqué ce soir. Nul doute qu'ils vous cherchent. Si vous descendez à terre, vous serez aussitôt reconnus. Ces hommes promettent de l'argent contre des informations et il y a ici des individus qui vendraient père et mère pour une poignée de pièces, je vous l'assure. De plus, j'ai entendu dire que le fleuve avait gelé à vingt milles d'ici, vers le nord. Je ne pourrais donc pas vous y conduire si je le voulais.

— C'est tout ? demanda Ambrosinus.

— Cela me paraît suffisant, observa Batiatus.

— Oui, c'est tout, confirma le batelier. N'oublions pas non plus que ces hommes sont capables d'identifier le bateau. Ils l'ont vu de près, et il est impossible de le confondre avec un autre, du fait de son chargement de sel gemme. Pour l'heure, il fait nuit noire, et l'on ne voit donc rien, mais demain, à la lumière du jour, ils ne mettront pas beaucoup de temps à nous reconnaître. J'ai l'intention de décharger cette cargaison et de charger la suivante avant l'aube. Après quoi, je disparaîtrai : je n'ai pas envie qu'ils mettent le feu à mon bateau. Je n'aurais jamais cru qu'ils arriveraient en même temps que nous. Ils ont dû marcher sans répit, dormant à peine quelques heures, à moins qu'ils ne se soient embarqués

sur un navire plus rapide que le nôtre. Si nous nous retrouvons un jour quelque part, vous m'expliquerez la raison de tant de ténacité, mais pour l'heure, nous avons des décisions plus importantes à prendre. Il s'agit de sauver votre peau.

— Aurais-tu quelques conseils à nous donner ? demanda Aurelius. Tu connais mieux que nous ces lieux et ces gens. »

Le batelier écarta les bras.

« J'ai peut-être une idée, dit Ambrosinus. Mais j'ai besoin d'un chariot pour la mettre en pratique. Et sur-le-champ.

— Un chariot ? Il n'est pas facile d'en dénicher un à cette heure de la nuit, cependant je sais où on en loue. Vous êtes censés le restituer à vingt milles d'ici, mais le prix de la location est tel que la perte est amortie au bout de deux ou trois voyages. Ne vous créez donc pas trop de scrupules. Je vais voir ce qu'il en est. Quant à vous, tenez-vous prêts... Puis-je vous demander ce que vous comptez faire de ce chariot ? »

Ambrosinus baissa la tête avec un air embarrassé. « Mieux vaut que tu l'ignores. Tu comprends ce que je veux dire, n'est-ce pas ? » Le batelier hocha la tête et remonta sur le pont. Il se perdit bien vite dans le dédale de ruelles qui partaient du port.

« A quoi songes-tu ? demanda Aurelius.

— Nous allons imiter les Francs. Nous franchirons le fleuve sur la glace, comme ils l'ont fait il y a trente ans.

— De nuit, sans savoir si elle résistera ? l'interrogea Batiatus en écarquillant les yeux.

— Si l'un de vous a une meilleure idée, qu'il n'hésite pas à me la communiquer », répondit Ambrosinus.

Ils gardèrent tous le silence.

« Alors, c'est décidé, conclut le précepteur. Préparez vos affaires, et que l'un d'entre vous aille avertir Vatrenus. » Démétrios se désigna pour accomplir cette tâche, mais Romulus se leva brusquement et le devança. « J'y vais. Je lui apporterai aussi un peu de soupe. »

Le garçon avait disparu depuis peu quand on entendit un grand vacarme, puis la voix de Vatrenus, qui criait : « Arrête-toi, arrête-toi ! Où vas-tu ? »

Devinant ce qui se passait, Ambrosinus s'inquiéta : « Vite, vite, pour l'amour de Dieu ! » Aurelius s'engouffra à toute allure dans l'escalier et bondit sur le pont, suivi de Livia et de Démétrios. Vatrenus était déjà descendu sur le quai, il courait en hurlant : « Arrête-toi, je t'ai dit de t'arrêter ! »

Ses camarades se précipitèrent derrière lui. Ils s'arrêtèrent bientôt devant trois rues qui allaient dans trois directions différentes.

« Vatrenus a pris celle du centre, dit Démétrios. Je vais à droite. Toi et Livia, partez à gauche. Rendez-vous ici dès que possible. » On entendait au loin le bruit d'une course, ainsi que la voix de Vatrenus qui continuait d'appeler Romulus. Ils se lancèrent tous à leur poursuite. Aurelius se heurta bientôt à un carrefour. « Par là, dit-il à Livia. Je vais de ce côté. » Pendant ce temps, Démétrios parcourait la rue en légère montée qu'il croyait parallèle à celle dans laquelle Vatrenus s'était engagé. Il fouilla partout, dans tous les recoins, mais les rues étaient sombres : autant chercher une aiguille dans une botte de foin. Livia et Aurelius n'avaient pas été plus heureux. Ils se retrouvèrent à bout de souffle à un croisement.

« Pourquoi a-t-il agi de la sorte ? demanda Livia.

— Tu ne comprends pas ? Il refuse que nous affrontions d'autres dangers et d'autres efforts pour lui. Il a

l'impression d'être un poids mort et une menace pour nous. Voilà pourquoi il nous a tiré sa révérence.

— Mon Dieu, non ! s'exclama Livia en retenant à grand-peine ses larmes.

— Poursuivons nos recherches, dit Aurelius. Il ne peut pas être très loin. »

Romulus avait atteint une petite place sur laquelle donnait une taverne. Il pensa qu'il pourrait se faire engager comme apprenti : il laverait les lieux et nettoierait la vaisselle en échange du vivre et du couvert. Il se sentait seul, désespéré, épouvanté par la décision qu'il avait prise et par l'avenir qui l'attendait, mais il était certain d'avoir agi pour le mieux. Il poussa un profond soupir et avança vers la taverne. C'est alors que la porte s'ouvrit toute grande et qu'apparut, à la lumière de la lanterne, un des barbares de Wulfila. Trois de ses compères lui emboîtèrent le pas et ils se dirigèrent tous quatre vers Romulus. Aussitôt, le garçon pivota, dans l'intention de s'enfuir, mais il se heurta à un homme qui venait en sens inverse. Une main l'attrapa par les épaules tandis qu'une autre se plaquait sur sa bouche. Encore plus effrayé, il essaya de se libérer, mais une voix familière lui dit : « Chut ! C'est moi, Démétrios. Ne parle pas. S'ils nous voient, nous sommes morts. »

Ils reculèrent en silence, puis le Grec entraîna Romulus à toute allure vers le port. Ambrosinus les attendait, le visage contracté par l'angoisse, les mains agrippées au bastingage, flanqué de ses camarades.

« Qu'as-tu fait ? » s'exclama-t-il à sa vue. Il leva la main comme pour le gifler, mais Romulus ne broncha pas et planta son regard dans le sien. Ambrosinus y lut la dignité et la majesté de son souverain, et il baissa la tête. « Tu as mis nos vies en danger. Livia, Vatrenus

et Aurelius te cherchent encore, ils courent à tout instant un péril mortel.

— C'est vrai, confirma Démétrios. J'ai failli me heurter aux hommes de Wulfila. Ils arpentent les rues du bourg. À l'évidence, ils nous cherchent partout. »

Romulus éclata en sanglots et se précipita sous le pont.

« Ne sois pas trop sévère, dit Démétrios. Ce n'est qu'un gosse aux prises avec de terribles émotions et des décisions qui le dépassent. »

En soupirant, Ambrosinus regagna le bastingage pour voir si les autres revenaient. C'est alors qu'il entendit le batelier. « J'ai trouvé ton chariot, dit-il en gravissant la passerelle. Vous avez de la chance. Mais il ne faut pas perdre de temps, le loueur veut fermer son entrepôt pour aller se coucher.

— Nous avons eu un petit problème, répondit Démétrios. Et trois d'entre nous se promènent encore dans le bourg.

— Un problème ? Quel problème ?

— Je l'accompagne, dit Ambrosinus. Vous, attendez ici, et que personne ne bouge, pour l'amour du ciel, jusqu'à notre retour. »

Démétrios acquiesça. Il resta en vedette pour attendre ses camarades avec Orose et Batiatus. Vatrenus arriva le premier, suivi un peu plus tard de Livia, puis d'Aurelius. Ils étaient accablés.

« Tranquillisez-vous, leur lança Démétrios. Je l'ai retrouvé par miracle. Il avait, semble-t-il, l'intention d'entrer dans une taverne. Il a failli se jeter dans la gueule des égorgeurs de Wulfila.

— Dans une taverne ? demanda Aurelius. Et maintenant, où est-il ?

— Sous le pont. Mais Ambrosinus l'a grondé.

— J'y vais », dit Livia.

Recroquevillé dans un coin, Romulus pleurait, la tête sur les genoux. Livia s'approcha et le caressa. « Tu nous as fait mourir de peur, lui dit-elle. Ne recommence pas, je t'en prie. Ce n'est pas toi qui as besoin de nous. Mais nous qui avons besoin de toi, le comprends-tu ? »

Romulus essuya ses larmes sur le bord de sa tunique, puis il se leva et étreignit Livia sans mot dire. C'est alors qu'un bruit de roues sur les pavés parvint à leurs oreilles.

« Viens, maintenant, dit Livia. Prends tes affaires. Il est temps de partir. »

XXX

Le chariot était déjà sur le quai. Ambrosinus payait son propriétaire en soustrayant le prix du cheval. « Comme tu peux le voir, dit-il, nous en avons déjà un. » En effet, Aurelius faisait descendre Juba par la passerelle, en le tenant par les rênes, afin de le substituer au maigre roncin qui était attelé.

« Par tous les saints ! dit le charretier. Quel dommage d'utiliser ce cheval pour le trait ! Si tu me le cèdes, je t'en donne deux autres, qu'en dis-tu ? »

Aurelius ne daigna pas lui accorder un regard. Il s'employa à ajuster le harnais à l'encolure de Juba.

« Ce cheval est comme un frère, pour lui, expliqua Démétrios. Troquerais-tu ton frère contre deux roncins de ce genre ? »

Le charretier se gratta la tête. « Si tu connaissais mon frère, tu le troquerais même pas contre un baudet.

— Dépêchons-nous, dit Ambrosinus. Plus vite nous partons, mieux c'est. » Ses compagnons montèrent sur le chariot après avoir salué et remercié le batelier. Ils s'assirent sur la caisse en s'appuyant au bord. Une toile cirée, tendue sur quelques cintres de saule, les dissimulait et les protégeait du froid. Livia se blottit contre

Romulus sous la couverture. Aurelius déclara : « Je vais à pied. Juba n'est pas habitué au trait, il pourrait s'emballer. Essayez de dormir. »

Ambrosinus serra la main du batelier. « Nous te sommes très reconnaissants, dit-il. Nous te devons la vie et nous ne connaissons même pas ton nom.

— Tant mieux, vous n'aurez pas à vous en souvenir. C'était une belle traversée, et j'ai apprécié votre compagnie. D'habitude, je voyage seul comme un chien. Si j'ai bien compris, tu veux traverser le fleuve en passant sur la glace.

— Je n'ai pas le choix, me semble-t-il, admit Ambrosinus.

— Je suis de ton avis. Mais fais bien attention, la glace est plus épaisse là où le fleuve est plus lent. Dans les lignes droites, le danger vient du centre. En revanche, dans les méandres, la glace est fine sur le bord. Traversez l'un après l'autre, puis faites passer le cheval et le chariot vide. Une fois sur l'autre rive, prenez la direction du nord-ouest : en une semaine vous atteindrez la Seine, si le temps n'est pas trop mauvais. Ensuite, les choses seront plus faciles, tout au moins je l'espère. Et que Dieu vous assiste.

— Qu'il t'assiste toi aussi, mon ami. Un jour, peut-être, tu entendras parler de ce garçon, que tu as vu errer, traqué par ses ennemis. Alors, tu seras fier de l'avoir connu et de lui avoir prêté main-forte. Bon voyage. »

Ils se saluèrent d'une poignée de main, puis Ambrosinus monta sur le chariot, aidé par Orose. Ils relèvent le hayon postérieur et le fixèrent aux côtés. Démétrios lança à Aurelius : « Nous sommes tous là. » Le véhicule s'ébranla dans des grincements et des bruits de ferraille, avant de disparaître dans l'obscurité.

Ils cheminèrent toute la nuit, parcourant une quinzaine de milles et se relayant aux rênes de Juba. Quand

le cheval se fut habitué au trait, Aurelius s'assit sur le banc du conducteur et le guida à l'aide des rênes et de la voix. À leur gauche, le fleuve se faisait de plus en plus blanc et compact, il se mua bientôt en une plaque uniforme qui s'étendait d'une rive à l'autre. Le froid était mordant et le brouillard s'était changé en givre pendant la nuit, créant des dentelles de glace fantasmagoriques sur les arbustes et les cannaies, sur l'herbe de la levée et les buissons. Le ciel était voilé par des nuages hauts et minces qui laissaient entrevoir les premiers rayons de soleil, halo blanchâtre et diffus tout près de l'horizon.

L'inquiétude régnait parmi les membres du groupe. Certes, le char les dissimulait aux yeux d'autrui, mais il était lent et vulnérable. De plus, ils redoutaient la traversée du fleuve. Ils avaient cru que le petit matin leur apporterait plus de visibilité, mais le ciel, la neige et la glace diffusaient une lumière si uniforme que les contours et les volumes se confondaient, plongeant le paysage dans une blancheur laiteuse. Seuls les individus et les animaux s'y détachaient, de manière encore plus accentuée que d'habitude. Les passants étaient rares : des paysans avec des bêtes de somme qui portaient des broussailles et du bois de chauffage, des voyageurs solitaires – pour la plupart des mendiants en haillons. Dans les fermes disséminées de la campagne, le chant des coqs annonçait le nouveau jour, et les aboiements des chiens retentissaient ici et là, transformés en un gémissement inquiétant par cet immense espace vide et froid.

Ils parcoururent encore quelques milles avant de s'arrêter à un endroit où le fleuve se rétrécissait et où la levée, plus basse, offrait un accès plus facile. On décida que deux hommes à pied testeraient la solidité de la glace, attachés l'un à l'autre par une corde. Si le

premier tombait à l'eau, le second pourrait ainsi le sauver. Aurelius et Batiatus, dont la force et la masse garantissaient un ancrage sûr, se proposèrent de se charger de cette tâche. Sous le regard inquiet de leurs compagnons, ils avancèrent sur la croûte glacée dont ils piquaient la surface à l'aide de la tige d'un javelot, de manière à déterminer, au son, l'épaisseur de la glace. Leurs camarades les virent rapetisser au fur et à mesure qu'ils approchaient du centre du fleuve. C'était le point critique, car la glace y était plus récente. Aurelius s'empara de son épée et, la tenant à deux mains, entreprit de creuser la couche avec énergie, faisant jaillir autour de lui des éclats aussi brillants que du cristal. Au bout d'un moment, sa lame atteignit l'eau.

« Elle a un pied d'épaisseur ! cria-t-il à Batiatus.

— Cela suffira-t-il ? demanda l'Ethiopien.

— Il le faut. Nous ne pouvons pas rester trop longtemps ici, à découvert. On nous regarde déjà ! » Il indiqua deux passants, qui s'étaient arrêtés le long de la rive pour assister à cette étrange opération. Il rebroussa chemin, s'entretint avec ses compagnons, et s'achemina ensuite avec eux, en veillant à ce qu'ils marchent à quelques pas d'intervalle les uns des autres.

« Dépêchons-nous, dit Ambrosinus. Nous sommes trop exposés, trop visibles. N'importe qui pourrait nous reconnaître. »

Le batelier, qui avait espéré voguer vers le sud à cette heure-là de la journée, était hélas dans une tout autre situation. Le déchargement du sel avait requis plus de temps que prévu, car sa longue exposition à l'humidité avait soudé les cristaux. L'opération n'était pas achevée quand les hommes de Wulfila surgirent à cheval sur le quai, et commencèrent à inspecter les bateaux au mouillage. Remarquant des restes de sel gemme sur

le pont, ils se précipitèrent à bord en brandissant leurs épées.

« Halte-là ! Qui êtes-vous ? s'écria le batelier. Vous n'avez pas le droit de monter dans mon bateau. »

C'est alors que se présenta Wulfila. Il ordonna à ses hommes de conduire le batelier sous le pont.

« Ne fais pas semblant de ne pas me reconnaître ! commença-t-il. Nous nous sommes vus pour la dernière fois il y a une dizaine de jours, et je suis certain que tu n'as pas oublié mon visage, hein ? » Il s'approcha en grimaçant, et son rictus déforma son masque de balafré. « Nous poursuivons un déserteur doublé d'un assassin, qui a sauté sur ton bateau, monté sur un cheval. Il était accompagné d'un adolescent, n'est-ce pas ? »

Le batelier se crut perdu : il lui était impossible de nier ces informations. « Ses amis l'attendaient, répondit-il. Ils avaient payé pour le passage et ils se sont bien comportés. Je ne pouvais pas...

— Tais-toi ! Ces hommes sont recherchés pour des crimes commis sur le territoire de l'Empire. Ils ont enlevé le garçon, que nous voulons libérer afin de le rendre à ses parents. Tu as compris ? »

Songeant à la fuite subite de Romulus, la nuit précédente, et à la poursuite qu'elle avait engendrée, le batelier hésita un instant, mais il se rappela bientôt les manifestations d'affection que l'adolescent avait sans cesse reçues et rendues. Il se contenta de répondre : « Je ne peux pas connaître la vie de tous ceux qui empruntent mon bateau. Il me suffit qu'ils paient, qu'ils ne me créent pas de problème, et c'est ce qu'ils ont fait. Je ne me mêle pas du reste, et je ne veux rien savoir. Je dois rentrer chez moi, et donc...

— Tu t'en iras quand je te le dirai ! hurla Wulfila en le frappant du revers de la main. Et maintenant, dis-

moi où ils sont allés si tu ne veux pas que je te fasse regretter le jour de ta naissance ! »

Terrorisé, l'homme tenta de persuader son bourreau qu'il ignorait tout du petit groupe, mais il n'était certainement pas prêt à affronter la torture. Il s'efforça de résister aux coups de poing et de pied, il serra les dents quand on lui tordit les bras derrière le dos au point de les briser, ou presque, il étouffa ses cris de douleur alors que le sang coulait abondamment de sa lèvre fendue et de son nez écrasé, mais quand il vit Wulfila s'emparer de son poignard, il céda brusquement, saisi de panique. « Ils sont partis, dit-il, cette nuit, sur un chariot, vers le nord... »

Wulfila le fit rouler sur le sol d'un coup de pied et rengaina son poignard. « Prie ton dieu pour que nous les trouvions, sinon je reviendrai et je te brûlerai vivant dans ton bateau. »

Il chargea deux hommes de le surveiller, puis il descendit sur le quai, sauta à cheval et se dirigea au galop vers le nord, suivi par sa horde.

« Voici les traces du chariot et du cheval, dit l'un des guerriers à la sortie du bourg. Nous allons savoir sans tarder s'il s'agit bien d'eux. » Il mit pied à terre, examina les empreintes de Juba dans la neige, et les reconnut immédiatement. Il se tourna vers son chef avec un ricanement de satisfaction. « Ce sont eux, le porc a dit la vérité.

— Enfin ! » s'exclama Wulfila. Il dégaina son épée, qui scintilla dans l'air, parmi les ovations de ses hommes. Puis il poussa son cheval et le lança au galop sur la route enneigée.

Après avoir aidé ses compagnons à passer sur l'autre rive, Aurelius était resté seul pour conduire Juba et le chariot. Il tenait le cheval par les rênes et avançait à

pied sans cesser de lui parler. En effet, Juba était effrayé par cette situation nouvelle et étrange, par ce fond vitreux qui n'offrait pas de prise à ses sabots, et il convenait de le rassurer. « Doucement, Juba, doucement, tu vois ? Ce n'est rien. Nous allons rejoindre Romulus, qui nous attend là-bas, tu le vois là-bas, il te fait un signe, tu le vois ? »

Ils avaient désormais atteint le milieu du fleuve. Aurelius était préoccupé par la masse considérable de Juba et par le poids du chariot qui se concentrait sur l'étroite bande de fer de ses roues. Il tendait l'oreille afin de réagir à tout craquement éventuel, craignant l'apparition d'une fente qui le précipiterait avec son cheval dans les eaux glacées. Une mort qui l'emplissait d'une terreur panique. De temps à autre, il regardait ses compagnons, dont il pouvait percevoir l'anxiété.

« Et maintenant, viens ! cria Batiatus. Tu as franchi la couche la plus mince. Allez, dépêche-toi ! »

Aurelius accéléra aussitôt le pas, surpris que ses compagnons continuent de l'appeler en poussant des cris de plus en plus aigus. Brusquement, il fut saisi par une pensée terrifiante. Il se retourna et découvrit, à moins d'un mille de distance, un groupe de cavaliers qui avançaient au galop le long de la levée. Wulfila ! Encore lui ! Comment était-ce possible ? Par quel mystère ces bêtes féroces surgissaient-elles invariablement comme des spectres infernaux ! Il encouragea son cheval et gagna à toute allure la rive opposée, qui était à présent toute proche. Puis il dégaina son épée, se préparant à un affrontement mortel.

Armes au poing, ses compagnons s'apprêtaient, eux aussi, à protéger la fuite de Romulus.

« Aurelius, cria Vatrenus, dételle le cheval et file avec le petit. Nous essaierons de résister le plus possible. Vas-y, vas-y, par tous les diables ! »

Agrippé aux rayons des roues, Romulus hurlait : « Non, je ne m'en vais pas ! Je ne veux pas partir sans vous ! Je ne veux plus m'enfuir !

— Prends-le et va-t'en ! Allez ! » continuait de crier Vatrenus en insultant tous les dieux et les démons qu'il connaissait.

Les cavaliers ennemis se tenaient désormais sur l'autre rive, face à eux, et s'élançaient sur la glace. Devinant le danger, Wulfila tenta de les retenir, mais la fougue de la poursuite et leur désir de mettre fin une fois pour toutes à cette chasse exténuante entraînaient ces hommes dans une charge effrénée sur la surface glacée. « Regardez ! s'écria Démétrios. Ils avancent en groupe compact, la glace ne résistera pas. Nous pouvons nous sauver si nous partons sans tarder. Allez, sautons sur le char ! » Au même instant, une fissure s'ouvrit en serpentant sous le poids des chevaux, elle s'élargit sous le martèlement des sabots de la seconde vague et la glace céda. Les cavaliers dérapèrent, tandis que Wulfila s'écriait : « Halte ! Arrière ! La glace ne tient pas, arrière ! »

À cette vue, Aurelius hurla : « Partons ! Vite ! Nous avons encore une chance de nous en tirer ! » Aussitôt, ils sautèrent tous dans le chariot. Ambrosinus fouetta le dos de Juba à l'aide des rênes et ils démarrèrent à toute allure. Or ce fut un soulagement de courte durée. Wulfila avait rassemblé ses hommes et les avait fait passer un peu plus loin, l'un après l'autre ; voilà qu'il poursuivait le chariot en gagnant rapidement du terrain. À leur apparition, Aurelius distribua à ses compagnons leurs armes de jet, tandis que Livia encochait une flèche en visant. Mais, soudain, elle vit que ses ennemis ralentissaient avant de se figer.

« Que se passe-t-il ? demanda Vatrenus.

— Je l'ignore, répondit Aurelius. Ne vous arrêtez

pas ! s'écria-t-il en sentant que la vitesse du chariot diminuait. Ne vous arrêtez pas !

— Nous sommes sauvés ! hurla Ambrosinus. Regardez ! »

Devant eux se tenait un groupe de cavaliers armés, accompagné d'un gros détachement d'infanterie, qui avait brusquement jailli du brouillard. Ces hommes avançaient au pas, alignés sur un large front, armes au poing. Interdit, Wulfila ordonna à ses guerriers de s'arrêter et s'immobilisa à une distance respectueuse.

Les troupes qui avaient surgi du brouillard s'arrêtèrent à leur tour. Leur équipement et leurs drapeaux ne laissaient aucun doute : c'étaient des soldats romains ! Un officier alla vers les fuyards : « Qui êtes-vous ? demanda-t-il. Et qui sont ces hommes qui vous traquaient ?

— Que Dieu vous bénisse ! s'exclama Ambrosinus. Nous vous devons la vie. »

Aurelius se raidit dans un salut militaire. « Aurelianus Ambrosius Ventidius, se présenta-t-il. Première cohorte, légion Nova Invicta.

— Cornelius Batiatus..., commença le géant éthiopien.

— Légion ? interrogea l'officier d'une voix abasourdie. Les légions n'existent plus depuis cinquante ans. D'où sors-tu, soldat ?

— Tu peux le croire, commandant, dit Démétrios. Si tu nous offres une assiette de soupe chaude et un gobelet de vin, tu en entendras de belles.

— D'accord, répondit l'officier. Suivez-nous. »

Ils parcoururent environ un mille en contournant la colline, et débouchèrent devant un campement capable d'héberger un millier d'hommes. Le commandant les conduisit à l'intérieur de son logement. Ses ordonnances s'empressèrent de dénouer son ceinturon, de pren-

dre son casque et de lui tendre un siège de camp. Un domestique servit au petit groupe la soupe qu'il distribuait à la troupe, et ils se mirent tous à manger. Romulus, dont les membres étaient engourdis par la peur et le froid, se ressaisit enfin. Il aurait aimé se jeter sur la nourriture, mais il se conforma à l'attitude de son maître et avala la soupe à petites cuillerées dignes, le dos droit.

« Un groupe bien assorti que le vôtre, commença l'officier. Trois légionnaires, si je dois croire vos paroles, un philosophe, à en juger par la barbe, deux déserteurs, si mes yeux ne me trompent pas, une fille à l'allure trop noble et aux jambes trop minces pour être une compagne de lit, et enfin un garçon qui n'a pas le moindre poil sous le nez, mais autant de morgue qu'un grand de la République antique. Pour ne pas parler de l'armée d'égorgeurs bien fournie que vous aviez à vos trousses. Que dois-je penser de vous ? »

Ambrosinus, qui avait déjà prévu ces questions, fut le plus prompt à y répondre. « Tu as un bon esprit d'observation, commandant. Je me rends compte que notre condition a de quoi éveiller les soupçons, mais nous n'avons rien à cacher et nous sommes en mesure de tout t'expliquer. Ce garçon est victime d'une terrible persécution : dernier héritier d'une très noble famille, il a été privé de ses ancêtres par l'arrogance d'un barbare au service de l'armée impériale. Non content de l'avoir entièrement dépouillé, le barbare a tenté de le tuer afin qu'il ne puisse revendiquer l'héritage paternel. Il a lancé à nos trousses un groupe de tueurs qui ne nous ont laissé aucun répit pendant plusieurs semaines et qui auraient atteint leur but aujourd'hui même si tu n'étais pas intervenu. Cette jeune fille est la sœur aînée du petit, elle a grandi comme une virago, émule de Camille et de Penthésilée. Elle manie l'arc et le javelot

avec une incroyable habileté, et elle a compté parmi les défenseurs les plus acharnés de son frère. Quant à moi, je suis son tuteur et j'ai recruté avec l'argent que j'avais caché ces valeureux soldats, qui ont survécu au massacre de leur unité, perpétré par d'autres barbares. Nous avons uni nos destins. Vous voir apparaître dans la splendeur de vos armes, voir les drapeaux romains flotter au vent et entendre résonner la langue latine sur vos lèvres ont été, pour nous, un réconfort indicible. Nous te sommes profondément reconnaissants de nous avoir sauvés. »

Les membres de l'assistance se turent, impressionnés par l'éloquence et le langage châtié d'Ambrosinus. Mais le commandant était un vétéran à la peau dure, et il ne se laissa pas intimider. Il répondit : « Je m'appelle Sergius Volusianus, *contes regis et magister militum*. Nous venons d'accomplir une mission de guerre, au cours de laquelle nous avons prêté main-forte à nos alliés de la Gaule centrale, et nous regagnons Parisii, où je dois en référer à notre seigneur, Syagrius, roi des Romains. Je parlerai également de vous et de notre rencontre. Vous êtes tenus de rester dans nos quartiers. Il en va aussi de votre sécurité. Le territoire que nous traverserons est très dangereux et sujet aux incursions subites des Francs. Vous serez traités comme des Romains. Et maintenant, permettez-moi de prendre congé : notre départ est imminent. » Il avala une coupe de vin, reprit épée et casque, puis sortit, suivi de ses ordonnances et de son aide de camp.

« Qu'en dites-vous ? demanda Ambrosinus.

— Je ne sais pas, répondit Aurelius. Il ne m'a pas semblé totalement convaincu par l'histoire que tu lui as racontée.

— Pourtant, c'est presque la vérité.

— Le problème réside justement dans le “presque”.

Croisons les doigts. Quoi qu'il en soit, notre situation est bien meilleure, et nous pouvons nous considérer en sûreté pour le moment. Le commandant est certainement un excellent soldat, ainsi qu'un homme d'honneur.

— Et Wulfila ? demanda Orose. Croyez-vous qu'il renoncera ? Il n'a plus aucun espoir : nous sommes protégés par un détachement aguerri et fourni. De plus, c'est lui qui est en danger de ce côté du Rhin.

— Je ne me ferais pas trop d'illusions, répondit Aurelius. Il peut obtenir l'aide des Francs. Nous avons constaté que sa détermination est sans limites, qu'elle nous a contraints à fuir vers les confins extrêmes du monde. N'importe qui aurait renoncé à sa place. Mais pas lui : il nous a toujours retrouvés, se dressant sur notre route avec une férocité et une agressivité croissantes, comme s'il surgissait des Enfers. En outre, il détient l'épée de César.

— Il m'arrive de penser qu'il s'agit d'un démon », dit Orose. Et son regard était plus éloquent que ses paroles.

« C'est Aurelius qui l'a défiguré, et il peut t'assurer qu'il est fait de chair et d'os, répliqua Démétrios. En tous les cas, je ne parviens pas à m'expliquer cette implacable persécution, cette chasse impitoyable qui dépasse toutes les limites imaginables.

— Moi, si, rétorqua Ambrosinus. Aurelius l'a blessé, le rendant méconnaissable. Ainsi défiguré, il ne peut plus aspirer au paradis des guerriers, ce qui est insupportable pour un homme de sa race. Wulfila vient d'une tribu des Goths de l'Est qui professe une foi frénétique en la valeur militaire et en le destin qui attend les soldats dans l'au-delà. Pour se sauver, il lui faut te rendre la pareille, Aurelius : ouvrir ton visage jusqu'à l'os. Après quoi il offrira une libation au dieu de la guerre à l'inté-

rieur de ton crâne transformé en coupe. Seule la mort nous débarrassera de lui.

— Je ne t'envie pas », commenta Vatrenus.

Mais Aurelius semblait prendre au sérieux ces paroles. « Alors, c'est moi qu'il veut. Pourquoi as-tu autant attendu pour me le dire ?

— Tu aurais probablement fait des bêtises. Tu l'aurais, par exemple, défié en duel.

— C'est peut-être une solution, répliqua Aurelius.

— Pas du tout. Compte tenu de l'épée qu'il détient, tu n'aurais aucune chance. En outre, il veut aussi Romulus, sans aucun doute, sinon nous ne l'aurions pas vu surgir à la *mansio* de Fanum. Nous n'avons qu'un moyen de survivre : rester unis. Mais surtout, n'oubliez pas, il est nécessaire que Romulus atteigne la Bretagne à tout prix. C'est là que s'accomplira tout ce pour quoi nous nous sommes battus. Nous n'aurons plus rien à craindre ensuite. Rien, avez-vous compris ? »

Les membres du groupe le dévisagèrent parce que, justement, ils ne comprenaient pas, pas encore. Mais ils sentaient que le vieillard avait raison, que son regard inspiré ne mentait pas. Chaque fois qu'il évoquait l'avenir – un avenir dégagé, pour lui, mais nébuleux pour tous les autres –, il parlait comme un soldat qui, montant la garde, à l'aube, sur une tour, est le premier à assister au lever du soleil.

XXXI

La colonne de Sergius Volusianus s'ébranla dans la journée vers le nord-est et marcha pendant six jours en parcourant près de vingt milles par jour, jusqu'à ce qu'elle ait atteint le royaume de Syagrius. Le territoire du *rex Romanorum* était délimité par une ligne défensive constituée d'un mur avec fossé et palissade, d'où s'élevaient des tours de garde, à environ un mille de distance l'une de l'autre. Les soldats de la garnison portaient de lourdes cottes de mailles, des casques coniques en fer pourvus de protège-joues et de protège-nez semblables à ceux qu'utilisaient les Francs, enfin de longues épées à double tranchant.

Ils franchirent l'enceinte par une porte fortifiée parmi les longues sonneries des buccins, et ils poursuivirent leur chemin jusqu'au port fluvial le plus proche, sur la Seine. Ils montèrent à bord d'un bateau et descendirent le cours du fleuve en direction de la capitale, l'ancienne colonie de Lutetia Parisiorum, qu'on appelait désormais plus simplement Parisii, du nom de ses habitants. Le parcours long et tranquille qu'ils effectuèrent sur l'eau balaya, dans leur esprit, la menace qui les avait opprimés pendant si longtemps, ou les amena tout au

moins à penser qu'elle était assez lointaine pour qu'ils ne s'en inquiètent pas. Chaque jour de voyage les rapprochait de leur but, et Ambrosinus semblait envahi par une étrange excitation, bien qu'il ne sût lui-même en expliquer la véritable raison. Il n'avait qu'un seul motif d'inquiétude : l'absence de rapport avec le commandant Volusianus, qu'ils ne croisèrent que rarement. L'officier passait de longs moments dans son logement, à l'arrière. Quand il en sortait, il était toujours entouré de son état-major, et donc inapprochable. Seul Aurelius eut l'occasion de lui parler, un soir. Debout à la proue, l'homme contemplait le soleil qui se couchait sur la plaine. Aurelius s'approcha.

« Salut, commandant, lui dit-il.

— Salut, soldat.

— Un voyage tranquille.

— C'est ce qui me semble.

— Puis-je te poser une question ?

— Tu peux, mais tu n'es pas certain d'obtenir une réponse.

— Je me suis battu pendant des années sous les ordres de Manilius Claudianus, et j'ai commandé sa garde personnelle. Cela te dit-il quelque chose et me rend-il digne de ta considération ?

— Claudianus était un grand soldat et un homme de la plus haute intégrité, un Romain comme il n'en existe plus. Le fait qu'il avait confiance en toi signifie que tu étais à la hauteur de sa considération.

— Tu l'as donc connu.

— Personnellement, ce qui m'a honoré. C'est sous ses ordres que j'ai mérité la couronne vallaire que tu vois sur mon étendard. Il me l'a lui-même remise sous les murs d'Augusta Raurica.

— Le commandant Claudianus est mort, assailli traîtreusement par les troupes d'Odoacre. Mes compa-

gnons et moi-même faisons partie des quelques rescapés du massacre, et si nous avons eu la vie sauve ce ne fut ni par lâcheté ni par désertion. »

Volusianus posa sur lui un regard pénétrant. Il avait des yeux gris de rapace, le visage sillonné de rides profondes, les cheveux très courts, une barbe de quelques jours, la peau sèche. Tout, en lui, témoignait des efforts de la vie et traduisait sa finesse de jugement.

« Je te crois, dit-il après quelques instants de silence. Que veux-tu savoir ?

— Si nous sommes sous ta protection, ou sous ta garde.

— Les deux.

— Pourquoi ?

— Les nouvelles concernant les grands changements qui affectent les rapports de pouvoir circulent plus vite que tu peux l'imaginer.

— Je m'en rends compte. Je ne suis pas surpris que ton *rex* soit au courant de l'ascension d'Odoacre et de l'assassinat de Flavius Oreste. Que sais-tu d'autre, si je puis me permettre de te le demander ?

— Qu'Odoacre recherche activement, sur terre comme sur mer, un garçon de treize ans que protègent quelques déserteurs et qu'accompagnent des... personnages tout aussi pittoresques. »

Aurelius baissa la tête.

« Tous ceux qui gouvernent, poursuivit Volusianus, savent que cet âge correspond à celui du dernier empereur d'Occident, Romulus Auguste, qu'on appelle souvent Augustule. Tu admettras que la coïncidence est trop singulière pour ne pas être prise en considération.

— Je l'admets.

— C'est lui ? »

Aurelius hésita avant d'acquiescer, et demanda en

regardant droit dans les yeux son interlocuteur : « De soldat romain à soldat romain ? »

Volusianus aquiesça gravement.

« Nous ne voulons créer aucun conflit, ni aucun désordre, expliqua Aurelius sur un ton chagriné. Nous cherchons juste un endroit lointain et tranquille où ce malheureux garçon pourra vivre à l'abri des féroccs persécutions dont il a été la victime jusqu'à présent. Il n'aspire à aucun pouvoir, à aucune charge, à aucune magistrature publique, mais au silence et à l'oubli, afin de pouvoir recommencer une nouvelle vie comme n'importe quel adolescent. Et nous partageons son choix. Nous avons fait tout ce qui était en notre pouvoir. Nous avons versé notre sueur et notre sang pour Rome et risqué notre vie chaque fois que cela a été nécessaire, sans nous ménager. Nous sommes partis car nous refusons d'obéir aux barbares. Il ne s'agit pas de désertion, mais de dignité. Nous sommes épuisés, harassés, humiliés. Accorde-nous la liberté, général. »

Volusianus tourna le regard vers l'horizon, longue bande sanglante qui bordait, à l'ouest, le désert de neige. Ses mots s'échappèrent laborieusement de ses lèvres, comme si le froid qui gelait ses membres avait pénétré jusqu'à son cœur : « Je ne peux pas, répondit-il. Afin d'atténuer mon ascendant sur mes troupes, Syagrius m'a entouré d'officiers qui rêvent de me succéder et de me remplacer. Ils lui apprendraient votre présence, et mon silence apparaîtrait alors suspect et incompréhensible. Il vaut mieux que je l'informe personnellement.

— Alors, qu'en sera-t-il de nous ? »

Volusianus fixa son regard sur Aurelianus. « Je ne révélerai pas l'identité du garçon, et rien ne dit que mes officiers l'aient devinée. Dans le meilleur des cas, Syagrius pourrait ne pas s'en soucier, ou me laisser la res-

ponsabilité de prendre les mesures qui me siéent le plus. Alors...

— Et s'il devinait la vérité ?

— Mieux vaut alors que vous ne vous fassiez pas d'illusions. Ce petit a trop de valeur, en termes financiers et politiques. Syagrius ne peut ignorer qu'Odoacre détient le pouvoir en Italie. C'est lui, le vrai *rex Romanorum*. Pour tes compagnons et pour toi, les choses devraient être plus simples. Je pourrais vous obtenir un contrat d'enrôlement dans notre armée. Nous avons besoin de bons soldats, et nous ne sommes pas très regardants.

— Je comprends, répondit Aurelius, la mort dans l'âme, s'apprêtant à quitter l'officier.

— Soldat ! »

Aurelius s'immobilisa.

« Pourquoi accordes-tu autant d'importance au sort de ce garçon ?

— Parce que je l'aime beaucoup, et parce que c'est l'empereur. »

Aurelius n'eut pas le courage de révéler l'issue de cet entretien à Ambrosinus, et encore moins à Livia. Confiant en la parole de Volusianus, un homme d'honneur, il espérait que l'identité de Romulus ne serait pas découverte. Il dissimula les soucis qui le rongeaient en s'efforçant de paraître serein et même de plaisanter avec Romulus et ses camarades.

Le cinquième jour de navigation, ils atteignirent la ville au couchant, et se pressèrent tous au bastingage avant pour admirer le spectacle qui s'offrait à eux. Parisii se dressait sur une île au milieu de la Seine, ceinte par des fortifications en maçonnerie, en *opus cemetincium* et en palissades de bois. À l'intérieur, on distinguait les toits des bâtiments les plus hauts, revêtus de

tuiles en brique à la manière romaine, ou de bois et de paille selon les vieux usages celtiques.

Ambrosinus s'approcha de Romulus. « Saint Germain est enterré de l'autre côté du fleuve, en face de la rive ouest de cette île. Il est vénéré en ces lieux.

— S'agit-il du héros qui conduisit les Romains de Bretagne contre les barbares du Nord ? Celui dont tu parles dans ton journal ?

— Bien sûr. Il n'avait pas d'armées, mais il a entraîné nos hommes, les a dotés d'une structure militaire semblable à celle des anciennes légions romaines, et il est mort de blessures au combat. Je suis le dernier à connaître ses derniers mots, sa prophétie... Dès que nous serons à terre, j'essaierai de savoir où se trouve sa tombe, afin d'appeler sa protection et sa bénédiction sur ton avenir, César. »

Les cris des marins qui préparaient les manœuvres d'accostage résonnaient déjà. Le port fluvial de Parisii avait été construit à l'époque de la première implantation romaine, après l'occupation de César, et il n'avait pas beaucoup changé depuis. Le navire de tête aborda le premier des trois quais en lançant les amarres, une à l'avant et l'autre à l'arrière, tandis que les rameurs tiraient leurs rames à l'intérieur de la coque, sur l'ordre du nautonier. Volusianus débarqua avec ses hommes et ordonna que les étrangers lui emboîtent le pas. On fit descendre les chevaux du bateau dans lequel ils suivaient, à la remorque du navire, et notamment Juba, qui ruait et se rebellait contre les palefreniers. Déconcerté, Ambrosinus tenta d'approcher le commandant. « Général, dit-il, nous aimerions te remercier encore une fois avant de prendre congé et te demander si tu peux nous rendre notre cheval. Nous devons repartir demain et... »

Volusianus se retourna. « Vous ne pouvez pas partir. Vous resterez ici tant que cela sera nécessaire.

— Général... », hasarda encore Ambrosinus. Mais Volusianus se dirigeait déjà vers le forum.

Un important piquet de soldats vint flanquer Ambrosinus et ses compagnons, un officier leur lança : « Suivez-nous. » D'un signe, Aurelius invita ses compagnons à ne pas résister, tandis qu'Ambrosinus se désespérait. « Qu'est-ce que cela signifie ? Pourquoi nous retenez-vous ? Nous n'avons rien fait, nous sommes des pèlerins qui... » Mais il se rendit compte bien vite que personne ne l'écoutait, et il s'exécuta tristement.

Romulus demanda à Aurelius : « Pourquoi agissent-ils de la sorte ? Ne sont-ils pas romains, comme nous ?

— Ils nous ont peut-être pris pour d'autres personnes, répondit Aurelius pour le rassurer. Ces choses-là arrivent. Tu verras, nous allons tirer cette affaire au clair, ne t'inquiète pas. »

Les soldats s'immobilisèrent devant un bâtiment en pierres carrées, à l'aspect austère. L'officier ordonna qu'on ouvre la porte et conduisit le petit groupe dans une grande pièce nue. Des portes ferrées s'ouvraient sur les côtés. Il s'agissait d'une prison.

« Vos armes », dit l'officier. Un moment de très forte tension s'ensuivit, durant lequel Aurelius considéra le grand nombre de soldats qui les encerclaient et évalua les conséquences des actes qu'ils pourraient entreprendre. Puis il dégaina son épée et la remit à l'un de ses geôliers. Résignés et abasourdis par cet épilogue inattendu, ses compagnons l'imitèrent. Les armes furent déposées dans une armoire ferrée, près du mur du fond. L'officier échangea à voix basse quelque mots avec le geôlier, puis il aligna ses soldats, armes au poing, jusqu'à ce que tous les prisonniers soient enfermés. Romulus lança à Aurelius un regard désespéré avant de

suivre Ambrosinus dans la cellule qui leur était destinée.

Le bruit de la lourde porte extérieure qui se refermait retentit dans le vaste atrium vide, et le pas cadencé des soldats s'évanouit bientôt dans la rue, ne laissant derrière lui que le silence.

Livia était assise sur sa couche crasseuse. Incapable de dormir, elle passait en revue les derniers événements et, malgré l'angoisse de la détention, approuvait la décision d'Aurelius, qui avait évité un coup de tête sans espoir de réussite. « Tant que nous sommes en vie... », pensa-t-elle. Mais elle était très inquiète pour Romulus : elle avait été frappée par son expression à l'instant où on l'enfermait de nouveau, et elle s'était rendu compte que le garçon avait atteint les limites de la tolérance. Cette alternance incessante d'espérance et de terreur, d'illusions et de désespoir l'anéantissait. Sa fugue, à Argentoratum, un geste inconsidéré et dangereux, traduisait bien son état d'esprit, et la situation actuelle ne ferait qu'empirer les choses. Une seule consolation : Ambrosinus était avec lui. La présence de son précepteur lui permettrait de se calmer et de retrouver un semblant de confiance.

La jeune femme était plongée dans ces pensées quand elle perçut d'étranges bruits à la porte de sa cellule. Elle s'aplatit alors contre le mur en tendant l'oreille et en retenant son souffle. Son instinct de combattante, affiné au fil de longues années d'assauts, de fuites et d'embuscades, s'était aussitôt réveillé, aiguisant toutes les ressources de son corps et de son esprit, les préparant à agir à n'importe quel instant.

Elle entendit le bruit du verrou qu'on tirait, des phrases échangées doucement, ainsi que des ricanements. Elle comprit aussitôt : certes, Volusianus avait promis que ses prisonniers seraient bien traités, mais cette pri-

son fétide ne devait pas abriter souvent de jeune fille attrayante, et quelques libations avaient sans doute suffi à accroître les envies des gardiens, qui l'avaient emporté sur la crainte des punitions qu'ils risquaient d'encourir.

La porte s'ouvrit devant deux geôliers, qui éclairèrent sa cellule au moyen de leur lanterne. « Où es-tu, ma colombe ? dit l'un d'eux. Viens, n'aie pas peur. Nous voulons juste te tenir un peu compagnie. »

Tout en simulant la terreur, Livia glissa la main gauche le long de sa jambe jusqu'aux lanières de sa botte, d'où elle tira un stylet très aiguisé, en forme de poinçon. Sa poignée sphérique permettait de le tenir serré dans la main en laissant la lame pointer entre l'index et le médius. « Je vous en prie, ne me faites pas de mal ! » implora-t-elle. Mais cette prière eut pour seul effet d'exciter les gardiens.

— Rassure-toi, nous ne te ferons pas de mal. Ou plutôt, nous ne te ferons que du bien. Tu pourras ensuite offrir une libation à ce bon vieux Priape, qui nous a dotés d'un bel engin afin que nous puissions satisfaire les petites garces de ton genre. » Il commença à délacer sa culotte tandis que l'autre la menaçait au moyen d'un couteau. Livia feignit d'être encore plus terrorisée et s'étendit sur sa couche en reculant vers le mur.

« Voilà, dit le premier geôlier. Nous allons te partager. Moi d'abord, et puis mon ami. Après, tu nous diras qui des deux a été le meilleur et qui avait la plus grosse queue. Amusant, n'est-ce pas ? »

Il s'était déshabillé de la taille jusqu'aux pieds et avait posé les genoux sur le bord de la couche. Alors qu'il se penchait en avant, Livia bondit d'un coup de reins sur le deuxième, dans la poitrine duquel elle planta son stylet. Il suffit ensuite de changer son arme de main et de frapper d'un coup sec à la nuque le premier, tombé

la tête la première sur la couche, lui brisant ainsi l'épine dorsale. Les deux hommes s'affaissèrent, l'un sur le lit, l'autre sur le sol, sans un gémissement.

À présent, une seule possibilité s'offrait à Livia. Elle s'empara des clefs et alla ouvrir les cellules de ses compagnons, qui la virent brusquement apparaître, scrcinc ct souriantc. « Réveillez-vous, les gars, il est l'heure de partir.

— Mais comment... », commença Aurelius, sur un ton stupéfait tandis qu'elle se jetait dans ses bras.

Elle lui montra son stylet. « *In calceo venenum !* s'exclama-t-elle en riant parce qu'elle déformait le vieux proverbe. Ils ont oublié d'examiner mes chaussures. » Romulus se précipita vers elle et l'étreignit au point de l'étouffer, ou presque. Livia ouvrit ensuite l'armoire qui renfermait leurs armes, et ils se dirigèrent tous vers la porte. C'est alors que parvint à leurs oreilles un bruit de pas, venant de l'extérieur. La porte s'ouvrit et Volusianus se dressa dans l'embrasure, suivi par sa garde en tenue de combat.

Livia échangea un coup d'œil avec Aurelius. « Ils ne me prendront pas », dit-elle tout simplement, traduisant à l'évidence la pensée de ses camarades, qui avaient tous empoigné leurs armes avec fougue. Mais Volusianus leva la main. « Halte, dit-il. Écoutez-moi, le temps presse. Syagrius a accepté de recevoir les barbares d'Odoacre, et il est possible qu'il consente à vous livrer. Je n'ai pas le temps de vous expliquer, venez ! Votre cheval vous attend à l'extérieur avec d'autres montures, que je vous ai fait préparer. Fuyez de ce côté jusqu'à la porte ouest. Il y a là un pont de bateaux qui rattache l'île à la terre ferme. Les gardes me sont fidèles, ils vous laisseront passer. Suivez le fleuve jusqu'à la côte, où vous trouverez un village de pêcheurs du nom de Brixate. Mettez-vous en contact avec un certain

Teutasius et dites-lui que je vous envoie. Il peut vous conduire en Frise ou en Armorique, où personne ne vous causera d'ennuis. Évitez la Bretagne : l'île est déchirée par des luttes intestines entre les chefs de ses principales tribus, et parcourue par des brigands et des déserteurs. Je vais bientôt devoir donner l'alarme. Si on me l'ordonne, je serai obligé de lancer mes troupes à vos trousses, pour ne pas attirer les soupçons. Si jamais elles devaient vous capturer, je ne pourrais rien pour vous. Partez donc sans tarder, filez ! »

Aurelius s'approcha. « Je savais que tu ne nous aurais pas livrés aux barbares. Merci, général, que les dieux te protègent.

— Que Dieu te protège aussi, soldat, toi et ton garçon. »

Romulus avança et déclara sur un ton très digne : « Merci de ce que tu fais pour nous. Nous ne l'oublierons pas.

— J'ai fait mon devoir... César », répondit Volusianus, se raidissant dans le salut militaire. Il inclina respectueusement la tête avant d'ajouter : « Va, maintenant, sauve-toi. »

Ils sautèrent à cheval et s'élancèrent dans les rues sombres et désertes de la ville, suivant l'itinéraire que le général leur avait indiqué. Devant le pont, les gardes les invitèrent à poursuivre leur chemin, et Aurelius mena ses compagnons à la rive opposée. Ils prirent ensuite la direction du nord, s'engageant sur la voie qui longeait le fleuve : ils poussèrent leurs montures et disparurent rapidement dans l'obscurité.

Volusianus regagna ses quartiers d'hiver, non loin du port fluvial, à la tête d'une demi-douzaine de guerriers et de son aide de camp. Un domestique se hâta de saisir les rênes de son cheval, tandis qu'un autre apportait une lanterne. Volusianus se tourna vers son aide de

camp : « Laisse passer un peu de temps, lui ordonna-t-il, puis cours au palais et donne l'alarme. Dis-leur que les prisonniers se sont échappés après avoir tué les gardes, ce qui est la pure vérité. Évidemment, ajoute que tu ignores la direction qu'ils ont prise.

— Évidemment, général », répondit l'aide de camp.

« Si tes généraux ne les avaient pas protégés, s'écria Wulfila, hors de lui, nous les aurions déjà capturés et ramenés là où ils nous ont échappé ! »

Syagrius était assis sur son trône, un siège qui évoquait vaguement la *sella curulis* des anciens magistrats. Enroulé dans un manteau en fourrure de renard qui le protégeait du froid mordant, il semblait visiblement irrité par la durée de cet entretien et les manières de ce sauvage au visage balafré. En cette heure avancée de la nuit, il lui tardait de se retirer dans ses appartements.

« Mon *magister militum* a fait ce qu'il devait, rétorqua-t-il, vexé. Ce territoire appartient aux Romains et sa juridiction est du ressort de mes officiers, de mes magistrats et de moi-même. De personne d'autre ! Maintenant que ces hommes se sont souillés d'un crime et se sont évadés de ma prison, ils deviennent des fuyards, et il ne sera pas difficile de les capturer. Ils savent qu'ils ne pourront échapper aux recherches s'ils demeurent sur mon territoire. Voilà pourquoi ils tenteront de fuir par la mer du port le plus proche. C'est là que nous les arrêterons.

— Et s'ils parvenaient à s'embarquer ? » hurla le barbare.

Le *rex Romanorum* haussa les épaules. « Ils n'iraient pas loin, dit-il. Aucun bateau ne peut rivaliser avec mes galères, et nous savons qu'ils se dirigeront vers la Frise ou l'Armorique car personne ne serait assez fou, par

les temps qui courent, pour choisir la Bretagne. Mais ce seront mes hommes qui les captureront, pas les tiens.

— Écoute-moi, dit Wulfila en se rapprochant du trône, tu ne les connais pas. Ce sont des combattants formidables, comme le prouve leur évasion quelques heures après avoir été enfermés dans ta prison. Je les pourchasse depuis plusieurs mois, je connais leurs mouvements, leurs astuces. Laisse-moi donc m'en occuper. Je te jure que tu n'auras pas à le regretter. Odoacre m'a ordonné de négocier une grosse récompense en argent en échange de ce garçon, et il est prêt à te manifester toute sa gratitude, y compris par un traité d'alliance. C'est lui, désormais, le gardien et le protecteur de l'Italie, le lien naturel avec l'empire d'Orient.

— Je vous autorise à les poursuivre, vous aussi, répondit Syagrius. Mais ne prenez aucune initiative sans l'approbation de mon représentant. » Il adressa un signe à son lieutenant, un Wisigoth romanisé du nom de Gennadius. « C'est toi qui te chargeras des recherches, lui lança-t-il. Prends tous les hommes qui te seront nécessaires. Vous partirez à l'aube.

— Non ! répliqua Wulfila. Si nous partons à l'aube, ils nous échapperont. Ils ont déjà une bonne avance sur nous. Nous devons partir immédiatement. »

Syagrius réfléchit quelques instants avant d'acquiescer d'un signe de la tête. « Bon, dit-il. Mais quand vous les aurez capturés, amenez-les-moi. Vous êtes sur ma juridiction, et tous ceux qui la violent deviennent de fait mes ennemis. Allez, maintenant ! »

Gennadius salua avant de sortir, suivi de Wulfila. Il ne fallut pas longtemps à l'équipage de leur navire pour être prêt à larguer les amarres. C'était une grande galère construite en chêne selon la tradition celtique, capable de transporter des hommes et des chevaux sur les fleuves et en pleine mer.

« Quel est le port le plus proche ? demanda Wulfila une fois à bord.

— Brixate, à l'embouchure de la Seine, répondit Gennadius. Nous saurons bien vite si un bateau a pris le large. Personne ne navigue en cette saison. »

Ils avancèrent à toute allure, poussés par le courant. Quand le vent du nord-est tourna vers l'est, ils hissèrent la voile, accroissant ainsi leur vitesse. Quelques heures avant les premières lueurs du jour, le ciel s'ouvrit et la température se rafraîchit davantage. On approchait du but et l'on distinguait les lumières du port, au lointain.

Le timonier annonça d'une voix inquiète : « Regardez, là-bas, le brouillard tombe. »

Mais Wulfila ne l'écouta pas. Il scrutait le grand estuaire de la Seine et, au-delà, la pleine mer, bien décidé à ne pas laisser échapper les proies qu'il estimait maintenant à sa portée.

« Navire à l'avant ! s'écria au même instant un marin, à la hune.

— Ce sont eux ! s'exclama Wulfila. J'en suis sûr. Regarde, il n'y a pas d'autres embarcations en mer. »

Le timonier avait vu, lui aussi, l'autre bateau. « C'est étrange, dit-il. Ils se dirigent vers le brouillard, comme s'ils comptaient traverser le canal et débarquer en Bretagne.

— Augmentons la vitesse. Plus vite ! ordonna le barbare. Nous pouvons les rejoindre.

— Le brouillard est de plus en plus épais, répondit le timonier. Mieux vaut attendre qu'il se lève, quand le soleil sera plus haut dans le ciel.

— Maintenant ! hurla Wulfila, hors de lui. Nous devons les prendre maintenant.

— C'est moi qui donne les ordres, répondit Gennadius. Je ne veux pas perdre ce bateau. Si ces hommes veulent se suicider, ils sont libres de le faire, mais je

n'entrerai pas dans ce banc de brouillard, je n'en ai pas la moindre intention. Et je crois qu'ils n'y entreront pas non plus. »

En un éclair, Wulfila dégaina son épée et la pointa sur la gorge du commandant. « Ordonne à tes hommes de jeter leurs armes, dit-il. S'ils ne s'exécutent pas, je te coupe la tête. C'est moi qui prends le commandement de ce navire. »

Gennadius n'avait pas le choix, et ses hommes obéirent à contrecœur. L'arme fabuleuse que le barbare avait au poing acheva de les impressionner.

« Jetez-les à l'eau ! ordonna Wulfila à ses guerriers. Et vous autres, remerciez le ciel d'avoir la vie sauve. » Il se tourna ensuite vers Gennadius : « Cet ordre vaut également pour toi. » Il le poussa jusqu'au bastingage et l'obligea à sauter dans les eaux de l'Océan, où ses hommes se débattaient déjà, à la merci des flots. Ils se noyèrent tous, paralysés par l'eau glacée, entraînés par le poids de leurs vêtements et de leurs armes. Désormais maître du navire, Wulfila ordonna à un nautonier terrorisé de se diriger vers le nord, sur les traces de l'embarcation qu'on distinguait à environ un mille de distance, se détachant sur le banc de brouillard qui augmentait, compact comme un mur.

L'effroi régnait à bord parmi les fugitifs, face à l'épaisse brume qui se déployait sur la mer en volutes aussi denses que de la fumée. Teutasius, le nautonier, amena la voile car le vent était tombé. L'embarcation s'immobilisa presque.

« Continuer dans ces conditions est une folie, dit-il. D'autant plus que personne n'osera nous suivre.

— C'est toi qui le dis, répliqua Vatrenus. Regarde ce bateau, là-bas. Il avance à la force des rames et fond droit sur nous. Je crains fort qu'ils nous en veuillent.

— Si nous attendons d'être certains de les avoir reconnus, nous devrons les affronter, observa Orose.

— Moi, dit Batiatus, je préfère affronter ces salopards plutôt que m'enfoncer dans cette... dans cette chose. C'est comme si l'on descendait dans l'Averne.

— Au fond, nous l'avons déjà fait, à Misène, lui lança Vatrenus.

— Oui, mais nous savions que cela ne durerait pas longtemps, répliqua Aurelius. Ici, de nombreuses heures de navigation nous attendent.

— Ce sont eux ! s'écria Démétrios, qui avait grimpé en haut du mât.

— Tu en es sûr ? demanda Aurelius.

— Sûr et certain ! Ils nous tomberont dessus dans une demi-heure. »

Ambrosinus, qui semblait plongé dans ses pensées, sursauta soudain. « Y a-t-il de l'huile à bord ?

— De l'huile ? l'interrogea le nautonier d'une voix stupéfaite. Oui... je crois, mais pas beaucoup. Les hommes l'utilisent pour les lanternes.

— Apporte-la-moi immédiatement dans une écuelle, l'écuelle la plus large que tu aies, et prépare-toi ensuite à repartir. Nous allons continuer à la rame.

— Vas-y, donne-lui ce qu'il te demande, dit Aurelius. Il sait ce qu'il fait. »

L'homme descendit sous le pont, et revint un peu plus tard, muni d'une gamelle en terre cuite, à moitié remplie d'huile. « C'est tout ce que j'ai trouvé, dit-il.

— Ils approchent ! cria encore Démétrios, du haut du mât.

— Bon, approuva Ambrosinus, c'est suffisant. Pose-la sur le pont, retourne à la barre. À mon signe, que tous les hommes valides se mettent aux rames. »

Cela dit, il ouvrit sa besace, s'empara de son cahier, en ôta la couverture de parchemin et, sous les yeux de

l'assistance, en tira une plaque de métal en forme de flèche, si fine que le vent aurait pu l'emporter. Il la posa sur la surface de l'huile.

« Jamais entendu parler d'Aristée de Proconnèse ? demanda-t-il. Non, naturellement. Eh bien, d'après les Anciens, il possédait une flèche qui le conduisait chaque année dans le pays des Hyperboréens, c'est-à-dire dans l'extrême Nord. La voici. C'est elle qui nous indiquera le chemin de la Bretagne. Il nous suffira de la suivre. »

Sous les yeux de plus en plus émerveillés de ses compagnons, la flèche s'anima et commença à tourner sur la surface de l'huile, jusqu'à ce qu'elle adopte une position fixe.

« Elle nous indique le nord ! proclama solennellement Ambrosinus. Aux rames ! »

Tout le monde obéit, et le bateau s'ébranla en s'enfonçant lentement dans la brume laiteuse.

Romulus s'accroupit près de son maître, qui faisait une encoche sur le bord de l'écuelle à l'endroit correspondant à la direction que la flèche indiquait.

« Comment est-ce possible ? l'interrogea Romulus. Cette flèche est magique.

— C'est bien ce que je crois. Je ne saurais expliquer autrement ce phénomène.

— Et où l'as-tu trouvée ?

— Il y a quelques années, dans les souterrains du temple de Portunus, à Rome, à l'intérieur d'une urne en tuf. Une inscription en grec disait que c'était la flèche d'Aristée de Proconnèse, et que Pythéas de Marseille l'avait également utilisée pour atteindre Thulé. N'est-ce pas incroyable ?

— Ça l'est », répondit Romulus. Et il ajouta : « Penses-tu qu'ils nous suivront ?

— Je ne crois pas, ils n'ont aucun moyen de tenir le cap. En outre...

— En outre ?

— L'équipage est composé d'indigènes, et il circule dans cette région une histoire qui les effraie grandement.

— Quelle histoire ?

— Si le brouillard qui tombe par ici est aussi épais, c'est pour cacher la barque qui revient de l'île des morts où elle a conduit les âmes des défunts. »

Romulus lança un regard à la ronde en essayant de percer le rideau de brouillard, tandis qu'un frisson courait le long de sa colonne vertébrale.

XXXII

Romulus resserra les pans de son manteau contre lui, fixant ses yeux sur les légères oscillations de la flèche, qui flottait sur l'huile en indiquant mystérieusement le pôle de l'Ourse.

« Tu as bien dit l'île des morts ? » demanda-t-il soudain.

Ambrosinus sourit. « C'est bien ce que j'ai dit. Et les gens d'ici en ont très peur.

— Je n'arrive pas à comprendre, je croyais que les morts allaient dans l'au-delà.

— C'est ce que nous croyons tous. Mais, vois-tu, comme personne n'est jamais revenu du royaume des morts pour raconter ce qu'il a vu, chaque peuple s'est fait sa propre idée de ce monde mystérieux. On dit par ici qu'il existe un village de pêcheurs sur la côte de l'Armorique dont les habitants sont exemptés d'impôts et de tributs de toutes sortes, car ils accomplissent un devoir très important : ils conduisent les âmes des défunts sur une île mystérieuse recouverte d'une brume éternelle. Cette île se nommerait Avalon. Chaque nuit, on entend des coups résonner à la porte d'une habitation et une voix murmurer : "Nous sommes prêts..."

Alors, le pêcheur qui habite cette maison se lève et se rend à la plage où il constate que sa barque, apparemment vide, s'enfonce dans l'eau comme si elle était chargée. La même voix appelle chaque défunt par son nom, mentionnant dans le cas des femmes celui de leur père ou de leur mari. Le pêcheur se place au gouvernail et hisse la voile. En une nuit, il parcourt dans le noir et le brouillard un trajet qui aurait nécessité une semaine de navigation pour le seul aller. La nuit suivante, on entend frapper à une autre porte, tandis que la même voix répète : "Nous sommes prêts..."

— Mon Dieu, soupira Romulus. C'est une histoire effrayante. Mais est-elle vraie ?

— Qui peut le dire ? D'une certaine façon, tout ce en quoi nous croyons est vrai. Bien sûr, cette histoire renferme un fragment de vérité. Les gens de ce village évoquent peut-être les morts en recourant à d'anciennes pratiques qui les entraînent dans des expériences si fortes qu'elles semblent vraies... » Il s'interrompit pour donner une indication au timonier : « Plus à droite, doucement, voilà, comme ça.

— Et où se trouve cette île d'Avalon ?

— Personne ne le sait. Quelque part le long de la côte ouest de la Bretagne, peut-être. C'est ce que m'a dit un vieux druide originaire de l'île de Mona. D'autres prétendent qu'elle se situe plus au nord et qu'elle accueille les héros après leur mort, à l'instar des îles Fortunées dont parle Hésiode, t'en souviens-tu ? Il conviendrait peut-être de monter à bord d'un bateau, dans ce village d'Armorique, pour découvrir le mystère... Mais ce sont des hypothèses, des spéculations. Le fait est, mon fils, que nous sommes entourés de mystère. »

Romulus hocha lentement la tête comme pour manifester son approbation, puis il se couvrit la tête de son

manteau et alla s'abriter sous le pont, abandonnant Ambrosinus et sa flèche. Le précepteur pilotait le navire dans l'obscurité diffuse, tandis que ses compagnons ramaient sans relâche, muets de stupéfaction, comme suspendus dans cette atmosphère sombre et intemporelle, où leur seul contact avec la réalité était le clapotis des vagues contre la quille. Soudain, Aurelius demanda : « Crois-tu que nous allons le revoir ? »

Ambrosinus s'assit à côté lui sur le banc de nage. « Wulfila ? répondit-il. Oui, jusqu'à ce qu'il soit enfin éliminé.

— Volusianus nous a conseillé de ne pas aller en Bretagne. D'après lui, c'est un vrai nid de vipères.

— Je ne crois pas qu'il existe de lieux meilleurs que d'autres dans notre monde. Nous allons en Bretagne parce qu'on nous y attend.

— Ta prophétie, n'est-ce pas ?

— Cela te surprend-il ?

— Je ne sais pas. Tu connais Pline et Varron, Archimède et Eratosthène. Tu as lu Strabon et Tacite...

— Toi aussi, à ce que je vois, observa Ambrosinus non sans étonnement.

— Bref, tu es un homme de science, conclut Aurelius comme s'il ne l'avait pas entendu.

— D'après toi, un homme de science ne devrait pas croire les prophéties, car elles ne sont pas rationnelles, n'est-ce pas ?

— En effet, elles ne le sont pas.

— Et ce que tu as fait, toi, est rationnel, peut-être ? Qu'y a-t-il de logique dans ce que tu as vécu au cours de ces derniers mois ?

— Pas grand-chose.

— Et sais-tu pourquoi ? Parce qu'il existe un autre monde, en dehors de celui que nous connaissons, le monde des rêves, des monstres et des chimères, le

monde des divagations, des passions et des mystères. Parfois, ce monde nous effleure et nous pousse à accomplir des actions privées de sens. Ou plus simplement, il nous fait frissonner, comme un souffle d'air froid qui passe dans la nuit, comme le chant d'un rossignol qui jaillit de l'ombre. Nous ignorons jusqu'où il s'étend, s'il possède des confins ou s'il est infini, s'il est en nous ou hors de nous, s'il adopte les apparences du réel dans le but de se révéler, ou plutôt dans le dessein de se dissimuler. Les prophéties sont semblables aux paroles qu'un homme prononce dans son sommeil. Elles n'ont apparemment aucun sens, mais elles viennent, en réalité, des abîmes les plus profonds de l'âme universelle.

— Je te croyais chrétien.

— Cela changerait-il quelque chose à l'affaire ? Tu pourrais l'être, toi aussi, compte tenu de la façon dont ton esprit se manifeste. Mais tu es païen.

— Si être païen signifie être fidèle à la tradition des ancêtres et aux croyances des pères, si cela signifie voir Dieu en toutes choses et toutes les choses en Dieu, regretter amèrement une grandeur à jamais perdue, alors oui, je suis païen.

— Il en est de même pour moi. Tu vois ce rameau de gui qui pend à mon cou ? Il représente le lien qui me rattache au monde où je suis né, à un savoir antique. N'enfilons-nous pas des vêtements différents quand nous passons d'un pays chaud à un pays froid ? Il en va de même pour notre vision du monde. La religion est la couleur que notre âme adopte selon la lumière à laquelle elle s'expose. Tu m'as vu dans la lumière du jour et tu me verras dans les ténèbres des forêts de Bretagne. Je serai un autre homme, tout en restant moi-même, ne l'oublie pas. C'est inévitable. Te rappelles-tu l'instant où, sur le Rhin, vous avez entonné l'hymne au

soleil ? Nous avons tous chanté ensemble, chrétiens et païens, car on peut voir dans la splendeur du soleil qui réapparaît après la nuit le visage de Dieu, la gloire du Christ qui apporte la lumière au monde. »

La nuit s'écoula. Les hommes ramaient en silence, s'interpellant de temps à autre pour s'encourager réciproquement. Soudain, le brouillard s'éclaircit et le vent se mit à souffler. Démétrios hissa la voile et ils purent enfin s'accorder un peu de repos. Mais alors que la clarté de l'aube se diffusait progressivement, la voix d'Ambrosinus retentit : « Regarde ! Regardez tous ! »

Aurelius leva la tête, Romulus et Livia se précipitèrent au bastingage avant, Batiatus, Orose et Démétrios abandonnèrent leurs écoutes pour admirer la vision qui se dévoilait lentement à leurs yeux : voilà que surgissait du brouillard, dans les premiers rayons du soleil, une terre verte de prés et blanche de falaises, bleue de ciel et de mer, entourée d'écume bouillonnante, caressée par le vent, saluée par les cris de millions d'oiseaux.

« La Bretagne ! s'écria Ambrosinus. Ma terre ! » Il écarta les bras, comme pour accueillir un être cher, longuement désiré. Il pleurait. De chaudes larmes sillonnaient son visage ascétique, faisant étinceler ses yeux d'une nouvelle lumière. Puis il tomba à genoux et se couvrit le visage, le dissimulant dans ses mains. Il se recueillit en prière et en méditation devant le Génie de sa terre natale, devant le vent qui lui apportait des parfums perdus et jamais oubliés.

Ses compagnons l'observèrent dans un silence lourd d'émotion, que brisa bientôt le bruit de la quille qui raclait les galets de la plage.

Juba était le seul cheval à avoir été transporté de l'autre côté du canal britannique : les autres avaient été cédés à Teutasius pour payer le voyage. Aurelius par-

courut avec lui l'étroite passerelle qui menait à terre, le caressant pour le calmer. Dans le soleil de cette journée lumineuse, presque printanière, il était aussi brillant et resplendissant qu'une aile de corbeau. Les membres du petit groupe leur emboîtèrent le pas. Batiatus fermait la marche, Romulus juché sur ses épaules comme un trophée.

Ils s'acheminèrent vers le nord, à travers des prés verts qu'interrompaient de larges taches de neige d'où surgissaient ici et là des crocus pourpres. Sur les haies couvertes de baies rouges sautillaient des rouges-gorges qui semblaient contempler ce cortège d'un air intrigué. De temps à autre, des chênes colossaux se dressaient au centre des grands pâturages. Sur leurs branches nues brillaient les baies dorées du gui.

« Tu vois ? dit Ambrosinus à son élève. Voici le gui, une plante sacrée pour notre ancienne religion, car elle est censée pleuvoir du ciel. Tout aussi sacré est le chêne, dont vient le nom des anciens sages de la religion celtique, les druides.

— Je le sais. Ce mot vient du grec *drys*, qui signifie justement "chêne". »

Aurelius les rappela à la réalité. « Nous devrions nous procurer des chevaux sans tarder. À pied, nous sommes trop vulnérables.

— Dès que possible, répondit Ambrosinus. Dès que possible. »

Ils reprirent leur chemin. Ils marchèrent toute la journée, traversant des champs parsemés de fermes et de maisons en bois dont les toits étaient recouverts d'épaisses couches de foin. Les villages étaient petits, des assemblages de maisons serrées les unes contre les autres. Au fur et à mesure que le soir approchait, on voyait la fumée s'élever des toits. Romulus imaginait les familles qui se réunissaient autour de pauvres tables,

à la faible lumière des lanternes, pour consommer le pain de leurs efforts. Il les enviait, car il rêvait d'une vie simple et humble, loin de l'avidité des hommes de pouvoir.

Avant que la nuit tombe, Ambrosinus alla frapper à la porte d'une maison isolée, plus grande et à l'évidence plus riche que les précédentes, en tenant Romulus par la main. Il y avait deux enclos à côté de l'édifice, l'un rassemblant un troupeau de moutons à l'épais manteau laineux, l'autre réunissant quelques chevaux. Un homme robuste, vêtu d'une cape en laine brute, au visage souligné par une barbe noire dans laquelle couraient quelques fils d'argent, vint leur ouvrir.

« Nous sommes des voyageurs, déclara Ambrosinus. Nos compagnons nous attendent de l'autre côté de la haie. Nous avons traversé la mer et nous aimerions rejoindre les terres du Nord, que j'ai quittées il y a de nombreuses années. Je me nomme Myrdin Emreis.

— Combien êtes-vous ? demanda l'homme.

— Huit en tout. Et nous avons besoin de chevaux, si tu peux nous en vendre.

— Je m'appelle Wilneyr, répondit l'homme. J'ai cinq fils, très forts et très habiles dans l'art de manier les armes. Si vous venez en paix, vous serez accueillis comme des invités, si vous venez pour nous piller, sachez que nous vous ferons tondre comme des moutons.

— Nous venons en paix, mon ami, au nom de Dieu qui un jour nous jugera. Nous sommes armés par nécessité, mais nous laisserons nos armes à l'entrée de ta demeure.

— Alors venez. Si vous voulez passer la nuit ici, vous pouvez dormir dans l'écurie.

— Je te remercie. Tu ne le regretteras pas. » Et il chargea Romulus d'appeler ses compagnons.

À la vue de Batiatus, l'homme écarquilla les yeux de surprise, avant de reculer, saisi par une crainte subite. Ses enfants se serrèrent contre lui.

« N'ayez pas peur, dit Ambrosinus. Ce n'est qu'un homme noir. Les habitants de sa terre sont tous noirs, et quand un Blanc pousse jusque-là, il suscite le même émerveillement et la même stupeur que les vôtres à présent. Il est bon et pacifique, bien qu'il soit doté d'une force démesurée. Nous paierons le double pour son repas, car il mange comme deux. »

Wilneyr les invita à s'asseoir autour du feu, puis il leur donna du pain, du fromage et de la bière qui leur réchauffa le cœur.

« Pour qui élèves-tu tes chevaux ? demanda Ambrosinus. Ceux que j'ai vus sont des animaux de guerre.

— Ils le sont, en effet. Et ils sont de plus en plus demandés car il n'y a pas de paix sur ces terres, tout au moins dans celles que j'ai visitées. Voilà pourquoi ma table ne manque jamais de pain, de viande de mouton et de bière. Toi, plutôt, tu as dit que tu venais en paix, alors pourquoi veux-tu acheter des chevaux et pourquoi te promènes-tu avec des hommes armés ?

— Mon histoire est longue et triste, répondit le vieillard. Toute la nuit ne suffirait pas à la raconter. Mais si tu veux l'écouter, je te dirai ce que je peux, car je n'ai rien à cacher, sinon aux ennemis qui nous persécutent. Comme je te l'ai déjà dit, je ne suis pas un étranger, je suis originaire de cette terre, de la ville de Carvetia, et j'ai été élevé par les sages de la forêt sacrée de Gleva.

— Je l'ai compris en voyant ce que tu portes au cou, et c'est la raison pour laquelle je vous ai accueillis.

— J'aurais pu le voler, répondit Ambrosinus avec un sourire ironique.

— Je ne crois pas. Ta personne, tes paroles et ton regard disent que ce symbole n'est pas usurpé. Raconte donc, si tu n'es pas trop las. La nuit est longue, et il est rare que j'aie à ma table des invités venant de si loin. » Tout en prononçant ces mots, il jeta un coup d'œil stupéfait à Batiatus, à ses yeux trop sombres, à ses lèvres trop épaisses, à son nez écrasé et à son cou de taureau, à ses mains énormes, croisées entre ses formidables cuisses.

Et Ambrosinus raconta comment il avait quitté, de nombreuses années plus tôt, sa ville et sa forêt pour aller demander de l'aide à l'empereur des Romains, ainsi que le lui avaient ordonné le héros Germain et le général Paullinus, dernier défenseur du Grand Mur. Il parla de ses pérégrinations et de ses mésaventures, des jours heureux et de ses longues souffrances. Wilneyr et ses enfants l'écoutaient, l'air enchanté, car ils n'avaient jamais entendu d'histoire aussi belle, pas même dans la bouche des bardes qui allaient de ville en ville, de ferme en ferme, pour narrer les exploits des héros de Bretagne.

Mais Ambrosinus tut l'identité de Romulus et son destin, car le moment de le révéler n'était pas encore venu. Quand il eut terminé, la nuit était bien avancée et les flammes commençaient à languir dans le foyer.

« Et maintenant, demanda à son tour Ambrosinus, dis-moi qui se partage le pouvoir sur l'île ? Quel est le seigneur de guerre le plus fort et le plus craint ? Qu'en est-il des villes qui étaient jadis florissantes, et encore vitales au moment de mon départ ?

— Notre époque est placée sous le signe des tyrans, répondit Wilneyr sur un ton grave. Personne ne s'intéresse au bien du peuple. La loi du plus fort règne et il n'est point de pitié pour ceux qui succombent. Mais le

tyran le plus célèbre et le plus terrible n'est autre que Vortigern. Au début, les villes lui demandèrent de les protéger contre les attaques des guerriers du Nord. Mais il les assujettit et les soumit à de lourds tributs, il priva de pouvoir véritable les antiques conseils des anciens, là où ils subsistaient. De fait, les villes ont troqué leur liberté contre leur sécurité, car elles sont peuplées de marchands qui veulent la paix afin de prospérer, de s'enrichir par les échanges et le commerce. Au fur et à mesure qu'il perdait la vigueur de sa jeunesse, Vortigern ne parvenait plus à remplir les tâches en vertu desquelles on lui avait accordé un pouvoir aussi grand. Il décida donc de demander de l'aide aux tribus saxonnes qui vivent sur le continent, dans la péninsule de Kymre, mais le remède fut pire que le mal, et au lieu de s'affaiblir, l'oppression fut renforcée. Les Saxons n'ont qu'un seul souci : accumuler des richesses en les arrachant aux citoyens. Les razzias des Scots et des Pictes du Nord n'ont pas cessé pour autant. Pareils à des chiens qui se disputent un os, tous ces barbares se battent les uns contre les autres pour les maigres dépouilles de ce qui fut jadis un pays prospère et épanoui, et qui n'est plus à présent que l'ombre de lui-même. On ne survit que dans les campagnes, comme tu peux le voir, mais cela ne durera peut-être pas. »

Consterné, Aurelius chercha le regard d'Ambrosinus : était-ce bien la terre dont il avait si longtemps rêvé ? Valait-elle mieux que le chaos sanglant qu'ils venaient de fuir ? Mais le regard du sage était ailleurs, il poursuivait les images lointaines qu'il avait abandonnées en quittant son pays. Il se préparait à recoudre une déchirure dans le temps, une blessure ouverte dans son histoire d'homme et dans celle de son peuple.

L'un des fils de Wilneyr les accompagna à l'étable.

Épuisés, ils s'allongèrent sur du foin, près des bœufs qui ruminaient tranquillement, et cédèrent au sommeil. Les chiens que leur hôte avait libérés de leurs cages montaient la garde. Ces grands mâtins aux colliers de pointes ferrées étaient habitués à se battre contre les loups et, peut-être, contre des bêtes encore plus féroces.

Ils se réveillèrent à l'aube, burent du lait chaud, que la femme de Wilneyr avait tout juste tiré, et se préparèrent à reprendre leur route. Ils acquirent un mulet pour Ambrosinus et sept chevaux, dont un plus petit que les autres et un beaucoup plus grand : un étalon massif acheté en Armorique pour couvrir les juments bretonnes. Monté par Batiatus, il évoquait un colosse de bronze pareil à ceux qui ornaient jadis les forums et les arcs de la capitale du monde.

Satisfait de la bonne affaire par laquelle il avait commencé la journée, Wilneyr compta l'argent, tout ce qui était resté à Livia, et les regarda partir du seuil de sa maison. Ils avaient empoigné leurs armes et suspendu leurs épées à leurs ceinturons : dans la lueur du petit matin, on aurait dit des guerriers de légende. Le pâle enfant qui les précédait sur son poulain ressemblait, quant à lui, à un jeune chef d'armée, et la fille à une dryade des bois. Quelle entreprise attendait cette petite armée ? Wilneyr ignorait leurs noms et pourtant il avait le sentiment de les connaître depuis toujours. Il leva le bras pour les saluer, et ils lui répondirent du haut de la colline sur laquelle ils défilaient à présent au pas, silhouettes sombres dans la lumière nacrée de l'aube.

Cette terre semée d'embûches n'avait toutefois aucun secret pour Ambrosinus : on aurait dit qu'il l'avait quittée quelques jours et non quelques années plus tôt. Il

connaissait la langue, le paysage, le caractère des habitants, il savait comment traverser les forêts sans se perdre ni tomber dans des impasses où des embuscades pouvaient se dissimuler ; la profondeur des fleuves et la longueur des jours, des nuits, des heures même, lui étaient familières. Il devinait aux couleurs du ciel l'arrivée d'une tempête ou le retour du beau temps. Les cris des oiseaux constituaient, pour lui, de précieux messages d'alarme ou de paix, et les troncs noueux des arbres étaient éloquents. Ils lui relataient des histoires de longs hivers neigeux ou de printemps fertiles, de pluies incessantes, d'éclairs tombés du ciel. Une fois seulement, ils durent affronter une menace : l'assaut, un soir, d'une bande de brigands. Mais le spectacle bouleversant de Batiatus monté sur son étalon armoricain, l'immense force d'Aurelius et de Vatrenus, les flèches de Livia, la rapidité foudroyante de Démétrios et la puissance tranquille d'Orose balayèrent bien vite des agresseurs qui avaient l'habitude d'attaquer des piétons, et non des soldats.

Ainsi, en l'espace de deux semaines de marche, le petit convoi traversa presque un tiers du pays et monta son campement non loin d'une ville qu'on appelait Caerleon.

« Un nom étrange, dit Romulus en l'observant de loin, frappé par ce curieux mélange de demeures antiques fort imposantes et de misérables cabanes.

— C'est la déformation locale de *Castra Legionum*, expliqua Ambrosinus. Les camps des légions du Sud se dressaient ici, et l'édifice que tu vois là-bas est ce qui reste de l'amphithéâtre. »

Aurelius et ses compagnons regardaient, eux aussi, la ville, frappés de voir des vestiges romains encore majestueux et pourtant en ruine, destinés à la dissolution.

Ils poursuivirent leur route pendant deux semaines, atteignant les premières hauteurs, et l'orée des forêts les plus vastes. Une nuit, alors qu'ils étaient assis à côté du feu de leur bivouac, Aurelius se dit que le moment était arrivé de connaître le but ultime de leur longue marche, l'avenir qui les attendait sur cet extrême lambeau du monde.

« Où allons-nous, maître ? demanda-t-il soudain. Ne crois-tu pas qu'il est juste de nous le révéler maintenant ?

— Oui, Aurelius. Nous allons à Carvetia, que j'ai quittée il y a de nombreuses années en promettant que je reviendrais avec une armée impériale pour libérer cette terre des barbares du Nord et de Vortigern, un tyran qui l'opprimait alors et qui continue de l'opprimer, d'après ce que nous avons appris, même s'il est désormais vieux et faible. La soif de pouvoir est le remède le plus puissant qui soit : elle maintient même les moribonds en vie. »

Ils se dévisagèrent tous d'un air abasourdi.

« Tu as promis de revenir avec une armée et c'est tout ce que tu rapportes ? s'exclama Vatrenus en indiquant ses compagnons et sa propre personne. Nous allons sans doute être accueillis par un chœur de rires, ne le crois-tu pas ? Je pensais que tu nous aurais conduits dans un endroit tranquille pour y mener une existence normale. Nous l'avons bien mérité, me semble-t-il.

— Si je dois être sincère, poursuivit Démétrios, je m'attendais, moi aussi, à une perspective de ce genre : un endroit isolé, à la campagne, où fonder une famille et n'employer notre épée que pour couper du fromage ou du pain.

— Oui, un tel endroit me plairait, à moi aussi, dit Orose. Nous pourrions construire un petit village et

nous y retrouver de temps à autre pour déjeuner ensemble et nous rappeler les dangers que nous avons affrontés. Ce serait bien, n'est-ce pas ? »

Batiatus semblait, lui aussi, approuver une telle perspective. « Comme je l'ai remarqué, personne n'a jamais vu d'homme noir dans le coin, mais je pense que les gens s'habitueront. Je pourrai peut être trouver une fille qui acceptera de vivre avec moi, qu'en dites-vous ? »

Ambrosinus leva la main afin de couper court à ces discours. « Il y a encore, dans le Nord, une légion armée qui attend l'empereur. On l'appelle la Légion du Dragon, car elle a pour enseigne un dragon d'argent dont la queue de pourpre enfle et s'agite dans le vent comme si elle était vivante.

— Tu divagues, répondit Aurelius. La seule légion, et la dernière, était la nôtre, et comme tu le sais, nous en sommes les uniques rescapés.

— Ce n'est pas vrai, répliqua Ambrosinus. La légion dont je te parle existe bien. Elle a été fondée par Germain. Avant de mourir, il obtint la promesse que mes concitoyens l'entretiendraient afin de protéger la liberté de notre pays jusqu'à mon retour. Ils ne peuvent pas avoir trahi une promesse faite à un héros et à un saint, j'en suis certain. Je sais que mes paroles semblent privées de sens, mais vous ai-je jamais trompés ? Vous ai-je jamais déçus depuis que vous me connaissez ? »

Vatrenus secoua la tête, de plus en plus déconcerté. « Te rends-tu compte de ce que tu dis ? En admettant que tu aies raison, les hommes dont tu parles doivent être vieux à l'heure qu'il est, avec une barbe blanche et une bouche édentée.

— Crois-tu ? répondit Ambrosinus sur un ton ironique. Ils ont ton âge, Vatrenus, et le tien, Aurelius. L'âge de vétérans endurcis et indomptés. Je sais que tout cela

vous paraît absurde, mais écoutez-moi, pour l'amour de Dieu ! Vous aurez ce que vous désirez. Vous mènerez une existence paisible dans un lieu que je vous indiquerai moi-même. Une vallée fertile et secrète, un petit paradis irrigué par un ruisseau cristallin, un lieu où vous pourrez vivre de chasse ou de pêche, et prendre les femmes que vous voudrez en négociant avec la tribu nomade qui passe par là chaque année avec ses troupeaux. Mais avant, achevez votre mission ainsi que vous me l'avez promis et que vous l'avez promis à ce garçon. C'est tout ce que je vous demande. Escortez-nous jusqu'au camp fortifié, qui est notre but ultime, puis décidez selon vos désirs et je ferai tout ce qui sera en mon pouvoir pour vous aider. »

Aurelius se tourna vers ses compagnons. « Vous avez tous entendu. Notre devoir consistera à présenter l'empereur à sa légion, en admettant qu'elle existe encore. Après quoi, nous serons libérés de nos engagements. Nous pourrons continuer de servir à ses ordres, peut-être, ou jouir d'un congé mérité.

— Et si la légion n'existe plus ? demanda Livia, qui était demeurée silencieuse jusque-là. Que ferons-nous ? L'abandonnerons-nous à son destin ? Nous éparpillerons-nous, ou vivrons-nous ensemble dans l'endroit magnifique qu'Ambrosinus décrit ?

— Si elle n'existe plus, vous serez libres de faire ce que vous voudrez. Toi aussi, mon fils, ajouta Ambrosinus à l'adresse de Romulus, tu pourras vivre avec eux s'ils décident de rester, ainsi que je l'espère ardemment, et grandir en paix, devenir un homme. Un berger, peut-être, un chasseur, ou un agriculteur, comme il te plaira. Mais je suis certain que Dieu t'a choisi pour un tout autre destin, et que ces hommes et cette jeune femme seront les instruments de ton destin, de même que je l'ai moi-même été. Les épreuves que nous avons tra-

versées ne sont pas le fruit du hasard. Et ce n'est pas seulement grâce à notre valeur humaine que nous avons relevé des défis apparemment impossibles. C'est la main de Dieu, quel que soit le dieu auquel vous croyez, qui nous a conduits ici et qui nous conduira à l'accomplissement de ses desseins. »

Aurelius regarda ses compagnons droit dans les yeux, puis il lança à Livia un regard empli d'une profonde émotion, comme s'il voulait lui transmettre de la sorte une passion que ses peurs, ainsi que le tourment qui habitait son âme, étouffaient souvent. Ils lui livrèrent tous une réponse claire.

« Nous ne vous abandonnerons pas, dit-il alors. Ni avant ni après cette folle expédition, et nous trouverons le moyen d'unir nos existences. Puisque la mort nous a souvent épargnés, il est juste que nous puissions profiter un jour de ce qui nous reste de la vie, qu'elle soit longue ou brève. »

Il se leva et s'éloigna car il n'avait plus le courage de brider le tumulte des passions qui se pressaient dans son esprit. De plus, depuis quelque temps, ses cauchemars avaient refait leur apparition, les images qui l'avaient torturé pendant des années et les élancements qui martyrisaient son crâne se représentaient de plus en plus fréquemment à son esprit, obscurcissant parfois ses capacités de s'exprimer et de manifester ses sentiments, en particulier à l'égard de Livia. On aurait dit que le cercle de sa vie se refermait, comme s'il marchait, dans cette région aux confins extrêmes du monde, vers le règlement de comptes final qui l'opposerait au destin et à lui-même.

Ambrosinus attendit que le feu se fût éteint et qu'ils se fussent tous couchés pour approcher le Romain. « Ne perds pas courage, je t'en prie, lui lança-t-il. Aie foi en l'avenir. Et n'oublie pas que les plus grandes entrepri-

ses ont toujours été accomplies par une poignée de héros.

— Je ne suis pas un héros, répondit-il sans même se retourner. Et tu le sais. »

Il neigea, cette nuit-là, et ce fut la dernière chute de neige de l'hiver. Ils cheminèrent ensuite à la lumière du soleil, sous un ciel aux nuages aussi immaculés que le pelage des agneaux qui gagnaient les pâturages pour la première fois avec les troupeaux. Plus les jours passaient, plus les pentes exposées au sud se couvraient de violettes et de marguerites. Enfin, Ambrosinus s'immobilisa au pied d'une colline et mit pied à terre. Il s'empara de son bâton de pèlerin et, sous les regards étonnés de ses compagnons, marcha jusqu'au sommet. Puis il se retourna et s'écria : « Venez ! Qu'est-ce que vous attendez ? Allez, courez ! »

Romulus fut le premier à le rejoindre, en nage et à bout de souffle. Il était suivi de Livia, d'Aurelius, de Vatrenus et des autres. Devant eux, à quelques milles de distance, le Grand Mur s'étendait d'un bout à l'autre de l'horizon, pareil à une puissante ceinture de pierre, ponctué de tours et de forts. En bas, à droite, non loin de là, brillaient les eaux d'un petit lac, aussi limpides et transparentes que l'air. Au centre, on pouvait distinguer un rocher moussu. Au fond, à l'est, le sommet d'une montagne encore encapuchonnée de neige et, audessus d'un rocher, un camp retranché. Ambrosinus contempla avec ravissement ce superbe spectacle : son regard erra sur les immenses fortifications qui unissaient deux mers en serpentant, puis il se posa sur le lac, sur le sommet de la montagne et enfin sur le camp retranché, gris comme la roche. Alors il déclara : « Nous sommes arrivés, mon fils, mes amis, notre voyage est terminé. Voici le Grand Mur qui traverse

tout le pays, voilà, là-bas, le *Mons Badonicus*, et ici, à nos pieds, le *Lacus Virginis*, le lac de la jeune fille, qu'on disait habité par une nymphe des eaux. Et là-haut, creusé dans le corps de ce rocher, le camp de la dernière légion de Bretagne. La forteresse du dragon ! »

XXXIII

Ils descendirent dans la vallée totalement déserte, et se dirigèrent vers la forteresse, qui paraissait désormais plus éloignée qu'elle ne le semblait du haut de la colline. Ils longèrent le petit lac d'une beauté enchanteresse, une conque rocheuse bordée de galets noirs, blancs et bruns qui brillaient sous le voile de l'eau transparente, et entamèrent leur ascension vers la colline sur laquelle le fort se dressait. Une colline peu élevée qui se terminait par une plate-forme rocheuse.

« L'intérieur du camp, expliqua Ambrosinus, a été creusé pour former un plateau régulier où l'on a installé les quartiers de troupes, des chevaux et des équipements. Tout autour, sur la roche, on a érigé un mur à sec, et au-dessus une palissade pourvue de tours de garde.

— Tu le connais très bien, dit Aurelius.

— Bien entendu, répondit Ambrosinus. J'ai vécu une longue période dans ces lieux en tant que médecin et conseiller du commandant Paullinus.

— Et ça, qu'est-ce que c'est ? » interrogea Romulus. Il indiqua une sorte de monument mégalithique qu'on commençait à entrevoir derrière les flancs de la

colline, sur un relief du terrain jusque-là invisible. Il avait l'apparence d'une énorme dalle de pierre circulaire, entourée de quatre gigantesques pilastres rocheux, disposés selon les points cardinaux.

Ambrosinus s'immobilisa. « Ça, c'est le monument funéraire d'un grand guerrier de cette terre, un chef celte du nom de Kalgak que les auteurs latins appellent Galgacus. Il fut le dernier héros de la résistance indigène quand les Romains envahirent la Bretagne, il y a trois cents ans.

— Je connais cet épisode, dit Romulus. J'ai lu les pages de Tacite qui rapportent le discours qu'il prononça avant la dernière bataille. Et les mots terribles par lesquels il définit la *Pax romana*.

— “Emporter, massacrer, ravir, voilà ce que, dans leur faux langage, ils nomment exercer l'empire ; leur paix, c'est le silence des déserts[1]”, cita Aurelius. Or ce ne sont pas les mots de Galgacus, poursuivit-il fièrement, mais bien de Tacite, un Romain qui critique l'impérialisme romain, ne l'oublie pas. C'est en cela aussi que réside la grandeur de notre civilisation.

— On dit qu'il réunit son conseil autour de cette pierre, ajouta Ambrosinus. Depuis, elle symbolise la liberté pour tous les habitants de cette terre, quelles que soient leurs origines. »

Il se remit en route vers l'enceinte du camp. Mais il s'aperçut bien vite que ces lieux étaient déserts : la palissade était en ruine, les portes dégondées, les tours croulantes. Aurelius y pénétra le premier et vit en toutes choses les signes de l'incurie et de l'abandon.

— Une légion de fantômes..., murmura-t-il.

— Ce camp est abandonné depuis plusieurs années.

1. *Vie de Cn. Julius Agricola*, XXX, traduction de J.-L. Burnouf, Paris, Hachette, 1878. (*N.d.T.*)

Ici, tout tombe en ruine », lui fit écho Vatrenus tandis que Batiatus testait la stabilité d'une échelle qui menait au chemin de ronde. Toute la structure s'écroula dans un grand vacarme.

Ambrosinus semblait perdu, comme écrasé par cette désolation.

« T'attendais-tu vraiment à trouver quelqu'un en ces lieux ? le harcela Aurelius. Je ne peux pas y croire. Regarde le Grand Mur, là-bas. Aucune enseigne romaine ne flotte sur ce mur depuis plus de soixante-dix ans. Comment pouvais-tu espérer que ce petit bastion survivrait ? Regarde toi-même. On ne voit aucun signe de destruction ou de résistance armée. Les hommes dont tu parlais sont tout simplement partis depuis je ne sais combien de temps. »

Ambrosinus avança jusqu'au milieu du camp. « Je sais que tout cela semble absurde, mais croyez-moi. Le feu ne s'est pas éteint, il nous faut seulement le ranimer, et la flamme de la liberté brûlera à nouveau. » Or, ses compagnons ne paraissaient pas l'écouter. Ils secouaient la tête avec effroi, dans ce silence irréel que seuls le léger sifflement du vent et le grincement des volets, sur les baraques érodées par le temps et les intempéries, brisaient. Indifférent à cette atmosphère de tristesse, Ambrosinus s'approcha de ce qui devait jadis être le prétoire, la résidence du commandant, et il s'y engouffra.

« Où va-t-il ? » demanda Livia.

Aurelius haussa les épaules.

« Et maintenant, que faisons-nous ? interrogea Batiatus. Si j'ai bien compris, nous avons parcouru deux mille milles pour rien. »

Romulus se tenait à l'écart, plongé, à l'évidence, dans ses pensées. Livia n'osa même pas le rejoindre : elle devinait son état d'âme et souffrait pour lui.

« Il convient de considérer la situation avec réalisme, commença Vatrenus.

— Réalisme ? Il y a rien de réaliste ici. Regarde donc autour de toi, par les dieux ! » s'exclama Démétrios.

Il n'avait pas terminé sa phrase quand la porte du prétoire se rouvrit et qu'Ambrosinus ressurgit. Le bruissement cessa, les regards se concentrèrent sur la silhouette hiératique qui jaillissait de l'obscurité, brandissant un objet époustouflant : un dragon à la tête d'argent, à la gueule grande ouverte et à la queue de pourpre, hissé sur une hampe d'où pendait un labarum sur lequel on pouvait lire l'inscription

LEGIO XII DRACO

« Mon Dieu », murmura Livia. Romulus regarda l'enseigne, la queue brodée d'écailles dorées qui s'agitait comme si elle était brusquement animée d'un souffle vital. Ambrosinus s'approcha d'Aurelius, et planta deux yeux de feu dans les siens. Son visage était transfiguré, ses traits tendus et durcis, comme sculptés dans la pierre. Il lui tendit l'enseigne en disant : « Elle t'appartient, commandant. La légion est reconstituée. »

Aurelius hésita, immobile devant cette silhouette frêle, presque maigre, ce regard autoritaire où brûlait un feu mystérieux et indomptable. Puis, alors que le vent redoublait en soulevant un nuage de poussière qui enveloppait toute chose, il saisit la hampe.

« Et maintenant, va, lui ordonna Ambrosinus. Plante-la sur la tour la plus haute. »

Aurelius promena le regard sur le camp, sur ses compagnons, immobiles et muets, puis il s'achemina lentement, grimpa sur le chemin de ronde et ficha l'enseigne sur la tour ouest, la plus haute. La queue du

dragon se tordit sous la morsure du vent, sa bouche métallique laissa entendre un son aigu, le sifflement qui avait si souvent terrifié l'ennemi en pleine bataille. Il regarda vers le bas : ses camarades étaient alignés l'un à côté de l'autre, raidis dans le salut militaire. Et ses yeux se remplirent de larmes.

Ambrosinus reprit la parole : « Nous nous installerons ici, et nous essaierons donc de rendre ces lieux plus habitables. Ils seront notre demeure provisoire. Pendant ce temps, je tenterai de rétablir mes contacts avec mes anciennes connaissances, qui vivent peut-être encore ici. Quand le moment viendra, j'irai au sénat de Carvetia, s'il existe encore, et, le cas échéant, je convoquerai le peuple dans le forum. Je m'y rendrai avec Romulus, je le présenterai au peuple et au sénat...

— Tu avais promis une armée quand tu as quitté cette terre il y a de nombreuses années, dit Vatrenus, et tu reviens avec un enfant. Qu'espères-tu ?

— Écoutez, la légion sera reconstituée, les soldats dispersés se réuniront autour de cette enseigne et de leur empereur. Je rappellerai la prophétie : "Un jeune homme viendra de la mer du Sud, armé d'une épée, apportant paix et prospérité. L'aigle et le dragon voleront à nouveau sur la grande terre de Bretagne !"

— L'épée..., murmura Aurelius en baissant la tête. Je l'ai perdue.

— Pas pour toujours, répondit Ambrosinus. Tu la reconquerras, je te le jure. »

Le lendemain, Ambrosinus quitta le camp pour reprendre contact avec la terre qu'il avait abandonnée de nombreuses années plus tôt. Il partit seul, avec son bâton de pèlerin, et parcourut la vallée en direction de Carvetia. À chaque pas, une profonde émotion se saisissait de lui. Le parfum de l'herbe apporté par le vent,

le chant des oiseaux qui saluaient le lever du soleil, la prairie qui se couvrait de fleurs jaunes et blanches, tout le ramenait aux jours lointains de sa jeunesse et tout lui semblait de nouveau proche et familier, comme s'il n'avait jamais laissé ces contrées. Plus il avançait, plus le soleil resplendissait dans le ciel en réchauffant l'air et en faisant briller l'eau des ruisseaux qui traversaient les champs comme des rubans d'argent. Des bergers conduisaient les troupeaux aux pâturages et, dans les champs, les paysans taillaient les pommiers. La beauté de la nature paraissait en mesure de vaincre les mésaventures qui menaçaient les destins humains. C'était, en conclut-il, un présage heureux.

Il atteignit les environs de la ville en fin d'après-midi, et il reconnut sur une colline la silhouette familière d'une grande et antique demeure. Le mur extérieur avait la structure et la puissance des fortifications, mais tout autour s'étendaient des pâturages où les paysans et les ouvriers s'activaient. Certains préparaient la terre pour les semailles, d'autres élaguaient des arbres, d'autres encore plaçaient de gros troncs sur des chars à bœufs, à l'orée du bois. Dans un enclos se trouvaient plusieurs chevaux, menés par un étalon blanc à la longue crinière, qui galopait en fouettant l'air de sa queue.

Ambrosinus pénétra par la porte principale dans la vaste cour sur laquelle donnaient les ateliers des forgerons, des maréchaux-ferrants, des menuisiers. Il fut accueilli par le merveilleux parfum du pain tout juste cuit et par l'aboiement joyeux des chiens. Personne ne lui demanda qui il était ni ce qu'il voulait, mais une femme lui tendit un pain à l'odeur délicieuse en guise de don d'hospitalité, et il comprit que rien n'avait changé dans cette noble maison depuis le jour où il y avait été reçu pour la première fois. Il l'interrogea :

« Le seigneur Kustennin est-il encore le maître de cette demeure ?

— Il l'est, grâce à Dieu.

— Alors, annonce-lui, je te prie, qu'un de ses vieux amis est revenu d'un long exil et qu'il lui tarde de l'embrasser.

— Suis-moi. Je vais te mener à lui.

— Non, je préfère l'attendre ici, comme il convient à un pèlerin qui frappe à la porte en demandant l'hospitalité et un abri. »

La femme disparut sous une arcade et gravit en toute hâte l'escalier qui conduisait à l'étage supérieur de la villa. Peu après, une silhouette imposante se détacha dans la lumière rouge du couchant. Un homme d'environ cinquante ans aux yeux bleus et aux tempes poivre et sel, aux larges épaules couvertes d'un manteau noir, le regardait avec hésitation. Ambrosinus alla à sa rencontre. « Kustennin, c'est moi, Myrdin Emreis, ton vieil ami. Je suis de retour. »

Les yeux de l'homme se remplirent de joie. Il se précipita vers lui en criant : « Myrdin ! » et l'étreignit longuement. « Comme le temps a passé..., disait-il d'une voix tremblante. Mon vieil ami, comme le temps a passé ! Oh, bon Dieu, comment ai-je pu ne pas te reconnaître au premier regard ! »

Ambrosinus se libéra pour regarder son ami droit dans les yeux. Il semblait ne pas croire qu'il l'avait bien retrouvé après tant d'années. « J'ai traversé toutes sortes de péripéties, j'ai souffert du froid et de la faim, j'ai dû surmonter des épreuves terribles, mon ami. Voilà pourquoi mon aspect a changé, voilà pourquoi mes cheveux sont blancs et ma voix s'est affaiblie. Je suis si heureux de te revoir, si heureux... Toi, en revanche, tu n'as pas du tout changé, à l'exception de ces tempes argentées. Et ta famille ?

— Viens, viens la voir. Egeria et moi avons une fille, Ygraine, qui est la prunelle de nos yeux. » Il le précéda dans l'escalier et parcourut avec lui un couloir jusqu'aux appartements des femmes.

« Egeria, dit Ambrosinus. C'est moi, Myrdin, te souviens-tu encore de moi ? »

Egeria abandonna l'ouvrage qu'elle brodait, assise à côté d'une fenêtre, pour aller à sa rencontre. « Myrdin ? Je n'arrive pas à le croire. Nous pensions que tu étais mort depuis longtemps. C'est une vraie grâce du Seigneur, nous devons fêter ça. Tu resteras parmi nous et tu ne t'en iras plus ! » Elle ajouta, à l'adresse de son époux : « N'est-ce pas, Kustennin ? N'est-ce pas ?

— Bien sûr. Nous en serions heureux. »

Ambrosinus s'apprêtait à répliquer quand il fut interrompu par l'arrivée d'une magnifique fillette. Les yeux bleus de son père, les cheveux roux et flamboyants de sa mère, elle était charmante dans sa longue robe de laine bleue. C'était Ygraine. Elle le salua avec grâce.

Egeria ordonna aussitôt aux domestiques de préparer le dîner ainsi qu'une chambre pour leur invité. « Ce ne sera que provisoire, dit-elle. Demain, nous te trouverons un appartement plus confortable et mieux exposé... »

Ambrosinus l'interrompit : « J'accepte volontiers votre hospitalité, mais je ne puis m'établir chez vous, bien que je le désire de tout mon cœur. Ce n'est pas tout. J'ai quitté l'Italie avec un groupe d'amis en échappant à une traque impitoyable et sans répit.

— Peu importe qui te poursuit, répondit Kustennin. Tu es ici en sécurité, et personne n'osera te faire de mal. Mes serviteurs sont tous armés, ils peuvent, si nécessaire, se transformer en une petite unité disciplinée et combative.

— Je te remercie. Mon histoire est longue, et je te la raconterai ce soir si tu as la patience de m'écouter.

Mais pourquoi as-tu armé tes domestiques ? Qu'est devenue la légion du Dragon ? Mes compagnons et moi campons dans le vieux fort, mais nous avons constaté dès notre arrivée qu'il est abandonné depuis longtemps. Les cantonnements ont-ils changé ?

— Mon Dieu, Myrdin. La légion n'existe plus depuis de nombreuses années. Elle s'est dissoute... »

Ambrosinus s'assombrit. « Dissoute ? Je ne peux pas le croire. Ils avaient juré sur le corps ensanglanté de saint Germain qu'ils se battraient pour la liberté de notre patrie tant qu'ils auraient un souffle de vie. Je n'ai jamais oublié ce serment, Kustennin. Et je suis revenu pour honorer ma promesse. Mais il faut croire que tu n'as plus le pouvoir de défendre cette terre contre ceux qui l'oppriment. »

Kustennin soupira. « J'ai tenté pendant des années de conserver la dignité consulaire. Tant que la légion a existé, cela m'a été possible, même si certains ont préféré me donner le titre infamant d'usurpateur et me mettre au même rang que les tyrans de cette malheureuse terre. Mais la légion s'est dissoute, Vortigern a fini par corrompre une bonne partie du sénat et il domine aujourd'hui le pays avec ses féroces mercenaires. Carvetia est encore favorisée par le sort, car Vortigern a besoin de nos élevages de chevaux et de notre port. Il ne l'étouffe donc pas. Le sénat se réunit encore et les magistrats exercent, tout au moins en partie, leur autorité. Mais c'est tout ce qui reste de la liberté que Germain avait su nous rendre, avec la fierté et la dignité de ceux qui sont maîtres de leur destin.

— Je comprends, murmura Ambrosinus en baissant le regard pour dissimuler le chagrin qui s'était emparé de lui.

— Parle-moi plutôt de toi. Qu'as-tu fait au cours de cette longue absence, qui sont les amis auxquels tu fai-

sais allusion tout à l'heure, et pourquoi les as-tu conduits dans le vieux camp retranché ? »

Egeria interrompit la conversation en annonçant que le dîner était servi. Les hommes s'assirent à table. De belles bûches de chêne brûlaient dans la grande cheminée, les domestiques versaient des coupes de bière mousseuse et déposaient dans les assiettes des tranches de viande rôtie. Ils mangèrent tous avec appétit en évoquant le bon vieux temps. Quand le repas fut terminé, Kustennin ajouta du bois dans le feu et invita son ami à s'asseoir avec lui devant l'âtre.

La vague des souvenirs, la chaleur de l'amitié et du vin ouvraient le cœur et prédisposaient l'esprit au récit. Ambrosinus raconta son histoire depuis l'instant où il avait quitté la Bretagne pour aller demander de l'aide à l'empereur. La nuit était bien avancée quand il l'acheva. Kustennin le regarda droit dans les yeux et murmura avec un air abasourdi : « Dieu tout-puissant... Tu as ramené l'empereur en personne...

— Oui. Et en cet instant précis, il dort dans ces lieux solitaires, enveloppé dans la couverture de camp qui est le seul objet qu'il possède, surveillé par les hommes les plus nobles et les plus courageux que la terre ait jamais engendrés. »

XXXIV

Wulfila et ses hommes débarquèrent en Bretagne le lendemain de l'arrivée d'Aurelius et des siens, à la tombée de la nuit. Pourvus de chevaux et d'armes, ils sautèrent rapidement sur la terre ferme. Quoique sujet de Syagrius, le nautonier les accompagnait : étant originaire de la Bretagne, il leur apporterait une aide précieuse pour se déplacer sur cette terre inconnue. Wulfila lui versa une somme d'argent pour l'encourager à déserter et lui promit une récompense supplémentaire pour le cas où il se rendrait utile.

« Que veux-tu savoir ? lui demanda le nautonier.

— Comment rejoindre ces hommes.

— Ce n'est pas facile. J'ai vu leur chef, c'est un druide, ou en tout cas un individu élevé par des druides. Il se meut donc sur cette terre comme un poisson dans la mer. Il en connaît tous les secrets, toutes les cachettes. Si tu ajoutes à cela qu'ils ont une journée de marche d'avance sur nous, il sera très ardu de retrouver leurs traces. Si nous savions la direction qu'ils ont prise, ce serait différent, mais... la Bretagne est grande. C'est l'île la plus grande du monde.

— Il ne peut pas y avoir beaucoup de routes, les itinéraires principaux doivent être connus.

— Bien sûr, mais rien ne dit qu'ils les emprunteront. Ils pourraient passer à travers les bois, suivre les sentiers des bergers, ou encore ceux que parcourent les animaux sauvages.

— Ils ne pourront pas rester longtemps cachés. Ils ne m'ont jamais échappé jusqu'à présent, ils ne m'échapperont donc pas sur cette île. »

Il s'éloigna sur la plage et s'immobilisa pour contempler le mouvement du ressac en remâchant sa haine. Soudain, il fit signe au nautonier de s'approcher. « Qui commande, en Bretagne ?

— Quoi ?

— Y a-t-il un roi ? Un homme qui détient le pouvoir suprême ?

— Non, de nombreux chefs locaux, violents et bagarreurs, se disputent le pays. Mais un homme suscite la crainte générale et domine une grande partie du territoire qui s'étend du Grand Mur jusqu'à Caerleon en s'appuyant sur de féroces mercenaires. Il se nomme Vortigern.

— Où vit-il ?

— Dans le Nord. Il habite une forteresse inaccessible qu'il a élevée sur un vieux camp romain, Castra Vetera. Il a jadis été un guerrier valeureux, il s'est battu contre les envahisseurs des Hautes Terres qui s'étaient emparés du Grand Mur, protégeant les villes et leurs institutions. Puis il s'est laissé corrompre par le pouvoir et s'est transformé en tyran sanguinaire. Il justifie sa domination par la défense des confins du Nord. En réalité, c'est un prétexte, car il paie un tribut aux chefs des Hautes Terres qu'il compense en saignant à blanc le pays au moyen d'impôts incessants, ou en accordant

la pleine liberté de pillage à ses mercenaires saxons, engagés sur le continent.

— Tu sais beaucoup de choses.

— Oui, j'ai longtemps vécu ici. Puis le désespoir m'a poussé en Gaule, où je me suis enrôlé dans l'armée de Syagrius.

— Si tu me conduis à Vortigern, tu ne le regretteras pas. Je te donnerai des terres, des domestiques, du bétail, tout ce que tu peux désirer.

— Je peux te mener à Castra Vetera. Mais tu devras ensuite te débrouiller pour obtenir une audience. Vortigern est, paraît-il, très soupçonneux et très méfiant : il sait qu'il a semé beaucoup de haine derrière lui et que nombre d'individus voudraient le tuer pour se venger des torts subis. D'autre part, il est à présent vieux et faible, ce qui lui donne le sentiment d'être vulnérable.

— Alors, allons-y, ne perdons pas de temps. »

Ils abandonnèrent leur navire au ressac et s'acheminèrent le long du littoral. Ils empruntèrent bientôt la vieille route consulaire, le moyen le plus rapide pour atteindre leur but.

« À quoi ressemble-t-il ? demanda Wulfila à son guide.

— Personne ne le sait. Cela fait de nombreuses années qu'il ne s'est pas montré. Certains prétendent que son visage, ravagé par une maladie répugnante, n'est plus qu'une plaie purulente. Selon d'autres sources, il refuserait tout simplement d'offrir aux yeux de ses sujets les signes de sa déchéance, ses yeux éteints et vitreux, sa bouche édentée et baveuse, ses joues tombantes. Il veut qu'on continue à le craindre, voilà pourquoi il se cache derrière un masque d'or qui le représente dans la splendeur de sa jeunesse. C'est l'œuvre d'un grand artiste, qui l'a fondu dans l'or d'un calice

de messe. Par cette monstruosité, dit-on, Vortigern s'assure l'alliance de Satan. Tous ceux qui porteront son masque, jusqu'à la fin des temps, acquerront la force du démon. » Réalisant qu'il avait rappelé à son interlocuteur sa propre difformité, il l'observa à la dérobée. Mais, étrangement, Wulfila ne montra aucun signe de ressentiment.

« Tu parles trop bien pour un marin, dit-il. Qui es-tu, en réalité ?

— Tu ne vas sans doute pas me croire, mais j'étais moi-même un artiste, et j'ai rencontré l'homme qui a créé ce masque. On murmure qu'il a été tué après avoir achevé son travail, car il était le seul à avoir vu de près le visage défait de Vortigern. Les temps ont changé, les artistes ne sont plus considérés comme les créatures favorites de Dieu. N'y a-t-il donc plus de place pour l'art en ce monde ? Tombé dans la misère, j'ai tenté ma chance à bord d'un bateau de pêcheurs, et appris ainsi à manier le gouvernail et la voile. Il ne m'arrivera peut-être jamais plus de façonner l'or et l'argent, de peindre des images saintes dans des églises, ou de composer des mosaïques, et pourtant je suis et je demeurerai toujours un artiste, en dépit de mon allure et de ma condition actuelle.

— Un artiste ? demanda Wulfila en le dévisageant avec un air étrange comme si une idée avait soudain traversé son esprit. Saurais-tu lire les inscriptions ?

— Je connais les antiques expressions celtiques, les runes des Scaniens et les épigraphes latines », répondit l'homme avec orgueil.

Wulfila dégaina son épée et la posa devant lui. « Explique-moi alors ce que signifient ces lettres, gravées sur la lame. Et quand nous aurons terminé ce voyage je te paierai et t'accorderai la liberté. »

Le regard de l'homme se remplit de stupeur et courut de la lame au barbare.

« Qu'y a-t-il ? l'interrogea Wulfila d'une voix inquiète. S'agit-il d'un sortilège ? Parle !

— Plus encore, répondit l'homme, bien plus. À en croire l'inscription, cette épée appartient à Jules César, le premier conquérant de la Bretagne. Elle fut forgée par les Chalybes, un peuple du lointain Orient, dépositaire du secret d'un acier invincible. »

Wulfila hocha la tête en ricanant. « D'après les légendes qui circulent chez mes gens, l'arme d'un conquérant transforme celui qui la possède en conquérant. Tes paroles sont donc, pour moi, le meilleur des auspices. Conduis-moi à Castra Vetera. Quand nous serons arrivés, tu recevras de l'argent et la liberté d'aller où bon te semblera. »

Ils marchèrent pendant deux semaines, traversant le territoire de multiples tyrans, mais le nombre considérable des guerriers à cheval qui suivaient Wulfila, associé à l'aspect terrifiant de ce dernier, leur ouvrit la route sans grandes difficultés. Une fois seulement, un seigneur très puissant du nom de Gwynwird, entouré d'une armée fournie, osa les arrêter au passage d'un pont qui menait sur son territoire, non loin d'Eburacum. Irrité par l'attitude méprisante de cet étranger au visage balafré, il lui ordonna de payer un péage et de lui remettre ses armes, qui lui seraient rendues à l'autre extrémité de son domaine. Wulfila éclata de rire et enjoignit son guide de répondre qu'il n'avait qu'à les prendre lui-même. Puis il le défia en duel. Jaloux de sa renommée et de son prestige, le seigneur releva le défi, mais quand il vit son adversaire brandir son épée, une arme d'une facture exceptionnelle et d'une extraordinaire beauté, il comprit qu'il était perdu. Au premier coup, son bouclier fut éventré et, au second, son épée fut brisée en mille

morceaux. Aussitôt après, sa tête roula entre les jambes de son cheval : ses yeux étaient encore écarquillés sous l'effet de l'incrédulité et de la stupeur.

Selon l'ancien usage celtique, les guerriers du chef vaincu acceptèrent de passer aux ordres du vainqueur. Ainsi, la bande de Wulfila grossit au point d'atteindre les dimensions d'une petite armée et poursuivit son voyage, précédée par de terribles racontars concernant la férocité de son chef et l'épée qui le rendait invincible. Un jour, au milieu de l'hiver, ils parvinrent aux environs de Castra Vetera.

C'était une forteresse sombre et rébarbative qui se dressait sur une colline recouverte d'une épaisse forêt de sapins, ceinte d'un double fossé et d'un mur surveillé par des centaines d'hommes armés. Les aboiements des chiens de garde s'en échappaient, et, à l'arrivée de Wulfila, une nuée de corbeaux s'envolèrent en remplissant l'air de cris rauques. Le ciel chargé de nuages bas projetait sur ce manoir une lumière de plomb qui lui donnait une allure encore plus sinistre. Wulfila envoya en ambassade son interprète, à pied et désarmé.

« Mon seigneur, annonça celui-ci, est envoyé par la cour impériale de Ravenne, en Italie, pour présenter ses hommages au seigneur Vortigern et lui proposer un pacte d'alliance. Il apporte des dons ainsi que le sceau impérial qui accrédite sa personne et sa mission.

— Attends ici et ne bouge pas », répondit le garde. Aussitôt, il s'entretint avec l'homme qui était, à l'évidence, son supérieur, et celui-ci disparut à l'intérieur de la forteresse. Wulfila attendit longtemps, en selle, impatient et perplexe. Enfin, l'homme revint et communiqua la réponse de son seigneur : l'envoyé devait montrer ses présents et ses lettres de créance, après quoi il serait reçu. Sans armes ni escorte.

Wulfila aurait volontiers tourné le dos, mais son instinct lui dit qu'il trouverait dans ce château le moyen d'atteindre son but. De plus, l'idée d'un tyran faible et malade l'amena encore plus à se risquer, fort qu'il était de son énergie intacte. Au cours de son existence, il avait vu trop souvent des hommes surgis du néant atteindre les sommets du pouvoir en saisissant les occasions favorables, dans un monde dominé par des troubles incessants et ouvert à l'audace des plus forts. Il accepta.

Surveillé de près par un piquet d'hommes armés, il traversa la cour, où l'on reconnaissait encore la forme du camp romain, bordée d'écuries et de logements pour les soldats. Il arriva au bâtiment principal : une grosse tour de pierres carrées, aux minuscules fenêtres semblables à des meurtrières, surmontée par un chemin de ronde et recouverte d'un toit en bois. Il gravit deux volées de marches et fut arrêté devant une porte ferrée qui s'ouvrit peu après sans que les hommes qui l'escortaient eussent frappé. Ceux-ci l'invitèrent à entrer et refermèrent la porte derrière lui.

Il n'y avait personne dans la grande salle dépouillée, à l'exception de Vortigern, ce qui surprit Wulfila. Le seigneur des lieux était assis sur un trône dans une sorte d'abandon : il avait une longue chevelure blanche, qui tombait sur ses épaules et sur sa poitrine, et son visage était dissimulé derrière un masque en or. Si les traits qu'on y voyait étaient fidèles à la réalité, il avait dû posséder une extraordinaire prestance.

Sa voix retentit. Elle était déformée par l'enveloppe métallique. « Qui es-tu ? Pourquoi as-tu demandé à me voir ? »

Il parlait le latin du langage commun, et son interlocuteur n'eut pas de difficultés à le comprendre.

« Je m'appelle Wulfila. Je suis envoyé par la cour impériale de Ravenne, où siège un nouveau souverain, un valeureux guerrier du nom d'Odoacre, qui désire t'honorer et conclure avec toi un pacte d'amitié et d'alliance. L'empereur n'était qu'un enfant pusillanime dans les mains de courtisans intrigants, il a donc été déposé.

— Pourquoi cet Odoacre veut-il devenir mon ami ?

— Il connaît ta puissance, en qualité de souverain de Bretagne, ainsi que ta valeur guerrière. Il est également mû par une autre raison, très importante, qui concerne l'empereur déposé.

— Parle », dit Vortigern. On eût dit que chaque mot lui coûtait d'immenses efforts.

« Un groupe de déserteurs a enlevé le garçon avec la complicité de son précepteur, un vieux fou celte. Ils se sont réfugiés sur ton île. Ils sont extrêmement dangereux. Je souhaitais donc t'en avertir.

— Et je devrais craindre un vieillard et un gamin, accompagnés de quelques brigands ?

— Peut-être pas pour le moment, mais ils pourraient bien vite constituer une menace. N'oublie pas, seigneur, le vieux dicton : "Il convient d'affronter les problèmes quand ils en sont encore à leur début."

— *Principiis obsta...* », répéta machinalement le masque de métal. À l'évidence, l'homme avait été élevé comme un Romain.

« Quoi qu'il en soit, un allié aussi puissant qu'Odoacre, qui dispose de milliers de guerriers et d'immenses richesses, te sera utile. Si tu l'aides à capturer ces criminels, tu pourras toujours compter sur son soutien. Je sais que les attaques du Nord contre ton royaume n'ont pas totalement cessé, qu'elles t'imposent une guerre difficile et coûteuse.

— Tu es bien informé, répondit Vortigern.

— Pour te servir et pour servir Odoacre. »

Vortigern se redressa péniblement en s'appuyant sur les accoudoirs de son trône, et Wulfila perçut le poids de son regard à travers les orifices de son masque impassible. Il observait certainement ses traits difformes, songea le barbare en se sentant brûler de haine.

« Tu as parlé de présents..., reprit Vortigern.

— Oui.

— Montre-les-moi.

— Tu pourras découvrir le premier en jetant un coup d'œil à travers cette fenêtre : deux cents guerriers que j'ai emmenés pour les mettre à ton service. Ce sont de formidables soldats, capables de se nourrir eux-mêmes. Ils ne te coûteront rien. Je suis prêt à les mener dans l'entreprise que tu voudras nous confier. Ce n'est qu'un début. Si tu as besoin d'autres forces, mon seigneur Odoacre est disposé à t'en envoyer à n'importe quel instant.

— Il doit beaucoup redouter ce garçon », commenta Vortigern.

Wulfila s'abstint de répondre. Il demeura debout en face du trône en imaginant que le vieux tyran irait à la fenêtre pour regarder ses hommes, mais celui-ci ne bougea pas.

« Et les autres présents ?

— Les autres ? » Wulfila hésita un instant, puis son regard s'illumina soudain. « Je n'en ai qu'un, poursuivit-il, mais c'est l'objet le plus extraordinaire que tu puisses imaginer, un objet pour lequel les hommes les plus puissants de la terre dilapideraient toutes leurs richesses. C'est le plus puissant talisman qui existe, et il appartenait à Jules César, le premier conquérant de la Bretagne. Celui qui le possède est destiné à régner à jamais sur ce pays sans connaître le moindre déclin. »

Vortigern était à présent immobile sur son trône, la tête droite, le regard attentif. On l'eût pris pour une statue si ses mains crochues n'avaient pas été animées par un léger tremblement. Wulfila devina qu'il avait déchaîné, par ses paroles, son avidité illimitée.

« Montre-le-moi, dit le vieillard d'une voix à la fois autoritaire et impatiente.

— Ce présent t'appartiendra si tu m'aides à capturer nos ennemis, si tu me permets de leur infliger la punition qu'ils méritent et si tu m'abandonnes la tête du petit. Tel est le prix de cet échange. »

Un long silence s'ensuivit. Puis Vortigern acquiesça en hochant lentement la tête. « J'accepte, dit-il, et j'espère pour toi que ton présent ne me décevra pas. L'homme qui t'a conduit ici est le chef de mes troupes saxonnes. Tu lui décriras ceux que tu recherches, de façon qu'il puisse avertir nos informateurs, qui ont des yeux et des oreilles partout. »

Cela dit, il inclina la tête sur son épaule dans une attitude d'abandon qui évoquait la mort, ne laissant échapper qu'un faible râle à travers les lèvres en or de son masque. Wulfila en conclut que l'entretien était terminé. Il s'inclina en guise de salut et se dirigea vers la porte.

« Attends ! » le rappela soudain la voix.

Il se tourna vers le trône.

« Rome... l'as-tu déjà vue ?

— Oui, répondit Wulfila. Et sa beauté ne saurait être décrite. Mais je te dirai ce que j'ai vu : des arcs en marbre aussi hauts que des palais, surmontés de chars en bronze que tirent des destriers fondus dans le même métal, couverts d'or et conduits par des génies ailés. Des places bordées d'arcades, que soutiennent des centaines de colonnes sculptées dans un seul bloc de pierre,

aussi hautes que ta tour et de toutes les couleurs. Des temples et des basiliques revêtus de peintures et de mosaïques. Des fontaines où des créatures fabuleuses de marbre et de bronze versent l'eau dans des bassins de pierre assez grands pour renfermer cent hommes. Il y a aussi un monument composé d'une centaine d'arcades superposées, dans lequel les anciens tuaient les chrétiens en les jetant aux bêtes féroces. On l'appelle le Colisée, et il est si grand qu'il pourrait contenir ton château tout entier. »

Il s'interrompit car le masque ne lui délivrait plus qu'un sifflement plaintif, un râle de souffrance, qu'il n'aurait su interpréter : était-ce le rêve jamais réalisé d'une jeunesse lointaine ? L'avidité excitée par la vision de richesses aussi immenses ? Ou le tourment intérieur qu'une vision de grandeur suscitait dans un esprit prisonnier d'un corps obscène et difforme, rongé par la vieillesse et la maladie ?

Wulfila sortit, referma la porte derrière lui et rejoignit ses hommes. Il lança une bourse d'argent à l'interprète en lui disant : « Voici ta récompense, comme je te l'avais promis. Tu es libre maintenant de partir, car j'ai appris tout ce que je voulais savoir. » L'homme s'empara de l'argent, inclina la tête dans un remerciement hâtif et poussa son cheval au galop afin de fuir le plus loin possible de cette demeure sombre.

Wulfila devint le brigand le plus fidèle et le plus féroce de Vortigern. Partout où se manifestait une rébellion, son apparition soudaine à la tête de ses guerriers semait la terreur, la mort et la destruction avec une telle rapidité, avec une puissance si dévastatrice que plus aucun Breton n'osa jamais parler de liberté, ni se confier à ses amis, voire aux membres de sa famille entre les murs de sa propre demeure. Les faveurs dont il jouissait auprès du tyran s'accrurent démesurément,

proportionnellement aux fruits des razzias et des mises à sac qu'il déposait à ses pieds.

Wulfila était tout ce que Vortigern ne pouvait être : énergie inépuisable, puissance du bras et rapidité foudroyante de l'esprit. Il était désormais le prolongement physique de sa soif de pouvoir au point que Vortigern n'avait même plus besoin de lui donner des ordres : le barbare les devançait et les exécutait avant même de les entendre résonner dans la grande salle dépouillée. Toutefois, en raison même de ces capacités et de l'intelligence mauvaise qui brillait dans ses yeux de glace, le tyran le craignait. Il ne se fiait pas à la soumission apparente de ce mystérieux guerrier venu d'outre-mer, bien qu'il fût, semble-t-il, animé par un seul but : retrouver l'enfant pour ramener sa tête à Ravenne.

Un jour, pour lui montrer ce que lui vaudrait une éventuelle trahison, Vortigern le convia à l'exécution d'un vassal dont la seule culpabilité avait été de garder une partie du butin recueilli lors d'une razzia.

À côté de la tour, se trouvait une cour ceinte d'un haut mur de pierre, dans laquelle étaient enfermés ses mâtins, des animaux féroces qu'il avait l'habitude de lancer contre ses ennemis pendant les batailles. Son seul passe-temps consistait à les nourrir deux fois par jour en leur jetant des bouts de viande par la fenêtre qui s'ouvrait derrière le trône. Le condamné fut déshabillé, attaché à une corde et descendu lentement dans l'arène, si bien que les chiens, à jeun depuis deux jours, se mirent à le dévorer vivant, des pieds à la tête, au fur et à mesure qu'on l'abaissait. Les hurlements de douleur du malheureux, les aboiements assourdissants des molosses, que l'odeur du sang et ce repas farouchement disputé déchaînaient, retentissaient à l'intérieur de la tour, dilatés et déformés, insupportables à tous ceux qui

possédaient un tant soit peu d'humanité. Mais Wulfila ne broncha pas, il savoura jusqu'au dernier instant ce terrible spectacle. Quand il se tourna enfin vers Vortigern, ses yeux n'étaient emplis que d'une excitation inquiétante et d'une férocité imperturbable.

XXXV

Le printemps venait de commencer et la neige ne résistait plus que sur le sommet du *Mons Badonicus*, qu'on appelait dans le dialecte local Mount Badon. Les paysans retournaient aux champs et les bergers ramenaient leurs troupeaux aux pâturages. Nombre d'entre eux avaient vu le dragon de pourpre flotter au lointain, et sa tête en argent poli scintiller sur la tour la plus haute de la forteresse, un signe qui ranimait en eux de vieux souvenirs de courage et de gloire.

En se promenant sur les marchés des villages et dans les fermes, Ambrosinus entendait et mesurait l'inquiétude que cette vue suscitait parmi les gens. Les hommes frémissaient face à ce souvenir qui surgissait d'un passé oublié et révolu, sans manifester toutefois leur pensée. Mais un jour, voyant un berger qui s'était arrêté pour contempler de loin le drapeau de la légion, il se fit passer pour un étranger et lui demanda : « Quelle est cette enseigne ? Pourquoi flotte-t-elle donc sur ce fort abandonné ? »

L'homme le considéra avec un air étrange. « Tu dois venir de très loin, lui dit-il, puisque tu ne connais pas cette enseigne. Elle a été pendant des années le seul

rempart d'honneur et de liberté sur cette terre, conduisant à la bataille une armée légendaire, la XIIe légion Draco.

— J'en ai entendu parler. Mais je croyais qu'il s'agissait de racontars privés de fondements, qu'on répandait pour dissuader les barbares du Nord de commettre leurs razzias.

— Tu te trompes, répondit le berger. Cette unité a vraiment existé, et l'homme qui te parle en a fait partie dans sa jeunesse.

— Qu'est devenue cette légion ? A-t-elle été exterminée ? Ou forcée de se rendre ?

— Non. Elle a été trahie. Nous avions franchi le Mur afin de poursuivre une bande de Scots qui avaient enlevé les femmes de notre village, et nous avions chargé un chef de tribu, qui était notre allié, de surveiller le passage par lequel nous comptions rentrer. Mais quand nous revînmes, traqués par une horde d'ennemis déchaînés, le passage était barré et nos alliés pointaient leurs armes contre nous. Nous étions encerclés ! Nombreux furent ceux qui tombèrent au combat. Nous nous sauvâmes grâce à un épais brouillard qui s'abattit soudain, nous permettant de filer à travers une vallée enchâssée dans des parois rocheuses. Nous décidâmes de nous disperser et de rentrer séparément chez nous. Le traître se nommait Vortigern, et il continue de nous opprimer, de nous saigner à blanc avec ses impôts et ses razzias, de dominer par la terreur. Nous vivons dans l'obscurité et la honte, nous consacrant à nos occupations, essayant d'oublier ce que nous avons été. Mais cette enseigne, surgie comme par miracle du néant, nous a rappelé que ceux qui se sont longtemps battus pour la liberté ne peuvent mourir comme des esclaves.

— Dis-moi, qui dispersa les légionnaires ? Qui vous conseilla de retourner dans vos familles ?

— Notre chef était tombé au combat. C'est son lieutenant, Kustennin, qui nous offrit cette possibilité. C'était un homme sage et valeureux, il parlait pour notre bien. Sa femme venait d'accoucher d'une petite fille, aussi belle qu'un bouton de rose, et la vie de ce bébé lui a peut-être semblé plus précieuse que tout à cet instant. Nous pensions nous aussi à nos femmes, à nos maisons, à nos enfants. Nous ne comprenions pas qu'il existait une seule manière de les défendre vraiment : rester unis sous ce drapeau... »

Ambrosinus aurait aimé poursuivre cette conversation, mais l'homme s'interrompit car il avait la gorge serrée. Il jeta un coup d'œil à l'enseigne qui flottait dans le soleil et s'éloigna en silence.

Frappé par ces révélations, le précepteur retourna chez Kustennin à plusieurs reprises en essayant de le gagner à sa cause, mais en vain. Défier le pouvoir de Vortigern, dans ces conditions, équivalait à se suicider, selon l'ancien officier, et le semblant de liberté dont ses gens jouissaient encore devait lui paraître suffisant, une fois comparé aux énormes risques d'une rébellion. C'était sans doute parce qu'il jugeait cette éventualité désastreuse qu'il n'avait pas pris la peine de rendre visite aux nouveaux venus dans l'ancien camp.

Parmi toutes les villes qui étaient soumises au pouvoir de Vortigern, seule Carvetia gardait un simulacre de liberté, pour la seule raison que le tyran avait besoin des ressources de ses marchés et de son port, sur l'Océan, d'où parvenaient encore des marchandises rares et des nouvelles tout aussi indispensables à la conservation et à l'extension de son pouvoir que les épées de ses mercenaires.

À l'intérieur de la forteresse, les hommes avaient restauré les défenses, réparé et reconstruit chemins de ronde et tours, garni le mur et le fossé de pals pointus,

durcis au feu. Batiatus avait réactivé la forge, et son marteau ne cessait de résonner sur l'enclume. Démétrios et Orose avaient réaménagé les vieux logements, les écuries, le four et le moulin, et Livia avait ainsi pu leur offrir le parfum et la saveur du pain tout juste cuit et du lait fraîchement tiré. Seul Aurelius, qui avait fait preuve d'enthousiasme au début, semblait maintenant s'assombrir de plus en plus au fil des jours. La nuit, il arpentait les remparts pendant de longues heures, armé de pied en cap, scrutant les ténèbres comme s'il attendait un ennemi qui n'arrivait jamais, un ennemi face auquel il se sentait désormais perdu et impuissant, un fantôme qui revêtait parfois ses propres traits, ceux d'un lâche ou, pire, d'un traître. Il se tenait de nouveau sur les bastions d'une citadelle à défendre. Quand l'assaut aurait-il lieu ? Quand les hordes à cheval surgiraient-elles à l'horizon ? Quand l'heure de la vérité sonnerait-elle dans ce ciel bleu ? Qui ouvrirait, cette fois, les portes à l'ennemi ? Qui introduirait le loup dans la bergerie ?

Ambrosinus, qui devinait les pensées d'Aurelius et comprenait que l'amour de Livia ne suffisait pas à adoucir ses souffrances, pensait qu'il fallait passer à l'action, forcer la main d'un destin jusqu'à présent moqueur et fuyant. Tandis qu'il s'interrogeait sur le meilleur parti à prendre, Kustennin apparut, monté sur son étalon blanc. Il apportait de tristes nouvelles : Vortigern avait ordonné aux autorités de la ville de dissoudre le sénat avant la fin du mois, de renoncer aux anciennes magistratures, d'accueillir une garnison de féroces mercenaires venus du continent.

« Tu avais peut-être raison, Myrdin, dit Kustennin. La seule liberté est celle que l'on conquiert avec sa sueur et son sang. Hélas, il est maintenant trop tard.

— Ce n'est pas vrai, répliqua Ambrosinus. Et tu en

connaîtras la raison demain si tu assistes à la séance du sénat. »

Kustennin secoua la tête, comme s'il avait entendu des paroles privées de sens, puis il sauta à cheval et s'élança au galop dans la vallée déserte.

Le lendemain, avant que le jour se lève, Ambrosinus s'achemina vers la ville en compagnie de Romulus.

« Où vas-tu ? l'interrogea Aurelius.

— À Carvetia. Au sénat, ou sur la place du marché, pour convoquer le peuple en assemblée, si nécessaire.

— Je viens avec toi.

— Non, ta place est ici, à la tête de tes hommes. Aie confiance. » Puis il s'éloigna en s'appuyant sur son bâton de pèlerin le long du sentier qui se déroulait au milieu des prés et bordait le lac de la Vierge.

Avec ses murs de pierres carrées, surveillés par des sentinelles, avec ses rues et ses demeures anciennes, Carvetia ressemblait encore à une ville romaine. C'était aussi l'impression que donnaient les usages et le langage des habitants. Ambrosinus se présenta devant le bâtiment du sénat, et vit entrer les représentants du peuple qui allaient siéger en conseil. D'autres citoyens leur emboîtèrent le pas, se pressant dans l'atrium avant qu'on referme les portes.

L'un des orateurs se leva. C'était un homme austère et imposant, aux vêtements sobres et au visage honnête. À en juger par le silence qui s'abattit sur les lieux à l'instant où il prit la parole, il devait jouir d'un immense respect et d'une grande considération.

« Sénat et peuple de Carvetia ! commença-t-il. Notre condition est devenue intolérable. Le tyran a engagé de nouveaux mercenaires étrangers d'une férocité inouïe sous prétexte de protéger la population des villes qui possèdent encore des institutions autonomes, et il s'apprête à dissoudre également le dernier simulacre de

liberté accordé aux citoyens de Bretagne : notre sénat ! » Un bruissement de consternation se répandit parmi les sièges et les citoyens entassés dans l'atrium.

« Comment devrions-nous réagir ? poursuivit l'orateur. Baisser la tête, comme nous l'avons fait jusqu'à présent ? Accepter d'autres abus et d'autres outrages, laisser ces hommes piétiner nos droits et notre dignité, profaner nos maisons, nous arracher nos femmes et nos filles ?

— Hélas, nous n'avons pas le choix ! s'exclama un autre sénateur. Résister à Vortigern serait un véritable suicide.

— C'est vrai, dit un troisième. Nous ne pouvons pas affronter sa colère. Nous serions balayés. Si nous nous soumettons, nous pourrons espérer conserver certains avantages. »

C'est alors qu'Ambrosinus avança en tenant Romulus par la main. Il s'écria : « Je demande la parole, nobles sénateurs !

— Qui es-tu ? demanda le président de l'assemblée. Pour quelle raison déranges-tu cette réunion ? »

Ambrosinus se découvrit la tête et se plaça au centre de la salle en entraînant Romulus, bien qu'il devinât la réticence de l'adolescent à se montrer.

« Je m'appelle Myrdin Emreis, commença-t-il, druide de la forêt sacrée de Gleva et citoyen romain sous le nom de Meridius Ambrosinus tant que la loi romaine a été en vigueur sur cette terre. Il y a de nombreuses années, vous m'avez envoyé en Italie en me chargeant d'implorer l'aide de l'empereur et de revenir avec une armée capable de rétablir, sur cette terre martyrisée, l'ordre et la prospérité qu'elle connaissait à l'époque glorieuse du héros saint Germain, envoyé par Aetius, le dernier et le plus courageux des soldats de Rome. »

La stupeur provoquée par cette apparition inattendue

plongea la salle dans un profond silence, et Ambrosinus poursuivit : « Ce ne fut pas possible. Pendant le voyage, je perdis mes compagnons, victimes du froid, de la faim, des maladies et des agressions. Je me sauvai par miracle et, pendant des jours et des jours, fis le siège du palais impérial de Ravenne en suppliant qu'on m'accorde une audience. En vain. Je ne fus pas reçu par l'empereur, un homme pusillanime, sous la coupe de ses milices barbares. C'est maintenant que je reviens. Il est tard, c'est vrai, mais je ne suis pas seul, je ne suis pas bredouille ! Vous connaissez tous, je crois, l'oracle qui annonce l'arrivée d'un jeune homme au cœur pur qui apportera l'épée de la justice sur cette terre et lui rendra sa liberté perdue. Eh bien, cria-t-il, je vous ai amené ce jeune homme, nobles sénateurs ! » Il poussa Romulus devant lui en l'exposant aux regards de l'assemblée.

« Voici Romulus Auguste César, le dernier empereur des Romains ! »

Ses mots tombèrent dans le silence, que brisa bientôt un bruissement d'étonnement, croissant au point de se changer en un grommellement diffus. Certains sénateurs semblaient frappés par le discours d'Ambrosinus, d'autres éclataient de rire, d'autres encore se moquaient de cet orateur inattendu.

« Et où est cette épée miraculeuse ? » demanda un sénateur en haussant la voix.

« Et où sont les légions du nouveau César ? demanda un autre. Sais-tu combien de guerriers Vortigern possède ? »

Ambrosinus hésita avant de répondre : « La douzième légion Draco se reconstitue en ce moment. L'empereur sera présenté à ses soldats et je suis certain qu'ils retrouveront la force et la volonté de se battre, de s'opposer à la tyrannie. »

Un grand rire résonna dans la salle et un troisième sénateur se leva. « Cela fait bien longtemps que tu es parti, Myrdin, l'apostropha-t-il. Cette légion a été dispersée il y a de nombreuses années, et l'idée de reprendre les armes n'effleure l'esprit de personne aujourd'hui. »

D'autres rires retentirent. Romulus se sentit submergé par la vague de dérision et de mépris qui l'assaillait encore une fois, mais il ne bougea pas. Il cacha son visage derrière ses mains et resta en silence au centre de la salle. À cette vue, le vacarme s'atténua, se transformant en un bruissement d'embarras et de honte subite. Alors Ambrosinus s'approcha, il posa la main sur l'épaule du garçon et, envahi par l'indignation, reprit la parole : « Riez, nobles sénateurs, allez, moquez-vous de ce garçon ! Il ne peut se défendre ni répliquer à votre stupide insolence. Il a assisté à l'assassinat de ses parents, il a été traqué sans répit et sans pitié, comme un animal, par toutes les puissances de cette terre. Habitué au faste impérial, il a affronté les plus dures privations comme un petit héros. Il a dissimulé au fond de son cœur la souffrance, le désespoir, la peur, sentiments plus que compréhensibles chez un garçon de son âge, avec la force et le courage d'un ancien héros républicain.

« Où est votre honneur, sénateurs de Carvetia ? Où est votre dignité ? Vous méritez la tyrannie de Vortigern, il est juste que vous subissiez cette honte, car votre esprit est semblable à celui des esclaves. Ce garçon a tout perdu, à l'exception de l'honneur et de la vie. Il a la majesté souffrante d'un vrai souverain. Je vous l'ai amené, je vous ai apporté l'ultime semence d'un arbre mourant, pour faire germer un nouveau monde, mais j'ai trouvé un terrain pourri et stérile. Vous avez raison de le rejeter, car vous ne le méritez pas.

Non ! Vous ne méritez que le mépris de tout homme de foi et d'honneur ! »

Ambrosinus avait conclu son triste plaidoyer dans un silence abasourdi. Une chape de plomb semblait peser sur l'assemblée hébétée et désorientée. Ambrosinus cracha sur le sol pour montrer son extrême mépris, puis il saisit Romulus par le bras et quitta la salle d'un pas digne tandis que quelques voix faibles s'élevaient pour le rappeler. Dès qu'ils furent sortis en fendant la foule, la discussion des sénateurs reprit en adoptant bien vite des tons plus enflammés, mais un des membres de l'assistance se faufila à l'extérieur par une porte secondaire, monta sur un char en ordonnant au conducteur de partir sans tarder. « À Castra Vetera, dit-il. Au château de Vortigern, vite ! »

Fort irrité par l'humiliation qu'il avait subie, Ambrosinus débouchait sur la place en exhortant Romulus à résister encore une fois aux insultes du destin, quand une main se referma brusquement sur son bras. « Myrdin !

— Kustennin ! s'exclama-t-il à son tour. Mon Dieu, tu as vu cette honte ? Étais-tu, toi aussi, au sénat ? »

L'homme baissa la tête. « Oui, j'ai vu. Tu as compris maintenant pourquoi je te disais qu'il était trop tard ? Vortigern a corrompu une bonne partie du sénat et il peut se permettre aujourd'hui de le dissoudre sans rencontrer la moindre résistance. »

Ambrosinus opina gravement du chef. « Je dois absolument te parler. J'ai besoin de te parler longuement, mais pour l'heure il me faut partir, je ne peux pas rester ici. Et je dois emmener mon garçon... Romulus, viens, allons-nous-en. » Il le cherchait du regard, mais l'adolescent avait disparu.

« Oh, mon Dieu, où es-tu ? Où est le petit ? » s'écria-t-il d'une voix angoissée.

Eridia, qui était survenue à cet instant précis, avança. « Ne t'inquiète pas, dit-elle avec un sourire. Regarde, il est là-bas, sur la plage, et ma fille Ygraine l'a suivi. »

Ambrosinus poussa un soupir de soulagement.

« Laisse-les bavarder un moment. Les jeunes ont besoin de rester un peu entre eux, ajouta Egeria. Mais réponds-moi, ce que je viens de t'entendre dire à ces citoyens qui sortaient du sénat correspond-il à la vérité ? Je ne pouvais pas en croire mes oreilles. La dignité n'existe plus, ni même la pudeur de dissimuler sa propre lâcheté. »

Ambrosinus l'approuva d'un signe de la tête, sans quitter des yeux Romulus, assis sur la plage, au bord de l'eau.

Romulus regardait les vagues se briser parmi les galets du rivage, incapable de maîtriser les sanglots qui lui secouaient la poitrine.

« Comment t'appelles-tu ? Pourquoi pleures-tu ? » demanda une voix de fillette dans son dos. Une voix sonore et insouciante, qui l'agaça de prime abord. Mais le contact d'une main sur sa joue, aussi délicate qu'une aile de papillon, lui transmit une douce chaleur.

Il répondit sans se retourner : il avait brusquement rêvé d'un visage, correspondant à la voix qu'il avait entendue et à la caresse qu'il avait reçue, il ne voulait pas être déçu par la réalité. « Je pleure parce que j'ai tout perdu : mes parents, ma maison, ma terre. Parce que je vais peut-être perdre les derniers amis qui me restent, ainsi que mon nom et la liberté. Je pleure parce qu'il n'existe pas de paix pour moi sur cette terre. »

La fillette répondit par le silence à ces mots qui la dépassaient. Mais sa main continuait de caresser les cheveux de Romulus et sa joue. Devinant qu'il s'était

calmé, elle dit enfin : « Moi, je m'appelle Ygraine, et j'ai douze ans. Puis-je rester un moment à tes côtés ? »

Romulus acquiesça en essuyant ses larmes au bord de ses manches, et la fillette s'accroupit sur le sable, s'asseyant sur les talons en face de lui. Le garçon leva les yeux afin de voir si le visage de son interlocutrice était aussi doux que sa voix et sa caresse. Il découvrit des yeux bleus et humides, une figure à la beauté délicate, entourée par une cascade de cheveux d'un roux flamboyant que le vent de la mer ébouriffait en lui voilant de temps à autre le front et le regard. Il eut un coup au cœur, et, pour la première fois de son existence, il sentit une vague de chaleur monter de sa poitrine. En un instant il vit dans ce regard magnifique ce que la vie pouvait encore lui réserver de beau, de chaud et de suave. Il aurait aimé dire quelque chose, des mots suggérés par son cœur, mais il entendit alors les pas d'Ambrosinus et ceux d'autres personnes.

« Où allez-vous dormir, cette nuit ? demanda Kustennin.

— Au fort », répondit Ambrosinus.

Kustennin répliqua d'une voix inquiète : « Fais attention. Ton discours n'est pas passé inaperçu.

— C'est bien ce que je voulais », rétorqua sèchement le druide. Mais il avait saisi le sens de ces mots et il fut envahi par la peur.

« Viens, Ygraine, dit Egeria. Nous avons beaucoup de choses à faire avant la tombée du soir. » La fillette se leva à contrecœur et suivit sa mère tout en se retournant de temps à autre pour regarder le jeune étranger. Son visage las et pâle, la noblesse de ses traits et de sa voix, l'intensité de ses paroles et la poignante mélancolie de ses yeux le distinguaient des garçons qu'elle connaissait. Kustennin prit congé à son tour, il rejoignit son épouse et sa fille.

Egeria s'immobilisa pour lui demander : « Ce sont eux qui ont hissé l'emblème du dragon sur la vieille forteresse, n'est-ce pas ?

— Oui. Une vraie folie. Et aujourd'hui, au sénat, Myrdin a déclaré que la légion était en train de se reformer, alors qu'ils ne sont en réalité que six ou sept. En outre, il a révélé l'identité de ce garçon. Te rends-tu compte ?

— Je ne parviens pas à imaginer les réactions que ces révélations susciteront. Quoi qu'il en soit, cet étendard crée une grande excitation et des attentes parmi les gens. On murmure que certains déterrent les armes qu'ils avaient cachées il y a des années. Que de nombreux jeunes aimeraient s'unir à ces étrangers. Des rumeurs circulent sur les lumières étranges qui dansent, la nuit, en haut des remparts, et sur les bruits semblables à des coups de tonnerre qui rebondissent contre la montagne. Je suis inquiète, je crains que ce semblant de paix et notre difficile survie soient bouleversés par de nouveaux affrontements, de nouveaux troubles, que le sang soit encore versé.

— Ce ne sont que quelques fuyards, Egeria, un vieux rêveur visionnaire et un gamin », répondit Kustennin. Et il lança un dernier regard à son ami, réapparu comme par enchantement après tant d'années.

Le vieillard et l'enfant étaient debout, côte à côte. Ils regardaient les vagues se briser contre la falaise dans un bouillonnement d'écume.

Le lendemain, à la tombée du soir, le char du sénateur s'immobilisa aux portes de Castra Vetera. Introduit dans le château de Vortigern, il fut d'abord présenté à Wulfila, qui jouissait à présent de la totale confiance de son maître. Les deux hommes s'entretinrent un

moment, et le sénateur vit un rictus de satisfaction se peindre sur le visage du barbare.

« Suis-moi, dit Wulfila. Il faut que tu en réfères personnellement à notre souverain, qui t'en sera reconnaissant. » Il le conduisit dans les quartiers intérieurs du château. Vortigern l'accueillit, assis sur son trône : son masque d'or était le seul point lumineux dans cette atmosphère crépusculaire.

« Parle », ordonna Wulfila. Et le sénateur s'exécuta.

« Noble Vortigern, commença-t-il. Hier, au sénat de Carvetia, un homme a osé te critiquer publiquement, te traiter de tyran et inciter l'assemblée à la révolte. Il a prétendu que l'ancienne légion dissoute était en train de se reformer, et il a présenté un adolescent en affirmant qu'il s'agissait de l'empereur...

— Ce sont eux, interrompit Wulfila. Il n'y a aucun doute. Le vieux raconte une prophétie selon laquelle un jeune souverain devrait venir d'outre-mer, et cela représente un danger, crois-moi. Il n'est pas aussi fou qu'il le paraît, non, il est très rusé. Il flatte la superstition et les vieilles nostalgies du peuple pour l'aristocratie romano-celte. Ses visées sont évidentes : faire un symbole de ce petit imposteur. Et l'utiliser contre toi. »

Vortigern leva sa main décharnée en un geste de congé, et le sénateur recula en s'inclinant jusqu'à la porte, dont il franchit rapidement le seuil.

« Alors, que me suggères-tu ? dit le tyran à l'adresse de Wulfila.

— Laisse-moi les mains libres, autorise-moi à partir avec mes hommes, les seuls auxquels je me fie. Je les connais : je les retrouverai, je les débusquerai où qu'ils se cachent. Je t'apporterai la peau du vieux à empailler, et je garderai la tête du gamin. »

Vortigern secoua lentement la tête. « La peau du

vieux ne m'intéresse pas. Nous avions conclu un tout autre pacte. »

Wulfila tressaillit. Voilà que le destin lui offrait une opportunité impayable : tout s'accomplissait selon un plan conçu depuis longtemps. Il n'avait plus qu'à lui apporter la touche finale, et un avenir de pouvoir absolu s'ouvrirait devant lui. Il répondit en retenant à grand-peine son excitation : « Tu as raison, Vortigern. Dans l'enthousiasme que suscite en moi la perspective de conclure ma longue chasse, j'avais oublié un instant ma promesse. Ce n'est que justice : tu m'offres la tête du garçon et la possibilité d'anéantir, comme ils le méritent, les déserteurs assassins qui le protègent, et je te remercie en te livrant le présent que je t'ai promis.

— Je vois que tu sais toujours interpréter mes pensées, Wulfila. Fais-moi donc apporter le présent dont tu m'as longtemps laissé rêver. Mais dis-moi d'abord quelque chose.

— Parle.

— Y aurait-il parmi les hommes que tu veux anéantir celui qui t'a ouvert le visage ? »

Wulfila baissa les yeux pour dissimuler l'éclair féroce qui les traversait en cet instant précis. Il répondit à contrecœur : « Oui, c'est exact. »

Le tyran avait obtenu une belle satisfaction, il avait affirmé encore une fois la supériorité de son masque d'or parfait sur le masque en chair difforme de son serviteur et antagoniste potentiel. Car la balafre de Wulfila était l'œuvre d'un homme, alors que la gangrène qui rongeait le visage de Vortigern ne pouvait être que l'œuvre de Dieu.

« J'attends », dit Vortigern. Et ce mot retentit lugubrement, à l'intérieur du masque. Pareil à une sentence.

Wulfila sortit. Il fit appeler un des guerriers et lui enjoignit de lui apporter immédiatement ce qu'il savait.

L'homme ressurgit un peu plus tard, muni d'un étroit et long coffret de chêne, orné de boucles en fer bruni, qu'il déposa aux pieds de Vortigern.

Wulfila lui ordonna de s'éloigner. Il s'agenouilla devant le trône pour ouvrir le précieux étui du cadeau promis, et leva les yeux sur l'être impénétrable qui le dominait. En cet instant précis, il aurait donné n'importe quoi pour examiner son expression d'obscène avidité.

« Voici mon présent, seigneur, dit-il en soulevant le couvercle d'un geste rapide. Voici l'épée que les Chalybes ont forgée pour Jules César, le premier maître du monde, le conquérant de la Bretagne. Elle t'appartient ! »

Vortigern fut incapable de résister à la fascination de cette arme superbe. Il tendit la main en râlant. « Donne-la-moi, donne-la-moi !

— Immédiatement, mon maître », répondit Wulfila, et le tyran lut dans son regard – trop tard ! – le destin fatal qui y était imprimé. Il tenta de crier, mais l'épée s'enfonçait déjà dans sa poitrine, transperçant son cœur, et se plantait dans le dossier du trône. Vortigern s'affaissa sans un gémissement et un filet de sang coula de sous le masque. Par une extrême ironie du sort, un unique signe de vie apparaissait sur son visage à l'instant de sa mort.

Wulfila reprit son épée et ôta le masque, découvrant un visage sanguinolent et presque méconnaissable. Il incisa la peau de son crâne, lui arracha d'un seul coup sa chevelure blanche. Il traîna le corps jusqu'à la fenêtre qui s'ouvrait derrière le trône et le jeta dans la cour. Les aboiements des mâtins affamés, enfermés dans leur enclos, envahirent la salle, tels des hurlements infernaux, laissant bientôt la place à des grognements sourds,

tandis qu'ils se disputaient les misérables chairs de leur maître.

Wulfila installa le masque sur son visage, posa sur son crâne la blanche crinière de Vortigern et empoigna sa magnifique épée. Les tempes sillonnées de sang, il se présenta ensuite, pareil à un démon, à ses guerriers qui l'attendaient sur leurs chevaux. Abasourdis, ils le regardèrent sauter sur son étalon et le pousser en criant : « À Carvetia ! »

XXXVI

Deux jours plus tard, un homme à cheval pénétrait à toute allure dans la cour de Kustennin, apportant une nouvelle incroyable. C'était un informateur que le notable entretenait à Castra Vetera afin de prévenir les désastreuses incursions des mercenaires du tyran.

« On a toujours prétendu que Vortigern avait conclu un pacte avec le démon, rapporta l'informateur, à bout de souffle, les yeux écarquillés. C'est vrai ! Satan lui a rendu sa force et sa vigueur, et il a accru démesurément sa férocité !

— Que dis-tu ! Es-tu devenu fou ? s'exclama Kustennin en le saisissant par les épaules et en le secouant pour le ramener à la raison.

— Non, maître, c'est hélas la vérité. Si tu espérais qu'il serait épuisé, tu peux faire une croix dessus, il est... comme ressuscité. Il est possédé par Satan, te dis-je ! Je l'ai vu de mes propres yeux apparaître comme une vision cauchemardesque, son masque d'or sur le visage, ses tempes ruisselant de sang, et non de sueur. Il avait une voix de tonnerre et surtout il brandissait une épée d'une splendeur inouïe. Sa lame effilée comme un rasoir reflétait la lumière des torches comme

du verre transparent, sa poignée était une tête d'aigle en or massif. Seul l'archange Michel pourrait avoir forgé pareille merveille. Ou le diable en personne.

— Essaie de te calmer, lui dit Kustennin. Tu délires.

— Non, crois-moi, je te dis la vérité. Il s'est placé à la tête de deux cents cavaliers caparaçonnés qui marchent en semant la terreur le long de leur route, saccageant, brûlant, détruisant toute chose avec une fureur inhabituelle. J'ai filé sans m'arrêter, j'ai pris le raccourci qui traverse la forêt de Gowan, j'ai galopé de jour et de nuit en changeant de cheval dans nos propriétés. Mais je l'ai quand même entendu crier : "À Carvetia !" Ils seront ici dans deux jours.

— Carvetia... mais c'est impossible ! Et pourquoi donc ? Il n'a jamais touché à notre ville, car il en a besoin, et quoi qu'il en soit, les hommes les plus influents de la région lui sont soumis. C'est absurde, c'est absurde... » Kustennin réfléchit quelques instants avant de poursuivre. « Écoute, je sais que tu es très fatigué, mais je vais te demander un dernier service. Cours au vieux quai romain et va trouver Oribasius, le pêcheur. C'est un de mes hommes. Dis-lui de se tenir prêt à appareiller demain, à l'aube, avec des provisions et de l'eau en abondance, tout ce qu'il pourra embarquer. Vite ! »

L'homme remonta en selle et partit au galop tandis que Kustennin montait avertir sa femme. « Hélas, j'ai de mauvaises nouvelles. Les hommes de Vortigern se dirigent vers notre région, et je crains que mon ami Myrdin soit en danger. Son discours est peut-être à l'origine de cette absurde expédition, mais je ne peux permettre à ce vieux fou de sacrifier sa vie, celle de ce pauvre garçon et de leurs compagnons. Ils doivent être bien fous, eux aussi, s'ils l'ont suivi depuis l'Italie.

— La nuit ne va pas tarder à tomber, gémit Egeria. N'est-ce pas dangereux ?

— Je dois y aller, sinon je ne pourrai pas dormir ce soir.

— Père, puis-je venir avec toi ? Je t'en prie, le supplia Ygraine.

— Il n'en est pas question, dit Egeria. Les occasions de voir ton jeune ami romain ne manqueront pas. » Ygraine rougit et s'éloigna, vexée.

Egeria soupira et accompagna son époux jusqu'à la porte. L'air pensif, elle écouta ses pas résonner dans l'escalier puis dans la cour intérieure.

Kustennin sauta sur son étalon blanc, le plus rapide, tandis que ses domestiques ouvraient les portes. Il s'élança dans la campagne que les derniers feux du couchant teintaient de rouge.

La forteresse lui apparut du sommet de la colline qui dominait la vallée et le lac. Son regard courut aussitôt vers l'enseigne qui flottait sur la tour la plus haute, le dragon de l'ancienne cohorte d'auxiliaires sarmates, de garnison sur le Grand Mur, devenu ensuite l'enseigne de la légion. Un filet de fumée s'élevait au-dessus de la vieille enceinte, signe qu'on y vivait. La porte s'ouvrit à son arrivée et il entra au pas. Ambrosinus l'accueillit par une étreinte chaleureuse puis le présenta à ses compagnons. « Vous avez déjà vu mon vieil ami Kustennin, Constantin pour les Romains, autrefois *dux bellorum* et *magister militum*, le meilleur et le plus courageux de mes amis bretons, qui, je l'espère, vient nous tenir un peu compagnie. »

Un chevreuil rôtissait sur un grand feu. Au fil de la cuisson, les hommes en coupaient des morceaux à l'aide de leurs épées. Non loin de Livia se trouvaient l'arc et le carquois qui lui avaient permis de l'abattre.

Ils étaient tous gais, et Kustennin eut le cœur serré en songeant à ce qu'il allait leur annoncer.

« Assieds-toi, lui dit Ambrosinus. Mange, il y en a assez.

— Non, le temps presse. Il faut que vous partiez. Je viens d'obtenir des informations terrifiantes. Vortigern marcherait sur Carvetia à la tête de deux cents cavaliers caparaçonnés. Il devrait arriver dès demain soir.

— Vortigern ? demanda le précepteur d'une voix stupéfaite. Mais il est trop vieux pour cela. Il ne pourrait pas tenir en selle, même si on l'y attachait.

— Tu as raison. Et j'ai grand-peine à croire, moi aussi, l'histoire que m'a rapportée l'un de mes informateurs. Il délirait, affirmait que le tyran avait conclu un pacte avec le diable. Satan l'aurait possédé en lui rendant la jeunesse et la vigueur de ses vertes années. Il aurait, qui plus est, forgé pour lui une épée fantastique. »

Aurelius s'approcha. « Comment ton homme peut-il affirmer qu'il s'agit de Vortigern ?

— Au masque d'or qui lui couvre le visage depuis plus de dix ans, à ses longs cheveux blancs. Et sa voix de tonnerre était celle de sa jeunesse.

— Tu as parlé d'une épée...

— Oui. Mon homme l'a bien vue, de près. Une lame aussi brillante que du cristal, à la poignée en or, en forme de tête d'aigle... »

Aurelius blêmit. « Par les dieux tout-puissants ! s'exclama-t-il. Ce n'est pas Vortigern, c'est Wulfila ! Et c'est notre peau qu'il veut ! »

Tous les membres de l'assistance se dévisagèrent d'un air consterné.

« Quoi qu'il en soit, répliqua Kustennin, vous devez partir. Dans le meilleur des cas, ils n'arriveront que dans deux jours. Écoutez-moi, demain matin je mettrai

ma famille en sécurité sur un bateau pour l'Irlande. Il y a de la place pour deux ou trois personnes, pas plus. Myrdin, le petit et la jeune fille, par exemple... C'est tout ce que je peux faire pour vous. »

Aurelius poussa un long soupir et fixa sur Ambrosinus ses yeux brillants. « Ton ami a peut-être raison, dit-il. C'est la décision la plus sage. Nous ne pouvons pas fuir éternellement, car nous avons déjà atteint les confins extrêmes du monde. Assez ! Nous devons nous séparer. En demeurant ensemble, nous ne faisons qu'attirer l'attention de nos ennemis et de nos adversaires sur nous. Et nous n'avons pas d'endroit où aller. Partez, toi, le petit et Livia, je t'en conjure. Sauvez-vous. À présent, aucune épée n'est capable de le protéger. »

Romulus le regarda comme s'il n'en croyait pas ses oreilles, les yeux remplis de larmes. Mais Ambrosinus rétorqua : « Non ! Cela ne peut pas se terminer ainsi. La prophétie ne ment pas, j'en suis certain. Nous devons rester, à tout prix ! »

Livia échangea un coup d'œil avec Aurelius, puis elle se tourna vers Ambrosinus. « Il faut que tu te résignes à la réalité, lui dit-elle, à la triste réalité. Si nous restons ici, nous mourrons tous et Romulus mourra, lui aussi. »

Elle s'adressa ensuite aux autres : « Toi, Vatrenus, qu'en penses-tu ?

— Ce que vous avez dit est juste. Il est inutile de s'acharner. Mettons le petit en sécurité avec son maître. Nous trouverons bien une route...

— Orose ? Démétrios ? »

Tous deux acquiescèrent.

« Batiatus ? »

Le géant jeta à la ronde un regard déconcerté comme s'il ne pouvait croire que cette aventure terrible et mer-

veilleuse était parvenue à sa conclusion, que cette grande famille, la seule qu'il eût jamais connue, allait se désunir. Il baissa la tête pour cacher ses larmes, et ses compagnons interprétèrent ce geste comme un signe d'approbation.

« Alors... je crois que c'est décidé, conclut Livia. Et maintenant, essayons de dormir. Demain, il nous faudra affronter une route fatigante, quelle que soit la direction que nous prendrons. »

Kustennin se leva, lui aussi. « N'oubliez pas, dit-il. Au vieux môle romain, à l'aube. J'espère que la nuit vous portera conseil. » Il saisit les rênes de son cheval.

« Attends », lui lança Aurelius. Il monta sur le chemin de ronde pour amener l'enseigne puis, une fois redescendu, il la replia soigneusement et la remit à Kustennin. « Garde-la. Entre tes mains, elle ne sera pas perdue. »

Kustennin l'accepta. Il sauta à cheval et s'élança au galop. Pétrifié, Ambrosinus assista à ce triste cérémonial. Il posa la main sur l'épaule de Romulus et le serra contre sa poitrine, comme pour le protéger du froid intérieur qui lui mordait le cœur.

Écrasé par l'émotion, Aurelius s'éloigna, et Livia lui emboîta le pas. Elle le rejoignit dans le noir, au pied de l'échelle qui menait au chemin de ronde, et effleura sa bouche d'un baiser. « Il est inutile de se battre contre l'impossible. C'est le destin qui décide de notre vie et il nous est interdit de franchir une limite donnée. Regagnons l'Italie, cherchons un bateau en partance pour la Méditerranée. Retournons à Venetia... » En se mordant les lèvres, Aurelius observait Romulus, assis auprès d'Ambrosinus, qui l'étreignait et le couvrait à l'aide de son manteau.

« Nous les reverrons peut-être... Qui sait ? » dit Livia, qui partageait ses pensées. « *Sed primum vivere*,

la vie l'emporte sur tout le reste, ne crois-tu pas ? » ajouta-t-elle en le serrant dans ses bras. Mais Aurelius se libéra de cette étreinte.

« Tu n'as jamais abandonné ton projet, n'est-ce pas ? s'écria-t-il. Tu ne comprends donc pas que j'aime ce garçon comme le fils que je n'ai jamais eu ? Retourner dans ta lagune équivaut, à mes yeux, à me jeter dans une mer en feu, ne le vois-tu pas ? Laisse-moi tranquille, s'il te plaît... laisse-moi. » Livia courut se réfugier dans un des baraquements, en pleurs.

Aurelius regagna la coursive et se posta dans une tour de garde. La nuit était calme et sereine, une nuit tiède de printemps, mais le froid et le désespoir s'étaient abattus sur son cœur. Il aurait aimé ne pas exister, n'être jamais né. Il demeura longuement ainsi, plongé dans ses pensées et presque absent, tandis que la lune surgissait des flancs du Mount Badon, jetant sur la vallée un voile argenté. Soudain, une main le secoua, le faisant sursauter, et Ambrosinus se dressa derrière lui. L'échelle en bois grinçante n'avait pourtant produit aucun bruit, ni même le chemin de ronde aux planches disjointes. Il se retourna brusquement, comme si un fantôme lui était apparu. « Ambrosinus... que veux-tu ?

— Viens, allons-y.

— Où ?

— Chercher la vérité. »

Aurelius secoua la tête. « Non, laisse-moi tranquille. Demain, un long voyage nous attend. »

Les doigts du vieux précepteur se refermèrent sur ses vêtements. « Tu vas m'accompagner, immédiatement ! »

Résigné, Aurelius se leva. « D'accord. Comme ça, tu me laisseras tranquille, après. »

Ambrosinus descendit l'échelle, franchit l'enceinte

du camp et se dirigea d'un pas rapide vers la grande pierre circulaire, entourée de quatre monolithes qui se dressaient tels des géants silencieux dans la lumière de la lune. Une fois devant la pierre, il invita Aurelius à s'y asseoir, et le Romain s'exécuta, comme s'il obéissait à une volonté invincible. Ambrosinus versa un liquide dans une écuelle et la lui tendit. « Bois.

— Qu'est-ce que c'est ? demanda Aurelius, tout interdit.

— Un voyage pour l'enfer... si tu en as le courage. »

Aurelius fixa les pupilles dilatées du druide et se sentit avalé par un tourbillon de ténèbres. Il saisit la coupe d'un geste mécanique et la vida d'un seul trait.

Ambrosinus posa les mains sur la tête du légionnaire. Celui-ci eut l'impression que les doigts du vieillard pénétraient dans sa peau, dans son crâne, comme des serres acérées. La douleur était si lancinante, si insupportable, qu'il se mit à crier. Mais, comme dans un songe, il ouvrait toute grande la bouche et aucun son ne s'en échappait, la souffrance demeurait en lui comme un lion en cage, elle le déchiquetait cruellement. Puis les doigts s'enfoncèrent dans son cerveau tandis que la voix du druide retentissait, aiguë, stridente. Elle criait, tonnait, murmurait : « Laisse-moi entrer ! Laisse-moi entrer ! »

Elle se fraya un chemin et explosa brusquement dans l'esprit d'Aurelius en un hurlement d'agonie, puis le légionnaire s'effondra en râlant sur la pierre.

Il se réveilla dans un lieu inconnu, enveloppé de ténèbres épaisses et balaya les alentours d'un regard perdu, à la recherche d'un élément qui le ramènerait à la réalité. Il vit la silhouette sombre d'une ville assiégée... des feux de camp tout autour de l'enceinte. Des météores flamboyants sillonnaient le ciel dans des

sifflements aigus. Mais les sons, les voix étouffées et lointaines avaient la vibration fluctuante et déformée qui caractérisent les cauchemars.

« Où suis-je ? » dit-il.

La voix du druide résonna dans son dos : « Dans ton passé... à Aquilée !

— Ce n'est pas possible..., répondit-il. Ce n'est pas possible. »

Un aqueduc en ruine se dressait maintenant devant lui, tandis qu'une voix allait et venait entre les pilastres et les arcades. Celle de Myrdin Ambrosinus s'éleva encore une fois : « Regarde, dit-il, il y a quelqu'un là-bas. » À ces mots, la vue d'Aurelius s'aiguisa comme celle d'un oiseau de nuit. Oui, il y a avait bien une silhouette, et elle se déplaçait sur l'aqueduc. Un homme avançait avec une lanterne sur la seconde rangée d'arcades. Soudain, il se retourna, et la lanterne éclaira son visage.

« C'est toi ! » dit la voix dans son dos.

Aurelius se sentit emporté par un tourbillon subit, comme une feuille dans le vent. C'était lui qui marchait sur l'aqueduc en ruine, c'était lui qui tenait la lanterne. Une voix surgit des ténèbres, une voix familière, qui le fit sursauter. « Tu as apporté l'or ? » Aussitôt après, un visage émergea de l'obscurité : Wulfila !

« Tout ce que j'ai », répondit-il. Et il lui remit une bourse.

Le barbare la soupesa. « Ce n'est pas ce que nous étions convenus... mais je l'accepte quand même.

— Mes parents ! Où sont-ils ? Nous avions conclu un marché... »

Wulfila le fixa d'un regard impassible. Son visage de pierre ne trahissait aucune émotion. « Tu les trouveras à l'entrée de la nécropole occidentale. Ils sont

très affaiblis, ils n'auraient jamais pu venir jusqu'ici. » Il lui tourna le dos et disparut dans le noir.

« Attends ! » s'écria Aurelius, mais il n'obtint aucune réponse. Il était seul. Tenaillé par le doute. La lumière de la lanterne trembla. La voix de son guide retentit de nouveau. « Tu n'avais pas le choix... »

Maintenant, il était au pied de l'enceinte, devant une poterne qui donnait sur la campagne. Il eut des difficultés à l'ouvrir, à cause de la rouille et de l'enchevêtrement de plantes et de lierre qui la dissimulait depuis un temps immémorial. Il franchit l'enceinte. Devant lui s'étendait la nécropole, d'anciennes tombes rongées par le temps, recouvertes de ruines et de mauvaises herbes. Il lança un regard prudent à la ronde : le terrain était nu et plat, apparemment désert. Il appela d'une voix faible : « Père... Mère ! »

Un gémissement de douleur lui fit écho : la voix de ses parents ! Il courut droit devant lui, le cœur serré, et sa lanterne éclaira soudain un spectacle terrifiant : ses parents étaient attachés, chacun à un pal, agonisants. Sur leurs corps, les traces de cruelles tortures. Son père leva la tête, montrant son visage ruisselant de sang. « Rebrousse chemin, mon fils ! » lui lança-t-il du dernier souffle qui lui restait. Mais il n'eut pas le temps de terminer sa phrase : Wulfila le transperça de son épée en surgissant de derrière une tombe. Aussitôt d'autres barbares jaillirent du néant et encerclèrent Aurelius. Un couteau lui lacéra la peau à la base du cou, un coup à la nuque l'abattit sur le sol, et sa dernière vision fut celle de Wulfila qui plongeait son épée dans le corps de sa mère. Mais il continuait de percevoir les sons : la voix du barbare qui encourageait les siens – « La poterne est ouverte, courez, la ville nous appartient ! » –, puis le piétinement des guerriers qui s'élançaient à travers l'ouverture, les cris déchirants qui

montaient de la ville, des gémissements de mort, le fracas des armes, le rugissement des flammes qui dévoraient Aquilée !

Il hurla en rassemblant ses dernières forces, il hurla d'horreur, de haine, de désespoir. Puis il entendit la voix qui l'avait guidé à travers cet enfer, et il se retrouva allongé sur la grande pierre circulaire, en nage. Ambrosinus se tenait devant lui, il ne cessait de l'encourager : « Continue... continue avant que la brèche qui mène à ton passé se referme. Rappelle-toi, Aurelianus Ambrosius Ventidius, rappelle-toi ! »

Aurelius respira profondément et se redressa en portant les mains à ses tempes douloureuses. Chaque mot lui coûtait un terrible effort. « J'ignore combien de temps s'était écoulé quand je revins à moi. Ils m'avaient sans doute laissé pour mort... »

À présent, la respiration d'Aurelius s'était apaisée. Il porta la main à la cicatrice qui traversait sa poitrine. « La lame qui aurait dû trancher la carotide avait seulement incisé la peau, sous les clavicules... mais j'avais un mal de tête insupportable, lancinant... J'avais perdu la mémoire... J'errai sans but. Bientôt, j'aperçus une colonne de fuyards qui tentaient de s'éloigner à bord de quelques barques sur la lagune. D'instinct, je courus les aider. Venant de toutes parts, ils se jetaient sur les embarcations, qui risquaient à chaque instant de se retourner. Il y avait là des vieillards, des femmes, des enfants qui s'enfonçaient dans la boue tandis que se mêlaient les pleurs, les prières, les appels au secours et les cris de ceux qui avaient perdu leurs enfants, leurs frères et sœurs, leurs parents...

« Non contents d'avoir perpétré un massacre, les barbares se déversaient maintenant hors les murs en brandissant des torches et galopaient à bride abattue vers la

plage, afin d'assassiner les rescapés. La dernière barque, pleine à craquer, venait de quitter la rive, et le batelier avait gardé la dernière place pour moi. Il me tendit la main en disant : "Vite, monte !" C'est alors que nous entendîmes l'invocation d'une femme : "Attendez, criait-elle. Attendez, pour l'amour de Dieu !" Elle avançait, plongée dans l'eau jusqu'à la taille, en traînant derrière elle une fillette qui pleurait de terreur. J'ai aidé cette femme à monter et j'ai pris la petite dans mes bras le temps que sa mère prenne place à bord. Effrayée par l'eau sombre, la petite tendait une main à sa mère, tout en s'agrippant de l'autre à mon cou. C'est ainsi... c'est ainsi qu'elle m'a arraché la médaille que je portais... la médaille représentant l'aigle... l'enseigne de mon unité et de ma ville détruite. Cette fillette, c'était Livia ! »

Ambrosinus l'aida à se lever et le soutint comme un infirme. Les deux hommes s'acheminèrent lentement vers le camp.

« J'ai été capturé, poursuivit Aurelius, et réduit en esclavage. Puis j'ai été libéré par une attaque de la légion Nova Invicta, qui devint dès lors ma maison, ma famille, ma vie. »

Ambrosinus passa un bras autour de ses épaules pour lui transmettre un peu de chaleur. « Si tu as ouvert la porte, c'est parce que tu voulais sauver tes parents d'une mort horrible, dit-il. Tu étais le héros d'Aquilée, celui qui l'avait défendue pendant de nombreux mois. Wulfila fut le bourreau de ta ville et de tes parents.

— Il paiera pour cela, jusqu'à la dernière goutte de son sang. » Ses yeux étaient de glace tandis qu'il proférait ces mots.

Ils avaient atteint la porte du camp. Ambrosinus frappa avec son bâton. Livia apparut devant eux, en compagnie de Romulus, qui avait veillé avec elle.

« As-tu trouvé ce que tu cherchais ? demanda la jeune femme à Aurelius.

— Oui, lui répondit-il. Et tu m'avais dit la vérité.

— L'amour ne ment jamais. Ne le savais-tu pas ? » Elle l'étreignit, couvrit de baisers ses lèvres, son front et ses yeux encore remplis d'horreur.

Ambrosinus se tourna vers Romulus. « Viens, mon garçon, dit-il. Viens, il faut que tu essaies de dormir. »

Le camp était plongé dans le silence. Ses occupants veillaient tous solitairement par cette tranquille nuit de printemps, en attendant que le soleil leur révèle un nouveau destin. Ou le dernier.

« Ne me laisse pas seule cette nuit, dit Livia. Je t'en prie. »

Aurelius la serra contre sa poitrine, il la prit par la main et la conduisit dans son refuge.

Maintenant, ils se faisaient face. Filtrant à travers le toit en ruine, la lumière de la lune éclairait le visage sublime de Livia, la caressait de ses pâles lueurs, diffusant sur sa tête une aura magique, une splendeur d'argent. Aurelius lui délaça son vêtement et contempla sa nudité, il caressa avec extase, des yeux puis des mains, sa beauté statuaire, son corps divin. À son tour, elle le déshabilla lentement, avec la dévotion et l'attente frémissante d'une épouse. Elle effleura de ses doigts légers son corps de bronze, parcourut ce paysage tourmenté, la peau froncée par tant de cicatrices, les muscles contractés par d'infinies, de sanglantes ordalies. Puis elle s'abandonna sur sa pauvre paillasse, sur sa couverture de soldat, et l'accueillit en elle, arquant les reins comme une pouliche sauvage, enfonçant les ongles dans ses épaules, cherchant sa bouche. Ils s'aimèrent longuement, frémissant d'un désir inépuisable, échangeant le flux ardent de leur souffle, l'intimité torride de leur chair. Ensuite, ils se laissèrent aller, épuisés. Aurelius

s'allongea à côté de Livia, enveloppé dans le parfum de ses cheveux.

« Cette nuit-là, murmura la jeune femme, je suis tombée amoureuse de toi quand je t'ai vu, seul et sans défense, sur la rive de la lagune, alors que tu attendais, immobile, ton destin. Je n'avais que neuf ans... »

XXXVII

Il faisait encore nuit quand Aurelius se leva, s'habilla et sortit dans la cour déserte. À sa vue, ses compagnons surgirent comme par magie de l'obscurité, l'un après l'autre, et s'approchèrent. Ils semblaient attendre de lui une décision finale. Ambrosinus le rejoignit aussi. Personne n'avait dormi.

Aurelius prit la parole. « J'ai changé d'idée. Je reste.

— Quoi ? répliqua Vatrenus. Tu as perdu la tête ?

— S'il reste, je reste moi aussi, s'écria Batiatus en accrochant son épée et sa hache à double tranchant à son ceinturon.

— Je comprends, l'approuva Démétrios. Nous restons pour couvrir la fuite de Romulus et d'Ambrosinus... C'est normal.

— C'est normal, répéta Orose. Ainsi, Livia pourra se sauver, elle aussi. »

Livia sortit à cet instant précis, gainée dans ses vêtements d'amazone, son arc en bandoulière et son carquois à la main. « Aurelius est l'homme que j'aime. Je vivrai avec lui si Dieu le veut, mais je n'ai aucune intention de lui survivre. C'est mon dernier mot. »

Romulus avança et se plaça au milieu du cercle de

ses amis. « Si vous restez, je ne pars pas », dit-il. Et sa voix était ferme, décidée et grave, comme celle d'un homme. « Nous avons traversé ensemble toutes sortes d'épreuves et ma vie n'aurait plus de sens loin de vous. Je n'ai plus que vous, vous, mes amis les plus chers. Je ne vous quitterais pour rien au monde, et si vous me chassez par la force je reviendrai. À la nage s'il le faut... »

Ambrosinus leva la main pour réclamer l'attention générale. « J'aime ce garçon plus qu'un fils, et je donnerais pour lui mon sang à n'importe quel instant. Mais c'est un homme désormais. La douleur, la peur, les souffrances et les privations l'ont fait grandir. Il mérite le privilège de prendre les décisions qui le concernent, et nous devons les respecter. Moi le premier. Notre destin va bientôt s'accomplir d'une manière ou d'une autre, et je veux le partager avec vous. Le sentiment qui nous unit et qui nous a empêchés de fléchir devant la menace est si fort qu'il l'emporte sur la peur, même de la mort. Il nous rassemblera jusqu'au dernier instant. Je suis incapable de vous dire ce que je ressens en vous entendant. Je n'ai rien à vous donner, à l'exception de mon affection la plus profonde et des conseils que Dieu tout-puissant voudra bien m'inspirer. Je regrette pour notre ami Kustennin, qui nous attendra en vain au vieux môle. Mais certains rendez-vous ne se ratent pas, et c'est le cas de celui vers lequel nous allons. »

Un grand silence empreint d'émotion s'abattit sur les lieux, et une profonde sérénité envahit les membres de l'assistance : la sérénité de ceux qui s'apprêtent à affronter l'extrême sacrifice par amour, par amitié, par foi, par dévotion.

Vatrenus réagit le premier à sa manière brusque. « Alors, bougeons-nous les fesses ! Je n'ai aucune envie de me faire égorger comme un mouton. J'ai bien

l'intention d'entraîner un bon nombre de ces fils de chienne aux Enfers.

— Bien parlé ! s'exclama Batiatus. J'ai toujours détesté ces salopards à taches de rousseur. »

Ambrosinus ne put réprimer un sourire. « Nous le savons, Batiatus, dit-il. J'ai peut-être quelque chose pour vous, j'ai fait une découverte cette nuit. Accompagnez-moi. » Il s'achemina vers le prétoire. Ses compagnons lui emboîtèrent le pas et pénétrèrent avec lui dans la vieille résidence du commandant. Sa table et sa chaise pliante étaient encore là, ainsi que des rouleaux de parchemin et des documents de bureau. Le portrait fané d'une très belle femme était accroché au mur. Ambrosinus souleva une natte de paille entrelacée, posée sur le sol. Il y avait là une trappe, qu'il ouvrit en invitant ses camarades à descendre.

Aurelius se glissa le premier dans l'orifice. Un spectacle incroyable l'attendait : l'armurerie de la légion ! Une vingtaine d'armures complètes, fabriquées à l'ancienne, étaient alignées en bon ordre, encore couvertes de graisse : cuirasses segmentées, casques et boucliers, gerbes de javelots à pointe triangulaire, selon l'ancien modèle des armées de Trajan et d'Hadrien. En outre, démontées et parfaitement efficaces, des balistes et des catapultes avec leurs dards en fer massif, et un grand nombre de *lilia*, engins mortels à trois pointes de fer, à dissimuler dans le terrain pour faire barrage à la cavalerie et à l'infanterie ennemies.

« C'est, à mon avis, la meilleure contribution que tu aies apportée jusqu'à présent à notre cause ! s'exclama Vatrenus en tapant l'épaule d'Ambrosinus. Avec tout le respect que je dois à tes affirmations philosophiques. Courage, les gars, au travail ! Démétrios, tu m'aideras à monter les catapultes et les balistes.

— Vous les concentrerez essentiellement sur le côté

est, ordonna Aurelius, le côté par lequel ils pourraient nous attaquer, et le plus vulnérable.

— Orose et Batiatus ! continua Vatrenus. Prenez des pals et des pics, plantez les "lis" là où vous l'indiquera Aurelius : c'est lui, le stratège. Livia, monte les projectiles destinés à l'artillerie sur le chemin de ronde, des flèches, des javelots... et des pierres, toutes les pierres que tu parviendras à trouver. Que chacun se munisse d'une armure complète : casque, pectoral, etc., il y en a pour toutes les tailles. Sauf pour Batiatus, naturellement. »

L'Éthiopien lança un regard perplexe à la ronde. « Hé, regardez-moi ça, ce pectoral de cheval ! Je l'adapterai avec quelques coups de marteau. Il m'ira très bien. »

Les membres de l'assistance éclatèrent de rire en voyant le géant soulever d'une seule main la lourde cuirasse d'un cheval de bataille, et monter à l'échelle à toute allure.

« Et moi ? demanda Romulus. Que dois-je faire ?

— Rien, répondit Vatrenus. Toi, tu es l'empereur.

— Alors, j'aiderai Livia », répondit-il. Et il s'employa à rassembler les javelots en imitant son amie.

Une fois remonté, Aurelius s'attarda un moment pour examiner les papiers qui étaient encore entassés sur la table, couverts de poussière. L'un d'eux attira son attention. Des vers y étaient joliment inscrits : « *Exaudi me regina mundi, inter sidereos Roma recepta polos*[1]... » C'était le début du *De reditu* de Rutilius Namatianus, le dernier hymne ému à la grandeur de Rome, rédigé soixante-dix ans plus tôt, à la veille du

1. « Écoute-moi, reine du monde, Rome, toi qui as été accueillie parmi les pôles du firmament » (Rutilius Namatianus, *De reditu suo*, I, 3). (*N.d.A.*)

siège d'Alaric. Il soupira et glissa ce petit parchemin sous son corselet, le plaçant sur son cœur comme un talisman. C'est alors que réapparut Ambrosinus. Le Romain s'approcha : « Quand tu verras que tout est perdu, cache-toi avec le petit dans ce souterrain et attends la fin du combat. À la tombée de la nuit, rejoins Kustennin et accepte son aide. Romulus se laissera convaincre, et vous pourrez peut-être trouver un endroit secret, en Irlande, où recommencer une nouvelle vie.

— Ce ne sera pas nécessaire », répondit Ambrosinus d'une voix sereine. Aurelius secoua la tête et sortit dans la cour pour prêter main-forte à ses compagnons.

Ils travaillèrent d'arrache-pied toute la journée, avec un enthousiasme incroyable, comme s'ils s'étaient libérés d'un fardeau intolérable. Au couchant, Aurelius et les siens, en nage, couverts de terre et de poussière, contemplèrent leur travail : les catapultes et les balistes alignées sur les remparts, les gerbes de dards et de javelots disposées en bon ordre au pied de chaque machine, les pièces de renfort contre les parapets, les arcs en grand nombre, munis d'une quantité de flèches, devant les meurtrières. Et les armures, brillantes, resplendissantes, en rang le long de la palissade, prêtes à être passées. Il y avait aussi celle de Batiatus, obtenue à coups de masse sur l'enclume, brunie et étincelante. Conçue pour le poitrail d'un cheval, elle protégerait pendant la bataille le torse de l'hercule noir.

Ils mangèrent, assis autour du feu, et se préparèrent pour la nuit.

« Dormez tous, car vous devrez vous battre demain, dit Ambrosinus. Je me charge de la ronde. Ma vue est encore bonne, et mon ouïe excellente. »

Ils dormaient tous. Batiatus, la tête appuyée contre son armure, près de la forge encore tiède. Livia, dans

les bras d'Aurelius, à l'intérieur d'un baraquement. Démétrios et Orose dans les écuries, à côté des chevaux. Romulus, enroulé dans sa couverture de voyage, sous l'auvent. Vatrenus sur les remparts, dans la tour de garde.

Ambrosinus montait la garde près de la porte, plongé dans ses pensées. Constatant que ses compagnons dormaient profondément, il ouvrit délicatement la porte et s'achemina vers la grande pierre circulaire. Quand il l'eut atteinte, il entreprit d'amasser une grande quantité de bois, des branches et des troncs secs qui gisaient au pied des chênes séculaires. Puis il s'approcha d'un rouvre colossal et se glissa à l'intérieur d'une cavité pratiquée dans le tronc. Il en tira un objet rond et un gourdin. Un tambour. Il le suspendit à une branche et y assena un coup de gourdin, produisant un grondement grave qui rebondit sur les montagnes, comme le bruit d'une tempête. Il répéta son geste plusieurs fois.

Au camp, Aurelius se redressa sur sa couche. « Qu'est-ce que c'était ? » demanda-t-il. Livia lui saisit la main et l'attira à elle. « Le tonnerre, dors. »

Mais le son, grave et martelant, ne cessait d'enfler, multiplié par l'écho qui résonnait sur les flancs de la vallée, sur les pâturages et les rochers. Aurelius tendit une nouvelle fois l'oreille. « Non, ce n'est pas le tonnerre. On dirait plutôt un signal d'alerte... mais à qui s'adresse-t-il ? »

La voix de Vatrenus retentit dans la tour de garde. « Venez voir, vite ! » Ils s'emparèrent tous de leurs armes et grim-pèrent sur les remparts. Au loin, le cercle mégalithique semblait incendié. Un énorme bûcher brûlait à l'intérieur, entre les grands pilastres de pierre, lançant vers le ciel un tourbillon d'étincelles. On pouvait distinguer une ombre, qui se mouvait comme un spectre à la lumière des flammes.

« C'est Ambrosinus qui s'adonne à ses actes de sorcellerie, déclara Aurelius. Et nous qui croyions qu'il montait la garde... Je retourne dormir. Reste là, Vatrenus, jusqu'à ce qu'il revienne. »

Ils ne furent pas les seuls à voir ce feu. Dans les fermes qui parsemaient la campagne, les bergers et les paysans, les forgerons et les artisans l'aperçurent et en allumèrent d'autres sous l'œil étonné de leurs épouses et de leurs enfants. Bientôt, les flammes s'élevèrent partout sur les monts et les collines, des rivages de l'Océan jusqu'au Grand Mur.

Et le grondement du tambour parvint aux oreilles de Kustennin, qui sauta de son lit. Il alla à la fenêtre, vit les feux et comprit pourquoi ses amis ne l'avaient pas rejoint au port, ce matin-là. Il regarda les lits vides d'Egeria et d'Ygraine et songea au bateau qui, en cet instant précis, voguait sur les eaux tranquilles, les conduisant en lieu sûr. Il ouvrit un coffre et en tira le dragon d'argent et de pourpre, puis il réveilla un domestique, lui ordonna de préparer son armure et son cheval.

« Où vas-tu, maître, à une heure pareille ? lui demanda-t-il avec surprise.

— Je vais retrouver mes amis.

— Alors pourquoi prends-tu ton épée ? »

Au même moment, le grondement résonna au lointain, poussé par le vent.

Kustennin soupira. « Dans certaines situations, il faut choisir entre l'épée et la charrue. » Il accrocha son épée à son ceinturon et descendit l'escalier en se dirigeant vers les écuries.

À l'aube, Aurelius, Vatrenus et leurs compagnons se tenaient sur les remparts, armés de pied en cap, les yeux fixés sur l'horizon. Romulus passait de l'un à l'autre

avec une marmite de soupe fumante, il demanda enfin à Aurelius :

« Comment est-elle ? »

Aurelius avala une cuillerée. « Bonne, la meilleure qu'on m'ait jamais servie dans un camp militaire. »

L'adolescent sourit. « Peut-être nous sommes-nous agités pour rien. Peut-être ne viendront-ils pas.

— Peut-être...

— Sais-tu ce que je me disais ? J'aimerais bien fonder ici notre petite communauté. Ce camp pourrait se transformer un jour en village. Je pourrais, moi aussi, me trouver une fiancée. J'ai rencontré une fille en ville, avec des cheveux roux. »

Aurelius sourit à son tour. « C'est bien que tu commences à penser aux filles. Cela signifie que tu grandis, mais aussi que tes blessures sont en train de cicatriser, que l'image de tes parents cesse d'être une plaie douloureuse pour devenir un souvenir agréable, une pensée d'amour qui te tiendra compagnie toute ta vie. »

Romulus soupira. « Oui, tu as peut-être raison, mais je n'ai que quatorze ans. À mon âge, on a besoin d'un père. » Il se versa un peu de soupe et entreprit de la manger pour se donner une contenance. De temps à autre, il observait Aurelius à la dérobée. « Tu as raison, dit-il. Cette soupe n'est pas mauvaise. C'est Livia qui l'a préparée.

— Je l'imaginais, répondit Aurelius. Mais, dis-moi plutôt, si ton père était ici, que lui demanderais-tu ?

— Rien de particulier. J'aimerais me tenir à ses côtés, partager quelque chose avec lui, comme nous deux, maintenant, qui déjeunons ensemble. Des actes simples, de rien du tout, mais effectués ensemble... savoir qu'on n'est pas seul, tu comprends ?

— Bien sûr. Mes parents me manquent beaucoup, à moi aussi, bien que je sois beaucoup plus âgé que toi. »

Ils contemplèrent un moment l'horizon. Puis Aurelius brisa le silence. « Tu sais quoi ? Je n'ai jamais eu d'enfant, et je ne sais pas si j'en aurai. Je veux dire... je ne sais pas ce qui nous attend et...

— Je comprends.

— Je me demandais si...

— Quoi ? »

Aurelius ôta sa bague en bronze, ornée d'un petit camée sur lequel était gravé un monogramme. « A présent, je sais que cette bague m'appartient vraiment. Qu'elle vient de ma famille et je me demande... je me demande si tu l'accepterais. »

Romulus posa sur lui ses yeux brillants. « Tu veux dire que...

— Oui. Si tu l'acceptes, je serais heureux de t'adopter, de faire de toi mon fils.

— Ici ? Maintenant ?

— *Hic et nunc*, répondit Aurelius. Si tu l'acceptes. »

Romulus se jeta à son cou. « De tout mon cœur, dit-il. Même si... je ne crois pas que j'arriverai à t'appeler "père". Je t'ai toujours dit Aurelius.

— Aurelius, c'est bien. »

Romulus tendit la main droite et Aurelius glissa la bague à son pouce, après avoir essayé les autres doigts trop fins. « Alors je t'adopte, Romulus Auguste César Aurelianus Ambrosius Ventidius... Britannicus ! Et qu'il en soit ainsi tant que tu vivras. »

Romulus l'embrassa encore une fois. « Merci. Je saurai t'honorer comme tu le mérites.

— Mais je t'avertis. Tu devras aussi suivre mes conseils, à défaut d'obéir à mes ordres. »

Romulus s'apprêtait à répondre quand la voix de

Démétrios résonna sur la tour la plus haute. « Ils arrivent ! »

Aurelius s'écria : « Regagnez tous votre poste ! Romulus, rejoins Ambrosinus. Il sait ce qu'il doit faire. Allez, dépêche-toi ! »

C'est alors que retentirent les sons prolongés des cors, ceux-là mêmes qu'ils avaient entendus à Dertona, le jour où Mlède avait attaqué. Et l'on vit apparaître sur la crête des collines, à l'est, une longue rangée de cavaliers cuirassés qui avançaient au pas. Soudain, elle s'ouvrit en deux sur un guerrier gigantesque, au visage caché derrière un masque en or, qui brandissait une épée resplendissante.

D'un signe, Aurelius ordonna à Vatrenus et Démétrios d'armer les catapultes et les balistes.

« Regardez ! s'écria Démétrios. On vient.

— Ils veulent peut-être négocier ! » dit Vatrenus en se penchant au-dessus du parapet.

Un homme à cheval, flanqué de deux guerriers armés, marchait en tenant un drapeau blanc pendant à une hampe transversale : le signe de la trêve. Les trois hommes atteignirent la palissade.

« Que veux-tu ? demanda Vatrenus.

— Mon seigneur Vortigern vous offre la vie sauve si vous nous livrez le jeune usurpateur qui prétend se nommer Romulus Auguste, et le déserteur qui le protège et répond au nom d'Aurelius.

— Un instant, répondit Vatrenus. Nous devons nous consulter. » Il rejoignit Batiatus et murmura quelques mots à son oreille.

« Alors ? l'interrogea l'envoyé. Que dois-je rapporter ?

— Que nous acceptons ! répondit Vatrenus.

— Voici le petit ! » s'écria Batiatus. Avant que le barbare ait eu le temps de comprendre ce qui lui arri-

vait, l'Éthiopien jeta sur lui un rocher enveloppé dans une couverture, qui l'écrasa. Les deux autres repartirent à toute allure, tandis que Batiatus hurlait : « Attendez, voilà l'autre !

— Ça va les énerver, dit Aurelius.

— Est-ce que ça change quelque chose à l'affaire ? répliqua Vatrenus.

— Non, rien du tout. Soyez prêts. Ils avancent. »

Les cors résonnèrent encore et le vaste front de cavaliers s'élança. À un quart de mille du camp, leur rang s'ouvrit sur un bélier à roues que huit hommes à cheval tiraient au bas de la pente.

« Il veut recommencer le coup de Dertona ! s'écria Aurelius. Les catapultes ! Prêts ! »

Les cavaliers ennemis galopaient à toute allure quand ils arrivèrent sur le terrain semé de *lilia*. Les deux chevaux de tête s'effondrèrent en projetant leurs cavaliers sur les pointes ferrées qui étaient cachées dans l'herbe. Le bélier fut déséquilibré, et il vira sur la gauche en accélérant. Ne résistant pas au poids, ses roues volèrent en éclats, le tronc se renversa et dévala la pente, rebondissant sur les rochers et finissant par tomber dans le lac.

Les catapultes se déclenchèrent et quatre autres cavaliers furent transpercés tandis qu'ils tentaient de rebrousser chemin. Un hurlement d'enthousiasme explosa sur les remparts, mais d'autres sonneries de cor leur répondirent. Les cavaliers s'étaient immobilisés, laissant la place à une vague d'infanterie légère.

« Attention ! s'écria Démétrios. Ils ont des flèches incendiaires.

— Arcs ! ordonna Aurelius. Arrêtez le plus de soldats que vous pourrez ! »

Les fantassins avançaient en courant vers le camp, et il apparut bien vite qu'il s'agissait de domestiques

sommairement armés, destinés à se faire massacrer pour ouvrir la voie à la cavalerie lourde. Derrière eux, les autres guerriers se tenaient prêts à transpercer de leurs flèches quiconque tenterait de fuir. Les fantassins se rendirent compte que le terrain était piégé dès qu'ils virent les premiers d'entre eux tomber en hurlant de douleur, les pieds empalés. Ils se divisèrent en deux groupes en contournant à droite et à gauche la zone impraticable, et commencèrent à décocher leurs flèches incendiaires, qui décrivirent de larges paraboles. Nombre d'entre eux furent abattus par les projectiles de Livia et de ses compagnons, mais les autres parvinrent à s'abriter derrière des arbres et des rochers, d'où ils purent poursuivre leur œuvre en atteignant leur cible à plusieurs endroits. Le bois de la palissade, vieux et extrêmement sec, s'enflamma immédiatement. D'autres fantassins s'élancèrent vers l'avant, munis d'échelles, mais ils furent cloués au sol par les tirs des balistes et les salves de dards projetés depuis le chemin de ronde.

Alors, les cavaliers s'ébranlèrent de nouveau et avancèrent au pas. À l'évidence, ils attendaient que le secteur enflammé de la palissade s'écroule pour bondir à l'intérieur.

Aurelius rassembla les siens. « Nous n'avons ni eau ni hommes pour éteindre l'incendie, et Wulfila ne tardera pas à se faufiler dans la brèche. Vatrenus et Démétrios, abattez tous ceux que vous pourrez avec l'artillerie. Ensuite, il ne nous restera plus qu'à bondir à l'extérieur. J'ai pratiqué un couloir sans *lilia* à l'endroit où se dresse le petit frêne. Batiatus, tu seras notre bélier. Tu feras une percée au centre, et nous te suivrons. Nous les attirerons sur le terrain le plus accidenté, où ils seront obligés de se disperser et de monter à pied. Nous avons encore un espoir. »

Un tronçon de la palissade s'effondra à cet instant-là

dans un tourbillon de fumée et d'étincelles, et la cavalerie ennemie convergea au galop vers la brèche. Les catapultes et les balistes tournèrent sur leurs plates-formes et délivrèrent une série de projectiles, abattant une demi-douzaine de cavaliers, qui en entraînèrent d'autres dans leur chute. Une deuxième salve frappa dans le tas, fauchant nombre d'ennemis, puis ce fut le tour des arcs, à distance plus rapprochée, des javelots, les plus légers à jet long, les plus lourds à jet bref. Le terrain était jonché de morts, mais les barbares poursuivaient leur avancée, certains désormais de pouvoir assener le coup décisif.

« Dehors ! s'écria alors Aurelius. Par la porte sud. Nous les contournerons sur le côté ! *Ambrosine*, mets le petit en lieu sûr ! »

Revêtu de sa cuirasse, la tête et le visage recouverts d'un casque à salade, Batiatus était déjà en selle sur son gigantesque étalon armoricain, également protégé par des plaques métalliques, sa hache de combat à la main. Ce n'était pas un homme à cheval, c'était une machine de guerre. Rapidement, tous ses camarades, sur leurs montures, se disposèrent derrière lui en formation en coin. « Maintenant ! hurla Aurelius. Dehors ! » Et la porte s'ouvrit. Tandis que les premiers cavaliers ennemis se rapprochaient de la brèche, Batiatus éperonna son cheval et, suivi par ses amis, se rua au grand galop sur la bande de terrain dépourvue de *lilia*.

Mais Romulus s'était libéré de l'étreinte de son précepteur. Il sauta sur son poulain et, pointant un gros couteau en guise d'épée, s'élança dans le sillage de ses compagnons pour se battre à leurs côtés.

Ambrosinus courut derrière lui en criant : « Arrête-toi ! Reviens ici ! » Mais il se retrouva bien vite isolé en terrain découvert. Pendant ce temps, Batiatus enfonçait les lignes des cavaliers ennemis, balayant violem-

ment tous ceux qui se dressaient devant lui pour l'arrêter. Derrière lui, ses camarades engagèrent une bataille furibonde, frappant de leurs épées et de leurs boucliers tous ceux qui croisaient leur chemin. C'est alors que Wulfila, qui se tenait encore au sommet de la pente, aperçut Aurelius. Il fondit aussitôt sur lui en brandissant son épée. Remarquant du coin de l'œil Romulus, qui galopait à sa droite, Vatrenus lui cria : « Va vers la colline, file, Romulus, file, file ! »

Terrorisé, entouré de cavaliers fonçant dans toutes les directions, Ambrosinus gagna à grand-peine un piton rocheux qui se dressait sur le terrain, à sa droite, à la recherche de son élève. Il le vit, emporté par son poulain emballé, se diriger vers le cercle mégalithique.

Wulfila avait presque atteint Aurelius. Il hurlait, hors de lui : « Bats-toi, espèce de lâche ! Tu ne peux pas m'échapper ! » Et il assena le premier coup d'épée. Batiatus leva son bouclier, une plaque en métal massif, et sauva son ami. L'épée s'abattit sur le bouclier en produisant un grand vacarme et en libérant une myriade d'étincelles. Pendant ce temps-là, les cavaliers de la première vague se faufilaient à travers la brèche, volant entre les flammes du bûcher et faisant irruption dans le camp. Ils déversèrent leur fureur sur tout ce qu'ils trouvèrent, incendiant les baraquements et les tours de garde, qui furent aussitôt enveloppées par les flammes, pareilles à des torches gigantesques.

« Il n'y a plus personne ! s'écria soudain l'un d'entre eux. Ils se sont enfuis. Vite, suivons-les ! »

Parvenu au sommet du rocher, Ambrosinus vit Aurelius, qui se battait avec un courage désespéré contre Wulfila, il vit son bouclier se briser et son épée se tordre sous les coups de l'invincible lame de son adversaire. Mais soudain, un son perçant résonna, se frayant un chemin dans ce désordre de cris sauvages, dans le

vacarme des armes : un buccin sonnait l'attaque. Au même instant, la tête scintillante et la queue pourpre du dragon apparurent en haut de la colline, précédant une rangée compacte de guerriers qui avançaient, lances baissées, derrière un mur de boucliers, poussant à chaque pas l'ancien cri de guerre de l'infanterie romaine. La légion du Dragon, surgie du néant, dévalait la pente en courant, aussitôt flanquée de deux ailes de cavaliers menés par Kustennin.

Wulfila eut un instant d'hésitation et Batiatus fondit sur lui, le déséquilibrant et le poussant sur le côté avant qu'il puisse infliger un coup mortel à Aurelius, à présent désarmé. Le barbare roula à terre, mais tandis qu'il se relevait il vit Romulus tomber de cheval et courir vers le cercle de pierres, afin de s'y réfugier. Il bondit aussitôt sur ses pieds et se lança à sa poursuite. Mais Vatrenus, qui avait deviné ses intentions, lui coupa la route. L'épée de Wulfila s'abattit sur lui avec une effroyable puissance, elle rompit son bouclier et sa cuirasse, et fit jaillir un flot de sang à la base de son cou. Le barbare reprit ensuite sa course en criant aux siens : « Couvrez-moi ! » Quatre d'entre eux se ruèrent sur Vatrenus, qui continua de se battre comme un lion, reculant, en sang, pour s'adosser au tronc d'un arbre. Ils le transpercèrent une, deux, trois fois, le clouant au tronc à l'aide d'une lance. Le Romain eut encore la force de gronder : « Allez tous en enfer, bande de salopards ! » Puis sa tête s'inclina, sans vie.

Les barbares avancèrent vers le petit groupe de guerriers qui se battaient encore avec une formidable énergie. Aurelius ramassa l'épée d'un soldat tué et fonça dans la mêlée, en essayant de se frayer un chemin jusqu'à Wulfila, qu'il avait vu se précipiter vers le cercle mégalithique où Romulus tentait de trouver refuge. Démétrios et Orose se postèrent à ses côtés afin de le

couvrir, et ils tombèrent l'un après l'autre, écrasés. L'irruption de Batiatus ne suffit pas à les sauver, mais l'Ethiopien força le mur des ennemis en propulsant Aurelius sur le terrain découvert qui s'étendait devant le cercle mégalithique. La hache du colosse tournoyait dans l'air, tranchant têtes et bras, enfonçant les boucliers et les cuirasses, trempant la terre du sang de ses ennemis qui l'encerclaient désormais. Une lance se ficha dans son épaule, et il dut reculer contre un rocher. Comme un ours assailli par une meute de chiens, Batiatus luttait avec une incroyable puissance, bien que le sang coulât abondamment de son côté gauche. Le remarquant, Livia fondit sur lui au grand galop, surgissant dans le dos des barbares, qu'elle transperça.

Le combat faisait rage de toutes parts avec une férocité inouïe tandis que les guerriers poursuivaient leur marche, en tenant bien haut l'enseigne du dragon et en repoussant vers la vallée les ennemis, abasourdis par leur soudaine apparition.

Ambrosinus avait vu, lui aussi, Wulfila. Il courait à perdre haleine au bord du champ de bataille en essayant d'atteindre le cercle de pierre et en hurlant : « Mets-toi à l'abri, Romulus, à l'abri, vite ! »

Romulus était arrivé au faîte de la colline. Il se retourna pour chercher ses amis du regard dans la furieuse mêlée, et il découvrit un guerrier gigantesque, doté d'une longue chevelure blanche et d'un masque en or. Ruisselant de sang et de sueur, cet homme horrible avançait vers lui en brandissant son épée ensanglantée. Soudain, avec un geste brusque, celui-ci arracha son masque, découvrant son visage balafré : Wulfila ! Atterré, Romulus recula vers l'un des grands pilastres en tendant son couteau en une faible tentative de défense. Il entendait, au loin, les cris angoissés de son maître et le vacarme confus de la bataille, mais son

regard était attiré, comme un aimant, par la pointe mortelle qui s'apprêtait à le frapper. Il suffit d'un coup au barbare pour balayer son couteau. Romulus recula encore et son dos heurta le pilastre. Sa longue course était terminée. Bientôt, la lame mettrait fin en un instant à ses angoisses, ses peurs, ses espoirs. Et pourtant, la frénésie de cette fuite et la terreur panique qui l'avaient d'abord envahis à la vue de cet ennemi implacable s'effacèrent devant une mystérieuse sérénité, tandis qu'il se préparait à mourir comme un vrai soldat. Et alors que l'épée jaillissait pour plonger dans son cœur, il entendit en lui la voix d'Ambrosinus qui disait : « Défends-toi ! » D'un mouvement rapide sur le côté, il esquiva miraculeusement le coup. L'épée se planta dans une fente de la pierre et y demeura coincée. Alors, sans même se retourner, l'adolescent attrapa une poignée de braises encore ardentes et les jeta sur les yeux de Wulfila, qui recula en hurlant de douleur. De nouveau, la voix paisible d'Ambrosinus résonna nettement en lui : « Prends l'épée. »

Et Romulus obéit. Ses doigts se refermèrent sur la magnifique poignée d'or et, d'un geste tranquille, libérèrent l'épée. La lame lui obéit docilement, et quand Wulfila rouvrit les yeux, il vit le garçon pousser l'arme en avant, des deux mains, la bouche grande ouverte dans un cri plus terrible encore que le vacarme de la bataille. Abasourdi et incrédule, le barbare regarda la lame pénétrer dans sa chair, s'enfoncer dans son ventre, lacérer ses entrailles. Il la sentit transpercer son dos, aussi coupante que le cri sauvage de cet enfant.

Wulfila s'effondra sur les genoux, et Romulus, à bout de souffle, se planta devant lui pour assister à sa mort. Mais la haine du barbare alimentait encore sa vie, entretenait encore en lui une puissante énergie. Aussi, ayant saisi la poignée de l'épée, il ôta lentement l'arme

de sa terrible blessure, la brandit une nouvelle fois en tenant son ventre de l'autre main, et marcha sur sa victime, les yeux fixés sur elle, comme pour l'hypnotiser. Alors qu'il s'apprêtait à abattre son épée, une autre lame jaillit de sa poitrine, après l'avoir transpercée. Aurelius se dressait dans son dos, si près de lui qu'il pouvait lui parler à l'oreille d'une voix à la froideur et à la dureté d'une sentence de mort.

« Ce coup est pour mon père, Cornelius Aurelianus Ventidius, que tu as assassiné à Aquilée. »

Un filet de sang s'échappa de la bouche du barbare, qui tentait toutefois de lever encore une fois son épée, désormais aussi lourde que du plomb. La lame d'Aurelius s'enfonça de nouveau dans sa chair et ressortit à la hauteur de son sternum.

« Et celui-ci pour ma mère, Cecilia Aurelia Silvia. »

Wulfila s'écroula dans un dernier râle. Alors, sous le regard stupéfait d'Aurelius, Romulus se pencha, trempa ses doigts dans le sang de l'ennemi et traça une bande vermeille sur son propre front. Puis il leva l'épée au ciel en poussant un cri de triomphe, qui résonna, tendu et perçant, aussi aigu qu'un cor de guerre, sur le champ de sang qui s'étendait à ses pieds.

Victorieuse sur toute la ligne, la légion avançait maintenant en rangs serrés vers le grand cercle de pierre, précédée par l'enseigne glorieuse qui l'avait arrachée à la pénombre et menée à la victoire. Celle-ci resplendissait au soleil, dans le poing de Kustennin. Parvenu au sommet de la colline, l'homme sauta de son cheval et planta la hampe dans la terre, tout près de Romulus. Il s'écria : « Ave, César ! Ave, fils du dragon ! Ave, Pendragon ! »

À son signe, quatre guerriers s'approchèrent, croisèrent quatre planches sur le sol et y placèrent un grand bouclier rond, sur lequel Romulus s'installa, debout.

Puis ces hommes le hissèrent sur leurs épaules à la manière celtique, afin que tous les combattants puissent le voir. Kustennin abattit son épée sur son bouclier, et répéta ce geste plusieurs fois, bientôt imité par toute la légion : des milliers d'épées frappaient les boucliers, des milliers de voix résonnaient, couvrant le vacarme assourdissant des armes, rythmant à l'infini ce cri : « Ave, César ! Ave, Pendragon ! »

Le front marqué du sang de Wulfila, l'épée scintillante dans son poing, Romulus ressemblait à un être magique, au jeune guerrier de la prophétie. Le cri incessant des soldats, qui rebondissait sur les montagnes en produisant mille échos, libérait dans ses yeux une passion ardente. Ce regard vola au- dessus des têtes à la recherche de ses camarades, et bientôt le triomphe lui parut lointain ; bientôt, l'euphorie frénétique qui l'avait saisi céda le pas à une émotion poignante. Il bondit au sol, passa parmi les rangées des guerriers, qui s'ouvraient respectueusement à son passage. Alors le silence tomba dans la vallée, tandis qu'il parcourait le terrain jonché de morts, promenait son regard ébahi sur cet effroyable spectacle, sur les corps encore enlacés dans le dernier spasme de l'agonie, sur les blessés, les moribonds. Il découvrit le géant Batiatus, ruisselant de sang, l'épaule percée d'une lance, appuyé contre un rocher, au milieu d'un amas d'ennemis tués. Il découvrit ses camarades tombés dans cette lutte inégale : Vatrenus, cloué par trois lances ennemies au tronc d'un arbre, les yeux encore ouverts sur un rêve impossible, Démétrios et Orose, inséparables, également unis dans la mort. Ils étaient entourés de nombreux ennemis qui avaient payé cher leur trépas.

Et Livia. Une flèche était fichée dans son côté et ses traits étaient contractés par la douleur, mais elle était vivante.

Romulus éclata en sanglots, des larmes brûlantes inondèrent ses joues à la vue de ses compagnons blessés et tués, des amis qu'il ne reverrait plus. Il continuait d'avancer, comme un automate, le regard blessé par ces visions déchirantes, et il s'immobilisa devant la rive du lac. De petites ondes, poussées par le vent, vinrent lécher ses pieds nus et la pointe de son épée, encore ensanglantée. Alors un désir infini de paix l'envahit, comme un vent tiède de printemps. Il s'écria : « Jamais plus de guerre ! Jamais plus de sang ! » Il lava l'épée dans l'eau et quand elle fut redevenue aussi brillante que du cristal, il se redressa et la fit tournoyer dans l'air, y dessinant des cercles de plus en plus larges. Puis il la projeta de toutes ses forces dans le lac. La lame fendit l'air, dégageant une lumière aveuglante, et s'abattit tel un météore, se fichant au milieu d'un rocher moussu qui émergeait au milieu du lac.

Au même instant, le vent tomba et la surface de l'eau se lissa, révélant à Romulus une vision magique, la silhouette de son maître, brusquement réapparu à ses côtés, la poitrine barrée de son petit rameau de gui. Il eut grand mal à reconnaître sa voix quand celui-ci déclara : « Tout est terminé, mon fils, mon seigneur, mon roi. Plus personne n'osera te toucher car tu es passé à travers la glace, le feu et le sang, comme cette épée qui a pénétré la roche, fils du dragon, Pendragon. »

ÉPILOGUE

C'est ainsi que se déroula et que se conclut la bataille du Mons Badonicus, qui se nomme dans notre langue Mount Badon, grâce à Aurelianus Ambrosius, un homme humble, le dernier des Romains. Et c'est ainsi que s'accomplit la prophétie qui m'avait poussé à entreprendre un voyage que quiconque eût jugé impossible, de ma terre natale jusqu'à l'Italie d'abord, puis de l'Italie jusqu'à la Bretagne, de nombreuses années plus tard. Et mon élève, empereur des Romains pendant quelques jours, devint le roi des Bretons sous le nom de Pendragon, « le fils du dragon », car c'est ainsi que le virent et l'acclamèrent les soldats de la dernière légion le jour de sa victoire. Aurelius demeura à ses côtés comme un père jusqu'à ce qu'il constate que le nom de Pendragon avait définitivement occulté le nom de Romulus et que l'amour d'Ygraine occuperait entièrement le cœur de son fils adoptif. Alors, il se mit en route avec Livia, la seule femme qu'il eût jamais aimée, et nous perdîmes toute trace d'eux. J'aime à penser qu'ils ont regagné leur petite patrie sur l'eau, Venetia, afin de continuer de vivre en Romains sans

devoir se comporter en barbares, de construire un avenir de liberté et de paix.

Cornelius Batiatus partit avec eux, sur le même navire. Mais peut-être ne les suivit-il pas jusqu'à leur destination, peut-être s'arrêta-t-il aux colonnes d'Hercule où s'étend sa terre natale, l'Afrique. Je n'oublierai jamais que ce fut la chaleur de son cœur qui rendit la vie à mon enfant inanimé, sur les sommets glacés des Alpes, et veuille le Seigneur qu'il rencontre des êtres aussi généreux et nobles que lui sur son chemin.

La semence venue d'un monde agonisant a planté des racines et produit des fruits sur cette terre lointaine, aux confins du monde. Tandis que je m'apprête à conclure cet ouvrage, le fils de Pendragon et d'Ygraine fête ses cinq ans, il porte le prénom d'Arthur, d'Arcturius, qui signifie « celui qui est né sous les étoiles de l'Ourse ». Seul un être venu des mers chaudes pouvait donner ce prénom à son fils, prouvant que, quel que soit le destin d'un homme, ses souvenirs les plus secrets ne l'abandonnent jamais, jusqu'au jour de sa mort.

Nos ennemis ont été repoussés et notre royaume s'est étendu jusqu'au sud en englobant la ville de Caerleon, l'une des premières que nous traversâmes à notre arrivée en Bretagne, mais j'ai préféré rester au nord, pour veiller et méditer, dans cette tour, voisine du Grand Mur, en écoutant les voix affaiblies du temps. L'épée admirable est encore fichée dans la roche depuis ce jour de sang et de gloire, et je suis le seul à connaître son inscription complète, car je l'ai lue le premier jour que je la vis : Cai.Iul.Caes.Ensis.Caliburnus, *« l'épée de Jules César forgée par les Chalybes ».*

Une partie de l'inscription est gravée dans la pierre, d'autres lettres ont été recouvertes par les incrustations et les lichens au cours des longues années durant les-

quelles elle a été exposée aux intempéries. Les seules lettres encore lisibles sont les suivantes :

E S CALIBUR

C'est sous ce nom que la désignent les gens de cette terre quand, certains matins d'hiver, la glace leur permet de marcher jusqu'au rocher, au centre du lac, et d'admirer cet objet extraordinaire. On prétend que seule la main du roi pourra l'extraire de la roche le jour qu'il lui faudra combattre le mal. Il s'est écoulé beaucoup de temps depuis l'époque lointaine de ma jeunesse, et mon prénom, Myrdin, s'est lui aussi déformé sur les lèvres des gens, se transformant en Merlin. Mais mon âme demeure immuable et destinée, comme celle de tout homme créé à l'image de Dieu, à la lumière immortelle.

La neige fond sur les collines, à la chaleur du soleil, et les premières fleurs du printemps ouvrent leurs corolles au vent tiède du Sud. Dieu m'a autorisé à achever mon ouvrage, et je lui rends grâce. Ici se termine mon histoire. Ici, peut-être, naît une légende.

NOTE DE L'AUTEUR

La chute de l'Empire romain est l'un des grands thèmes de l'histoire de l'Occident, mais aussi l'un des plus mystérieux du fait de sa complexité, de la rareté des sources et des témoignages concernant l'époque de son déclin définitif. En outre, cet événement, traditionnellement jugé catastrophique, est, d'un point de vue historiographique, totalement conventionnel. En effet, en 476 après Jésus-Christ, personne ne se rendit compte que le monde romain avait pris fin : les événements qui s'étaient succédé n'étaient pas plus traumatisants que ceux qui se produisaient quotidiennement depuis de nombreuses années. Tout simplement, Odoacre, le chef hérule qui avait déposé Romulus Augustule, envoya les insignes impériaux à Constantinople en affirmant qu'un empereur était plus que suffisant pour tout l'Empire.

À travers cette histoire, qui est en grande partie le fruit de mon imagination, j'ai tenté de reconstituer cet événement dans son contexte historique, mais aussi de mettre en évidence la naissance de nouveaux mondes, de nouvelles cultures et de nouvelles civilisations aux racines encore vitales dans le monde romain. La conclu-

sion « arthurienne » de notre histoire doit être prise dans son sens symbolique de véritable parabole, mais pas seulement : les chercheurs reconnaissent désormais que les événements qui engendrèrent la légende du roi Arthur, codifiée au Moyen Âge par Geoffrey de Monmouth, se déroulèrent à la fin du ve siècle en Grande-Bretagne, et comptèrent parmi leurs acteurs principaux le mystérieux et héroïque Ambroise Aurélien, *solus Romanae gentis* (« le dernier des Romains »), vainqueur de la bataille de Mount Badon contre les Saxons, prédécesseur de Pendragon et d'Arthur. Au niveau populaire, nous considérons ces personnages comme des chevaliers médiévaux, alors qu'ils étaient beaucoup plus proches du monde romain. La tradition selon laquelle les Romano-Bretons du ve siècle invoquèrent à plusieurs reprises l'aide de l'empereur contre les envahisseurs du Nord et du Sud, obtenant deux fois du général Aetius l'envoi de Germain, figure mystérieuse, à mi-chemin entre le saint et le guerrier, correspond également à la vérité. D'autres personnages, tels que le Celte Myrdin, le Merlin de la légende, sont, en revanche, tirés du *corpus* épique du cycle arthurien, qui tourne autour de l'épée mythique Excalibur, dont le nom a récemment été interprété par d'illustres celtistes comme une crase des mots latins *ensis caliburnus*, c'est-à-dire « épée forgée par les Chalybes », expression qui nous ramène au milieu méditerranéen. Cette histoire se présente donc comme une hypothèse mythique et symbolique, inspirée par des événements historiquement reconnaissables qui, au crépuscule du monde antique, auraient pu se rapprocher de cette zone d'ombre dont le mythe arthurien tire son origine.

Pour cette fiction littéraire, j'ai choisi le point de vue d'un groupe de soldats romains loyalistes, dépositaires de la tradition, qui considèrent les barbares comme des

étrangers féroces et dévastateurs, une attitude effectivement très répandue à l'époque. La durée éphémère des royaumes romano-bretons fut justement causée par le fossé qui opposait les populations romanisées aux envahisseurs. Aujourd'hui, on préfère au terme « invasions » celui de *Völkerwanderung*, de migrations, mais le résultat demeure identique. En notre époque aussi troublée, l'Occident, qui se croit d'une certaine façon immortel et indestructible (tout comme l'Empire romain de la meilleure période), devrait méditer cette leçon : tôt ou tard, les empires s'écroulent, et la richesse d'une partie du monde ne peut cohabiter avec la misère des autres populations. Ceux qu'on appelait alors barbares ne voulaient pas la destruction de l'Empire, ils souhaitaient en faire partie, et nombre d'entre eux le défendirent au prix de leur vie. Mais ils provoquèrent sa chute en précipitant le monde dans une longue période de dégradation et de désordre.

Certains personnages du roman laissent entrevoir par leur façon de s'exprimer une survivance résiduelle de sentiments païens, qu'il est difficile de justifier à la fin du Ve siècle, mais qui n'est pas totalement improbable, au vu des signaux que nous révèlent des sources plus tardives. De tels sentiments traduisent ici l'attachement à la tradition et au *mos maiorum*, qui n'était peut-être pas totalement éteint.

En ce qui concerne le personnage de Romulus, et l'âge, controversé dans les sources, auquel il fut déposé, j'ai préféré la version de *Excerpta Valesiana, 38*, qui le définit comme un enfant : « *Odoacar... deposuit Augustulum de regno, cuius infantiam misertus concessit ei sanguinem...* » (Odoacre déposa Augustule et épargna sa vie par compassion pour son jeune âge...)

Le lecteur averti reconnaîtra dans la trame du roman un grand nombre de sources issues du Bas-Empire latin,

pour la plupart : les *Histoires* d'Ammien Marcellin, le *De reditu suo* de Rutilius Namatianus, le *De gubernatione Dei* de Salvien, l'*Histoire de la guerre gothique* de Procope de Césarée, l'*Historia Lausiaca* de Palladius, l'*In Rufinum* de Claudien, l'*Anonymus Valesianus,* la *Chronique de Cassiodore* et la *Vita Epiphanii*, ainsi que des références occasionnelles à Plutarque, Orose, saint Ambroise, saint Augustin, saint Jérôme ; enfin, une série de sources du haut Moyen Âge, qui sont la base de l'épilogue « britannique » de notre histoire : l'*Histoire ecclésiastique du peuple anglais* de Bède le Vénérable, le *Comitis Chronicon* et le *De exitio Britanniae* de Gildas.

Je désire remercier les amis très chers qui m'ont soutenu et encouragé par leurs conseils et leur savoir : Lorenzo Braccesi et Giovanni Gorini de l'université de Padoue, Gianni Brizzi et Ivano Dionigi de l'université de Bologne, Venceslas Kruta de la Sorbonne, Robin Lane Fox du New College, qui a écouté intégralement cette histoire au cours d'un long voyage en voiture de Luton à Oxford. Egalement, Giorgio Bonamente et Angela Amici de l'université de Pérouse, ainsi que mon ancienne collègue et collaboratrice Gabriella Amiotti, de l'université catholique de Milan. Évidemment, erreurs et choix impropres sont à placer sous mon entière responsabilité.

Je veux également rappeler Franco Mimmi, qui m'a assisté depuis sa résidence de Madrid, Marco Guidi, à qui je suis lié par une vieille et inoxydable amitié, et que j'ai souvent consulté pour ce qui touche le Bas-Empire britannique, Giorgio Fornoni qui, respectant une tradition vieille de dix ans, m'a hébergé dans sa magnifique demeure, me permettant d'effectuer dans le plus total isolement la dernière mouture de ce roman.

Et je ne peux oublier mon épouse, Christine, qui n'a cessé de vérifier mon texte, d'en faire une lecture critique fort attentive, et affectueuse, ni mes agents littéraires Laura Grandi et Stefano Tettamanti, qui m'ont suivi et encouragé pas à pas, y compris dans les moments difficiles. Une pensée particulière va à Paolo Buonvino, dont les musiques m'ont constamment accompagné le long de la rédaction de ce roman, m'inspirant les pages les plus intenses et les plus dramatiques.

Enfin, *last but not least*, un merci à Damiano dell'Albergo Ardesio, qui m'a nourri de sa généreuse cuisine pendant tout mon séjour alpin, et à ma barmaid Giancarla, du bar Freccia, qui, tous les jours, me permet de bien commencer la journée avec son inimitable expresso.

Achevé d'imprimer sur les presses de

BUSSIÈRE

GROUPE CPI

à Saint-Amand-Montrond (Cher)
en mars 2007

POCKET - 12, avenue d'Italie - 75627 Paris Cedex 13

— N° d'imp. : 70305. —
Dépôt légal : avril 2005.
Suite du premier tirage : mars 2007.

Imprimé en France